国家社科基金项目"社会性别视角下的媒介暴力及其话语研究"（16BXW082）

无物之阵

多维视角下的媒介暴力与性别公正

范红霞 著

ZHEJIANG UNIVERSITY PRESS
浙江大学出版社

· 杭州 ·

图书在版编目（CIP）数据

无物之阵：多维视角下的媒介暴力与性别公正/范红霞
著.--杭州：浙江大学出版社，2022.6
ISBN 978-7-308-22731-5

Ⅰ．①无… Ⅱ．①范… Ⅲ．①传播媒介－暴力－研究
②男女平等－研究－中国 Ⅳ．①G206.2②D442

中国版本图书馆CIP数据核字(2022)第101506号

无物之阵：多维视角下的媒介暴力与性别公正

WUWUZHIZHEN DUOWEI SHIJIAO XIA DE MEIJIE BAOLI YU XINGBIE GONGZHENG

范红霞　著

策划编辑	陈　翩
责任编辑	陈　翩
责任校对	丁沛岚
责任印制	范洪法
封面设计	米　兰
出版发行	浙江大学出版社
	（杭州市天目山路148号　　邮政编码　310007）
	（网址：http://www.zjupress.com）
排　版	杭州林智广告有限公司
印　刷	杭州钱江彩色印务有限公司
开　本	710mm×1000mm　1/16
印　张	22
字　数	360千
版 印 次	2022年6月第1版　2022年6月第1次印刷
书　号	ISBN 978-7-308-22731-5
定　价	68.00元

序一

聚焦媒介公正与传播理性

邵培仁

世界历史就是一部人类暴力史，而人类文明史又是一部人类倡导文明竞争并同暴力言行进行斗争的历史。

暴力并非愚昧时代的特产和野蛮人的专利，现代文明人也会采用暴力手段。特别是当制度乏力、正义缺席、公理麻木之时，"正当自卫"和"自助正义"的暴力言行就会悄然出场；但更多的往往是带有主动性、目的性、侵略性地对他人或其他有机体造成伤害的行为和言论，尽管手法更加多样且隐蔽。

斯蒂芬·平克（Steven Pinker）在他的鸿篇巨著中开篇就大胆宣称："本书所谈论的可谓是人类历史最重大之事。无论你是否相信，纵观历史长河，暴力呈现下降趋势；而今天，我们也许正处于人类有史以来最和平的时代。"同时，他说："我知道大部分人不相信。"[1] 的确，在当前北约持续扩张和俄乌冲突的国际背景下，我们很难相信当下"正处于人类有史以来最和平的时代"。但是，自从人类在地球上诞生以来，野蛮向文明发展，暴力向和平迈进，应该是人类社会发展的基本趋势。

值得指出的是，平克在他书中过度聚焦显性暴力，似乎忽略了人类进入数

---

[1] [美] 斯蒂芬·平克. 人性中的善良天使：暴力为什么会减少 [M]. 安雯，译. 北京：中信出版社，2019：1.

字时代和信息社会后，由于平台众多、媒介开放、"人人都有麦克风，个个都是传播者"，尽管显性暴力呈现下降趋势，但隐性暴力和媒介暴力反而逐渐增加和缓慢凸显且愈演愈烈的事实，而这种精神性、信息性、符号性的隐性暴力对人的伤害力度其实并不亚于显性暴力。

作为隐性暴力，媒介暴力是人类暴力言行在媒介和传播中的反映和表现，它与人同生，古已有之，而今日更甚。中国传统文化一贯反对语言暴力，认为："与人善言，暖于布帛；伤人以言，深于矛戟。"（《荀子·荣辱》）"良言一句三冬暖，恶语伤人六月寒。"（《增广贤文》）"利刀剜肉疮犹合，恶语伤人恨不消。"（《五灯会元》）语言暴力犹如飞去来器（boomerang），施暴者最终也会自食恶果，所谓"恶言不出于口，忿言不反于身"（《礼记·祭义》）。在信息传播中，飞去来器的信息反馈特性其实是由传播者决定的。

媒介是用以负载、传播特定内容和符号的物质实体和"居间工具"，当然也是暴力内容和符号的生产者和中介者，表达和传播了一定的社会意识和生活体验，日久天长可以生长和发育为一种媒介文化和社会习性，进而成为实现权力的工具和手段。权力几乎离不开暴力，但权力总是依赖显性暴力（武力），而暴力依赖工具（媒介），并且在到达某一点时连工具也不再需要。[①]借助媒介包括网络和新媒体这些象征性权力工具，施暴者不仅对某些民族、阶级、阶层等群体实施隐性暴力，而且对妇女、儿童、残疾人、边缘人群等社会弱势群体同样实施种种隐性暴力甚至更加野蛮的暴力。戴维·斯沃茨（David Swartz）认为，这种暴力的实施过程不是权力单方面的暴力强加，而是由暴力对象通过自我异化的方式与权力关系达成"合谋"来进行的。[②]在媒介话语和"社会舆论"的掩盖下，人们对这些媒介暴力形式甚至无所觉察或者干脆视而不见、充耳不闻。

"媒介关于性别问题的表述、所呈现的性别形象，虽然并不能直接等同于现实，却映射和呈现出了人们对于性别问题的观点和态度，并参与生产了这个

---

① ［美］汉娜·阿伦特. 暴力与文明 [M]. 王晓娜，译. 北京：新世界出版社，2013：16.
② ［美］戴维·斯沃茨. 文化与权力：布尔迪厄的社会学 [M]. 陶东风，译. 上海：上海译文出版社，2006：50.

社会对于性与性别的规范和价值。"① 如果媒介存在双重标准，它在女性形象建构和性别再现方面，就可能传播或放大对女性的某种歧视和社会偏见，强化女性的弱者形象和从属地位，塑造某种刻板印象，从而产生不良影响，构成一种隐性的媒介暴力和性别暴力。这种现象确实存在。因此，在媒介性别传播和研究中，人们呼吁不仅要在公开、公平的语境下积极"争取公正"和正确"认识公正"，而且希望以自由、平等的话语重新"阐释公正"和"塑造公正"，让女性告别性别暴力，公正地获得与男性对等的地位、尊严和荣耀，塑造男性与女性之间相互欣赏、尊重、友爱的社会风气。

红霞是我指导的博士生中"新疆五朵金花"之一。她原来是《当代传播》编辑部主任，进入浙江大学新闻传播学科攻读博士学位以来，长期致力于从多维视角研究媒介性别，发表了许多颇有影响的学术论文，出版了专著《媒介眼中的"她者"图景与性别话语研究》②，现在这本《无物之阵：多维视角下的媒介暴力与性别公正》又即将由浙江大学出版社出版。

红霞的这部新书聚焦媒介公正与传播理性，从社会性别的理论视角出发，采用了跨学科研究方法，针对媒介暴力中的性别问题，将传播学与社会学、心理学、批评性话语分析、法学、哲学和女性主义等相关理论知识相互交叉、借鉴和融合，通过研究媒介暴力与性别、社会之间的关系，揭示在媒介暴力文化的书写中社会性别权力关系如何镶嵌在媒介机构和媒介产品中，并塑造了女性的弱者形象和从属地位，进而构成体现在社会生活各个领域里的"性别政治"。全书研究视野广阔，分析层次丰富和多元，把理论上的高屋建瓴与分析中的抽丝剥茧结合起来，探索维度从微观个体到宏观政治，从身份政治延伸到话语政治，从性别政治指向公共政治，涉及文本、话语、实践、时间与空间、情感和技术等多个社会维度；突破了传统的媒介暴力研究重视内容分析的量化研究路径，一方面重视并运用数据分析方法来说明问题本质和发展趋势，另一方面也超越了文本和话语分析，努力吸收和融合人文学科相关理论成果和方法，克服了媒介效果研究的单一化和表面化，从媒介—社会互动关系和社会深层心理中

---

① 邵培仁. 序·媒介与性别研究的磁性和魅力 [M]// 徐艳蕊. 媒介与性别：女性魅力、男子气概及媒介性别表达. 杭州：浙江大学出版社，2014：1.

② 范红霞. 媒介眼中的"她者"图景与性别话语研究 [M]. 杭州：浙江大学出版社，2017.

揭示隐含在媒介文化中的性别暴力和性别政治，在方法论上体现了技术理性与价值理性的融合与创新。最终理论研究的落脚点为，希望能够"经世致用"，将理念变成政策，让理论指引行动，将性别"对立主义"转化为性别"平等主义"，把理论上和媒介中的性别平等转化为社会实践中的两性平等，实现"各美其美，美人之美，美美与共"，和谐发展。

红霞的这部新书不仅体系完整，层次分明，条理清晰，论证严密，富有特色，而且提出了一系列的新观点和新思路。其中我比较欣赏的主要有以下几点。

语言暴力是一种媒介暴力。凡是通过暴力性语言对他人或群体进行身心伤害均构成某种媒介暴力。同直接伤害他人身体的显性暴力不同，语言暴力是以伤害他人的情感、自尊等为目的的隐性暴力，是一种精神和心理上的伤害。媒介话语和新闻语言中的性别歧视与偏见的实质是生产和塑造"男性话语"霸权，加剧社会观念和性别文化中对女性的种种歧视、偏见、贬斥和性别隔离，从而构成了一种符号暴力和媒介暴力。

媒介对女性身体景观的制造和敏感部位的放大，同样构成媒介暴力。媒体文化从男性窥探和凝视心理出发生产出来的日常性别"惯习"，对女性身体景观的界定和塑造，对"美容减肥"的刻画和推广，在现实维度影响了女性的身体审美和自我价值评判的尺度，是一种具身性的性别话语霸权，也是对女性话语权的褫夺。

女性时间的缺乏也是性别政治的具体体现。时间关系隐含着权力关系。在某种意义上，时间资本、社会关系与社会结构是一种互构的关系。时间资本关乎社会资本、体现时间政治，女性在时间占有、消费和时间价值分配上的不公平，客观上造成了女性在权力、地位和身份上的差别，这种"时间政治"使得许多女性的时间付出与社会收益严重失衡，成为社会结构中的弱势群体。当现代社会的生产逻辑服膺于"时间就是金钱、效率就是生命"的资本法则时，当人类社会由"空间的征服"转化为"时间的统治"时，时间观念和时间管理日益体现为一种"文化政治"，弥散于性别关系、经济生产、社会交往和权力博弈中，而女性往往又因为"时间贫穷"，不仅"导致非常缺乏让自己身心放松的休闲时间和媒介消费时间"，"而且会导致精神和物质的'双重贫穷'"。①

性别化的空间与空间的性别化亦是性别暴力。男性主导着社会空间结构，而媒介则在固化性别化的社会空间结构。由此引申出关于劳动的性别分工、空间的性别结构和时间结构，进而形成具有主次尊卑、支配与屈从关系的社会化分工和"社会化身体"，又分别投射在空间结构、时间结构、社会结构和人们的认知结构中。从更深层次来说，由男性/女性的行动范围，划分出公与私、高与低、外与内的性别分工模式和性别空间边界，也因之成为不公正、不平等的性别权力的模式和边界。

"女性气质"有时并非竞争的优势，而是遭受语言和情感暴力的指标。通常，更有女性魅力的人也更容易遭受语言和情感暴力，当然丑女有时也不能幸免。这种情感暴力的"迷雾原则"有点让人捉摸不透，但表现出的"冷暴力"精神虐待行为让人不齿。情感暴力会给当事人带来影响深远的精神创伤和人格障碍，破坏其正常的社交能力和积极性社会评价。它们的危害甚至超过了现实的身体暴力和性暴力等造成的伤害。类似"舆论审判""道德污名""社会性死亡"等，都是通过媒介曝光和网络"示众"，对受害人施加情感暴力、情感勒索和情感控制，剥夺了她们的自由和快乐，甚至彻底摧毁了她们的生活。这背后所蕴含的权力机制依然是不平等的性别观念和认知结构上的差异。

技术往往也是性别暴力的帮凶。技术从来不是中性的。在知识、技术领域排斥女性，或者利用技术手段剥夺女性的主体性，实现对女性的异化和自我异化，是技术暴力的典型手段。长期以来，技术领域由男性精英所主导，女性则处于边缘位置。这既是性别分工模式的历史惯性，也是文化建构的因素使然。技术成为表现男性气质的一种方式，而技术能力也成为构造男性气概和性别身份的组成部分，女性则被排除在这种男性气质的技术文化和话语体系之外。在网络与新媒体时代，编写代码的程序员、算法工程师和人工智能的研发者也多是男性，其技术标准、评估决策、算法模型、使用规则等也以男性喜好的标准为中心，而社会文化和媒介进一步对其进行固化和叠加。算法和智能中的性别歧视，会进一步加大"数字性别鸿沟"，同时放大性别歧视的社会影响，所谓的

① 邵培仁. 媒介地理学新论 [M]. 杭州: 浙江大学出版社, 2021: 125.

"算法正义"则犹如水中月、镜中花。

综上所述，媒介文本、社会实践、时空维度、社会心理、法律规制、权力博弈和技术歧视等多个维度，共同构成了对女性的符号暴力和媒介暴力，共同组成了性别压迫的"无物之阵"。那么如何正确认识、防范、化解针对女性的符号暴力和媒介暴力呢？

我们呼吁反对性别歧视、性别暴力，并非要放大性别差异、张扬女权和制造性别对立，而是希望让所有的男人与女人都共同享有"自由、平等、公平、公正"的权利，都要以良善友好的心理、言论和行为对待女性。性别本不应成为问题，正是各种陈规陋习、权力机制和社会偏见相叠加，才使"性别"成为"问题"。因此，只要将"男女平等"和"性别主流化"的思想渗透到社会各个层次、各个领域，打破基于"差异"的表层认知，更多地强调市民社会的多样化和公民责任，才可能逐步减少性别对立、性别隔阂和性别暴力，让具有差异性的社会各方及男女都回到友好互助、和谐协调、共同发展的思维路径。

女性要积极采取行动，利用自身力量和媒介手段实现赋权赋能和自我救赎。《国际歌》唱道："要创造人类的幸福，全靠我们自己！"面对各种隐性暴力的"无物之阵"，女性要利用媒介及其获得的信息来改变陈旧的性别认知和观念；也要团结同性，联合男性，积极沟通，奋起抗争，共同抵制针对女性的语言暴力、符号暴力和媒介暴力，打破"铁屋"和"玻璃天花板"的禁锢和制约，破除屈从与依附的性别关系，从而实现从"性别"到"公民"的身份转换和真正的性别平等。

女性需要提前准备，迎接社会分工模式的变革。21世纪是"文明大转换"的世纪，也是彻底颠覆传统社会分工模式的世纪。随着人类全面进入智能社会和数字时代，办公网络化、生产自动化、生活智能化将得到飞速发展和普及，特别是女性生育、养育孩子的劳动被纳入社会工作的范畴，这种柔性的女性化的社会生态不仅有助于性别公正和权利平等，缩小性别差异，而且会让女性显示出更大的优势和竞争力。因此，顺应时代趋势，适应社会需求，不断学习新的知识和技能，无疑是女性迎接进而推动社会分工模式变革的最佳选择。

总之，这是一本既有学术性、理论性也有应用价值的优秀著作。我希望红霞更进一步，在今后的学术道路上，以新的广度、高度、深度和力度继续对性别问题进行全面、系统的分析研究。但是，它的分析视角不应该是女性主义的，也不应该是男性主义的，因为两者似乎是一种对立主义，是一种各自诉苦和抱怨、强调对己不公的话语模式，结果往往都无助于性别问题的缓和与解决。我主张采用第三种视角、走第三条道路，即在性别研究中要采取不偏不倚、不左不右、中庸、公正、理性的性别平等主义的视角。这种视角植根于中国传统文化的中庸思想，符合马克思的"平等作为共产主义的基础，是共产主义的政治的论据"①的思想观念，更是建构和谐社会和人类命运共同体的题中应有之义。

是为序。

邵培仁

杭州青山湖畔寓所，2022 年 4 月 26 日

---

① 马克思恩格斯文集（第 1 卷）[M]. 北京：人民出版社，2009：231.

序二

关于性别公正的洞见与责任

　　青年学者范红霞博士的又一部专著问世，证明了她在学术研究方面的实力，这实力主要来自她勤于学、善于思的学者禀赋。从书中涉猎的当代多学科的经典理论看，作者这些年读了不少书，而且能够将读书所获得的思想应用到对问题的深入思考中，写出有见地、有观点的书。如果将一个人的理论储备比喻成一片可以种植万物的土地，肥沃的土地里会长出根粗苗壮、开花结果的植物来。肥沃是理论的积累，种植什么，又与作者的价值观、情怀有关。这片土地且深且远，没有尽头。

　　该研究涉及的话题，也是我一直有兴趣的，尤其是关于性别公正的讨论。近几年，关于性别、女性的话题和实践逐渐进入公共视野，女性也用自己的行动传递女性信息——生产新的女性知识的符号，建构社会对女性的新认识，建立社会对女性的尊重与理解。女性研究已不再停留在与男性比较的层面了，女性开始有自己的知识话语。例如，战"疫"一线女性医护人员的生理期用品卫生巾等被关注。女性生理期的特殊需求，成为必须面对和解决的社会问题，而不是"羞于启齿"的私事。与此有关的是在公共事务活动中，女性的特殊情况逐渐得到重视，忽视它就是不公平。这种认知是一种进步。另外还有女性的生育权、贞操的讨论也在展开。新闻中曾报道过刑满释放人员的前妻宋小女作为一位普通女子，用灿烂无比的笑容大声说出"他还欠我一个拥抱"，赢得很多掌声。这个故事的传播，就是在表现女性价值的独特性。在这些讨论中，在社会实践中，人们不断发现看似平静的水面下，扎在泥里的水草，是如何挣扎着生存，这种生存是现实中女性受到不公平待遇的象征。尽管女性的社会地位在不断提高，但水下潜藏蛰伏的地方，还是需要人们去发现、去关注、去播撒阳光。

范红霞于2009年入读浙大博士研究生，我们在面试时第一次见面。记得她端坐在椅子上，给人干练的感觉。虽然回答问题时略有紧张，但她有备而来，依然能够择要流利地回答各种提问。从刊物编辑到读博士，再到做教师，用她自己的话来说，是"脱胎换骨的成长"，的确如此。在这本著作中，可以看到她这些年孜孜不倦汲取理论营养，这些理论对学者而言就是营养液，汲取它们，成就自己的学养。

也许是我们身为女性，故而对性别平等问题特别敏感和关注。当然，研究女性问题本不限于女性，"人生而平等"的理念也是女性争取平等权利的启蒙，它本身也来自理性。该书将性别平等问题与暴力问题放在一起，多方位展示媒介暴力在技术、制度与文化层面的表现，对性别权力和性别歧视做了深入剖析。同时，该书主张，女性要主动意识到自己是有行动力的社会主体，是政治和法律意义上的公民，要积极发声，从而让社会"听得见""看得见"，并自觉进入思考女性发展的议题中。

在理论研究的同时，人们也不得不面对现实中女性待遇和处境中残酷的一面，例如拐卖妇女儿童、职场的性骚扰等。作者分析媒介暴力，主要是针对符号暴力的多个伤害路径，揭示符号暴力生成与实践的背景、路径和结果。这本书涉及许多近些年发生的社会热点事件，这些案例与性别平等相关，与女性权利和发展有关。这些案例的搜集、整理与分析，为读者提供了有价值的认知角度。

在阅读书稿时，我也与作者就文明、暴力等概念展开过交流。反对暴力是我们的共识，人类的文明在很大程度上是在反抗暴力。如果不反抗暴力，文明无从谈起；如果纵容暴力，人类会遭受更多的苦难。这是该书的意义所在。

作为学者，耕耘研究的土地是没有边界的。如何给土地增肥？在这块土地上种植什么？如何尽心尽力地培育每一株自己选择的植物？这是学者要不断努力并且用行动来回答的。

现在正是春暖花开的时候，在鲜花的芬芳中，新冠肺炎疫情又无时无刻不让我们忧心，在炮火声中有渴望和平的祈祷，在我们的身边更有女性的呐喊。这些都会在学者的研究中生成一个又一个浪花或涟漪，期待范红霞博士在这些方面为学术领域做出更多的贡献。

李　岩

2022 年 3 月 29 日

CONTENTS

目录

PREFACE

绪 论

媒介暴力的性别视角与话语实践

一部文明史也就是人类同自己的暴力倾向作斗争的历史。

——陈嘉放、邓鹏:《文明与暴力》

第一节　媒介暴力研究与女性议题的结合

在人类文明的发展历程中，暴力行为可谓无处不在。从远古时期原始人的茹毛饮血到文明社会里的征战杀伐，人类的历史就是一部充斥着暴力与冲突、文明与野蛮斗争的历史。而这些暴力在史书以及文学作品中不断地得以记录，并以歌曲、诗篇、小说、典章制度、法律文书、新闻报道、影视广播、电子游戏、综艺节目等各种载体或媒介形式加以表现，以所谓"暴力美学"的方式得到美化和歌颂。这些暴力内容和价值观，既构成了媒介内容的一部分，也成为娱乐产业和市场利益相关者的"流量密码"。

暴力文化迎合了一部分人对于"腥性色"内容的市场趣味和利益追求，使得此类内容在文化市场上大行其道，屡禁不绝。尤其是青少年犯罪的问题，引起了家长、学校、社会工作者和法律人士的普遍担忧。有一种倾向认为：媒介产品中的暴力内容可能会引发儿童和青少年的模仿行为，诱导他们犯罪。从 20 世纪 60 年代开始，由美国佩恩基金会资助的一批相关研究随之展开。美国社会心理学家阿尔伯特·班杜拉（Albert Bandura）通过观察儿童的模仿行为，提出了社会学习理论，其中，"模仿暴力"是理论成果之一。媒介暴力研究历经半个多世纪而不衰，甚至越来越受到人们的重视。

社会学家通过实验的方式，证明观看了暴力电影的参与者更有可能在接下来的行为中表现出负面反应。[①] 在后来的实地研究中，也同样发现了媒介暴力内容对人们行为和观念上的影响。例如，1945—1974 年，美国白人和加拿大人的杀人案件发生率分别上升到 93% 和 92%。自电视机出现之后，杀人案件发生的概率也相应上升。[②] 有学者在研究中指出，暴力案件上升的原因之一是模仿媒介暴力，其并非只是一种人为的实验室现象。[③]

在互联网普及之后，人们逐渐认识到网络暴力的危害。2006 年的"虐猫女"事件、2007 年的"铜须门"事件、2008 年的"艳照门"事件，2018 年的德阳女医生"泳池事件"，2020 年杭州女孩被造谣"出轨快递小哥"的"出轨门"事件，以及 2022 年 1 月发生的 17 岁寻亲男孩刘学州疑遭网暴抑郁自杀事件，等等，无一不令人唏嘘。当事人不仅受到网络暴力的伤害，在现实生活中也屡屡遭受他人的骚扰、辱骂，生活、事业全毁，不得不诉诸法律来维护自己的名誉和权利，甚至不惜以自杀来证明清白。这说明，大众媒介（包括网络媒体）不仅成为暴力内容的载体和传播渠道，甚至自身也能够成为施暴者，或者用以施暴的工具，对无辜他人以及社会造成巨大的伤害。

由此议题出发，如果我们把对媒介效果的考察，从媒介与受众的关系，延伸到媒介、社会与公众之间的关系上，就可以看见，媒介内容本身也能够成为一种权力。一方面，它能够启发人们认知、理解、思考和采取行动；另一方面，它又放大恶行，贩卖焦虑，煽动仇恨和报复行为。这样一来，信息本身就转化为一种权力。从诺曼·费尔克拉夫（Norman Fairclough）的"话语实践"、斯图亚特·霍尔（Stuart Hall）的"编码与解码"，再到米歇尔·福柯（Michel Foucault）的"微观权力"、皮埃尔·布尔迪厄（Pierre Bourdieu）的"符号暴力"，种种理论，不外乎都指向媒介对于个体和社会的影响。媒介不仅被作为个人与社会之间的连接纽带和桥梁，同时还居身于政治、经济、社会、文化等要素之间，游走于

---

① Harris R J.A Cognitive Psychology of Mass Communication[M].4th ed.Hillsdale：Lawrence Erlbaum Associate，Inc.，2004：257.

② [美]Richard Jackson Harris. 媒介心理学 [M]. 相德宝，译 . 北京：中国轻工业出版社，2007：257.

③ [美]Richard Jackson Harris. 媒介心理学 [M]. 相德宝，译 . 北京：中国轻工业出版社，2007：257.

各种意识形态之间，且成为与社会各种要素相互交织、博弈和合流的制度性因素之一，构成了我们所生活的社会文化环境。在文化研究者看来，媒介文化呈现了一个时代占主导地位的价值观、意识形态以及社会发展创新等。同时，它也是生产和组织各种文化抵抗和抗争性行为的重要阵地。因此，对媒介暴力的研究，不仅仅具有效果研究的特点，更重要的是，其可以作为媒介研究的重要样本，用于分析当下的媒介文化形式对社会公众的影响，以及公众如何以不同的方式来理解、阐释和运用媒体文化的过程和效果。

在媒介社会化的今天，人们越来越重视媒介文化在塑造个人认同、性别意识、阶级意识、族群意识、民族意识，以及是非善恶标准、个体与"他者"关系等价值观方面的作用和影响力。媒介文本提供了一种象征性的符号神话和文化资源，人们通过对这种资源的占有和利用，将自己嵌入特定的时代叙事中。"它们（指媒介文化）大肆渲染了现存的强制权力，同时使其合法化，并向无权无势的人表明，你必须安分守己，不然就要遭受压迫。"①

笔者梳理了媒介暴力研究的学术发展脉络，发现其从最初作为媒介效果研究的子议题，逐渐成为一个独立的学术话题，再向其他学科延展，吸纳了社会学、语言学、心理学、精神分析学、人类学、伦理学和犯罪学等相关学科理论知识，理论范式不断丰富。而在研究对象的考察上，媒介暴力研究最初是以媒介文本作为考察重点，旨在通过对媒介内容的考察、测量和实验，分析媒介暴力对于受众和现实世界的影响，以及媒介暴力和现实暴力之间的关系。20世纪70年代以后，媒介暴力研究的对象逐渐扩展到受众身上，开始重视"受害者经验"，即从受害人的角度看，只要他们受到伤害，就应该算作暴力。②这是一个重大的突破，因为从这个视角出发，媒介暴力被视为一种权力工具。它的受害者既包括个体，也包括群体；它既对儿童、青少年等未成年人产生影响，还会对不同阶级、性别、民族和种族、宗教信仰的人士以及残障人士、边缘人群等带来深远的影响。

行文至此，本书的主题已经呼之欲出：关注媒介暴力对女性的伤害和影响。

① ［美］道格拉斯·凯尔纳. 媒体文化：介于现代和后现代之间的文化研究、认同性与政治 [M]. 丁宁，译. 北京：商务印书馆，2004：1.

② 王玲宁. 社会学视野下的媒介暴力效果研究 [M]. 上海：学林出版社，2009：41.

这种伤害，既包括事实层面，也包括心理和精神层面；既有显性暴力，如肢体暴力、语言暴力、行为暴力等，也有隐性暴力，如侮辱人格、诋毁名誉、无原则暴露隐私、歧视、偏见、社会排斥等。在传播社会学研究者眼中，性别不仅作为一种生理区分，事实上也是一种身份和阶层的区隔。在不同的社会文化中，女性通常被视为弱者，她们最有可能并且也在事实上遭受到媒介暴力的伤害。因而，关注媒介暴力对女性的影响与伤害，成为本书的基本立场。

第二节　理论框架与论证逻辑

本书的理论框架主要有三个来源：费尔克拉夫的话语实践理论、福柯的"微观权力"理论和布尔迪厄关于文化和权力的学说。无论是从话语角度出发，从语言学角度剖析话语权力的生产，还是借鉴社会学、心理学以及女性主义等跨学科知识，征引福柯关于"话语—知识—权力"的理论，从权力规训和"监禁"的角度来证明媒介权力对女性角色身份的规训，抑或是挪用葛兰西的"文化霸权"理论，结合布尔迪厄的"符号权力"，试图论证父权制文化和男性霸权对女性自主性的压制与控制——事实上，将这些驳杂的理论熔于一炉并不难，它们如同多棱镜一样，反射出女性在普遍意义上所受到的种种不公正、不平等待遇，从而揭示如下前景：女性的解放，并非仅仅获得经济、教育等平等权益就可以全然改观，社会发展机会以及政治权利上的"机会均等""实体正义"，才是女性作为一个整体，走向自由和发展的必由之路。因而，从观念觉醒、身份抗争到政治赋权，这是一条漫长的革命道路。作为媒介文化研究学者，穷尽努力，也不过是希望女性在文化领域，在媒介话语上，获得与男性同侪平等的发声机会。而第一步，就是要摆脱通过媒介加之于自身的种种身份枷锁，反抗这种"符号霸权"的宰制与剥削。

布尔迪厄曾经指出，权力并非一个孤立的研究领域，它位于所有社会生活的核心。而权力的成功实施需要合法化。[①] 他从韦伯的卡里斯玛（charisma）和合法化观念中发展出了关于"符号权力"的理论。布尔迪厄认为，所有的社会

---

① ［美］戴维·斯沃茨. 文化与权力：布尔迪厄的社会学 [M]. 陶东风，译. 上海：上海译文出版社，2006：7.

实践——特别是文化领域中的实践，通过"误识"逻辑而获得了超功利的特征，也就是获得了符号权力或合法性。① 能够从这种符号权力中获益的个体或群体，也就因此具备了一种"符号资本"。② 媒介占有这种符号资本，因而也就成为合法化现实的工具。③ 其分别在现实再现、社会结构和社会的长期后果等三个层面产生长远的影响。这个思路构成了本书的论证逻辑。

20 世纪 80 年代以来，随着女性主义批评的兴起，"社会性别"的视角开始逐渐渗透到人文社会科学领域。当笔者采用女性主义理论来反思新闻业的现实和媒介文化时，这种理论视角有助于笔者对媒介文本中的性别歧视、社会实践中的性别政治等现象进行深入反思，就其中的修辞策略和社会隐喻开展符号学批判和批评性分析。本书的研究立场，就是从社会性别这一理论视角出发，考察媒介暴力对女性的现实及深层影响，触及媒介话语和符号权力对社会性别结构、性别权力关系的形塑和生产，揭示和批判在大众文化和政治领域中根深蒂固的性别偏向，因而，本书无疑带有女性主义和文化政治的双重考量。无论是对于深化媒介与社会互动关系的研究，还是对于推动女性权益的保护和发展、改善性别主流化的制度设计等方面，本书都具有理论价值和现实意义。

在研究框架上，本书以媒介实践为主线，分上、下两篇（内容层面）。上篇（第一至第四章）以分析媒介话语实践为主，从媒介的文本实践和话语实践入手，除了考察媒介文本与内容外，还将媒介文化置于其形成和消费的社会关系与系统中加以研究，力求从微观和中观层面把握其社会功能和传播效果。在下篇（第五至第八章）中，笔者着眼于媒介的社会实践，分别引入了时间、空间、情感和技术等多个论证维度，提供更多的佐证与研究材料，拓宽各个论证层次的研究视野。在充分吸收和借鉴社会性别理论、女性主义理论的前提下，着眼于探讨媒介、传播与社会的关系；同时广泛吸纳社会学、语言学、心理学、伦

---

① Pierre B.The Logic of Practice[M].Stanford：Stanford University Press，1990：112-121.

② [美] 戴维·斯沃茨 . 文化与权力：布尔迪厄的社会学 [M]. 陶东风，译 . 上海：上海译文出版社，2006：50.

③ 来自笔者的概括。文本层面，媒介可以再现和构造现实；媒体机构层面，媒介作为行动主体和文化产业组织，对社会结构产生影响；社会实践层面，媒介在日常生活和公共场域对社会文化与制度设计产生长期影响。

理学、政治学等多个学科的理论营养，尽可能做到视角多维、论证出新。最后一章提炼和总结全书观点。附录介绍了国外实践经验。

在具体研究思路上，本书立足于内容分析、文本分析和话语分析，同时辅以典型案例分析，通过定性与定量相结合的研究方法，探寻话语生产机制，揭示媒介—暴力/权力—社会之间的关联，试图对社会性别视角下的媒介暴力问题进行深刻的思考和批判，以拓宽媒介暴力研究的理论视野，增加媒介暴力研究的现实张力。

CHAPTER 1

第一章

从媒介暴力到性别暴力

任何一种命运，归根结底都是那种文化的产物。

——豆豆:《遥远的救世主》

第一节　媒介暴力研究溯源

媒体及暴力研究的兴起，与 20 世纪 60 年代电视在美国社会的普及有关。而在此之前，从 20 年代开始，佩恩基金会就资助社会学家对电影中的暴力内容开展研究。这项研究历时 3 年（1929—1932 年），主要分析了电影的内容构成和社会影响，最终结集出版了 10 本书。这些研究成果为媒介暴力效果研究奠定了基础。尤其是关于媒介内容与受众认知、态度和行为的关系研究，成为媒介暴力效果研究中的主要理论视角。1955 年，佩恩基金会召集了一批社会学家、心理学家，针对电视节目中的暴力内容，以实证研究的方式进行详尽分析，这项活动被看作媒介暴力研究的开端。

一、暴力与媒介暴力的概念

笔者认为，厘清暴力概念，了解暴力的类型，对于深刻理解暴力的本质和危害，加强对暴力的预防，从技术、制度、文化和观念等层面彻底消除暴力的影响来说至关重要。同时，也便于读者理解暴力与媒介暴力乃至于性别暴力之间的关系勾连和论证逻辑。

（一）暴力

在汉娜·阿伦特（Hannah Arendt）关于暴力的论述中，她敏锐而具有洞察性地捕捉到暴力与工具性的关联。在她看来，"暴力与权力、武力和气力不同，它常常需要工具。……暴力行为的本质是由实施暴力的手段和目的所决定的"[①]。借鉴这一论述，笔者以工具为着眼点，综合关于暴力的相关定义加以分类概括。

第一，暴力指使用体力或武力手段，对他人造成伤害。如，约翰·杜拉德（John Dollard）、尼尔·米勒（Neal Miller）等认为"暴力就是指有侵略性、有目的地对他人或其他有机体造成伤害的行为"；乔治·格伯纳（George Gerbner）将暴力定义为"以公然的武力对他人或自身，或者违背他人意愿，带来伤害或死亡痛苦的强迫性行为"。[②]

第二，暴力指语言上的伤害。米拉夫斯基和他的同事在相关研究中对暴力重新作出定义，指出，暴力是"事先明知却有意要造成他人受伤害的武力或言辞行为，而不是可能导致无意的不能预见的伤害的鲁莽行为或偶然事件"[③]。这个定义把语言暴力也列入暴力的范畴，是一大进步。韦恩·威利斯尔（Wayne F. Velicer）强化了言语伤害的暴力性，并指出了语言暴力的几种攻击形式：谣言、挑衅和激怒、反抗权威、怨恨和虐待、怀疑、言语攻击（叫嚷、吵闹，包括威胁和谩骂）。[④]

第三，暴力指生理伤害和心理伤害。阿尔伯特·班杜拉（Albert Bandura）把暴力定义为"造成人身伤害和财物损坏的行为"，"这种伤害可能是心理上的（低估和鄙视），也可能是生理的"。"有意图"和"伤害"是班杜拉提出的暴力衡量指标。罗伯特·米尔斯（Robert Mills）关于暴力的定义也强调了"有意图"和"伤害"。比班杜拉的定义更前进一步的是，他把暴力伤害分为三类：心理悲伤、法律伤害和道德上的负疚感。在新加坡亚洲大众传播与情报中心的暴力研究报告中，暴力被定义为："使用体力或言辞对某个或某些人造成心理或肉体上的伤

---

① [美]汉娜·阿伦特，等. 暴力与文明[M]. 王晓娜，译. 北京：新世界出版社，2013：3.

② [美]简宁斯·布莱恩特，道尔夫·兹尔曼. 媒介效果理论与研究前沿[M]. 石义彬，彭彪，译. 北京：华夏出版社，2009：199.

③ 王玲宁. 社会学视野下的媒介暴力效果研究[M]. 上海：学林出版社，2009：41.

④ 王玲宁. 社会学视野下的媒介暴力效果研究[M]. 上海：学林出版社，2009：4.

害，以及包括对财产和肉体的毁灭。"① 格兰·斯帕克斯（Glenn G. Sparks）赞同"暴力是对他人造成生理或心理伤害的行为"的定义，他把暴力分为四类：情感攻击；身体的和语言的暴力；直接暴力和间接暴力；有节制的和冲动的暴力。②

第四，暴力指隐性伤害。除了可见的攻击行为，那些隐性的伤害行为也逐渐受到研究者的关注。比如，在 20 世纪 90 年代美国国家电视暴力研究中，暴力被定义为："有意对他人造成伤害的公然行为，也包括以看不到的暴力手段对他人造成的身体伤害。"③ 该定义首次提及"看不到的暴力"，说明研究者开始关注暴力发生影响的心理过程。

第五，暴力指用体力或武力，导致他人在人身、财产安全上受到威胁和精神上遭受损伤的行为。根据世界卫生组织的定义，所谓暴力，就是指对自我、他人、某个群体或某个社会有意地威胁使用或实际使用体力或武力，导致或者可能导致伤害、死亡、心理创伤、畸形或剥夺。由此，可以延伸出关于暴力的一个宽泛的定义："暴力即不符合法律和道德规范的力量，泛指侵害他人人身、财产、精神的强暴行为。"④

上述关于暴力的定义，都强调了"侵略性""有意图""伤害（包括生理上的和心理上的）"等，尤其关注施暴者的动机和伤害程度。目前，学界普遍接受的还是格伯纳关于暴力的定义。该定义确认了暴力行为所包含的几个要素：武力方式、对象（他人或自身）、违背他人意愿、后果（伤害或痛苦）、强迫手段。另外，格伯纳还提出了"暴力指数"这一指标来衡量暴力的程度，创造了暴力指数的计算公式，利用这个公式，研究者可以对暴力行为进行精确的测量。

在这些定义中，最能给人启发，而且能够同媒介暴力产生关联的，就是有些研究者提到的"心理伤害"或"精神伤害"。这就把暴力的形式与危害从直接的生理层面上升到了心理层面，从关注显性暴力转向关注隐性暴力，从而深化了对暴力本质及其危害性的认知。

---

① 卜卫. 大众媒介对儿童的影响 [M]. 北京：新华出版社，2002：327.

② 王玲宁. 社会学视野下的媒介暴力效果研究 [M]. 上海：学林出版社，2009：42.

③ 该定义来自美国国家电视暴力研究中心的报告。参见王玲宁. 社会学视野下的媒介暴力效果研究 [M]. 上海：学林出版社，2009：34.

④ [美] 拉塞尔·雅各比. 杀戮欲：西方文化中的暴力根源 [M]. 姚建彬，译. 北京：商务印书馆，2013：4.

（二）媒介暴力

媒介暴力是暴力行为在媒介中的反映和表现，是一种内容暴力。但是社会学家格雷姆·伯顿（Greame Burton）注意到，媒介作为暴力的中介和生产者，其本身也是社会经验的一部分。[①] 也就是说，暴力内容和暴力语言既是一种媒介再现，也表达了一种社会意识和生活体验，当然，其也可以生成一种媒介文化。此外，媒介暴力还有一种含义——"符号暴力"，即媒介利用议程设置和话语霸权造成对个体或群体的伤害。这种提法直接将媒介自身也定义为施暴者。布尔迪厄这样定义符号暴力："在一个社会行动者本身合谋的基础上，施加在他人身上的暴力。"只不过这种暴力的实施过程不是权力单方面的暴力强加，而是由暴力对象通过自我异化的方式与权力关系达成"合谋"来进行的。[②] 在没有另行说明的情况下，本书所指涉的媒介暴力均是从这一定义出发，重点研究和关注媒介作为一种符号暴力，如何塑造性别歧视与偏见，对女性群体进行形象建构、观念压迫等一系列的暴力行为。

二、媒介暴力研究的国内外成果综述及进展

（一）国外的相关研究成果

20 世纪 20 年代以来，关于电影中的犯罪和性的内容引发了学者和有识之士的担忧。1928 年，美国电影研究委员会主席威廉·肖特（William H. Short）召集了一批心理学家、社会学家就电影对儿童的影响进行研究，这些研究成果成为媒介暴力研究的肇始。此后，美国学者围绕"媒介暴力"提出了一系列的理论，涉及多个学科领域。概括起来，大致包括心理学家班杜拉的社会学习理论、格伯纳的涵化理论、克雷格·安德森（Craig Anderson）等的预示假说、临床心理学中的脱敏理论、道尔夫·兹尔曼（Dolf Zillman）的媒介激发—诱导机制、西摩·费什巴赫（Seymour Feshbach）的象征性宣泄理论等[③]，具体内容在笔者其

---

① [英]格雷姆·伯顿.媒体与社会：批判的视角[M].史安斌，译.北京：清华大学出版社，2007：118.

② [美]戴维·斯沃茨.文化与权力：布尔迪厄的社会学[M].陶东风，译.上海：上海译文出版社，2006：50.

③ 关于上述理论，可参见范红霞.媒介眼中的"她者"图景与性别话语研究[M].杭州：浙江大学出版社，2017：4—7.

无物之阵：多维视角下的媒介暴力与性别公正

他专著中已有论述，此处不再赘述。按照大众媒介与社会关系的互动逻辑，我们可另行梳理一条研究脉络。

1. 大众媒介与意识形态

我们可以把意识形态视同为一种社会秩序，由此，意识形态就成为一整套通过媒介技术和社会交往而展示和表达的价值观念、方法论和逻辑假设。对于一个社会而言，意识形态有着强大的影响力，它既渗透于人们的日常生活，也渗透于党政机构、企业组织、社会部门等主体及其各种活动。在詹姆斯·罗尔（James Lull）看来，意识形态更经常地用于指涉大范围的政治经济语境下的系统性观念与社会权力之间的关系。"社会权力拥有者对公共信息和形象进行处理，构成一种特殊的意识形态——一种居支配地位的意识形态，它帮助其创造者维持自身的物质文化利益。"[①]而这种意识形态都要借助语言来表征和阐释，并借助媒介的符号表征得以具象化。作为一个观念系统，意识形态只有通过大众媒介和社会机构被表达和传播时才具有说服力和影响力，因此，大众媒介在意识形态传播中扮演着重要角色。也正是通过大众媒介持续性地、日复一日地传播教化，意识形态完成了布尔迪厄所谓的"合法化"过程，具有了"符号权力"，或者说是"符号暴力"。

男性主导的社会主流文化和性别秩序观念，也是社会意识形态系统的重要组成部分。这种意识形态得以建立的传播策略之一是重复。通过不断重复表达主导意识形态信息，来表明以至于"锚定"观念和文化，尤其是对经常接触媒介的受众来说，这种策略行之有效。霍尔将之称为"定型化"，即将一整套观念、制度文化乃至思维方式深入人心，不会轻易动摇。如果社会观念和流行文化中充斥着性别歧视并且压迫妇女，社会大众就会把"男尊女卑""重男轻女"的观念视为理所当然。而这正是女性主义者开展媒介批判的焦点。

大众媒介发挥意识形态功能的第二种传播策略是塑造形象。一种观念能够在社会中流行开来，它所依托的现实途径，就是将某种观念塑造成现实可感的具体形象、故事叙述或者文化产品。一些大众文化形象如迈克尔·杰克逊

---

① ［美］詹姆斯·罗尔. 媒介、传播、文化：一个全球性的途径 [M]. 董洪川，译. 北京：商务印书馆，2005：19.

（Michael Jackson）、乔丹（Michael Jordan）、科比（Kobe Bryant）、乔布斯（Steve Jobs）和钢铁侠、美国队长等，都成为仪式庆典和意识形态的承载者，并且他们的影响力从美国扩展到世界其他国家，成为时尚文化的一部分。大众媒介不仅是形象化资源的载体和传播者，它本身也成为一种意识形态的阐释形式。正如麦克卢汉（Marshall McLuhan）曾指出的："媒介即信息。"这意味着媒介本身就和它所承载的内容一样重要，或者作为"内容"的一部分。譬如，在呈现个人与社会之间的连接和关系方面，以及对个人行为的规范方面，意识形态通过常规的社会活动为人熟悉并正常化。这就是社会的媒介化过程。例如，人们会把某些媒介形象运用于日常交往。不同于"龙"作为中国文化图腾备受敬仰，西方国家所塑造的喷火的"中国龙"往往带有残暴、冷血和邪恶的意味。2020年，新冠肺炎肆虐全球。美国政府提及疫情时，刻意使用"中国病毒""中国人吃蝙蝠（导致新冠肺炎流行）"等词语和说法，把戴口罩的问题上升到意识形态层面进行政治化，污蔑中国传播病毒，等等，为中美关系设置障碍和壁垒。这一类话语和形象在美国社会如此流行，以至于极大影响甚至改变了美国社会对华裔的态度。当时笔者在美国密苏里州哥伦比亚市访学，在超市、银行、校园和街道戴口罩活动时，附近和对面走过来的路人会刻意与笔者这个中国人保持距离——或侧身躲开，或拉起衣领掩住口鼻。那种排斥感表达得非常明显。2021年的新闻报道中更是屡屡曝出在美华裔遭遇歧视、仇恨、攻击，甚至被蓄意伤害、谋杀等事件。美国人对华裔的态度转变与美国大众媒体的刻意诱导和推波助澜不无关系。商业广告、新闻、娱乐节目、竞选宣传等活动看似散乱，但是当它们在社会交往中进行传播时，都会施加意识形态影响，约翰·汤普森（John B. Thompson）称之为"对意识形态散漫的阐释"[1]。在这些碎片化的传播中，能够表达和展示意识形态的价值观念、口号和产品就得到了普及，并通过社交网络进一步扩散、互联，引发共鸣并得到强化。

约翰·菲斯克（John Fiske）从电视研究入手，整合了媒介再现与社会权力之间的关系。他认为，媒介就是把社会"原材料"改写成意义丰富的故事，并且建构出"具有特殊意义的内容"。不过，那种特殊的意义与占支配地位的社会

---

① 　Thompson J B.Ideology and Modern Culture[M].Cambridge：Polity Press，1990.

秩序紧密相连，因为媒介的任务就是将人们不熟悉的事物转变成人们所熟悉的，或者说转变成"常识"。[①] 在传统的男权社会里，女性被塑造成卑弱、温顺、无知、贞静的形象，被赋予"贤妻良母""相夫教子"的社会角色。古今中外的神话传说、小说戏剧、诗词歌赋、影视作品等也不断塑造着"名门贵族""豪门名媛""才子佳人""烈女贞妇""荡妇淫娃"等文化形象以及大众对女性的性别想象。而近现代大众媒介逐渐从文本记载走向视觉化呈现，则更方便受众把女性想象投射到一个个具体的人物形象身上，从"性感女神"到"乱世佳人"，从麦当娜（Madonna Ciccone）到卡戴珊（Kim Kardashian），"通过这些符号形式，各个社会群体建构出他们自己对现实的定义。这不是他／她的个体行为，而是他／她参与到一个深刻的社会过程中。在这个过程中，社会关系受到真实定义的影响，真实的定义也影响着社会关系。……进行定义的权力以错综复杂的方式与其他社会中的权力关系相连，如经济、种族、社会性别和国际关系等"[②]。

语言不仅仅表达和塑造了意识形态，同时也建构了社会和现实。这么说，并非否定真实现实和主体性，而是从特定文化和个体历史、信仰心理和价值体系、机构用语和官方术语、主流表达和亚文化表达中，重新发现和审视语言（以及大众媒介），其参与了社会现实与主体性的建构过程。更重要的一点是，大众媒介在意义表征和意义生产过程中的作用值得深思。它对于我们开启媒介暴力与性别关系的思考，具有重要的参考价值和指引意义。

2. 大众媒介与话语生产

社会关系不仅是社会实践的产物，同时也是话语实践的产物。在福柯的阐述中，话语本身也是一种权力形式，话语既是历史的也是具体的。而人作为话语主体性存在，"被铭刻在词语中，存在之链成了话语，并据此与人性和表象联系起来"[③]。在福柯看来，影响、控制话语运动的最根本因素是权力。言说（话语）本身不仅是生产权力的工具，而且是掌握权力的关键。

女性主义传播学者认为，性别权力在传播中的体现，主要是一种文化权力，关涉意义与价值的协商。而大众媒介本身就是建构意义的场域，内容生产者和

---

① Fiske J.Television Culture[M].London：Methuen，1988.

② Carey J.Communication as Culture；Essays on Media and Society[M].Boston：Unwin Hyman，1989：25.

③ [法]米歇尔·福柯. 词与物：人文科学的考古学 [M]. 莫伟民，译. 上海：上海三联书店，2016：404.

受众都参与了意义的建构。因而，媒介中女性形象的建构，以及社会性别关系的再现和表达，反映了社会性别在意义层面的"解释"、抗争与争夺。比如好莱坞电影中，男性往往作为影片的主角，而女性很少作为独立角色出现在影片中，她们的作用是让男性角色更完整。她们要么作为母亲、情人或妻子，要么是需要男性拯救的弱者。女性、少数族裔作为配角与帮衬，这在超级电影中尤为突出。从《星球大战》到《蝙蝠侠》，好莱坞的电影创作者默认将白人男性作为主角，这种男性自恋和厌女症的倾向，几乎是好莱坞一贯的性别文化基调。①

语言作为文化的一部分，本身也是社会建构的产物。就性别而言，在许多语言中都存在性别差异和性别不对称的现象。这种性别化的语言反映了特定的性别等级结构。②对于语言中的性别差异，我们不能仅仅从语法和词汇的角度来理解。当我们把语言看成勾连特定主题与符号的"话语"时，语言在建构特定文化、个体历史、信仰和价值体系、机构和官方术语、流行文化表达方式等情况中建构了真实（社会现实）和主体性。作为一种象征性形式，它也参与到意义赋予的过程中来，并影响着社会关系。因此，话语本身也能够成为一种权力形式，因为话语的过程（符号的互动）和话语的产物（特定的意义和叙述）都制约着阐释的可能性，并把特定的某些意义置于其他意义之上。③譬如说，在20世纪80年代以前，性骚扰和性暴力被视为个体化的极端表现，而不被视为犯罪行为。家暴问题被视为家庭内部问题，不会进入公共领域，因为它被定义成个别女性的遭遇或家庭生活中偶尔的"插曲"。受害者因此无法反抗或从社会途径得到救济。这个问题在21世纪仍然是世界性的普遍问题。

话语的权力不仅在于它对社会问题的定义，还在于它规定了人们如何来理解问题，也就是问题的"合法性"。美国后现代女性主义者朱迪斯·巴特勒（Judith Butler）援引福柯的话语理论，指出：话语之所以有力量，并促成某种行为，不是因为它反映了个人的意愿，而是因为它援用、重审了述行（即命名和付诸行动）的规则和惯例，因此，"一个女人"不是指她是什么，而是指她该做

① Shohat E.Gender in Hollywood's orient[J].Middle East Report，1990（162）：40-42.

② Newman M L.Gender differences in language use：An analysis of 14，000 text samples[J].Discourse Processes，2008（45）：211-236.

③ Van Zoonen L.Feminist Media Studies[M].London，Thousand Oaks，CA and New Delhi：Sage，1994：53.

什么、她在某种情况下扮演的角色。① 在这种情况下，"命名即权力"得以成立。

而话语抗争的手段之一，就是一些女性主义者提出的"女人话"和西苏（Hélène Cixous）的"女性写作"的主张。这当中，尤以法国女性主义哲学家露西·伊瑞格瑞（Luce Irigaray）的观点为代表。伊瑞格瑞批判了包括柏拉图、亚里士多德、黑格尔等人在内的整个西方哲学体系，揭示了这些男性哲学家理论中的性别盲区，揭露了"象征秩序"中的男性中心主义的"同一性逻辑"。她认为，社会中的想象结构、社会和文化结构都是同一性逻辑的产物，西方形而上学二元对立的思辨模式正是基于这种同一性逻辑而运作的；在这种逻辑下，"我们的历史实际上是一部单一性别的历史，两性差异被化约为男性与他的否定面，形而上学逻各斯把所有他者都化约进一个同一的体系里……把两性的差异从一个'阳性主体'自我再现的体系里连根拔除"。② 她因而提出"女人话"的主张，认为要打破这种菲勒斯中心主义（phallocentrism）的同一逻辑，只有让被压抑的女性重新寻找自我的主体性，寻找自己的语言，而这种新的语言与女性的身体、女性独特的生命体验和生活经验相连，"讲述女性自身的感受"，才能纠正男性偏见和谬误，为自身争取权利。

上述关于性别话语的批判和主张，为笔者进行媒介暴力与女性议题的相关研究提供了理论滋养，本书第三章将对此进行详述。

3. 从性别传播到性别政治

"政治"是一群人支配另一群人的权力结构关系和组合。两性之间本来是一种自然区分，但这种自然差别在历史发展过程中被扭曲成支配和从属的政治关系。而且，这种性别政治关系不仅存在于家庭，也存在于社会生活的各个领域和空间内，还存在于职场领域和传播场域，性别政治关系弥散于社会空间和社会关系中。而这种性别政治关系的核心是女性的边缘化。在媒介再现中，女性被塑造为柔弱、驯顺、卑下的形象，处于屈从者、侍奉者、依附者、奴役者的地位，被排斥、忽视和压迫。笼罩在"男强女弱""男尊女卑"面纱下的性别支

---

① Butler J.Gerder Trouble：Feminism and the Subversion of Identity[M].New York and London：Routledge，1990：139.

② Irigaray L.This Sex Which is Not One[M].Ithaca：Cornell University Press，1985：74.

配比种族隔离更加根深蒂固，比阶级壁垒更严酷、普遍和持久。可以说，在漫长的人类文明史上，女性绝大多数时候遭受着性别与阶级的双重压迫。

在掌握了社会权力的男性精英看来，打破性别藩篱的最佳途径就是鼓励女性参政。最早的妇女解放运动就是鼓吹女性参加选举。从18世纪开始觉醒的女性参政意识，到20世纪已经深入人心，并从遥远的欧美大陆播及传统势力顽固的东亚地区，被长期禁锢在深闺内院的女性逐渐走出家门，参与到社会生产、文化教育和政治活动中来。发展到今天，世界上开始进入现代化进程的国家都制定和颁行了相关法律，保障女性接受教育、从事生产劳动、参加选举和社会活动的正当权益。苏珊·马克海姆（Susan Markham）认为，随着女性参政活动范围的扩大，社会的性别权力结构也发生了变化。[①]女性事务进入公共领域，并促进立法的改进，提高了人们在生育、健康、教育、就业等方面的生活质量。例如，北欧国家如瑞典、丹麦等都制定了父亲产假政策，这与高水平的女性参政不无关系。

当然，女性事务进入公共领域，也要归功于性别传播的大力推动。如对性暴力的曝光和批判，让社会日益重视女性受到的伤害。美国性别传播研究者茱丽亚·T. 伍德（Julia T. Wood）对于性别化的权力与暴力问题进行了深入的研究。她认为，媒体用各种暴力形象，特别是针对妇女的暴力行为，对大众进行轮番轰炸，而受害者往往得不到社会和警方的支持，对女性的殴打和虐待也不被认为是违法行为。这种性别化暴力的流行，归根到底是缘于社会制度与社会文化对男性霸权的容忍和许可。茱丽亚归纳了六种性别化暴力的形式，并指出这种性暴力存在的社会基础既包括媒介暴力，也包括制度化暴力。[②]这一观点深刻触及性别暴力的本质。茱丽亚还指出了抵抗这种暴力的三种途径：个人努力、社会支持和制度变革。

受此观点启发，本书关于媒介暴力与社会性别的研究也从身体再现（身份政治）出发，延伸至社会各个断面与维度（文化政治）的考量，最终指向制度

---

① Markham S.Women as agents of change : Having voice in society and infulencing policy[R].Washington: National Democratic Institute，2013.

② [美] 茱丽亚·T. 伍德. 性别化的人生：传播、性别与文化 [M]. 徐俊，尚文鹏，译. 广州：暨南大学出版社，2005：224-231.

变革（公共政治）。性别平等与可持续发展是一个有机的整体。2015 年 3 月 10 日召开的联合国妇女地位委员会第 59 届会议提出了到 "2030 年实现 50 ∶ 50 的男女平等" 全球目标。进入 21 世纪以来，世界各国在性别平等方面取得了不同程度的进步，但是各国在性别平等化的水平上很不平衡，距离全面实现性别平等的目标仍然较远。因此，学界应从理论层面深度介入现实语境，进行讨论、检验和修正，并努力参与到政策与制度的制定和立法过程中，这才是真正有益的 "话语实践"。

需要补充的一点是，美国的媒介暴力研究主要采用实证分析的方法。相关研究者常常会对媒体和受众进行长时间的跟踪调查，或者设计一系列复杂的大型实验，然后对抽样调查或者实验获得的数据进行量化分析，并据此得到相关结论。这种方法也逐渐成为媒介暴力研究的主要方法，其中关于 "暴力指数" 的测量方法更成为监测和评估媒介暴力的主要依据。当然缺点也是存在的。实证研究往往需要动用大量调研人员，耗时长、费用昂贵，且必须借助国家或公共机构的支持，这对研究者及其团队来说是一大挑战。

（二）国内的相关研究成果

笔者搜集到的资料以国内研究为主。在知网上以 "媒介暴力" 为关键词，检索到 832 篇文章。国内最早的相关研究文章发表于 2000 年。管晓静、刘碧莲在《浅议大众传媒的暴力化倾向对未成年人犯罪的诱导作用》一文中对媒介暴力的内涵与表现、电视暴力对未成年人的诱导作用、相关法律和行政规制等进行了概述。她们首次提出，借鉴美国的电影分级制度和技术手段，对儿童接触媒介暴力的行为进行限制。[1] 另外，孙玮、刘荣忠于 2000 年发表的《媒介是如何反映暴力现象的？——中美暴力新闻报道比较》第一次采用实证方法对报纸上的暴力内容进行分析研究。[2] 此后的研究大多是在这一框架和方法论的基础上进行补充。

专著方面，卜卫的《大众媒介对儿童的影响》（2002）一书第九章 "媒介暴

---

① 管晓静，刘碧莲.浅议大众传媒的暴力化倾向对未成年人犯罪的诱导作用 [J].政府法制，2000（6）.
② 孙玮，刘荣忠.媒介是如何反映暴力现象的？——中美暴力新闻报道比较 [J].新闻大学，2000（3）.

力的影响及其控制"对国外媒介暴力效果研究的成果进行了专门介绍和评述。①
龙耘的《电视与暴力——中国媒介涵化效果的实证研究》(2005)首次尝试以实证方式对电视的暴力内容进行分析,以量化形式反映电视暴力的指向和强度,以质化分析解释各项指标所蕴含的意义,建立了收视时间、受众差异和收视状态三个重要指标,通过对北京、上海、兰州三地的受众调查,分析电视暴力在观念、认知及态度层面对受众的涵化影响。② 这是中国媒介暴力效果研究的一次重大突破,并为后面的研究提供了可资借鉴的理论框架和研究方法。

王玲宁的《社会学视野下的媒介暴力研究》(2009)在汲取龙耘研究成果的基础上,将媒介暴力效果理论置于中国语境下进行验证和分析,着重讨论了视觉文化时代的影像暴力表达及对青少年的影响,极大地丰富了对中国媒介暴力的涵化效果研究。③

燕道成、黄果合著的《否定与重构:媒介暴力的伦理批判》(2013)从伦理视角来辩证地分析媒介暴力的合法性和非法性,在此基础上思考"重构"媒介暴力的手段和意义,从而消解其负面性。④ 这种"破中有立"、扬弃有方的思路,启发了笔者从性别视角来分析媒介暴力的研究路径,进而合理划分思考层次。

石义彬、彭飚的译著《媒介效果:理论与研究前沿》(2009)中有专门章节介绍国外的媒介暴力研究成果,该书同时指出:有关媒介暴力的研究结论存在很大争议,如有关统计的显著性、统计重要性和社会重要性等概念的相互混淆,以及无法测定媒介暴力和实际攻击行为的相关性指标和关系强度等。⑤

鉴于上述研究主要是从儿童和未成年人角度展开,因此,具体到媒介暴力与性别方面的议题,笔者搜集到的专著约有 20 种。例如,刘利群的《社会性别与媒介传播》(2004)是国内较早完整阐述社会性别与媒介之间的内在关系的学术著作,通过个案研究方法分析女性电视频道对当代女性生存环境和状态的影

① 卜卫. 大众媒介对儿童的影响 [M]. 北京:新华出版社,2002.
② 龙耘. 电视与暴力——中国媒介涵化效果的实证研究 [M]. 北京:中国广播电视出版社,2005.
③ 王玲宁. 社会学视野下的媒介暴力效果研究 [M]. 上海:学林出版社,2009.
④ 燕道成,黄果. 否定与重构:媒介暴力的伦理批判 [M]. 北京:知识产权出版社,2013.
⑤ [美]简宁思·布莱恩特,主编. 媒介效果:理论与研究前沿 [M]. 石义彬,彭飚,译. 北京:华夏出版社,2009.

响，这种研究范式为后续的研究提供了思路借鉴和框架参考；张敬婕的《性别与传播：文化研究的理路与视野》（2009）从媒介与受众两方面对性别与传播议题进行了个案研究和实证分析；梁巧娜的《性别意识与女性形象》（2004）分析了性别视角对于文学创作和女性形象的解读与批判；刘传霞的《被建构的女性：中国现代文学社会性别研究》（2007）对文学作品中的性别叙事和性别意识形态进行了深入阐释；王青亦的《制造性别：现代中国的性别传播》（2016）与梁巧娜、刘传霞的研究有异曲同工或响应唱和之妙，同时加入了对杂志、电影、女书、宣传画、广告等不同媒介性别传播偏向的具体考察；苏·卡利·詹森（Sue Curry Jansen）著、曹晋翻译的《批判的传播理论：权力、媒介、社会性别和科技》（2007）从哲学思辨角度开展分析，以专题形式研究了国际新闻、体育运动、人工智能、科学和信息等领域存在的社会性别不平等，内涵丰厚，见解独到；凡·祖伦（Liesbet van Zoonen）著、曹晋等翻译的《女性主义媒介研究》（2007）对媒介文本中的社会性别编码和"男性凝视"的问题进行了深刻剖析；此外还有关于社会性别研究和女性主义理论的著作若干种，囿于篇幅，难以尽言，笔者将在参考文献中一一列出。

至于论文，笔者"以媒介""暴力""性别"等为关键词在中国知网上进行了检索，发表时间自 1990 年开始，截至 2021 年 5 月，得到相关记录 2000 余条，经过关键词和内容摘要过滤，剔除无相关性以及关联度不高的论文，得到192 篇相关文献。通过阅读分析，笔者发现这些论文的主题可归纳如下：①媒介中的性别歧视；②女性受众分析；③女性话语权的争取和获得；④女性的性别角色；⑤女性在媒介中的刻板印象；⑥家庭暴力的媒介报道研究；等等。以"符号暴力"为关键词再度检索，获得相关记录 126 条。剔除无相关性的论文，筛选获得 71 篇有较高相关度的文章，包括单篇论文、硕博士学位论文等。通过对这些文献资料的阅读、消化和整合，笔者发现符号暴力作为媒介暴力的内涵之一——隐性暴力和象征暴力，有关它对女性和包括女性在内的社会弱势阶层的作用和影响的专题研究目前尚不多见，因此本书的研究具有一定的创新性。本书立足于媒介批评和女性主义研究的交叉领域，研究观点和研究思路体现了鲜明的跨学科色彩，具有深化既有研究和启发后续思考的作用。

第二节 媒介暴力、性别政治及其他

一、媒介暴力与性别政治

与现实社会中使用武力或攻击性行为的暴力有所不同，媒介暴力实际上是一种虚拟暴力，它可能会对人们的认知、心理和行为产生某种不良影响。媒介暴力还有另外一层含义，即指媒介利用议程设置和话语霸权造成的对个体或群体的伤害。根据这一定义，媒介自身也有可能成为"施暴者"。文化是政治的表征。媒介暴力对于女性群体的影响，有可能在公共领域形成或隐或显的"性别政治"。

女性，往往是性与暴力指向的最终客体。而性与暴力又是媒介极力表现的内容，并因此成为媒介暴力的体现之一。就像刘青亦对媒介和女性之关系的分析：

> 一方面，现代传播媒介的兴起提供了让女性从家庭的私密空间走入城市公共生活的机会；另一方面，百年中国发展历程中的媒介工具化——起初的政治化和宣传化，继而改革开放后的迅速商业化——使得女性从一个被（男性）禁锢的组群转变为男性观看和凝视的客体。因之，对于性别的建构来说，媒介及其传播就如同一把达摩克利斯之剑，既为其带来了解放的可能，也赋予了它新的束缚和枷锁。[①]

一方面，大众传播有助于知识和技术向女性群体扩散，帮助更多的女性实现独立自主；另一方面，女性也有可能受到媒介文化的不良暗示和观念控制，在走向现代化的过程中又逐渐出现观念的"异化"，从而沦为被媒介暴力裹挟的对象。因此，本书旨在通过文本及内容分析、案例分析、话语研究等手段，深刻揭示媒介暴力对女性的性别规训、权力宰制和"象征性歼灭"的途径与机制。通过揭示、反思与批判，试图说明这种以符号暴力形式对女性群体进行的文化规训和观念驯化，助长了性别压迫或制造女性劣势的偏见，它使"厌女主义"这

---

① 刘青亦. 制造性别：现代中国的性别传播 [M]. 北京：社会科学文献出版社，2016：2.

一陈规陋俗从未在我们的文化土壤中得到彻底清算和根除，甚至在某种程度上加深了性别不平等的程度。这种历史的倒退值得我们警惕和反思，中国社会实现性别平等仍然任重而道远。

在理论依据和方法论上，本书重点借鉴了"媒介与社会性别研究"这一流派的观点和方法。在媒介研究中引入社会性别的视角，"为了描述和说明某个事物的社会性别状况，衍生出了'性别化'这个操作框架，用以说明某事物如何呈现、如何实践社会性别。在传播学的研究领域，将'性别化'的研究框架代入传播议题，通过分析男女两性在传播语言、传播关系、传播内容、传播方式等方面存在的不平等现象，全面地梳理传统的传播学研究中普遍存在的性别差异与性别歧视"[①]。媒介与社会性别研究批判的核心问题是媒介内容再现的男女性别刻板印象、媒介机构再生产社会结构与性别歧视的机制，以及媒介如何通过对受众的信息控制（议程设置）来发挥形塑社会规范与生活价值观的功能。通过媒介这一意识形态工具，大众传播中出现的"性别关系刻板印象化""社会性别阶层化"以及社会性别歧视在媒介再现中针对女性的符号暴力和话语暴力，对女性社会身份和政治地位压制而产生的"性别政治"和"认识论暴力"，在社会意识和权力结构中建构了女性作为"弱者"的身份和男性暴力的"受害者"形象。

这既是一种性别压迫，也能够产生一种阶层压迫。在女性群体内部有意识地制造群体分化，"白富美""白骨精""人生赢家"和"打工妹""家庭主妇""拜金女郎"之间越来越缺少共同意识和共同利益，这种鼓吹同性竞争的分化策略消解了女性之间"同仇敌忾"和"姐妹结盟"的可能性，而更多地渲染"女人何苦为难女人""防火防盗防闺密"以及职场内斗的戏码。从十年前的《宫心计》《金枝欲孽》，到近几年的电视剧如《甄嬛传》《如懿传》《延禧攻略》，以及 2018—2019 年大热的古装剧《知否知否应是绿肥红瘦》，这些轮番上演的宫斗剧、宅斗剧，吸引了大量的女性受众，一时间成为现象级的 IP 大剧，而剧中充斥的"同性相斥"或者说"同类相残"的观念论调，破坏了女性之间亲密的同伴关系，让女性在身体和心理上更大程度地依附于男性。2020 年，网络上更是出现了"雌竞"这个流行语，用来描述女性之间为了争夺男性关注和"宠爱"的

---

① 张敬婕. 性别传播研究的本体之辨 [J]. 妇女研究论丛，2015（1）.

竞争，并且用父权视角来要求其他女性服从于"男性凝视"的规训。这种意在"鹬蚌相争，渔翁得利"的分化瓦解策略可以说非常奏效。现实生活中，妇联组织和其他女性团体的群众影响力在逐渐变小，这是一个值得反思的趋向。

从研究议题的社会背景来看，1978 年以来的经济改革和建立市场经济的社会实践，使经济成为生活的重心，中产阶层应运而生。"本来，中国的经济体制改革是力图解决中国基本的社会矛盾，即人民日益增长的物质文化需要同落后的社会生产力之间的矛盾，而至今的结果是，一个想从社会结构上'去阶级、去差别'的社会变成了一个由不同社会阶层组成的社会，'去阶层'反而变成了'阶层化'。"[1] 在考察媒介暴力影响的过程中，研究者也注意到：处于社会弱势阶层的底层女性更易在媒介暴力中受到性别与阶层的双重压迫。

此外，还有女性群体分化的问题。改革开放以来，伴随着经济身份和经济利益的多元化，原来的工人群体、农民群体内部出现了身份的分化，如国企工人、私企工人、下岗工人、农民企业家、工矿企业主、小富即安的普通农户、打工农民、进城农民、失地农民，这在中国女性这个群体当中也有所体现。比如农村妇女，她们原来整体性地没有出路，缺少发展机会，现在以"打工女"的身份走出乡村进入城市，选择机会多了，也普遍比过去富裕。而原来受惠于集体主义大锅饭的国企职工中，很多女工下岗了，生活无着；还有一些农村女孩通过接受高等教育而彻底摆脱了农村身份，不但进了城，还进入国家机关、高等院校、研究院所、医院、法院等，成为知识界乃至政治界精英。"妇女在改革中产生了分化，体制外的人获得了较多机会，原来最少享受'妇女解放'的，比如个体户、打工妹、城市无业妇女……这些最没有社会保障的人反而机会多了。"[2] 经济身份和利益的分化，使得今天中国女性的发展无法按照同一个模式进行，受地域和个人因素的影响很大。经济发达地区的女性，尽管不断面临新问题或者在私企里备受剥削，其生活水平和自主程度仍然普遍高于经济欠发达地区和在传统行业中谋生的女性。现实语境如此，这恰恰说明："全球化过程中出现的妇女问题，与现有的认识模式可能有很大出入，因此不能简单地放在

---

① 曹晋，赵月枝. 传播政治经济学（上）[M]. 上海：复旦大学出版社，2007：53.

② 李小江. 女性乌托邦：中国女性／性别研究二十年 [M]. 北京：社会科学文献出版社，2016：75.

'现代'或'后现代'的价值水平上判断是非。认识立场的不断置换以及价值标准的相互转换，可能是我们认识全球化过程中妇女地位变化和女性/性别问题的一个重要方法。"①纵观中华人民共和国成立以来的女性问题及其在媒体议程中的表现，可以清晰地勾勒出"女性解放—女性发展—两性平等"的性别政治演进脉络。

二、媒介暴力与女性主义

女性主义是西方影响甚大的理论流派，覆盖了社会学、文学、哲学等多个学科领域。自20世纪80年代女性主义被引入中国以来，其相关研究在中国经历了三个发展阶段。②

第一阶段：20世纪80年代初到1994年。该时期是妇女问题的呈现阶段，社会上发起了一系列关于"男性气质""女性气质""妇女回家""全职太太"等话题的讨论，涉及女性就业和婚姻家庭等方面的突出、敏感问题。

第二阶段：1995—2000年。标志性事件是1995年在中国北京举办的联合国第四次世界妇女大会，女性研究领域随后掀起了一波高潮。这个阶段的研究特点是：思想空前活跃，广泛吸纳国外理论并展开反思，推动了国内针对"女性权益保护""女童教育""反对就业性别歧视"等现实问题的讨论，女性主义研究也逐渐成为"显学"，并汇入主流研究。

第三阶段：2000年至今。这一时期，社会性别理念得到广泛采纳，性别视角逐渐被纳入各类社会科学研究领域，各种理论交叉概念开始出现，并取得了丰富的研究成果，推出了相关的教材。佟新在归纳中将其称为"社会学问题性别化阶段"③。女性主义在理论建构上可以被视为女权主义的知识社会学，2007年"中国社会学会妇女/性别社会学专业委员会理事会"的正式成立，宣告这一学科走向了社会学界主流。

"女性主义"作为一种独特的理论视角和社会运动，自20世纪六七十年代

---

① 李小江.女性乌托邦：中国女性/性别研究二十年[M].北京：社会科学文献出版社，2016：72.

② 根据佟新教授论文中的相关论述整理。参见佟新.30年中国女性/性别社会学研究[J].妇女研究论丛，2008（3）.

③ 佟新.30年中国女性/性别社会学研究[J].妇女研究论丛，2008（3）.

以来，在全世界引发一波又一波浪潮。西方女性主义者无论是对父权制展开抨击，还是关注性别与社会政策的博弈，以及社会政策体现女性主义的程度和表现，抑或是讨论堕胎、公平就业机会、家庭暴力以及性骚扰问题等，经常调用的是西蒙娜·波伏娃（Simone de Beauvoir）、朱迪斯·巴特勒（Judith Butler）等女性学者的相关理论，她们也成为女性主义运动中公众耳熟能详的名字。但是，"第二性"理论把女性作为相对于男性的"第二性"的视角，从而建构起"她者"的概念，反而越发标示出女性作为从属者的性属身份。在中国经验中，1919年五四运动以来，女性解放被整合进民族解放、国家独立和新政权建设的宏大话语中，百余年间，中国女性先后经历了解放者、革命者、生产者、建设者、消费者的身份转换。尽管随着中国女性经济地位、社会参与程度、受教育水平的提高，以及法律政策方面保障支持力度的加大等，女性的身影和话语逐渐活跃于社会生活的各个方面——包括政治、经济、金融、军事、航天、科技等以前被认为是男性主导的领域，但出现在大众媒介视野和话语中的女性形象与女性活动，或多或少仍然带有男权意味的评判与视角。具体表现为：在公共领域将女性边缘化，在经济领域将女性商品化，在文化场域将女性物化，社会观念与传统文化中性别歧视和厌女主义的幽灵时时游荡在媒介文化中，在各种霸屏的影视剧中"借尸还魂"。因此，从性别视角对媒介暴力进行批判，具有很强的理论关切和现实意义。

尽管女性主义思想对文化现实具有很强的批判性，但大众媒体上仍然充斥着对女权主义者的指责和诋毁，如：在媒介作品中大力鼓吹和赞美"女性气质"，塑造充满女性魅力的正面形象，而对于那些追求独立自主、崇尚女性主义的人进行抹黑、贬低或歪曲的再现，丑化其形象，并且把一切呼吁女性权利的主张都替换为"女权"的概念，加以讥讽和嘲弄，对男权意识加以肯定赞美，对抗争者、"越轨者"则不遗余力地加以挞伐，或者强行给她们安排一个悲惨的结局，蓄意挑动性别对立的"两性战争"。媒介（尤其是网络和社交媒体）用这种污名化策略对大众进行日复一日的灌输洗脑，使之认同既有的价值秩序和性别规范。这已经成为削减女性主义社会影响力的一个重要手段。这种符号暴力对那些尚处于观望之中，犹豫着要不要踏入女性主义和妇女运动领域的女性产生了明显的影响。如对女大学生来说，作为知识女性，她们虽然对女性主义的目标和议题保持着密切的关注，甚至热衷于在论文中频繁地引用女性主义理论，她们本该成为现代女性主义运动重要的推动力量，但是因为畏惧大众媒介的污名化压力，而拒绝被贴上"女性主义"或"女权主义者"的标签。

有一个现实的例子可以说明这点。2018年6月，笔者带领学生团队参加第三届中国数据新闻大赛。有一个参赛作品《董小姐的一生》，内容是以可视化的形式，反映一个受过高等教育、家境小康的年轻女性，虽然有满腔理想和文艺情怀，却不得不屈从于父母和周围人"逼婚""催生""相夫教子"的舆论压力，放弃了自己的梦想而全身心奉献家庭、碌碌一生的经历。这个作品体现了现代女性对个人命运和性别平等的反思与追问，具有一定的现实性和启发性。但是，上台进行展示的同学，开口第一句话就是："我们设计这个作品来反映女性的生存现状，首先要声明一点，我是女生，但不是女性主义者。"从这句话里，笔者看到，社会观念中对女性主义的污名化何其严重，"女性主义者"不再具有进步和民主的色彩，而变成了一种身份耻辱，这种话语贬斥形成了布尔迪厄所言的"象征暴力"，以及盖伊·塔奇曼（Gaye Tuchman）所谓之"象征性歼灭"，使人们对女性主义的理论主张、价值诉求、民主目标和政治信仰望而却步，或者对其具体内容浅尝辄止，以至于出现各种误读。这个问题不能不引起研究人员的警惕和反思。澳大利亚女性主义学者谢菲将媒体对女性主义的种种表述加以总结：作为一种转变的意义；作为一种不断变化的社会形态；作为一种政治；作为一个生产基地。[1] 她的研究聚焦于媒体、女性主义政治和消费文化以及它们彼此之间的关系，其部分观点可以作为我们研究中国媒介语境中媒体与女性主义关系的有益参照和借鉴（详见第二章相关论述）。

三、性别化的暴力和弥漫的不平等

"性别化的暴力"这一概念，主要来自1993年联合国《消除对妇女的暴力行为宣言》中的定义："任何对妇女身体的、性的和心理上的伤害，包括威胁、强制和剥夺自由的行为，无论发生在公共场所还是私人生活中，均属于性别暴

---

① [澳]凯萨琳·谢菲.丛林、性别与澳大利亚历史的重构[M].侯书芸，刘宗艳，等译.桂林：广西师范大学出版社，2010：123.

力。"① 针对女性的暴力活动在世界各国广泛存在，如女性割礼、家庭暴力、拐卖、殴打、强奸等。据统计，25%的美国妇女会成为强奸案的受害者，但只有36%的强奸案被曝光。在中国，虽然法律上规定对强奸行为、性虐待和性骚扰行为予以严厉制裁，但是对此类性犯罪的社会控制并不尽如人意，表现在报案率低，取证、立案、定罪困难，缺少对受害人的救助补偿机制等。女性受害者还会因为性别偏见而受到人们的歧视和社会排斥。家暴行为的屡禁不绝，拐卖妇女和女童的案件破案率低、解救工作困难，等等，此类性别化的暴力，严重侵害了女性的合法权益。

美国传播学者伍德曾经指出：只有一个社会容许或认可时，暴力才能普遍存在。她认为，正是媒体产品中存在大量对女性施暴的内容且人们对此习以为常，才让人形成了一种认知：男性拥有对女性施暴的权力，而女性只能对性别暴力逆来顺受，将其归结为自身命运的不幸。媒介暴力中对于性别暴力的再现或建构，反映了文化价值观和社会对两性角色及男女关系的定义。

女性主义研究者对于强奸议题颇为关注，认为社会性别与传播之间主要是一种文化的关系——关注意义与价值的协商。大众媒介是社会性别意义协商的重要场域。体现在媒介文本层面，在大众媒介编码与解码的过程中，传播者和受众都参与了意义的建构。凡·祖仑考察了色情与新闻意识形态的论题，认为色情新闻反映了男性对女性的控制，也是对女性的一种暴力形式。这种认知已经触及媒介暴力中性别暴力的核心本质。因此，"强奸文化"或者像莎伦·马库斯（Sharon Marcus）所说的"强奸脚本"（指媒介对强奸行为的再现或刻画）的书写，反映了一种社会性别意义上的抗争，它也因此成为性别政治的一种表现形式。2017年，日本女性伊藤诗织召开记者发布会，控诉遭到日本TBS电视台华盛顿分局原局长山口敬之的强奸。她在报案、取证和指控山口的过程中，遭遇到二次伤害，通过自己的努力抗争，揭开了日本的法律"黑箱"对强奸行为的包庇纵容，以及对性侵受害者的压制、污名和"围剿"。她的经历被拍成了一部名为《日本之耻》的纪录片。在"伊藤诗织事件"后，日本政府修改了关于性犯罪

---

① 蒋永萍.基于性别的暴力：中国的认知与考量[M]//林建军.反对针对妇女歧视与暴力的跨学科研究.北京：中国社会科学出版社，2020：33.

的法律，为受害人提供更多的保护，便利店里也取消了色情杂志的售卖。

在我国现行法律中，2021年1月起施行的《中华人民共和国民法典》（下文简称《民法典》）中明确规定了性骚扰的违法责任："违背他人意愿，以言语、文字、图像、肢体行为等方式对他人实施性骚扰的，受害人有权依法请求行为人承担民事责任。"《中华人民共和国妇女权益保障法》第40条规定："禁止对妇女实施性骚扰。受害妇女有权向单位和有关机关投诉。"第58条规定："对妇女实施性骚扰或者家庭暴力，构成违反治安管理行为的，受害人可以提请公安机关对违法行为人依法给予行政处罚，也可以依法向人民法院提起民事诉讼。"《中华人民共和国刑法》第237条规定："以暴力、胁迫或者其他方法强制猥亵他人或者侮辱妇女的，处五年以下有期徒刑或者拘役。"因此，媒介关于性骚扰或强奸事件的报道，基本上都是在法律框架下明确认定侵害人的违法责任。但是在对受害人的隐私保护等报道伦理方面，依然有可商榷之处，这也构成了我们讨论性别化暴力的现实基础。

四、媒介暴力的手段：喧哗与失语

汉娜·阿伦特（Hannah Arendt）在关于暴力的思考中，清晰地指出了暴力具有工具性的特点。在媒介暴力中，它表现为双重策略，即对弱势女性的悲惨处境、困窘现状或厌女主义意识形态的无底线暴露和肆意滥用，以及对女性问题的社会根源和真实本质采取视而不见、集体失语的方式，遮蔽公众对女性真实处境和问题根源的认知。笔者在后文中将以个案研究的方式来具体呈现这一问题。

学者李小江把中国女性的发展问题归为两种类型：一种是中国社会在转型过程中出现的一些特殊问题，另一种是发展中国家普遍存在的妇女发展问题。[①]再进一步分析这两类问题，第一类基于中国妇女解放的历史背景，即中国妇女的"解放"主要是民族革命和社会主义革命的结果，是在中国女性主体意识尚未觉醒、社会生产力和人民生活水平普遍低下的情况下，通过国家立法"自上而下"超前实现的。女性群体必须面对共同的问题，如：社会与家庭双重角色的紧

---

① 李小江.女性乌托邦：中国女性/性别研究二十年[M].北京：社会科学文献出版社，2016：53—55.

张、女性主体意识的觉醒、如何投入和参与革命与生产等。这在众多文学作品、影视剧和新闻报道中塑造的"新女性""革命妇女""女劳模""女强人"的媒介形象和政治话语得以突出和反映。第二类是在社会改革中涌现出来的新问题，比如妇女就业困难、家庭暴力增加、离婚率上升以及性骚扰和色情陪侍等。这些问题在世界其他国家（包括发达国家）广泛存在，于社会主义体制中的女性却是新鲜事。这些问题源远流长，无不根植于传统的父权制社会，在资本流通的市场经济中死灰复燃。20世纪80年代以来关于"女性回家"等一系列话题的社会讨论，让我们看到即使经历了翻天覆地的革命运动，女性命运与国家、民族命运绑定在一起，女性在政权动员下进入社会和政治领域，但是摧枯拉朽的革命力量并没有真正清算私领域中的家庭生活和两性关系。只不过夫权家庭的权威性被父权性质的国家所取代，并将这种父权色彩投射到单位、组织、社会机构以及主流文化中。女性将对家族、对男性的依赖转向了对社会（主义）、对国家、对单位的依赖，有了自食其力的经济条件却缺乏独立自主的主体意识，在思想上、精神上特别是在情感上，仍然长久地停留在旧时代。"父权文化传统在'平等'的社会环境中原封不动地保存下来，至今没有得到必要的清理。……难怪改革中稍有风吹草动，总有男性学者假借'社会'之名动员妇女回家。"①

在媒介对女性问题的再现和讨论中，现有的媒介与女性研究一般从女性形象的媒介呈现出发，批判性地阐释女性在当代媒介中被忽视、存在刻板印象以及存在性别歧视等现象，并从职业、体制和社会文化等角度对此作出深入批评。②有人则从媒介的传播偏向角度出发，认为女性的媒介形象呈现是由国家、政治和经济的宏大叙事决定的，同时，宏大叙事不但"决定"女性形象的生产，还会主动制造社会性别的认同。③1995年联合国第四届世界妇女大会召开后，国内为响应国际上女性主义的"发展"话语，政界、学界以及大众媒体都大幅度地向女性倾斜，对处于生存困境中的农村妇女和弱势人群予以特别关注，却忽视了已经发展起来的知识群体或职业群体，在话语乃至语言陈述中，"中国女性"的面目不是清晰而是更加模糊了，处于整体性失语的困境。曾经，中国妇

---

① 李小江. 女性乌托邦：中国女性 / 性别研究二十年 [M]. 北京：社会科学文献出版社，2016：25.

② 刘利群. 社会性别与媒介传播 [M]. 北京：中国传媒大学出版社，2004：153-170.

③ 王青亦. 制造性别：现代中国的性别传播 [M]. 北京：社会科学文献出版社，2016：4.

女的话语消失在"阶级斗争"的历史洪流中；如今，再次失落于父权中心的强大语境中。"干得好不如嫁得好""女性的成功不在于事业上取得多大的成绩，而是家庭美满"，这一类的话语不但在媒体中甚嚣尘上，在公共场域也时有耳闻（在两会这样的场合中，也有代表公然宣称"女人应该回家，把就业岗位还给男人以缓解就业难问题""房价高是丈母娘推高的"，这样的荒唐言论还能在媒体上发表出来）。女性角色在消费社会的"闪亮登场"，实际上遮蔽了事实上在日常生活方面和宏观政治领域中存在的两性不平等。这些无所不在的符号暴力，以"话语制造"和"潜移默化"的方式把历史传统和现代化转型中对女性的厌弃和压制变得"正常化""合法化"，对于应该反思、清算和扫除的父权制文化残渣和厌女主义幽灵则缄默不语，其代价则是要每个女性以自己的个性和人生去偿还，导致中国女性在"现代化"的道路上负重前行。

在研究视角上，本书主要以批判性视角反思媒介暴力对女性刻板形象的建构和性别政治所生产的女性依附性意识形态。通过对国内外相关成果的综合归纳消化，梳理该研究领域的起源、研究历程和主要的理论成果，厘清其研究思路和研究方法，总结其得失，并结合近年来国内外研究在该领域的进展与突破，在不同层面提升媒介暴力研究的广度和深度。在研究对象上，本书主要从话语和权力的相互关系角度出发，研究媒介暴力叙事"以显而隐"确立的"性别政治"对女性的制度性压制和话语阉割，通过具体的个案研究来剖析媒介暴力对女性的生存状态和社会文化生态的影响。另外，性别化传播一方面以涵化方式日积月累地灌输和塑造社会性别秩序，另一方面也通过对典型事件和典型人物的"述行"，如对"大妈""剩女""孕妇跳楼"和强奸、性骚扰事件受害人等弱势女性的话语制造，揭示媒介暴力如何对其进行形象贬损和制度性羞辱，从而揭示媒介暴力对底层女性在性别和阶层上的双重支配与剥削。

第三节　研究方法概述

本项研究属于典型的跨学科研究，其理论和研究方法来自社会学、传播学、语言学、心理学、政治学、伦理学、设计学、统计学等诸多学科，虽然看似驳杂，但在"社会性别"与"话语实践"这两个主题的统摄之下，各取所需，含英咀华，集腋成裘，最终融其理论精华于一炉，完成了性别视角下对媒介暴力独出机杼的研究。在本书中，多数时候"性别"仍然等同于"女性"，但这属于权宜之计。毕竟，男性作为社会主流话语与意识形态的中心主体，当表达男性主张与诉求时，并不需要借助"性别"这一标签来吸引关注，从而建构公共议题。这种舆论策略上的迂回，事实上证明行之有效，因而也为笔者提供了折中之道。

一、批评性话语分析

批评话语分析主张语言是一种社会实践，它通过语言形式介入社会生活，表达并维护着社会秩序和意识形态。因此，它旨在通过对语言的功能和意义的分析，探究社会机构中隐含的歧视和偏见——尤其是当语言涉及种族、阶级和性别等话题时，从而揭示语言背后隐藏的社会语境、权力和意识形态之间的关系。新闻话语更是其中有代表性的文本和社会实践。笔者选取了有代表性的媒介文本，如2018年发生的"奔驰女维权事件"和"刘强东涉嫌性侵事件"，对比这两个事件及相关报道文本，通过对语料和典型文本的批判性话语分析，寻找其中隐含的男性霸权意识和厌女主义表征，从而揭示性别话语在社会实践中建构和争夺的过程。

二、案例分析

案例分析有助于我们通过对个案的抽丝剥茧，窥斑知豹，借助一个典型的"样本"，我们得以了解某个社会实践与社会现象所具有的普适性意义。笔者试图廓清性别暴力如何在媒体中呈现及建构的问题，选择了较为敏感的"性侵"和"职场性骚扰"问题，而与之直接发生关联的就是2017年在美国好莱坞发起、随后席卷全球的#me too事件。笔者以此作为典型案例，深入探讨社交媒体集体声讨的反性骚扰运动中针对女性的性暴力活动所蕴含的性别政治意味。从主体性与媒介互动的角度，探讨了女性耻辱界定和受害者污名化的社会根源。关注女性的身体、创伤记忆、羞耻感以及话语权建构，成为笔者考察女性主体性地位与意识的重要出口，体现了从身体经验到社会经验的实践反思。

三、内容分析

笔者选择特定事件的媒体报道，对其内容进行量化分析，以数据和可视化图表来揭示媒介话语如何以貌似客观公正的报道，实则强化了女性的刻板印象，以及隐含其中的男权思维和性别歧视。媒介日复一日地强化和输出，将某些原本不合理、不公正的性别问题以误识的方式，让人们接受了它们存在的合理性。这种符号暴力弥漫于社会语境中，悄无声息，人们习焉不察，长此以往，构筑了对女性意识麻痹和支配的"无物之阵"。只有通过内容分析，才能在文本中发现种种端倪与破绽。因此，只有在洞察媒介话语的真相，破除了种种媒介神话后，女性才能意识到发出女性自己的声音的重要性。

四、文本挖掘分析

在量化研究中，本书采用了 Echart、Excel、镝数、八爪鱼和图悦等数据分析工具，进行数据搜索、爬取、分析和可视化呈现，试图将数据分析思维融入社会科学研究，研究样本则来自网页、微博、推特（Twitter）、知乎社区等各个网络社区和移动客户端。通过对大量媒体数据的搜集、整理和分析，笔者试图寻找和归纳媒体议程设置的规律、公共舆论的走势，以及个人与社会之间互动的路径和传播效果。笔者使用计算方法分析海量文本，对传播文本进行中观和宏观层面的客观描述，以求准确地概括传播内容的特征和效果。另外，通过对报道文本的情感分析，笔者也想洞察用户在媒介信息使用和自我表达中情感倾向的变化。从这种情绪和情感的变化中，我们既可以感知媒介信息在用户认知和态度方面产生的影响，也可以清晰地捕捉到从个体表达到群体反应的路径和情感共振。这种影响在近年来许多热点事件中都有所呈现。

当然，质化研究仍然是本书的基调。特别是在整个研究的后半部分，笔者分别从时间、空间、情感和技术的维度，分析性别化的媒介立场如何在社会的各个维度得以体现和扩张，因而更多地借用社会学和哲学思想，反思传播的技术结构如何影响社会文化变迁。

从广义上说，这些社会维度都有其媒介体现。因为媒介如今已经日益渗透到我们的日常生活和社会活动中，很多通信技术和社会治理技术也都以新媒介的面目出现在我们的身边。因此，媒介话语就是社会话语的投射和实践。当我们言及媒介暴力时，殊不知，一种更深层次的符号暴力正逐渐取代现实暴力，成为权力实施和社会控制的有效方式。当其聚焦于性别这一社会话题时，传统与现代、压制与解放、从属与独立等各种元素互相冲突，在转型时期的中国社会表现得十分明显。美国历史学家琼·瓦拉赫·斯科特（Joan Wallach Scott）认为："'性别'是一种隐蔽的社会建构产物，它不是中性的事实，而是关系性产物。与其他社会关系以及身份属性——阶级、国别、宗教、年龄类似，性别也是认知和评价女性在整个社会、政治、经济、文化系统中基本境遇的主要分析范畴之一。"[1] 过去，在父权制意识形态的遮蔽下，女性的主体性问题长期都是在"沉默的螺旋"下消失或噤声的无效话语。所有个人层面的女性问题实际上都可以在父权制社会和男性中心思想中找到源头，如家暴问题、就业歧视、职场中的性别隔离和政治角色的配额制等等。而女性作为经济建设和社会参与中的重要力量，其现代意识的塑造、平等权利的实现对于推动中国的现代化转型具有重大作用。因此，从社会性别的角度来探察媒介暴力，其理论意义和现实意义深远。它已经不再局限于媒介效果或媒介伦理的领域，而是在中观和宏观层面更为关注人的全面发展、性别平等和社会公正。

---

① Scott J W. Gender : A useful category of historical analysis[J].The American Historical Review，1986（5）：1053−1075.

　　　　无物之阵：多维视角下的媒介暴力与性别公正

第二章

从文本到话语：弥散的符号暴力

身为女人，今天该如何成为一个独立的人和真正意义的人，这是她们面临的特殊难题。

——西蒙娜·波伏娃：《第二性》

多年来，笔者致力于思考和追问媒介暴力现象，试图回答这样一个问题：在传播行为和媒介视域中，它作用的对象以及发生的后果如何？现实中的暴力行为往往指向被视为弱者的群体，如儿童、女性、老人、贫民和平民等，由于强弱力量对比悬殊，暴力的后果越发放大，权力的不平等性越加凸显。但是，本书并非从政治学或法律范畴来讨论暴力问题，而是把研究焦点放在性暴力事件中的主要客体对象——女性身上，包括女性的个体遭遇和共同体经验。这些个体遭遇和事件，长时间以来一直处于当事人三缄其口、秘而不宣的状态，偶尔以社会新闻的方式占据媒介版面一角，随即便隐没无闻。

现代性是现代哲学的一个中心问题。工业革命和科技革命的直接后果，就是传统社会向工业社会也即现代社会转型。而现代性的核心问题是人的现代性。在启蒙时代，笛卡儿等一批启蒙思想家将理性视为现代性的主要特征，认为理性是人类思想的基础和本源。理性与非理性的对立，成为现代性危机的肇始。在哲学家眼里，女性是缺乏理性的。如德国哲学家叔本华因为对母亲的憎恨，而对女性群体充满厌恶。他在其哲学名著《作为意志和表象的世界》中，虽然把世界的本质归结为意志，但是对于人类的欲望本能——生命意志和生殖意志则充满嘲讽之意。他认为，女性应对生殖欲望驱动的人生骚乱与痛苦负有不可推卸的责任。她们引诱了男人的性冲动，而就此套上了情欲的枷锁——无论是爱情还是婚姻，包括生殖在内。他轻视女人，认为女人毫无理性头脑：

> 只有那些被性冲动冲昏头脑的男人才会把那些矮小、窄肩、宽臀、短腿的人称为女性，因为女性的一切美好都是伴随着男人的性冲动出现的。我们不说女性美丽，因为我们有更多的理由认为她们其实并不美。不论对音乐、诗歌、还是对艺术，她们都不敏感。如果她们为了取悦他人而假装敏感，那么，她们只会沦为他人的笑柄……她们不会对任何事物产生纯粹客观的兴趣。即使是她们中最杰出的知识分子，也从来没有在艺术领域取得过真正具有原创性的成就，也从来没有在任何领域留给世界具有永恒价值的作品。①

叔本华认为，正因为女人缺乏理性，所以"永远不能让女人独自处理她们自己的事情。男人应该对女人警醒切实地监督，不论是以父亲的身份，还是以丈夫、儿子或者国家的身份（印度正是如此）。对那些非她们亲力所得的财产，不能让她们全权处理"。②叔本华的学说为父权制和厌女主义提供了理论依据。我们可以在历史文献和文学作品中看到，对女性的禁忌、排斥到控制无孔不入；日常生活、宗教仪式、文化观念、制度规范，"不厌其烦"地对女性实施性别控制。贬低、矮化、禁锢女性，否认女性的理性特质，是19世纪以来厌女主义的主要思想体系。

不同于叔本华，尼采看待女性则是盛赞她们的母性，而对女权主义不屑一顾，认为所谓女权运动、女性解放运动反而使女性失去了权力和地位以及女人味。他认为："唯有男人味十足的男人，才能拯救女人的女人味。"所以，在尼采看来：

> 男女平等是天方夜谭，因为男性与女性之间的冲突是永恒的，没有斗争的胜利，就没有和平——唯有一方成为另一方的主人，和平才会降临。男女平等会带来危险，即使平等了，女人也不会满足。其实，

---

① [美]威尔·杜兰特.哲学的故事[M].蒋剑峰，张程程，译.北京：新星出版社，2013：268.

② [美]威尔·杜兰特.哲学的故事[M].蒋剑峰，张程程，译.北京：新星出版社，2013：269.

女人从属于男人便已心满意足，只要这位男人是个真正的男人；毕竟，女人的完满和幸福系于她们的母性。①

韦伯（Max Weber）等认为，理性是现代性的核心，福柯（Michel Foucault）的现代性思想的核心是权力。关于权力，马克思曾经从政治经济学的角度对其进行过深刻批判，指出人类社会的革命源自生产力与生产关系的矛盾，揭示了资本的本质和力量，这是从宏观视角对权力进行的批判。福柯则是从身体—权力的关系出发，剖析了微观权力的生产，并指出这种权力是"不可见的"，它渗入日常生活，"如水银泻地一样，权力得到具体而微的实施"。② 身体的规训技术、知识与话语转化为一种权力，运用监视和控制，社会成为一座"全景敞视监狱"。这样的认知可以说是一种洞见，让我们重新审视日常生活的意义，以及那些习焉不察的事实如何以一种潜移默化的方式占据我们的符号世界、日常表达和心灵观念。

在马克思的批判观点中，现代性的危机肇始于经济，对剩余价值的无限剥削和资本的血腥扩张，生产了自己的强大敌人——无产阶级，使之成为"资本主义的掘墓人"。"经济基础决定上层建筑"固然是真理，但是人类社会和观念世界的发展不能全部归功或归咎于经济问题，文化在其中也占据着重要的位置。安东尼·吉登斯（Anthony Giddens）将现代性归结为三个层次，即制度层次、理念层次和态度层次。制度是表层，理念是深层，态度是人对自由的追寻。③ 当现代性越来越深入我们的生活时，对其弊病则不能不予以警惕。

女性的现代性是现代社会中的一个重要问题。但是厌女主义的思想传统像幽灵一样，游荡在我们的文化和观念里，渗透于社会制度和社会结构的各个方面，由此造成的对女性权益与自身发展的或显或隐的影响，从微观的日常生活、社会结构、社会观念到宏观的政策安排、权力分配等层面都有所体现，这种"弥散的权力"已经构成了对女性无所不在的隐性的暴力环境。

---

① [美]威尔·杜兰特.哲学的故事[M].蒋剑峰，张程程，译.北京：新星出版社，2013：342.

② [法]米歇尔·福柯.权力的眼睛：福柯访谈录[M].严锋，译.上海：上海人民出版社1997：158.

③ [法]福柯.福柯说权力与话语[M].陈怡含，编译.武汉：华中科技大学出版社，2017：253.

第一节 批判性话语分析视角下的语言暴力

语言暴力是媒介暴力的表现形式之一。所谓语言暴力，是指通过暴力性语言对他人或群体进行身心伤害。一些学者认为，语言暴力并不特指某种言语表达，与直接伤害他人身体的暴力不同，它是以伤害他人的情感、自尊等为目的，是一种精神和心理上的伤害。[①] 语言中的歧视与偏见构成了语言暴力的表达方式。

一、语言中的性别歧视

媒介在形塑个人的自我观念和社会观念的过程中，主要借助的手段就是符号。可以说，符号是形成认知的条件和工具。婴儿咿呀学语的过程，就是处于符号学习的阶段。婴儿通过语言的学习，开始寻找和建构自我与外部世界的关系。张口叫"爸爸""妈妈"，表明婴儿开始建立自己的社会关系（家庭中的亲子关系，与父母亲人的社会互动），形成认同和接纳的观念。不过，雅克·拉康（Jacques Lacan）所指称的语言，不是普通的用于交流的语言，而是和语言相关的某种社会关系和文化制度等。因此，拉康认为，语言的功能首先是"以父之名"建立与世界的关联。"那个名字，无论它多么模糊，都指明一个特定的个人——这是准确地通向人类环境的主要过程所在，如果我们必须说出某个人的成人时刻，我们会说，就是至少在那一瞬间，他进入某种关系。"[②] 语言因此就有了等级序列，父亲的名字——作为奠定社会秩序的权威名词，作为一种权威的符号象征，使儿童意识到他将要成为的那个人，将要继承父亲的位置。因此，父亲这个符号，其实代表着各种社会关系、各种文化和社会的因素。语言在这里不仅有了符号的意味，同时也有了性别的意味。

在男性占统治地位的社会中，语言被认为是男性创造的，女性则总是处于被男性审视的地位，被动地接受男性创造的语言。[③] 这种性别歧视现象在各种语言中都有所体现。英语的词汇和语法常常反映了男性统治的社会的态度——

---

① 李妍. 论语言暴力 [D]. 哈尔滨：黑龙江大学，2009：7.

② 杨雁斌，薛晓源. 重写现代性：当代西方学术话语 [M]. 北京：社会科学文献出版社，2001：159.

③ 莫爱屏，蒋清凤. 性别歧视语言现象的语用研究 [J]. 外语研究，2006（4）.

排斥和贬损妇女。[①] 从语言应用上来看，罗建龙从命名习俗、称谓形式的不对称现象、施动者名词和标记女性词汇、词序及所有格的不对称现象、描述女性的词语中所包含的贬义色彩、引起激烈争议的"he""man"的类属用法等六个方面归纳了英语中存在的语言不对称现象和语言偏见。[②] 汉字的造字法中更是把男性、女性的生理差异和社会化分工的意义都包括进去了，如"男"字，就可以看成是"在田里出力的人"，而对应的"女"字，就是一个屈膝、低眉俯首的形象。性别歧视也是维吾尔语中的一种客观存在的语言现象。沙吉旦木·艾则孜和布麦尔耶姆·艾克木在她们的研究中发现，在维吾尔族的经典著作《福乐智慧》中有明显的轻视女性的不平等的思想。比如，对女性的活动作出种种限制：

> 莫使女子与男子饮食同席，
> 杂居一处，便会败坏规矩。（4517）
> 莫要女子出外办理事情，
> 一旦外出，就把正路背离。（4518）
> 女子好似肉类，收藏非常要紧，
> 一旦保管不当，会腐败散发臭气。（4519）[③]

除了经典作品，口头语、文化习俗、谚语等也表现出一定的性别歧视。如维吾尔族流传着如下谚语："女孩是外人"，"女人——四堵墙的奴隶"，"男人的手里是坎土曼，女人的手里是饭勺"，"男人做事为土地，女人做事为丈夫"，等等。[④]

二、语言与权力

沙吉旦木等认为，语言作为一种用于人类沟通的符号系统，它表现出来的性别歧视现象并非语言自身的自然属性，而是在使用过程中，人们将社会观念、

————————

① Jennifer C，Cameron D.Women in Their Speech Communities[M].New York：Longman Inc.，1989.

② 罗建龙.性别歧视与女权主义在英语中的表现浅析 [J].福建外语，1992（Z2）.

③ 陈青萍.《福乐智慧》：古维吾尔人的健康智慧 [M].北京：中国社会科学出版社，2008：349-352.

④ 沙吉旦木·艾则孜，布麦尔耶姆·艾克木.维吾尔语女性语言与性别歧视分析 [J].现代商贸工业,2018（28）.

价值观念和思维方式赋予语言，使之染上了性别歧视的色彩。[1] 社会语言学家认为，语言是社会的产物。人、语言和社会之间存在互动关系，语言的变异和社会化结构的变异之间存在系统的对应关系。[2] 如此一来，当把性别差异作为语言变量来研究语言的社会功能时，我们可以看到，性别化的语言模式是存在的。受等级、阶层和性别等社会关系的制约，尤其是在反映两性关系时，语言也投射了以男性为中心的权力思想和性别歧视图景。从某种程度上来说，语言中的性别歧视构成另一种符号暴力，它在使用过程中不断生产男性话语霸权。社会观念和性别文化中对女性的种种歧视、偏见、贬斥和性别隔离等现象，正是这种符号暴力的体现。

第二节　语言暴力的表现形式及话语暴力的提出

一、语言暴力的定义和表现形式

（一）语言暴力的定义

语言学中对于语言暴力的定义，主要是指以书面形式或口语为载体，对"受暴者"进行精神上的语言攻击，造成心理上的伤害。[3] 从修辞上说，语言暴力可看作"言语行为主体为了自身或所属群体的利益而对敌对个体或群体使用詈骂、嘲讽、歧视、恐吓和诅咒的修辞行为"。[4]

有人则从语言特征的角度出发，对语言暴力作出界定："语言暴力指使用嘲笑、侮辱、诽谤、诋毁、歧视、恐吓等不文明的语言，致使他人精神上和心理上感受到痛苦或伤害。"[5]

有研究者试图挖掘语言暴力的深层内涵，认为语言暴力就是"使用不合逻辑或是法律规范的语言，孤立或者剥夺他人的某种权利，从而对他人造成伤害。

---

① 沙吉旦木·艾则孜，布麦尔耶姆·艾克木.维吾尔语女性语言与性别歧视分析[J].现代商贸工业,2018(28).

② 孙汝建.汉语的性别歧视与性别差异[M].武汉：华中科技大学出版社，2010：13.

③ 许婷婷.网络语言暴力研究[D].宁波：宁波大学，2015：8.

④ 李子娟.修辞视域下的网络语言暴力研究[D].徐州：江苏师范大学，2017：7.

⑤ 宋晓俐.教师"语言暴力"击中立法软肋[EB/OL].（2006-10-30）[2021-12-30].http：//news.sina.com.cn/c/2006-10-30/093211368685.shtml.

这里所谓的'不合逻辑'，是指违反了语言交际中的条件原则、诚意原则、文化原则、平和原则、准确原则"①。

语言作为一种人类特有的交际和传播现象，除了传情达意、传递信息，还具有意义传递的功能。英国媒介文化研究学者帕迪·斯坎内尔（Paddy Scannell）认为："媒介和语言都不应被视为自然的现象，而应被视为现实的社会建构。"②因而，对于语言暴力的研究，也从文本层面跨越到了社会与文化层面，这从学者所给出的定义中就可以看出来。祝勇认为："语言暴力主要包括两个层面：一是指使用威胁、恐吓、攻讦、谩骂、诋毁、嘲弄、挖苦和诅咒等侮辱、歧视、攻击性的语言，致使他人的精神上和心理上遭到侵犯和损害，甚至给他人或者某个人群的现实生存状况，乃至社会的和谐安定造成损害的话语行为；二是把语言当作一种强制手段，对他人的思想和行为进行干预、规训甚至惩戒，以破坏他人思想和语言自由的话语行为。"③这个定义首先将语言暴力定性为一种话语行为，从广义角度指出语言攻击的后果包含精神和心理伤害，以及影响他人或群体的社会生存状况；同时，颇有远见地指出，语言作为一种"强制性的力量"，还具有规训的权力，因而能够成为一种更加隐蔽的霸权，通过观念压制、规训惩罚来实现对社会的控制，成为一种压制性的文化暴力。在本节内容中，笔者更倾向于使用这一定义和观点，结合福柯的话语权力、霍尔的编码与解码、布尔迪厄的符号暴力和费尔克拉夫关于话语实践的相关理论，剖析媒介中的语言暴力与性别霸权之间的关联和内涵。

（二）语言暴力的表现形式

上述关于语言暴力定义的梳理，分别从语言的特征、交际原则、传播效果和社会功能等层面入手进行界定，就其表现形式而言，主要包括以下几种：①詈骂；②传播虚假信息；③泄露隐私信息等。④随着新媒体技术的广泛运用，有些研究者开始扩展语言暴力的表现形式。例如，在一些研究网络语言暴力的

① 徐丽琼. 城市报语言暴力分析 [J]. 新闻前哨，2005（1）.
② [英] 帕迪·斯坎内尔. 媒介—语言—世界 [M]//[新西兰] 艾伦·贝尔，[澳] 彼得·加勒特. 媒介话语的进路. 徐桂权，译. 北京：中国人民大学出版社，2015：2.
③ 祝勇. 革命语境下的语言暴力 [D]. 北京：中国艺术研究院，2011：17.
④ 王玥. 基于话语分析的微博语言暴力研究 [D]. 南京：南京师范大学，2017：22.

文章中，将网络互动中"在交际过程中不应答、置之不理"这种"无应答的暴力"①以及网络刷屏②也视为语言暴力的表现形式。另外，有研究者立足于道德层面，将语言暴力的形式从内容到意识归结为以下8种：①人身攻击；②强势舆论；③虚假谣言；④暴力口语；⑤色情污秽；⑥拜金主义；⑦极端个人主义；⑧民粹主义。③这个概括比较全面。

语言暴力在不同媒介中的表现也各不相同，笔者将其归纳如下。

1. 新闻中的语言暴力

新闻语言的暴力，"是指媒介组织在制作新闻作品的过程中，使用具有侮辱性、歧视性、血腥性、刺激性等的语言。这些语言的使用或表现为对于生命的不尊重，或变现为对特殊群体的成见等，是媒体商业化、利润化、盲目竞争的结果，反映了媒体的无良和失职"④。在新闻报道中，语言暴力具体表现为如下的新闻语言现象：记者或编辑使用文字、图片、镜头或新闻画面所采取的观点立场、报道角度、舆论倾向、思想感情等与社会主流价值以及道德观念格格不入，表达报道者个人的主观臆断或者个人偏见，或者有意迎合受众的猎奇心理与低级趣味，报道低俗内容，渲染感官刺激，以"性腥色"为噱头招徕观众，或者用侮辱性与歧视性词句诋毁他人，混淆视听，有意误导受众、哗众取宠。

2. 影视作品中的语言暴力

暴力，一直是各种艺术作品极力表现的主题之一，同时在形式上也整合了语言、画面、动作、音效等各种元素，追求极致的感官刺激和心理发泄的快感，以至于被上升到艺术的层面，称为所谓的"暴力美学"。关于暴力美学，研究者认为："电影中对暴力的形式主义趣味与暴力美学相关的一类作品有共同的特征，那就是把暴力或血腥的东西编成纯粹的形式快感。它主要发掘枪战、武打动作、杀戮或其他一些暴力场面的形式感，并将这种形式美感发扬到美丽炫目的程度，忽视或弱化其中的社会道德和道德劝诫的效果。"⑤这种对暴力的形式

---

① 许婷婷. 网络语言暴力研究 [D]. 宁波：宁波大学，2015：8.

② 王娜，梁艳平. 微博刷屏与其对用户获取信息效果影响的调查研究 [J]. 图书馆学研究，2015（17）.

③ 刘阁珺. 微博语言道德问题研究 [D]. 兰州：兰州大学，2015：27-35.

④ 念萌，赵辉. 新闻语言的暴力问题浅析 [J]. 经营管理者，2013（9）.

⑤ 郝建. 美学的暴力与暴力美学：杂耍蒙太奇新论 [J]. 当代电影，2002（5）.

化探索在某种程度上消解了暴力可能引起的恐惧，满足了人们压抑的暴力本能，从而获得心理上的发泄和快感。[①] 社会舆论对于暴力美学存在两种截然相反的态度：从事媒介批评的学者认为它过分美化了暴力，容易对青少年和其他人群造成不良影响，有教唆犯罪和误导行为的嫌疑；欣赏者则将其视为一种体现了美感、想象力和创造力的艺术表现形式，甚至醉心其间，如《权力的游戏》《速度与激情》《复仇者联盟》《狂暴巨兽》"007"系列电影和功夫片、武侠电影等，都不乏数量庞大的忠实拥趸。影视作品中的语言暴力，除了人物台词、旁白叙事，还包括镜头语言的表达等，这些暴力元素用于刻画人物性格、表达人物情绪、情节的衔接转换等。通过镜头语言来刻画暴力美学，将杀人的工具转化为艺术的美感，把"偏执的暴力"[②] 加以美化，抹杀了其中粗鄙残酷和变态血腥的色彩，很容易在言行上对人们形成价值误导和错误的示范。

3. 网络中的语言暴力

网络中的语言暴力比较常见，表现为"以网络为媒介对他人或群体施加的身心伤害，如以谩骂、歧视、诋毁、藐视、嘲笑、骚扰、攻击、侮辱、欺压、色情、性歧视等构成的典型网络语言暴力现象"[③]。呈现方式有"暴力的语言"和"语言的暴力"两种。前者是就语言使用的特征而言，后者则是"将网络语言暴力看作一种语言霸权，其目的是剥夺他人的话语权，代之以个人意愿，造成他人身心伤害的语言和行为"[④]。有研究表明：语言暴力是导致男女大学生自残行为发生的共同因素，遭受过语言暴力的男女大学生更易发生自残行为；此外，对女大学生来说，视觉暴力及性暴力经验对其自残行为具有显著影响，即遭受过视觉暴力和性暴力的女大学生更易实施自残行为。[⑤] 除此以外，由暴力语言所生成的污名化、网络欺凌、人肉搜索等网络暴力行为也对网络生态造成了极坏的影响。[⑥]

---

① 王丹. 浅论暴力电影中的暴力美学 [D]. 杭州：中国美术学院，2012：8.

② 万洋波. 韩国电影中的暴力美学研究：罪与美的影像风格 [D]. 株洲：湖南工业大学，2015：5.

③ 刘文宇，李珂. 基于批评性话语分析的网络语言暴力研究框架 [J]. 东北师范大学学报（社会科学版），2017（1）.

④ 龙飞. 从批评话语分析角度看网络语言暴力 [J]. 青年记者，2017（7）.

⑤ 杨雪燕，李艳芳，罗丞，等. 男孩危机？——大学生自残行为的性别差异及性别角色冲突的影响 [J]. 青年研究，2015（3）.

⑥ 刘文宇，李鹏. 网络语言暴力现象及其治理建议 [J]. 电子政务，2016（6）.

4. 动画片中的语言暴力

动画片主要面向儿童和未成年人，考虑到受众的知识水平和智力水平，它所使用的词语、结构、句式，相对比较简单，多为常用词、俗语、短句等，句式重复率较高。[①] 部分动画片由于需要营造一定的矛盾和冲突，在作品语言中较多地使用辱骂、讽刺、教唆、威胁等，如："胆小鬼！""去死吧！""我要杀了你！"对于幼儿和青少年来说，这就是一种语言暴力。史雯娜把动画中的语言暴力类型分成五种，即歧视型、侮辱型、威胁型、诅咒型和强化指令型。[②] 只不过，"相对于其他类型的语言暴力，动画片中的语言暴力口语化程度较高，等级程度相对较低，暴力类型较少，如性语被完全抹除"[③]。即使如此，我们也不能忽略这种语言暴力对儿童的口头表达和观念态度的影响，甚至在某些言行上的引导和唆使，可能会诱发现实中的攻击行为和其他伤害同伴的行为。如同研究者所指出的那样，"一种语言的特点往往会影响甚至决定该语言使用者的思维结构。因此动画片中的不文明、粗俗的语言暴力无疑会对未成年人在语言使用、人际交往、行为习惯、心理健康等各个方面产生消极的影响"[④]。

以上对于语言暴力的理论梳理，旨在从概念和形式上对这种暴力加以厘清和分类。笔者的思考并非只在语言学层面探讨这种语言现象对人们言行的影响，而是要从文本层面过渡到话语实践、社会实践的中观和宏观层面，对此进行深入的研讨，目的是揭示语言与权力、意识形态之间的关联。

二、从语言暴力到话语暴力

媒介是语言的载体。媒介产品也被视为文本，因而对其意识形态有效性的批判性解读——综合了索绪尔（Ferdinand de Saussure）[⑤] 和巴尔特（Roland Barthes）的符号学、以阿多诺（Theodor W. Adorno）和霍克海默（Max Horkheimer）为

---

① 王云帆. 语义—语用视角的国产动画片语言暴力研究 [D]. 芜湖: 安徽师范大学，2018 : 3.

② 史雯娜. 中国创作动画片中的语言暴力及应对策略 [J]. 河南社会科学，2016（10）.

③ 王云帆. 语义—语用视角的国产动画片语言暴力研究 [D]. 芜湖: 安徽师范大学，2018 : 4.

④ 史雯娜. 中国创作动画片中的语言暴力及应对策略 [J]. 河南社会科学，2016（10）.

⑤ 索绪尔认为，语言本身是一个整体，它既是言语机能的社会产物，又是一种社会制度，是社会集团为了使个人有可能行使这一机能所采用的一整套必不可少的规约。[法] 索绪尔. 普通语言学教程 [M]. 高名凯，译. 北京: 商务印书馆，1980 : 29.

代表的法兰克福学派关于文化资本的批判和文学批评等多个理论，将语言符号视为一种文化象征和表意实践。关于媒介和语言的关系，斯坎内尔总结了两种研究进路——意识形态的进路和实用的进路，并在比较之后提出了第三种进路——现象学的进路。霍尔的编码与解码理论，通过对报刊和广播电视的文化生产过程进行分析，从媒介产品的生产过程、产品（节目）和接受过程之间的联系入手，指出其中意识形态的运作过程，是通过编码与解码的机制得以实现的。他指出，尽管节目会对它支持的"优先的意义"进行编码，但是观众会根据自己的经验和社会地位、身份等对其进行诠释，即解码。① "这个编码/解码模式的关键特征是媒介话语受制于媒介机构和受众双方的共同生产，而不是成因于单一的机构与个人的活动，而且植根于现有的权力与话语构成之中。"② 通过编码与解码过程，媒介和受众之间完成信息的传播和意义的循环。其他一些语言学家如罗杰·福勒（Roger Fowler）和费尔克拉夫等认为："意识形态的特征在语言中以各种方式显现出来：通过特定的词汇分析，揭示其中包含的负面评价（种族、社会性别最为明显）；通过语法方面的分析（例如，权力的代词），以及更有雄心的句法结构的分析，可以有效地揭示语言和社会中看不见的权力运作。"③ 托伊恩·A. 梵·迪克（Teun A. Van Dijk）则明确指出："为了实现意识形态在社会实践、新闻事件的解释，新闻写作和受众对新闻的理解这些活动中的作用，需要文本结构来对其进行表达、传播和认知再现。"④ 他进一步指出："句法结构也可以表达隐含的意识形态观点，例如通过使用被动语态结构或把明显需要主语的地方的主语删除，从而消解精英阶层或权力群体的反面行为。……新闻话语中词汇的选择是显现隐含观点和意识形态的一种重要的手法。"⑤

　　关于语言与权力的问题，在福柯这里得到了更加充分的阐释。福柯在知识考古学分析中引入"话语"的概念。在法语中，话语（discourse）也称"言

① ［新西兰］艾伦·贝尔，［澳］彼得·加勒特. 媒介话语的进路 [M]. 徐桂权，译. 北京：中国人民大学出版社，2015：199.

② ［荷］凡·祖仑. 女性主义媒介研究 [M]. 曹晋，曹茂，译. 桂林：广西师范大学出版社，2007：11.

③ ［新西兰］艾伦·贝尔，［澳］彼得·加勒特. 媒介话语的进路 [M]. 徐桂权，译. 北京：中国人民大学出版社，2015：199-200.

④ ［荷］托伊恩·A. 梵·迪克. 作为话语的新闻 [M]. 曾庆香，译. 北京：华夏出版社，2003：181.

⑤ ［荷］托伊恩·A. 梵·迪克. 作为话语的新闻 [M]. 曾庆香，译. 北京：华夏出版社，2003：181-182.

语""即席谈话""叙述""陈述"等。考古学是"研究话语的话语"。福柯强调，话语不仅是一个符号语言，更是服从某些规律的话语实践。"诚然，话语是由符号构成的，但话语所做的，不只是使用这些符号确指事物。""话语是构成知识的方式，各种话语不仅是思考、产生意义的方式，更是构成它们试图控制的那些主体的身体的本质、无意识与意识的心智活动以及情感生活的要素。无论是身体、思想还是情感，它们只有在话语的实践中才有意义。"① 由话语所构成的象征秩序，或者说话语秩序，建立了一种社会权威，并使社会主体不得不屈从于这种权威。词与物的关系就此形成了。"这种关系既是不可见的微观权力载体，同时也作为一种符号暴力，将一种权威深深植入我们的话语、情感和观念中。"②

将语言、权力与意识形态结合起来，有助于我们深入思考语言、媒介与社会的关系。面向现实（世界的和语言的现实）有两种可能的态度：一种是从外在的价值接纳它，另一种是对这种现实提出质疑。而后者所具有的反思和批判的立场，能够使语言去自然化，从而揭示它是一种社会的建构。"特定的意识形态（阶级、性别歧视、种族主义）通过隐藏其真实的（剥削的）本质而运作。"③ 对此进行的批评，就是要将意识形态隐藏自身的方式揭露出来。要去除经验的蒙蔽因素，即对日常实践和常识领域的批评，破除其理所当然的态度以及头脑中根深蒂固的行动与思考习惯。

霍尔认为，"语言是具有特权的媒介，我们通过语言理解事物，生产和交流意义。我们只有通过共同进入语言才能共享意义"④。语言建构意义的过程，就是意识形态的生产过程。媒介的主要功能是意识形态的，"日常使用的语言和媒介的日常实践是这种未经思考的（不知不觉、无意识的）世界的再生产过程的组成部分。实际上，这意味着它不加质疑地对一个遮蔽着社会不平等的、扭曲

① 黄华.权力、身体与自我：福柯与女性主义文学批评[M].北京：北京大学出版社，2005：21.

② 范红霞.媒介眼中的她者图景与性别话语研究[M].杭州：浙江大学出版社，2017：60.

③ [新西兰]艾伦·贝尔，[澳]彼得·加勒特.媒介话语的进路[M].徐桂权，译.北京：中国人民大学出版社，2015：201.

④ [英]斯图亚特·霍尔.表征：文化表象与意指实践[M].徐亮，陆兴华，译.北京：商务印书馆，2005：1.

的主导现实进行再生产"①。前述有关语言暴力的定义中，学者们也指出，语言具有一种"强制性的力量"，能够通过观念压制、权力规训和惩罚，成为一种压制性的文化暴力，因而能够成为一种更加隐蔽的霸权控制。正如玛丽·克劳福德（Marion Crawford）等所指出的："语言和命名是权力之源。"②而对事物作出判断、进行归类及确定属性正是体现了这种命名的权力。与种族、社会性别有关的词汇中存在的歧视、贬低等现象，就体现了一种语言霸权。因此，她认为，对语言的批判性思考，能够帮助我们理解为什么以性别的名义确定的社会分类体系授予男性的权力多于女性。

虽然赞同语言是权力实施的工具，但是在法国社会学家布尔迪厄的眼里，从语言暴力到符号暴力，其实是一个权力与其对象"合谋"的过程。他提出"符号暴力"的概念。具体来说，符号暴力是指"在一个社会行动者本身合谋的基础上，施加在他人身上的暴力"。只不过它的实施过程不是权力单方面的强加，而是由暴力对象通过自我异化的方式与管理关系达成"合谋"来进行的。③因此，从语言暴力到符号暴力，权力实现了"从强制到屈从（自我异化）"的转化，文化权力作为一种"不可见的权力"，也就是福柯所言的"微观权力"，"如水银泻地一般得到了具体而微的实施，而只需要付出最小的代价"④。

第三节　从话语暴力到性别暴力：
批评话语分析框架下的个案研究

在本章中，批评性话语分析不仅为笔者提供了理论进路，同时也引入了一种有效的研究方法。"批评话语分析倡导从语言的角度去阐释社会问题，尤其是涉及种族、阶级和性别等因素的话题时。它透过表面的语言形式探究社

---

① 　[新西兰] 艾伦·贝尔，[澳] 彼得·加勒特. 媒介话语的进路 [M]. 徐桂权，译. 北京：中国人民大学出版社，2015：202.

② 　[美] 玛丽·克劳福德，[美] 罗达·昂格尔. 妇女与性别：一本女性主义心理学著作 [M]. 许敏敏，宋婧，李岩，译. 北京：中华书局，2009：42.

③ 　[美] 戴维·斯沃茨. 文化与权力：布尔迪厄的社会学 [M]. 陶东风，译. 上海：上海译文出版社，2006：50.

④ 　[法] 米歇尔·福柯. 权力的眼睛：福柯访谈录 [M]. 严锋，译. 上海：上海译文出版社，1997：61.

会机构中隐含的歧视和偏见，旨在揭示语言形式背后隐含的社会历史语境与意识形态。"①

笔者主要调用了英国话语分析专家费尔克拉夫和荷兰的文本语言学家梵·迪克的研究理路，结合具体的媒介案例展开分析。"批判性话语分析具有一个详尽的社会政治议程，一种揭示和见证那些潜藏在社会谈论方法之下的权力不平等关系的关切，尤其要揭示话语在再生产或挑战社会政治的主宰方面的角色。媒介是批判性话语分析的一个特殊对象，因为它们显然在话语承载机制方面扮演了关键的角色。"②费尔克拉夫考察话语有三个维度：①文本或话语分析，包括微观层面的词汇、句法和文本结构的分析；②话语实践的分析，考察文本的建构和解释与话语权的分配问题；③社会实践的分析，关注话语与权力及意识形态的关系。梵·迪克的理论框架同样包括三个部分：话语的社会功能、话语认知结构、话语的表达与再生产。他着重揭示的是社会认知作为话语与社会（意识形态）之间的中介，因此，话语所反映的社会结构与社会关系，是通过社会行动者和他们的意识相互联系和作用才得以建立的。两人的理论框架都包括三个部分，只不过费尔克拉夫重视话语，而梵迪克看重社会认知。在本章的研究思路中，笔者希望能综合二者的理论表述，一方面，梳理话语的建构、实践和规训过程；另一方面，深入分析媒介个案中个人与语境的关系，同时结合社会共享的价值、规范、态度、观点和知识等，解释意识形态渗透、控制和弥散的作用机制。通过追根溯源，揭示话语暴力如何演变为一种观念暴力和制度性暴力，从而在全社会范围内形成一种根深蒂固的性别暴力环境和社会机制。

笔者所选取的个案，分别是发生于 2019 年 4 月 12 日、在网上流传甚广的"奔驰女车主坐上引擎盖哭诉维权"视频，以及"刘强东性侵案"2019 年 4 月 22 日爆出"仙人跳"视频和疑似敲诈的录音。看似两个并不相关的案例，背后却隐藏着一些具有共同性的特点和问题。

在"奔驰女维权事件"中，吴姓车主与 4S 店协商未果，屡遭推诿敷衍，不得已采取坐引擎盖哭诉方式来维权，引起众人围观。视频上网以后，舆论一片

---

① 邓楠，刘君红.《82 年生的金智英》的批评话语分析 [J]. 文学教育（下），2021（2）.

② [新西兰] 艾伦·贝尔，[澳] 彼得·加勒特. 媒介话语的进路 [M]. 徐桂权，译. 北京：中国人民大学出版社，2015：5.

哗然。新华社、人民日报社先后发表评论《油漏了别把良心也"漏"了》《消费者维权何其难——对奔驰维权事件的思考》。最终车主成功维权，奔驰公司为其更换同款新车，免收金融服务费，提供长期的无偿汽车保养服务等。这件事本来是令消费者扬眉吐气、拍手称快的好事，但是舆论中出现的一些风向，显得格外刺眼和刺耳。比如，事件发生后，一篇题为《西安女研究生被逼成"泼妇"：社会最大的悲哀，就是逼迫好人变"坏"》①的文章，开始在网络、微博和微信中广为流传，被众多人浏览和转发。与此同时，关于维权女当事人在上海赖账不还、卷款潜逃的消息也因为"蹭热点"，迅速成为热门新闻。如澎湃新闻刊发的文章《奔驰女车主被指拖欠钱款？沪警方：曾入派出所协商无刑事犯罪》②。笔者通过从文本和话语建构两个方面，对比两个新闻事件报道文本中的表述方式及修辞策略，以及其中隐含的性别偏见与意识形态暴力。

一、文本层面——及物性和语篇分析

关于"奔驰女维权"事件和"刘强东性侵案"这两个新闻事件的报道以及网友评论，是笔者进行文本分析的对象。

（一）奔驰女维权事件

笔者以"奔驰 维权 女性"为关键词，利用搜索软件抓取相关新闻页面，剔除无关信息后，共得到490条相关信息，生成了一个Excel表格，部分内容如表2-1所示。

笔者利用数据分析知识，对表格信息进行分析。首先，对信息来源进行筛选，只选取新闻网站或新闻页面，并保留与商业、法律、消费者权益有关的内容，最终得到291条信息。利用图悦软件，通过抽取网页标题关键词，以关键词和评论数量超过100的新闻作为两个主要参数指标，得到一个热频词云图（见图2-1）。

① 西安女研究生被逼成"泼妇"：社会最大的悲哀，就是逼迫好人变"坏" [EB/OL].（2019-04-15）[2021-12-30].https：//www.sohu.com/a/308064917_653642.
② 奔驰女车主被指拖欠钱款？沪警方：曾入派出所协商无刑事犯罪 [EB/OL].（2019-04-20）[2021-12-30].https：//www.sohu.com/a/309217749_260616.

表 2-1 "奔驰女维权事件"新闻信息爬取（局部）

	标题	标题链接	c-summary	c-author	c-info	c-cache	头像
2	服吧!懂法与不懂法有区别:奔驰维权女车主所	http://baijiaha	今日评论	今日评论	查看更多	http://ca	https://cambrian-images.cdn.bcebos.com/c
3	奔驰女车主要向八大讨说法:再次维权能否成功	http://baijiaha	今日评论	今日评论	查看更多	http://ca	https://cambrian-images.cdn.bcebos.com/c
4	奔驰女车主的维权和反维权之路,现实更加残酷	http://baijiaha	资讯午报	资讯午报	查看更多	http://ca	https://cambrian-images.cdn.bcebos.com/8
5	奔驰女车主回应警方调查结果:终于有了一个公	http://baijiaha	阿杂闲谈	阿杂闲谈	查看更多	http://ca	
6	"奔驰女硕士哭泣维权"最新消息:以后会专	http://baijiaha	百家号	百家号	百度快照	http://ca	
7	奔驰维权女车主回应 奔驰维权女车主薛春艳怎	http://news.wmxa	兵马俑在线	兵马俑在线	查看更多	http://ca	
8	"奔驰维权女车主"涉及合同诈骗一事,警方	http://baijiaha	百家号	百家号	百度快照	http://ca	
9	奔驰维权女车主回应警方调查结果,这场网络	http://baijiaha	中国经济	中国经济	查看更多	http://ca	https://cambrian-images.cdn.bcebos.com/1
10	奔驰维权女司机未被立案 终于有了一个公文f	http://www.guan	川北在线	川北在线	查看更多	http://ca	
11	西安奔驰维权女司机,被指诈骗方未立案,女	http://news.sin	新浪新闻	新浪新闻	查看更多	http://ca	
12	为何不予立案?警方披露"西安奔驰维权女司	http://news.sin	新浪新闻	新浪新闻	查看更多	http://ca	
13	奔驰维权女车主被调指职务侵占、合同诈骗,	http://baijiaha	百家详	百家详	百度快照	http://ca	
14	奔驰维权女车主回应调查真相 感谢公正否则	http://www.aiha	楚秀网综	楚秀网综	查看更多	http://ca	https://cambrian-images.cdn.bcebos.com/b
15	奔驰女车主未涉合同诈骗 称以后做做汽车消	http://baijiaha	中国经济	中国经济	查看更多	http://ca	https://cambrian-images.cdn.bcebos.com/1
16	奔驰维权女车主,引起央视《律师来了》关注	http://www.九马鸟偶	九马鸟偶	查看更多	http://ca	https://cambrian-images.cdn.bcebos.com/8	
17	奔驰女车主最新回应,不该坐引肇盖上维权,被	https://baijiah	小麦谈车	小麦谈车	百度快照	http://ca	https://cambrian-images.cdn.bcebos.com/c
18	华为事件、奔驰女车主维权……楚才新意作文	https://baijiah	楚才新意作	楚才新意作	查看更多	http://ca	
19	奔驰女车主公司破产清算开庭!家属回应奔驰	https://baijiah	九头鸟自	九头鸟自	查看更多	http://ca	
20	奔驰女车主维权事件,没有敲响瓜子二手车的	https://baijiah	百家号	百家号	查看更多	http://ca	
21	西安奔驰再被喝漏油,签保密协议才给退款!维	https://baijiah	九头鸟自	九头鸟自	查看更多	http://ca	https://cambrian-images.cdn.bcebos.com/8
22	西安奔驰再被喝漏油,签保密协议才给退款!维	https://baijiah	九头鸟自	九头鸟自	百度快照	http://ca	https://cambrian-images.cdn.bcebos.com/8
23	西安奔驰维权女命途多舛,先是公司被查封,然	https://baijiah	百家号	百家号	百度快照	http://ca	
24	专访奔驰女车主维权成功,最终结果真的是她想要	https://baijiah	百家号	百家号	百度快照	http://ca	
25	奔驰女车主 仍觉坐引肇盖很狼狈	https://baijiah	百家号	百家号	查看更多	http://ca	
26	西安奔驰女车主成功维权,但是她真的安心吗?	https://baijiah	元博杂谈	元博杂谈	百度快照	http://ca	https://cambrian-images.cdn.bcebos.com/2
27	奔驰女车主开上新车,对对上海项目问心无愧!	https://baijiah	九头鸟自	九头鸟自	查看更多	http://ca	https://cambrian-images.cdn.bcebos.com/8
28	西安4S奔驰女车主怎么样了?公司被查封,	https://baijiah	皮孩看点	皮孩看点	查看更多	http://ca	https://cambrian-images.cdn.bcebos.com/8
29	奔驰女司机维权事件后续:女车主已提回新车	https://baijiah	车友头条	车友头条	查看更多	http://ca	https://cambrian-images.cdn.bcebos.com/8
30	西安奔驰女车主维权后续:已提同款新车,1.5	https://baijiah	陕西法制	陕西法制	查看更多	http://ca	https://cambrian-images.cdn.bcebos.com/7
31	西安奔驰女车主提回新车,金融服务费已退!称	https://baijiah	社会纵论	社会纵论	查看更多	http://ca	https://cambrian-images.cdn.bcebos.com/c

图 2-1 "奔驰女维权事件"网络热词

（二）刘强东性侵案

按照同样的方法，笔者通过数据搜索软件爬取相关新闻页面，得到与之相关的一个 Excel 表格，部分内容见表 2-2。

　　无物之阵：多维视角下的媒介暴力与性别公正

表 2-2 "刘强东性侵案"新闻信息爬取（局部）

1	标题	c-summar	标题链接	c-cache
2	奶茶妹妹再现身，与朋友聚会谈笑，已走出刘强东事件阴影	网易	http://3g.163.com/news/ar	http://cache.baidu.com/
3	27亿买下酒店还没住，就迅速以6亿转手，刘强东发现了什么阴影	网易新闻	http://3g.163.com/news/ar	http://cache.baidu.com/
4	刘强东案将在九月十一号在美开庭，原告提出多种指证	科技与点	http://baijiahao.baidu.co	http://cache.baidu.com/
5	刘强东案9月11日开庭，女大学生提6项指控，称曾被"折磨	直通百姓	http://baijiahao.baidu.co	http://cache.baidu.com/
6	一周要闻！雷军发文庆贺在北京"买房" 刘强东案将于	艾瑞网	http://news.iresearch.cn/	http://cache.baidu.com/
7	刘强东性侵案将在9月11日开庭听证 女方提六项指控	凤凰网	http://finance.ifeng.com/	http://cache.baidu.com/
8	刘强东高调复出!现身地点太意外	凤凰网	http://finance.ifeng.com/	http://cache.baidu.com/
9	因美国事件形象受损 负债超千亿 "退居二线"的刘强东在	不凡智库	https://baijiahao.baidu.c	http://cache.baidu.com/
10	如何进行危机公关?以刘强东事件为例分析	财彩趣弹	https://baijiahao.baidu.c	http://cache.baidu.com/
11	刘强东事件与拆迁案，法律上看都是一个诉讼证明引起被捕	北京市盛	https://baijiahao.baidu.c	http://cache.baidu.com/
12	刘强东事件女主回顾晚宴情况，挽刘强东的胳膊并不是亲亲	萌萌融熊	https://baijiahao.baidu.c	http://cache.baidu.com/
13	刘强东被控性侵案全面调查:警方赶到时男女双方都不知所	东方财富	https://baijiahao.baidu.c	http://cache.baidu.com/
14	刘强东案女方当事人:我害怕他的权力	东方财富	https://baijiahao.baidu.c	http://cache.baidu.com/
15	刘强东案女当事人坦言:很害怕刘强东的权力,在接受心	中国网推	https://baijiahao.baidu.c	http://cache.baidu.com/
16	因"刘强东事件"走红,蒋婷婷晒近照,这身材不是一般人	随煮娱	https://baijiahao.baidu.c	http://cache.baidu.com/
17	封面人物"怼"刘强东"撕"贾跃亭 凤凰网财经独家对	凤凰网	http://finance.ifeng.com/	http://cache.baidu.com/
18	刘强东事件后续,京东已步入正轨,京东物流将率先突破僵	晓风科技	https://baijiahao.baidu.c	http://cache.baidu.com/
19	刘强东事件尘埃落定,到底是谁在幕后?最后这种可能	网易新闻	http://3g.163.com/news/c	http://cache.baidu.com/
20	刘强东案最终结果 刘强东案最新消息	闽南网	http://www.mnw.cn/news/cj	http://cache.baidu.com/
21	京东CEO刘强东事件官司进展,称这一关真不好过!	娱乐颖视	https://baijiahao.baidu.c	http://cache.baidu.com/
22	刘强东事件新进展,当事女生:钱我一分都不要,官可打赢支晓播	支晓播	https://baijiahao.baidu.c	http://cache.baidu.com/
23	刘强东事件逐渐升级,女方打出"感情牌":官司赢了钱全	天文派	https://baijiahao.baidu.c	http://cache.baidu.com/
24	刘强东事件女主,魔鬼身材曾参加重庆小姐选美大赛?	凤凰网	http://fashion.ifeng.com/	http://cache.baidu.com/
25	反转反转再反转!细说刘强东事件争论不休的3个地方	新咖影视	https://baijiahao.baidu.c	http://cache.baidu.com/
26	刘强东事件:警方走后警告女方为什么在大厅监控下,有这	北方情感	https://baijiahao.baidu.c	http://cache.baidu.com/
27	刘强东案件,我们如何看待这种事件呢	小编聊八	https://baijiahao.baidu.c	http://cache.baidu.com/
28	刘强东事件视频监控曝光,两人全程有说有笑,周立波怪刘	小邓写娱	https://baijiahao.baidu.c	http://cache.baidu.com/
29	刘强东事件还在继续,是被冤枉还是仙人跳,他发文力挺刘	百家号	https://baijiahao.baidu.c	http://cache.baidu.com/
30	刘强东事件再次发酵,相关董事为其出面解释,网友们却一	细说谈心	https://baijiahao.baidu.c	http://cache.baidu.com/
31	关系不一般?刘强东案报警男子曝光,刘强东被带走后向公	电子小超	https://baijiahao.baidu.c	http://cache.baidu.com/

　　同样对表格数据进行筛选，通过剔除非新闻网站、重复数据，减少关键词，选择评论量和转发量大于 100 人次的信息等方式，最终得到 91 条有效数据，利用镝数软件，制作了一个气泡图（见图 2-2）。使用图悦软件对新闻主题进行词频分析，得到一个热频词云图（见图 2-3）。

图 2-2 "刘强东性侵案"关键词气泡图

图 2-3 "刘强东性侵案"网络热词

以下内容将要用到语言学中的系统功能理论中的及物性分析，其一般用于对词语和句子的概念功能的分析，用以考察语言如何与社会活动进行互动。及物性把人们的行为分成六种不同的过程：物质过程、关系过程、心理过程、言语过程、行为过程和存在过程。[①] 但就话语实践的过程而言，言语过程和心理过程的出现频率相对较高。因此，我们在做及物性分析时主要聚焦这两类过程，分析的语料则来自以上两个案例的相关报道文本。

1. 言语过程

言语过程主要通过词语的词性、感情色彩和言说对象等来体现。在"奔驰女维权事件"的报道中，我们看到词频较高的词语有"女车主""奔驰""欺负""监管""打击""维权""善待""骗子""反转"等，它们代表了事情发生后的走向，前半段集中于买了问题奔驰车的消费者的维权活动，媒体和网民的态度都倾向于支持女性当事人；但是随后出现反转，该车主被爆出拖欠贷款、涉嫌诈骗等负面新闻，网上舆论立刻转向，指责该女子"诈骗""欠款跑路"的声音越来越多。维权新闻刚刚曝光时，女性当事人因为性别、学历、言行、豪车等标签迅速吸引了人们的关注，究其原因，除了公众对汽车消费维权问题的重视外，女性、高学历、豪车等因素也迎合了人们的猎奇心理。但是，当关于该女车主的负面新闻爆出后，人们的视线立刻转移到关注她的道德"瑕疵"上来，这也恰恰说明人们对于侵权事件中的女性当事人都有一种"完美受害者"的想象，人们对于她的同情、道义和声援都是基于此。而一旦发现该受害女性并非那么"完美"，她立刻会成为舆论攻击的靶子——从道德指责进而上升为人身攻击，"骗子"等污名立刻被施加到她的身上。这反映了社会对女性的歧视。

更为典型的厌女主义，在"刘强东性侵案"中表现得十分突出。侵害人刘强东作为成功商人的身份，金钱、权力、性等因素，使这桩案件成为举国瞩目的桃色丑闻，而且性侵行为又发生在国外，受害人是女大学生，爆料之初关于阴谋论的猜测就不绝如缕，让这件事情变得更具有国际性和戏剧性。按照美国的法律和新闻惯例，刘强东作为嫌疑人的拘押照片在美国报纸上刊登时，没有打

① Halliday M. An Introduction of Functional Grammar[M].Beijing : Foreign Language Teaching and Research Press，2004.

码，而受害人的相关身份信息、照片等处于严格保密状态。反观国内报道，有些媒体给刘强东的拘押照片"善意地"打码了，与此同时，网站上出现大量疑似女受害人的照片，刻意强调该女子的身材（火辣性感）、容貌（艳丽）、姿态（撩人放荡）等，尽管事后证明这些照片都是张冠李戴，并非当事人，但这里面隐含了一种"强奸逻辑"："好女孩不会被强奸，坏女孩才会。"

在词云图中，最醒目的词语无疑是"刘强东"，而"女大学生""当事人""谴责""披露""否认""私了""真假""曝光""（奶茶）妹妹"等词语也占据了较为核心的位置。从这些词语中我们看不到对受害女生的关心、声援，相反，对女方的质疑、嘲笑（包括对女受害人和刘的妻子）等态度倾向十分明显。从中可以看到，在性侵与强奸案中，一旦涉及有钱有势的人，这种性暴力事件往往被弱化成桃色新闻，施害的男方的行为还会受到开脱，或者被指为被人"陷害""下套"，反而成为"受害者"。而女性当事人则因为她的容貌、身材或者所谓"不当言行"（如"刘强东性侵案"中的受害女生当晚被灌酒、喝醉，与男性一起回公寓，主动挽胳膊，等等）而被视为"咎由自取"，被指责"活该"，甚至遭遇"荡妇羞辱"。因为她不是一个"完美受害者"，所以似乎"不配"得到大众的同情。这恰恰反映了中国传统性别观念中那种深刻的厌女主义倾向。

2. 心理过程

笔者基于对新闻标题的分析，建构了几个指标（见表 2-3）以此来剖析新闻倾向和社会认知的关系（语料来自对刘强东事件的信息抓取结果）。

表 2-3 "刘强东性侵案"网络言论的分类统计

指标		新闻数量/条	占比/%
情感分布	积极情感	74	15.2
	消极情感	121	24.5
	中性情感	287	60.3
报道框架	案件后续	292	59.3
	案件细节	88	17.8
	刘强东相关报道	46	9.3

从报道框架来看，具体可分为 8 类，见图 2-4。

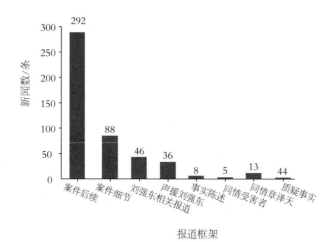

图 2-4 "刘强东性侵案"报道框架分布

俗话说,"看报看题"。通过对新闻标题的立场和倾向的分析,不难发现,在性暴力事件中,女性毫无疑问处于弱势的地位;而在舆论场域,她们受到的苛责与质疑往往更是多过同情。事实上,在"奔驰女维权事件"和"刘强东性侵案"中,都隐含着性别暴力和性别政治。这里的暴力,不仅有身体暴力,还有话语暴力。而暴力如何体现和揭示呢?除了身体上的攻击、伤害、侮辱,更深层次的暴力体现在言语攻击、刻板印象、污名化和权利剥夺上。在涉及"维权"或"强奸"事件的传播中,其实都有厌女症的体现:无论是维权者还是性侵案中的受害者,女性的合法权利都受到了侵害和剥夺;而在维权和寻求法律正义的过程中,舆论对女性当事人的冷嘲热讽、隐私起底、形象抹黑和谩骂攻击等等,都是一种变相的侵害,这是性别政治在日常生活中的体现。

所谓政治,其实就是围绕权力的争夺和权利的争取而进行的一系列的言语、行动和社会斗争,它们体现在我们的日常生活、社会场域和公共领域中。对于"刘强东性侵案",有网友援引美国权谋剧《纸牌屋》中的台词:"所以一切都是关于性,除了性本身,因为性就是权力。"意在说明性侵或强奸的本质不在于满足性欲,而是表达男性对女性的征服欲,体现身为男性的权力和成就感。由此不难看出,男权思想仍然盘踞在相当一部分人的脑海里,每当涉及女性的新闻事件发生时,他们的价值评判和立场仍然聚焦在"女人祸水论"和"男尊女卑"之类的陈词滥调上。

二、话语层面——互文性和修辞策略

互文性指一个语篇中包含他人的话语或其他语篇的片段。互文性可分为"具体互文性"和"体裁互文性",前者指一个语篇包含可以找到具体来源的他人的话语,后者指在一个语篇中不同文体、语域或体裁的混合交融。[①] 话语实践的过程,就是文本的生产、分配和消费的过程不同文本之间的混合交融、互相呼应,恰好可以说明话语之间的相互勾连与合作,共同造就了被符号建构出来的社会现实。

这里探讨的互文性,主要是通过国内主流媒体如《中国日报》、财新网等对"刘强东性侵案"的报道,以及互联网媒体对该事件的报道和评论的相互对比来展现的。如《中国日报》的报道《刘强东性侵案:案件还在调查律师称起诉可能性小》、财新网的报道《刘强东事件,京东公关能做的都做了》,标题以陈述事实为主,没有直接表明自己的态度,但是在字里行间,这些媒体表现出一致的倾向。例如,人民日报客户端发出一条新闻《刘强东无罪!美国检方决定不予起诉》,随后,人民日报微信公众号发出同样标题和内容的消息;环球网刊发报道《新视频流出!刘强东案要反转?仙人跳实锤?美警方回应来了》。这些报道虽然尽可能使用客观的词语,或援引第三方结论,或使用反问设置悬念,再引入警方的调查以示"权威",但是其中的支持立场不言而喻。

在网友的评论中,呈现出截然不同的立场:

> 如果我是一位父亲,努力工作赚钱一路培养自己的宝贝女儿,她够优秀,又够漂亮。我送她去了一年支出 40 万的名牌大学。现在我的女儿(很可能)遭遇了不幸,但所有人都认为只是个价格没谈拢的问题。我可能会对这世界感到绝望。(陈芭乐,2018-09-09)

同样的观点在知乎网友的评论中表达得更加直接:

> 我看到有人在答案中提到,这个女生刚开始是怕得罪权贵,不敢声张,最后在同学和校方的鼓励下才去报案的。而在我国,这样的事

---

① 辛斌 . 语篇研究中的互文性分析 [J]. 外语与外语教学,2008(1).

情往往是相反的，受害者往往本人想报案，在领导和周围环境的压力下放弃报案。……一个类似的案例就发生在我身边，而且就发生在本案的前几天。我的一个朋友，半夜被喝醉的同事闯入家中欲实施强奸，但幸亏该同事喝得太多，因此未遂。这女生原本并没有想报案，因为一来确实未遂，二来兹事体大，没有哪个正经过日子的老百姓想惹上官司。但第二天她去跟单位领导讲，领导非但没有处分她的同事，非但没有安抚她，反而斥责她，言下之意是说她添油加醋地撒谎，这才彻底激怒了她，让她坚定了报案的决心。最后证据确凿，审理极快，现在已经移交检方。[①]（网友：伏罗希洛夫射手）

事实上，在一些涉及强奸、猥亵、性骚扰等的性暴力事件中，当加害者实施了侵害行为后，暴行本身就成了一个既定事实。受害者想要为自己讨回公道，无论是私下和解，还是诉诸法律，本质上都是要反抗这个既成事实。而对于既定秩序的维护者而言，这种反抗就被视为"制造麻烦"，受害者往往受到来自各方面的施压、恫吓和劝诫——为了维护她的"面子"和"声誉"，最好不要声张，私下里通过道歉、赔偿等方式解决。如网络上曝出的深圳市骚扰小女孩的公务员、陕西猥亵女生的教师，以及强制猥亵女性的湖南郴州市团委书记等，当他们的丑恶行为被揭穿时，首选都是"息事宁人"。

对同一起性暴力事件，官方媒体的报道在基于"客观事实"的层面上，只是用简单词句披露案情，公告嫌疑人和指控罪名，没有明显的袒护倾向。但是媒体对于受害人隐私的保护往往做得不够好，即使采用化名，网友仍然可以通过其他相关信息定位到受害人，往往导致对受害人的二次伤害。网络暴力更在无形中加重了受害人的心理创伤。如泄露当事人身份隐私，毫无根据地断言"仙人跳""价格没谈拢"，找出受害人的照片、职业、行踪等信息，对其进行人身攻击、羞辱谩骂。上述案例中的两位受害人都是如此。远如 2018 年澎湃新闻对于"汤兰兰性侵案件"的报道，近如 2020 年媒体对成都新冠阳性患者密切接触者个人隐私的无原则泄露，事无巨细地公布其当日辗转多个地点的行动轨迹，

---

① 知乎社区，https://www.zhihu.com/question/293435572/answer/488461080。

以至于该女生被网友围观，被冠以"夜店女孩"的污名，遭受铺天盖地的网络暴力。我们从中不难看出传统观念里认为"红颜祸水"的厌女主义思想，以及针对女性当事人的"荡妇羞辱"。

三、社会实践层面——语义预设和厌女情结

从语义的层面来说，无论是汉语还是英语，都存在男性词语处于高位、女性词语处于低位的现象。语言研究学者指出："男性词暗含着力量和权力的意思，而女性词通常含有贬低义。"① 如在英语里面，mister 的意思是一家之主，而 mistress 除了指女主人外，还指与男性有不正当关系的女人。还有，虽然 bachelor（单身男子）与 spinster（单身女子）都表示未婚成年人，但 spinster 含有贬义，因为人们认为 spinster 是指超过该出嫁年龄的女子，含有"无人问津"的嘲讽含义。此类词语还有很多：man（男人）—woman（女人、妓女），king（国王）—queen（王后，女王，雌猫），lord（老爷）—lady（夫人、情妇），sir（先生）—madam（女士、鸨母）。与女性名词"贬义化"相对，男性名词有"褒义化"的趋势。② 这种同义不同性的词语，恰恰说明了一种性别歧视。

此外，还有一种语言歧视现象，比如像官员、医生、律师、司机等这样具有较高社会地位或专业技术的职业，用于说明男性身份时，直接标出其职业；而如果是女性，则会在这些身份名词前特别冠以"女"字，如女省长、女总理、女医生、女律师、女司机等。同时，还伴随有涉及女性的称呼被降格的现象。汉语中表示女性的字词，如"妇女""小姐""大妈""媛"等，近年来也被贬义化，成为带有特定含义的歧视语言。语言研究学者指出，在性别语言形成的过程中，强势语言意识形态支配主流话语权，判定语言使用和语言结构的合理性。这种权力不平等的结果必然会反映在语言的不平衡上，出现男先女后、男强女弱、男尊女卑等特殊的语言现象。③

从话语的社会实践层面来说，它是一种与社会主体、文化权力密切联系的动态性的语言行为和实践活动，它按照一定的社会规训，表达更为本质的意义

① 田宇．英汉语言中的性别歧视现象研究 [M]．北京：北京大学出版社，2005．
② 蒋婷媛．性别歧视语的两面性：微探男性性别歧视语 [J]．外国语文，2012（S1）．
③ 刘正霞，陈玉秀．性别语言中的语言意识形态研究 [J]．太原师范学院学报（社会科学版），2019（5）．

及其意义背后的权力。^① 在使用语言阐释和建构意义的过程中，存在某种程度上的话语的争夺，而"只有当意义成为受众理解现实的信赖途径时，媒介话语才能得到受众的支持而非抵抗。意义和价值观总是被历史地理解为'一个过程'，以及作为意义的控制与界定的斗争的场所和来源。而媒介被看作当代社会中意义争夺的一个主要来源"^②。

徐莉认为，传媒语言的歧视现象与社会政治、经济、文化、历史等各方面因素均有着千丝万缕的联系。它反映了一种长期以来在人们头脑中根深蒂固的"男尊女卑"的社会定型意识，为了吸引眼球的商业逐利行为，以及媒体性别敏感缺失等现实问题。而媒介中的语言歧视造成的负面影响可能比人们想象中还要糟糕，"大众传媒不断强化男权意识，强调男权价值，通过大量的、重复的、高频率出现的含有男权文化观念信息的传播，对整个社会造成消极影响，对处于文化边缘和流浪状态的女性意识和女性观念起着压制、约束、监控的作用，从而模糊男女之间存在的文化差异，把社会纳入男权文化体系之中，使女性的声音愈来愈微弱"^③。

四、勘破迷雾："让她说话"与话语抗争

通过对媒介文本的批判性话语分析，我们可以看到，媒体试图通过男性话语对社会变化进行操纵的一系列策略，以及女性对自主和独立既关注又恐惧的复杂心理，是符号暴力长期作用的结果。当然，它受到男性主导的性别意识形态的制约。这种符号暴力和性别化意识形态既是话语的，又是文化的，更是制度使然。

结合本国的情况，谢菲将媒体对女性主义的种种表述归纳为：女性主义是"作为一种转变的意义；一种不断变化的社会形态；作为一种政治；一个生产基

---

① 钟之静．女性主义视角下媒介话语的主要维度与实践路径 [J].肇庆学院学报，2019（1）.

② ［新西兰］艾伦·贝尔，［澳］彼得·加勒特．媒介话语的进路 [M]，徐桂权，展江，译．北京：中国人民大学出版社，2016：199.

③ 徐莉．传媒语言的性别歧视 [J].安徽师范大学学报（人文社会科学版），2008（1）.

地"①。她深刻地剖析了媒体、女性主义政治和消费文化以及它们彼此之间的关系，从而揭示了这种性别政治的生产机制，即"分化—麻痹—贬抑"。

其一，分化。女性主义者被媒体从"真正的"女人中区分出来，她们被塑造成不安分的、离经叛道的，以出位的言行博人眼球、哗众取宠的"越轨者"，从而名正言顺地对她们加以嘲弄、讽刺和贬斥，但同时又可以让那些已经受到女权运动影响的受众依然保持对媒介的热情，而且有效地抑制她们对于女性主义者的同情和认同，让女性主义者陷入孤立，无法获得同性群体的声援和支持。这种区别对待、分化瓦解、各个击破的策略，曾经在军事战场上屡建奇功，如今在争夺文化阵地和意识形态斗争中依然奏效。这种分化除了体现在性别上，还体现在不同社会阶层、城市与乡村、发达地区和欠发达地区、文化程度高者和文化程度低者之间，体现在公职人员和底层人员、无业游民之间，以及"良家妇女"和边缘女性之间、异性恋女性和同性恋女性之间，种种社会差异和认知鸿沟之深，似乎足以消弭"女性同盟"和"姐妹情谊"的基础。

其二，麻痹。大众传媒用消费主义概念偷换政治概念，盛赞女性今天在家庭和职场上经济地位的提升，夸大她们在家庭事务和财务支出中的话语权与决策权，制造"内当家""领导""她时代"等话语。大众传媒在人们的观念中营造了一种幻象：今天中国女性的地位空前提高，无论是在家庭、职场，还是在公共领域，都"挺直了腰杆"，男女平等已经基本实现了。2021年5月公布的第七次全国人口普查结果显示，在经济、社会、教育等领域，男女平等的程度进一步提高。义务教育男女生的毛入学率基本持平；接受高等教育的群体中，女生的比例不断提高。2019年，我国高等教育在校生中女研究生占全部研究生的比重达到50.6%，普通本科、成人本专科在校生中女生分别占51.7%和58.7%。②但是，女性受教育程度的提升在就业方面的拉动趋势不如预期明显，男女在"同工同酬"方面的数据也不尽如人意。《2017年全球性别差距报告》显示，中国在"高等教育入学率"的维度上实现了性别平等，但在"预计收入所得"和

---

① [澳]凯萨琳·谢菲.丛林、性别与澳大利亚历史的重构[M].侯书芸，刘宗艳，等译.桂林：广西师范大学出版社，2010：123.

② 国家统计局.2019年《中国妇女发展纲要（2011—2020年）》统计监测报告[EB/OL].（2020-12-28）[2021-12-30].http：//www.stats.gov.cn/tjsj/zxfb/202012/t20201218_1810126.html.

"高管与政要人数"两个维度的得分较低，这说明女性在职场的收入和晋升机会仍面临约束。而且性别不平等并不必然随着经济发展和文明程度提高而趋向消失，事实上，2017年的数据显示中国男女平等状况首次出现倒退。①

改革开放40余年，中国的经济在快速起飞，实现了弯道超车，但是在社会发展层面相对滞后。男女出生性别比、收入差距、相亲市场的认可度、职场晋升和发展空间、权力阶层中的性别结构，以及家务分工与照料责任、婚姻家庭财产权分配等，都让我们认清了一个事实：当前社会中的性别歧视与两性不平等问题依然存在，且在某些社会领域表现尤为突出。除了男女在社会地位与经济状况等方面的差异外，传统的社会分工和性别角色期待也把女性更多地定位于家庭角色。《2017年全球性别差距报告》中也提到，中国女性在照顾家庭等无报酬工作上的时间占总劳动时间的44.6%，而男性的这一数字仅为18.9%。② 由于女性在照顾孩子和处理家务中投入的时间与精力远较男性为多，这在某种程度上也可能造成女性在就业、晋升竞争以及创业竞争中处于"劣势"。

其三，贬抑。否认女性主义政治在改变社会方面的力量，同时强化现有模式的合理性，制造人们对于变革的恐惧；在传统的厌女主义观念中不断添加新的内容，如荡妇羞辱、话语规训、自我矮化、边界巡逻③等；质疑、攻击、驳斥女性主义——这已经不同程度地影响了社会成员和团体的观念。"民众对女性主义潜在的恐惧，已经通过媒体话语对它的评价建构起来。从那时起，女性主义可能（或已经）引起了毋庸置疑的社会变化，这挑战了建立在男性霸权上社会团结的虚幻外观。"④"女性主义"这个词在相当一部分人的观念中都是负面评价，而女性主义研究者则极力回避"女性主义者"的身份。为什么？"因为这个词语

---

① The Global Gender Gap Report 2017[EB/OL].[2021−12−30].https：//www.weforum.org/reports/the−global−gender−gap−report−2017.

② The Global Gender Gap Report 2017[EB/OL].[2021−12−30]. https：//www.weforum.org/reports/the−global−gender−gap−report−2017.

③ 此概念由安娜·耶特曼（Anna Yeatman）于1993年提出，意指对待男性和女性的双重标准，同样的词语或事情，在"他"是好事，在"她"是坏事。详见 [澳] 凯萨琳·谢菲.丛林、性别与澳大利亚历史的重构[M].侯书芸，刘宗艳，等译.桂林：广西师范大学出版社，2010：126.

④ [澳]凯萨琳·谢菲.丛林、性别与澳大利亚历史的重构[M].侯书芸，刘宗艳，等译.桂林：广西师范大学出版社，2010：137.

在报纸上提及时总是有各种各样的表述，其中包含着大量对它进行驳斥、压制，存在着偏见的言论。和这些言论共存的，是那些不断重复地把女性主义和反母职以及具有男性权力观念的妇女联系起来的贬抑之辞。"[①] 当"女性主义者"成为一个负面标签，引起当事人的恐惧时，其实已经在无形中维护并鼓励了男性话语。无论是在精神暴力的层面还是在实施暴力的层面，这都构成一种暴行。

当然，凡事都有两面性。媒介可以是压迫的工具，反过来也可以成为抗争的场域。在女性主义者看来，媒介话语主要承担着父权社会文化压制女性的工具角色，也会投射和传播女性想要表达的社会意义和自我信息需求，发挥着女性性别主体抗争和重构身份的重要作用。[②]

（一）"让她说"——话语改变命运

在"奔驰女维权事件"中，当女性当事人维权遭遇舆论反转，被曝出涉及经济纠纷案件时，网络上出现各种抨击当事人的不利言辞，但也有更多的网友站出来表达对女性当事人的支持。如一名网友高度肯定了奔驰女车主为自己、为公众发声的抗争性和正义性，对她的行为进行声援：

> 即使女斗士过去牵扯一些纠纷，但这不妨碍她在撬动行业巨震中挥洒出的光彩：她鼓励人们如何自我保护，积极争取应有的权利；她鼓舞更多人对任何不公正对待勇敢说"不"；她启发弱者学会使用智慧的力量，弥补与强者对话时的体格差距；她同样唤醒舆论，对于"维权难"这一普遍困境予以高强度照射。换句话说，一位弱小女子做到了这点，她的成就，能够被另一起维权"磨灭"吗？[③]

①　[澳]凯萨琳·谢菲.丛林、性别与澳大利亚历史的重构 [M].侯书芸，刘宗艳，等译.桂林：广西师范大学出版社，2010：136.

②　钟之静.女性主义视角下媒介话语的主要维度与实践路径 [J].肇庆学院学报，2019（1）.

③　某些媒体纷纷挖猛料，奔驰"女车主"被围攻，让人细思极恐 [EB/OL].[2021-12-30].https：//www.sohu.com/a/309267931_100057571.

笔者选择了一些网友评论（见图2-5），其立场鲜明：

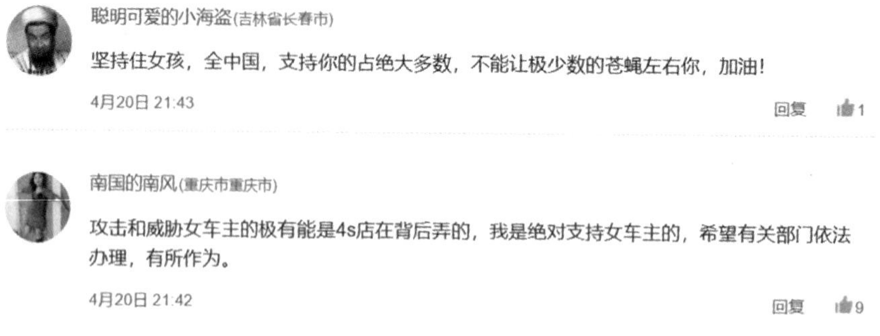

聪明可爱的小海盗(吉林省长春市)

坚持住女孩，全中国，支持你的占绝大多数，不能让极少数的苍蝇左右你，加油！

4月20日 21:43

回复　👍1

南国的南风(重庆市重庆市)

攻击和威胁女车主的极有能是4s店在背后弄的，我是绝对支持女车主的，希望有关部门依法办理，有所作为。

4月20日 21:42

回复　👍9

图 2-5　网友相关评论（一）

当然，其中也不乏冷嘲热讽（见图2-6）：

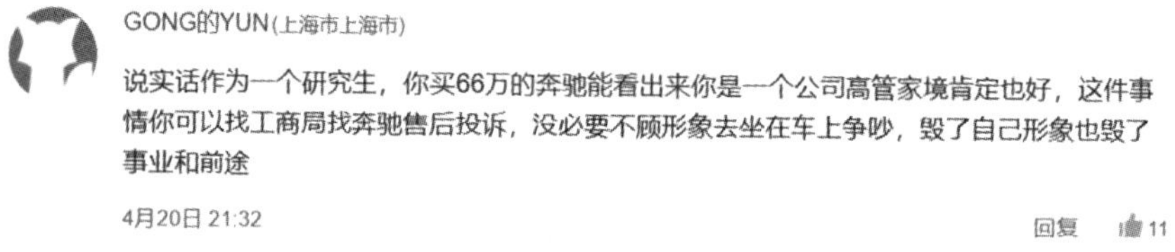

GONG的YUN(上海市上海市)

说实话作为一个研究生，你买66万的奔驰能看出来你是一个公司高管家境肯定也好，这件事情你可以找工商局找奔驰售后投诉，没必要不顾形象去坐在车上争吵，毁了自己形象也毁了事业和前途

4月20日 21:32

回复　👍11

图 2-6　网友相关评论（二）

从上述网友的评论中不难看出，语言有时不仅表达一种观点，或者是态度和立场，在某种时候，也隐含着一种意识形态。索绪尔把话语分成语言和言语，其中语言是使用者共同拥有和认可的一种符号象征体系，具有普遍的规范性；言语则体现为个性化的特点。但是在费尔克拉夫看来，无论是语言还是话语，都受到社会潜在的制约，这种社会规约能体现出不同意识形态和权力斗争关系的话语秩序（order of discourse）。[①] 因此，上述援引的网友评论，无论是正面观点还是负面评论，都体现了当前社会中存在的鼓励女性独立自主的性别平等观念和传统的男权思想之间的矛盾与冲突，这是一种既定的话语秩序，反映了男性中心主义下的意识形态对女性的歧视和偏见。

① 　[英]诺曼·费尔克拉夫. 话语与社会变迁 [M]. 殷晓蓉，译. 北京：华夏出版社，2003：106.

在语言与意识形态方面，阿伦·拉姆齐（Alan Rumsey）认为，语言是唯一能将人们所隐藏的情感、认知、观念、信仰表达清楚的媒介，社会群体对语言所持有的共同的思想观念就是语言的意识形态。[①]无论网友处于何种立场，他们的话语都表达了各自所持有的意识形态。话语能够成为一种压迫的工具和手段，自然也能成为表达抗争和改变命运的工具。因此，对于支持女权主义的群体来说，"让她说"——赋予女性发声的权利，也就具有了性别政治抗争的意味。艾德琳·瑞奇（Adrienne Rich）等认为，"女性主义语言研究提出了在妇女生活中语言的否定和被动意义问题。在描述妇女的地位、规定妇女的空间时，语言在界定和维护'男人的世界'中起了关键性的作用。同时又具有形成、决定、改变妇女体验的威力"[②]。因此，提倡性别平等、反抗话语暴力的一个重要途径，就是鼓励女性勇敢地"说出来"，用文字和话语表达和展示自我。女性文学、女性写作、女性积极参与社会和政治生活，以及近年来在社会实践层面兴起的 #me too 运动，其实都反映了女性通过争夺言说的权利，利用媒介实现自我赋权，从而获得自身作为话语主体的地位。

（二）"怎么说"——媒介话语实践

要改变当下这种不公平的话语秩序，一个必然的诉求就是话语平等。从语言的层面来说，语言具有一定的文化普遍性和社会规约性。无论是词汇还是语法规则，即使当初秉承歧视和偏见创制出来的语言规则，长期使用和沿袭下来，也已经成为约定俗成的规范，要打破这种既定规则很不容易，但是值得做这样的尝试，因为语言本身也是流动的，处于动态变化中，随时代和文化观念而变化。比如说，语言研究者就发现，英语当中出现了一些新的语言现象：

> 有的妇女更改了原来的姓——她们不像过去那样沿用父亲或丈夫的姓，而是为自己起了个表现自主性的新姓氏。例如，把 Cheris Kramer 变成 Cheris Kramarae，把 Julia Stanley 变成 Julia Penelope，等等。另一个变化是，妇女的婚姻状况不明或认为没有必要披露其婚姻

---

① Rumsey A.Wording，meaning，and linguistic ideology[J].American Anthropologist，1990（2）：346-361.

② 陈晓兰.女性主义语言研究与文本分析 [J].国外文学季刊，1999（2）.

状况时，在称谓上用 Ms 代替 Miss 或 Mrs。对于男性第三人称单数的类属用法（如"Everybody took off his coat"中的 his），女权主义者提出了种种改革方案，如建议用 he or she 或 they，而不用 he；用 his or her 或 their，而不用 his；用 them，而不用 him，等等。有的人创造了所谓名副其实的中性代词，如把 per 作为第三人称代词，用 hes 代替 he or she，用 hese 代替 his or her；等等。还有一些人甚至提议不用 he，而用 she 作为类属用法，用 her 来取代 his，等等。至于以 man 结尾的复合词，女权主义者认为这造成了不必要的混乱。单词 man 应只限用于男性；在兼指男女两性时，则应用 person、people、human 或 humanity 等构成的词语，如 chairperson、humankind，等等。①

《汉语大词典》中每年会收录一些年度流行词语，如"剩女""给力"等，现在，"她经济""她世纪""她力量"等词汇在媒体上出现的频率越来越高，说明社会对女性的经济地位和社会贡献的认可度越来越高。语言的改革需要长期的变化累积，才可能有"水到渠成"的效果。我们终其一生，都在不停地追寻自我的主体性，包括身体、心智、情感和思想等。现代性的体现之一，就是主体的身份认同和话语表达的多元化。在使用话语建构自我和社会认同的过程中，作为弱势的一方，女性目前仍然只能使用"他者"的声音而不是发出自己的声音，但"觉醒"是追求性别平等的前提。因此，在如何言说的层面，我们可以借鉴以下观点，去解构文本结构和其背后的话语霸权：

（1）检视媒介话语的语境。这包括作者的群体性别身份、传播事件的目标、作者使用的文本、传播环境和传播媒介等，通过分析话语功能或语境的时机，可以清楚展现意识形态功能。

（2）分析女性群体与权力关系。这包括意识形态所表征的价值和目标，需要将文本中所提及的包括女性群体的作者所提及的所属群体的利益或认同的基本范畴界定的表达找出来。

① 罗建龙. 性别歧视与女权主义在英语中的表现浅析 [J]. 福建外语，1992（Z2）.

（3）寻找女性"我们"和父权制话语"他们"的正面与负面的意见。媒介话语是一种正面的自我或负面的他者的再现，女性主义者在进行话语分析时要找出文本中所有评价两极化的意见。

（4）清楚说明预设和隐含的意义。大多数意识形态的意见并不会特别清晰地表达出来，而那些看似非评价的事实中暗含着正面或负面的意见，反映出潜在的意识形态的心理模式、态度和意识形态的结构。

（5）检视所有强调（或不再强调）女性话语权与父权制话语两极化的群体意见的形式结构。比如媒介文本中的样式结构，包括专栏、标题、文字类型和位置、照片等。①

话语体现了一种权力控制和角色规制。比如，为什么职业女性常常要面临如何平衡事业与家庭的问题，而男性从不会被问及？为什么加班对男性而言是职场美德，而女性加班被视作放弃家庭照料义务，是"不称职的妻子（母亲）"呢？对那些歌颂母亲的文艺作品和媒介宣传，我们同样要加以警惕和反思：女性的母职是否高于社会职责？在男性视角看来，母职是天职，和女性本能相关；而社会职责是后天的，属于随时可以被放弃、被牺牲的"机会成本"，这种关于工作的功利意识是如何被生产出来的？职业女性对于家庭和孩子的"负罪感"又是如何被生产出来的呢？它的背后是否遮蔽了男性气质、资本话语和厌女主义的多重影响？这些问题，触及媒介暴力中关于性别暴力的核心本质，但是无法得到大众的理解。因而，它们也更具有反思的价值。

进而言之，性别压迫不仅是针对女性的，其实，男性也同样会遭受既定的性别话语秩序的歧视。比如，与歌颂母亲和母爱的媒介作品相比，描写和刻画父亲形象的媒介作品少之又少。而且，在英语语言中，习惯把男性排斥在某些社会角色之外。"虽然女性单亲家庭和男性单亲家庭都是一种社会事实，但后者却没有相对的语言表达形式，例外的是 noncustodial parent（对孩子没有监护权的父母），几乎总是成为 father 的代名词。"② 在社会分工和性别角色表达上，男

---

① 钟之静. 女性主义视角下媒介话语的主要维度与实践路径 [J]. 肇庆学院学报，2019（1）.

② 蒋婷媛. 性别歧视语的两面性：微探男性性别歧视语 [J]. 外国语文，2012（S1）.

性被默认为"赚钱机器"，人们理所当然地认为男性应该在经济实力、社会地位方面比女性强大。在婚姻模式中，这种性别分工被概括为"你负责貌美如花，我负责赚钱养家"。研究者指出，这种言论"在否认女性高收入者工作能力、物化女性为'生育机器'的同时，也向男性施加着经济压力和过高期待"[1]。在对性暴力犯罪（例如强奸）这一罪名的阐释中，最初是把男性排斥在受害者之外的，直到2012年，美国奥巴马政府80多年来首次对"强奸"定义作出重大修改，首度把男性列入受害人群体。新的定义涵盖违反女性或男性意愿的性行为。[2] 日本政府在2015年的法务研讨会上，首次有专家建议扩大强奸罪行为主体的范围，消除行为主体的性别限制，修改后男性将可被认定为强奸罪的受害主体。在我国，目前男性被性侵在法律上如何认定尚存争议。2017年，《中华人民共和国刑法修正案（九）》将"强制猥亵妇女"修改为"强制猥亵他人"，使得男性遭受猥亵时同样有法可依。但强奸罪的受害对象仅限于女性，并不包括男性。而且，男性遭受性侵的报道，在媒体上罕见，受害者也更难以索回公道。

综上所述，性别压迫不仅让女性遭受巨大的社会压力，也让男性承受了性别偏见的恶果。对于这种弥散性的话语暴力，男性和女性应该都对此怀有"同仇敌忾"之心，认识到彼此应作为伙伴，互相扶持合作，共同开创性别平等、团结协作的美好图景。

第四节　性暴力中的话语抗争和"失踪的受害者"

2019年3月13日，据韩国媒体报道，在韩国男团Big Bang前成员李胜利开办的夜店内发生殴打顾客的暴力事件，随后相关视频曝光，李胜利和其他相关人员的社交媒体聊天内容泄露，意外牵出该夜店员工下药、性侵女性，以及涉嫌性招待事件。随着媒体的继续深挖，李胜利性招待事件牵扯出韩国娱乐圈一大批知名艺人。

围绕这起娱乐圈丑闻，2009年韩国女星张紫妍的自杀新闻也被翻出来，她

---

① 李芷娴. 失语的中国男性：隐性性别偏见的建构与反思 [J]. 新闻论坛，2019（3）.

② 当男性也能被认可为强奸案的受害者 [EB/OL].（2012-01-12）[2021-12-30]. http：//news.sohu.com/s2012/shijieguan-224/.

生前被迫陪侍政商高层，遭遇公司性剥削，并且被强行带去做绝育手术，成为导致其本人自杀的直接诱因。娱乐圈的潜规则和性暴力、性剥削乱象，早已不是圈内秘密，这种针对女性的暴力问题由来已久，无法根除，深受其害的当事人饱受屈辱却难以伸张自己的正当权利。这也是男权社会压制女性的一大特色了。

时至今日，随着社会文明程度的提高，社会大众对于真实暴力的抵触和反感与日俱增，司法制度的完善也有效地降低了暴力犯罪活动的发生率。在犯罪案件中，女性成为受害人的暴力案件在所有的暴力犯罪活动中的比例也在呈现下降态势。而且，就亚太各国女性暴力伤害事件中的受害者比例而言，中国、韩国、日本三国处于相对较低的水平（见表2-4）。根据益普索（中国）咨询有限公司的统计数据：2018年，在中国，女性遭受身体暴力或性暴力的人数占比为15%。[①] 我们看到这两个数据是持平的，虽然中间相隔4年。斯蒂芬·平克（Steven Pinker）致力于从人类文化学的角度研究20世纪60年代以来人类社会中的暴力减少的原因，他认为有三个：①司法体系的健全；②包括少数族裔保护、女权主义、儿童权益保护、同性恋权益运动、动物权益保护等在内的平权运动催生的"权利革命"；③文明价值观的回归。在持续不断的平权运动的推动下，暴力终于成为被文明社会唾弃的丑恶行为，在很多情况下被视为应该接受惩罚的犯罪活动。平克认为，这些运动交错叠加，每一个后来者都汲取了先驱者的经验，并继承了前人的道德理性。在两个世纪前的人道主义革命中，知识分子对陈规陋习的反思，推动了一系列的社会改革，每一个进步都是人文主义思想的升华。[②]

---

① 益普索（中国）咨询有限公司（IPSOS）2018年的统计数据。详见镝数网站：https：//dydata.io/appv2/#/pages/store/item?id=1720424668386693120。

② [美]斯蒂芬·平克.人性中的善良天使：暴力为什么会减少[M].安雯，译.北京：中信出版社，2015：444.

表 2-4　2014 年亚太地区各国家经历过身体暴力或性暴力的女性人数占比

国家	占比/%	国家	占比/%
孟加拉国	53	新西兰	33
泰国	44	尼泊尔	28
巴基斯坦	39	澳大利亚	35
斯里兰卡	38	韩国	23
缅甸	38	菲律宾	18
印度	37	日本	15
越南	34	中国	15

注：数据由镝数整理统计，详见网站：https : //dydata.io/appv2/#/pages/store/item?id=1720423355632455680。

在向现代化转型的过程中，尽管经历了旨在抑制暴力的种种变革，但是人们当时未必意识到这些过程的真正意义。比如，存在于世界各国家庭中的暴力行为，起初都是被视为"丈夫打老婆天经地义"，或者认为是"家务事"，外人不便干涉。司法力量甚少介入，即使家庭暴力纠纷上升到报案和诉讼的层面，警方和法院也多是从"劝和不劝散"的角度去息事宁人，对双方当事人进行劝告、调解。2001 年，中国第一部反映家庭暴力的电视剧《不要和陌生人说话》上映，在全国引起了极大的反响和热议。该剧不仅揭示了有暴力倾向的男主人公对妻子由猜疑继而疯狂施暴，甚至最终心态扭曲成为杀人罪犯的心路历程，对于他身上表现出来的男性霸权气质进行了批判和反思，也展现了女主人公从忍辱负重到积极反抗的斗争过程，体现了女性意识的觉醒。家庭暴力问题作为社会议题进入公共视野。此后，新闻报道中也不断出现家庭暴力的相关事件和人物经历，人们逐渐意识到，家庭暴力不是"家务事"而是"公共事件"。2010 年，李阳家暴行为在微博上曝光后迅速扩散，引发了极大的民意批评，李阳的外籍妻子 Kim 在微博上得到了数百万女性的声援和支持。同年 10 月，《中华人民共和国反家庭暴力法》（以下简称《反家庭暴力法》）的立法工作正式列入全国人大常委会的议事日程。2015 年 12 月 27 日，第十二届全国人民代表大会常务委员会第十八次会议通过该法案，2016 年 3 月 1 日起施行，并于 2016 年 3 月 1 日正式颁行。这是一个标志性的事件，意味着反对针对女性的暴力行为逐渐成为社会公民的共识。在一个现代化的文明社会，文化的力量也能够成为约束和制止暴力的正面力量之一。

上述改变的确能说明社会的进步和暴力正在逐渐减少的乐观趋势。但是，我们不能忽略的事实是，暴力的土壤仍然无法彻底铲除。即使真实暴力的发生数量在不断减少，各种形式的虚拟暴力和符号暴力仍然在我们的文化中占有一席之地，甚至以潜滋暗长的形式隐匿其中，令我们习焉不察。这种对暴力的"合理化"生产策略尤其需要我们警惕。

布尔迪厄在解释男性统治秩序得以确立时提出了"象征暴力"（也称符号暴力）的概念。这种暴力形式，除了在劳动分工和分配活动中给予男性优先权，更重要的是，它将这种男性优先的想法推行到社会成员的所有认识、思想和行动中，成为一种既定的模式，并要求全体成员加以遵守和服从，从而使男性霸权作为社会的共识得以建构和推行。对于女性而言，"她们的认识行为不过是实践的认可行为、信念的赞同行为，信念的赞同即信仰，信仰思考自身并按照原样确认自己，在某种程度上'制造'了它所遭受的象征暴力"①。布尔迪厄在《男性统治》一书中援引他人的观点，力图阐明所谓"象征暴力"并非与现实暴力截然对立，或者就是纯粹精神上的暴力而缺乏实际作用（"削弱身体暴力的作用，并使人忘记还有被殴打、强奸、剥削的妇女"）。在他看来，象征暴力其实是社会再生产的手段和工具之一，使"被统治者把从统治者出发建构的范畴用于统治关系，因此使统治关系看起来是自然而然的。这就会导致一种有系统的自我贬值，甚至自我诋毁"②。这使女性心甘情愿地受到象征暴力支配，接受目前被压制、降低了的地位和受到贬低的社会评价。如：女子无才便是德；男人的成功在事业，女人的成功在家庭；相夫教子是女性的美德，女性工作要稳定一些；等等。可怕的是，这种观念还以代际传承和社会教养的方式传递给下一代，从而变成一种根深蒂固的"正确的观念"和文化传统，框定了女性的行为边界和心理边界。"象征暴力有效性的作用和条件已经以配置的形式被持久地纳入身体的最隐秘之处"，被统治者与统治者之间的社会关系，转变为一种牢不可破的社会法

① ［法］皮埃尔·布尔迪厄. 男性统治 [M]. 刘晖，译. 北京：中国人民大学出版社，2011：46-47.
② ［法］皮埃尔·布尔迪厄. 男性统治 [M]. 刘晖，译. 北京：中国人民大学出版社，2011：48.

则，并不会通过一种单纯的意志力量就能中止；相反，"社会化身体的这些持久倾向表现和存在于感情与责任的逻辑之中，感情和责任常常在对尊敬和情感忠诚的体验中被混淆，而且它们在其产生的社会条件消失后还会长期存在"。[①] 这就是所谓"惯习"的力量，它让一切合理、不合理的社会现都顺理成章，使其"定型化"。

2019 年 3 月，一部反映原生家庭伦理问题的电视剧《都挺好》上映，呈现了在中国家庭中存在的重男轻女、家庭暴力、陪伴式啃老、情感勒索等暴力问题。剧中苏母强势霸道，偏心溺爱，家里的两个男孩占尽了发展的"优先权"，不仅吃好的、穿好的，什么家务都不用干，而且因为父母的偏心溺爱和纵容，对待唯一的妹妹缺乏关爱。在关乎子女未来发展的大事上，父母倾尽家产也要供儿子们读书、出国、结婚、买房；而对待女儿刻薄寡恩，极端冷漠，吃穿用度最差，还要女儿承担繁重家务，在教育方面连一本参考书都舍不得给女儿买，独断专行更改女儿的高考志愿。为了省下学费供哥哥们读书，上大学期间的学费生活费是女儿苏明玉自己靠打工和申请奖学金解决的。而苏母将自己对女儿的虐待（生活和情感上的暴力）视为天经地义："一个女孩子，上这么好的学校有什么用？"重男轻女和极度偏心，扭曲了正常的家庭关系，以至于在苏明玉的原生家庭中很难找到人格健全者，苏母偏心固执，苏父冷漠自私、刁钻懦弱，大哥苏明哲是非不分、虚荣愚孝，二哥苏明成自私糊涂、外强中干，还有暴力倾向。即使号称坚强独立，有着主角光环的苏明玉，童年缺爱的经历也让她在与人交往时戒心很重，显得生硬刻板、不近人情，对爱情婚姻等亲密关系既渴望又逃避，充满矛盾心理，这是典型的创伤性应激状态。在苏母去世后，苏家各种矛盾集中爆发，两个儿子面临婚姻危机，兄妹之间拳脚相向，结果一人受伤住院，一人被关进牢房，这个家庭走到了分崩离析的边缘。虽然编剧最终为了迎合观众心理加上了一个"大团圆"的结局，但现实情况远不会像电视剧里那么美好乐观。

亲密关系中反映出来的问题，其实往往也是社会问题的投影。社会学者吉尔·索托（Jill Suitor）和她的同事研究了母亲偏心如何影响子女之间的手足关系。

---

① [法] 皮埃尔·布尔迪厄. 男性统治 [M]. 刘晖，译. 北京：中国人民大学出版社，2011：55.

他们通过随机抽样访问母亲，再根据得到的子女信息进行采访，研究样本是来自 274 个家庭中的 708 名成年子女。通过编制感情量表，来衡量母亲的偏心程度和手足亲密度以及二者之间的关系。研究发现，当子女感到母亲偏心时，他们认为自己更少从兄弟姐妹那里感受到爱与关心。而且，相较于那些母亲对子女一视同仁的家庭而言，偏心家庭的兄弟姐妹之间的亲密程度比较低。无论是得宠还是受到冷落，子女的感受基本上是相同的。研究人员认为这个结果验证了"公平理论"。公平理论认为，那些在家庭中得到优待的人往往会心存愧疚，而那些感到备受冷落的人则会感到失望和气愤。如此一来，在兄弟姐妹的相处中双方都会感到别扭或者不自然，从而降低了亲密程度。[①] 如果我们将这个问题从家庭放大到社会，就能看到，社会不公正会加剧社会不同群体间的利益矛盾和纠纷，导致社会冲突和对抗，严重的甚至会引发群体暴力性事件，并造成社会骚乱。

　　符号暴力是权力建构和行使的社会手段之一，而媒介暴力是现实暴力的代言和缩影。当这两种暴力形式都穿上性别的外衣时，我们可以看到它们共同编织了一件权力的"紧身衣"，将女性紧紧束缚其中。笔者以媒介（包括新闻报道与文化产品）中的强奸事件为例，力图剖析在现实暴力、媒介暴力和符号暴力的挤压下，女性的现实境况和权利意识觉醒的问题。

　　暴力的作用形式有身体、武力、语言和制度等，它们作为权力的暴力形式，共同完成对社会环境、文化和体制的构建。回顾暴力的历史，强奸是其中司空见惯的一种。传统观念中，强奸被视为是一种基于性别的暴力，针对的是妇女和女童的暴力。2013 年 11 月，在泰国曼谷召开的亚太地区关于学校性别暴力预防与干预的专家圆桌会议上达成共识：基于性别的暴力（gender-based violence，简称 GBV），其受害人可能是女性、男性或跨性别的青少年以及那些最为脆弱和边缘化的群体。卜卫认为，暴力的受害者不再仅仅局限于女性或女童，这种暴力产生的社会根源，依然在于大多数社会存在的性别不平等的社会结构及其性别刻板印象的意识形态。[②] 强奸对受害者来说，不仅造成身体的

---

① Suitor J J, Sechrist J, Pliknhn M, et al. The role of perceived maternal favoritism in sibling relationship in midlife[J].Journal of Marriage and Family, 2009（4）: 1026-1038.

② 卜卫，刘晓红，田颂云，等 . 校园性别暴力的媒介再现研究 [J]. 妇女研究论丛，2019（1）.

痛苦，而且带来耻辱、恐惧和精神创伤，在受害人的心理上留下永远难以愈合和清除的伤痛。对女性受害者来说，强奸可能会造成她的身体损伤、意外怀孕，甚至带来性病的风险。强奸也是常见的战争暴行。人类学家唐纳德·布朗（Donald F. Brown）总结了一系列人类的暴行，强奸名列其中，女性俘虏的可怕遭遇之一就是面临惨无人道的强奸和轮奸。在战争中，"强奸武器"更是被大规模地使用，用于羞辱敌方的情感，打击士气。女性主义学者谢菲在她的研究中也关注到了二战期间侵华日军对亚洲女性（中国、韩国）的性奴役和性暴力，通过亚洲"慰安妇"口述史研究，揭示了这一话语抗争如何从个人遭遇经由赋权转换为公共话语的过程。

在太平洋战争期间，日本军队从韩国、中国、印度尼西亚、菲律宾等地强征女性充作"慰安妇"，在军队驻地建立"慰安所"，以"慰劳"这些前线作战的士兵。在东京审判（1946—1948 年，正式名称为"远东国际军事法庭"）中，尽管调查人员已经掌握了关于日本"慰安所"和日本军队在占领区有组织强奸的证据，但是，盟国着力于战败国反对和平的罪行，而非反人类的罪行。1965 年，日本和韩国签订基本条约，这一条约允许韩国政府拥有处理所有战时受损失的权利。但在基本条约磋商过程中，双方根本没有提及"慰安妇"（性奴隶）问题。1972 年 9 月，中日建交，双方发表《中日联合公报》，中国政府承诺放弃对日本进行战争索赔，以至于双方政府在"慰安妇"索赔问题上，中方坚持承诺放弃的是政府索赔，民间索赔不在其"弃权"之列，而日方坚持中方承诺的是放弃官方索赔和民间索赔。双方在这一问题上的"胶着"，不仅关乎国家权力和民族尊严，其实也包含作为父权（男权）体现的国家权力针对女性身体权益的所有权和处置权之争。"慰安妇"问题不仅仅是媒介记忆中关于战争的"见证"，更是国家主权话语的宣示和博弈。

二战结束后，交战各国都努力修复战争创伤，回归和平生活。曾经饱受战争蹂躏的那些女性重返正常生活，她们面临着诸多困境：常年遭受性虐待而被损坏的身体，无法拥有正常的家庭生活、获得妻子和母亲的身份；挥之不去的耻辱感，并且往往受到家人和社会的排斥、轻蔑甚至抛弃，在孤独困苦中惨淡度过人生。关于"慰安妇"的问题，长久湮灭于国家荣誉和民族命运的政治话语中。谢菲指出，"笼罩于社会性别羞耻感的阴影中，我们在公共领域听不到'慰安妇'

无物之阵：多维视角下的媒介暴力与性别公正

那饱含痛苦的悲惨故事，没有以集体反思的名义开展的社会活动，也没有妇女来讲述故事以还原文化上强有力的'卖淫文字记载'的真实。已有的记录只不过是为了男人的需要来表现女人的被动性。给幸存者赋予'卖淫'的社会身份而不是无辜受害者的身份，这种书写限制了文化上'描述的形式'，而此形式又恰恰有助于我们理解那段性奴役、社会性死亡的恐怖岁月和'慰安妇'们在新旧家庭中的生活。最后，只有经过社会变革才能使她们走出羞辱，还历史以本真"①。

1985 年 8 月 15 日，纪念抗日战争胜利 40 周年之际，南京市政府终于建成并开放侵华日军南京大屠杀遇难同胞纪念馆，场馆的所在地是侵华日军南京大屠杀江东门集体屠杀遗址和遇难者丛葬地，故又称江东门纪念馆。2014 年 12 月 13 日，中国首次设立"国家公祭日"以纪念 1937 年发生的南京大屠杀事件中的遇难者同胞；2015 年 12 月 1 日，侵华日军南京大屠杀遇难同胞纪念馆的分馆——南京利济巷慰安所旧址陈列馆正式对公众开放。这是亚洲最大、保存最完整的慰安所旧址，也是唯一一处被在世"慰安妇"指认过的慰安所建筑物。与此同时，对于参战人员与幸存者的证人证言的寻访、搜集工作，在政府支持下有序展开。自 1984 年以来，侵华日军南京大屠杀遇难同胞纪念馆通过寻访、调查，共整理出 4176 份南京大屠杀幸存者、目睹者和受害者的证言档案。2014 年，在国家公祭网和侵华日军南京大屠杀遇难同胞纪念馆官方网站上公布了 100 位幸存者的证言。除了搜集中方证言外，2002 年 11 月 12 日，由日本"铭心会"会长松冈环女士根据百余名日本老兵口述实录而整理的调查专集《南京战·寻找被封闭的记忆——侵华日军原士兵 102 人的证言》（中文版）在侵华日军南京大屠杀遇难同胞纪念馆举行首发式，还有一名日本老兵写的《东史郎日记》在中国流传很广。日军士兵的证言、阵中日记等资料反映，南京大屠杀是在绝对执行"上级命令"的情况下发生的惨剧，书中证言与中方受害者和第三国外籍人士的证言相互印证，进一步还原了南京大屠杀历史真相。与此同时，鉴于当年的幸存者年事渐高，对幸存者的口述史整理工作也加快了脚步。2017 年，《最漫长的十四天——南京大屠杀幸存者口述实录与纪实》（陈庆港）、《被改变

---

① [澳]凯萨琳·谢菲. 丛林、性别与澳大利亚历史的重构 [M]. 侯书芸，刘宗艳，等译. 桂林：广西师范大学出版社，2010：223.

的人生——南京大屠杀幸存者口述生活史》（南京大学志愿者收集整理）等书籍相继出版。

在国家力量的推动下，在大众媒介的积极参与下，昔日作为"国耻家丑"的一部分耻辱记忆重新被打捞出来，昔日铭刻在历史中的国仇家恨被建构为文化创伤和集体记忆，完成了国家身份由（战争）"胜利者"向（战争）"受害者"的转变，与此同时，那些真正经历了南京大屠杀的幸存者的身份则实现了从"受害者"向"见证者"的转变。学者李红涛等人通过对南京大屠杀纪念文章的内容分析，指出在文化创伤框架下建构起来的集体记忆存在着一定的缺失。其中最核心的问题，就是"受害者"的缺失。研究指出，媒体在建构南京大屠杀的创伤记忆时，在信息的量上供给不足，"仅仅把少数受害者作为消息来源，尤其是习惯性地依靠夏淑琴和李秀英等人来伸张诉求"；在质上，"幸存者的出场和发声不过是'仪式化'的乃至工具化的"。研究进而指出，由于对受害者的自主叙事和主体性压制，对于这起历史性暴力事件的创伤叙事"很难焕发出强大的符号力量，也难以将情感和身份认同扩展到更广阔的受众"。[1] 2017 年，纪录片电影《二十二》上映，但是国内外票房反应平平，影片上映期间还出现过网友将中国"慰安妇"形象做成表情包的事件，这些事实似乎也验证了学者的观点。

受害者的缄默和对民族屈辱历史的回避，包括战后审判中也没有及时对战争加害者的罪行加以追究，以至于错过了对国家性的强奸暴力进行追责的时机。后来的日本右翼势力在历史教科书中大搞小动作，力图抹杀对亚洲各国女性进行性奴役和性剥削的罪责，颠倒黑白，将"慰安妇"的制度化暴行说成是受害女性自愿的卖淫行为，"性奴役"轻易地被限定在战时商业经济框架内，日本民族就能够逃脱战争罪行的制裁，反而给受害女性加载责任重担。而且，在男性中心主义支持下，轻易地给那些有过婚外性行为的女性贴上不贞洁或者肮脏的标签，就这意味着凡是公开叙述性奴役经历的女性都将变成被"审讯"的对象。[2] 这种"受害者污名"的策略在亚洲国家向来都富有成效，而且日本在战后也不断

---

① 李红涛，黄顺铭 . "耻化"叙事与文化创伤的建构：《人民日报》南京大屠杀纪念文章（1949—2012）的内容分析 [J]. 新闻与传播研究，2014（1）.

② [澳] 凯萨琳·谢菲 . 丛林、性别与澳大利亚历史的重构 [M]. 侯书芸，刘宗艳，等译 . 桂林：广西师范大学出版社，2010：225.

通过对国民的洗脑和对外宣传，将自己打扮成日本军国主义和原子弹的受害者。

　　大众媒介在社会集体记忆建构中的刻意回避，抹杀了"慰安妇"作为战争受害人的合法人权，充满"耻感"的叙事建构（国耻家辱），在战后长达近50年的集体沉默中，以及国家政府对这一受难者群体的选择性"遗忘"，使得民众对"慰安妇"的认知和理解淡薄。仅靠民间志愿者组织的诉讼和索赔活动，很多时候沦为"新闻作秀"而缺乏实质性进展。缺少官方政治资源支持的"慰安妇"索赔行动，因为上述种种遗憾和错失良机，其战争受害人的身份认定无法得到国家层面的"加害人"和"承携者"①的确认，因为成为一个"受害人缺席"的历史公案，其结果就是：不存在受害者，也不存在侵略者；没有受害人，惩罚、赔偿和名誉上的恢复自然也就无从谈起了。

　　在性与战争、暴力的关系上，人权问题起初并没有得到应有的重视。随着社会文明的进步，公众对于人权和自主性的重视程度越来越高。当我们掠过历史的书页，将目光投注于当下的现实生活时，却遗憾地发现，战争当中的性与暴力罪行未能得到彻底的清算，反而潜伏在日常生活和人们的观念当中，当类似事件作为导火索引爆舆论时，同样的耻辱和厌女主义的话语再度降临到新的受害者身上（如2022年2月俄乌战争爆发后，网络上部分民众对乌克兰女性难民的"意淫"）。在韩国的"李胜利性招待事件"中，随着媒体的跟进报道，下药、性侵、偷拍、性贿赂和韩国娱乐圈对女演员的性剥削等问题逐一浮出水面。作为种种恶行的加害者，如李胜利、郑俊英之流，在丑闻曝光时，他们的公关团队还抛出这样的说辞来为当事人辩护："说是性侵、偷拍，只根据聊天记录也不算实锤啊，到目前为止都没有受害者出来作证。"这个逻辑就是"既然没有受害者，也就不存在加害者的过错了"，这与前述日本右翼势力断然否认战争暴行的强盗逻辑如出一辙。

　　今日的时代女性，已非昔日的柔弱女子。对于女性权利的维护，不能寄望于作恶者的良心发现，或者仅仅依靠官方的法律救济。在性暴力犯罪事件中，女性想要维权，但举证难、立案难，诉讼过程漫长，调查取证难度大，诉讼成

---

① 李红涛，黄顺铭."耻化"叙事与文化创伤的建构：《人民日报》南京大屠杀纪念文章（1949—2012）的内容分析 [J]. 新闻与传播研究，2014（1）.

本过高。虽然法律规定，涉及强奸案件实行不公开审理，媒体报道时要对受害人加以匿名保护。但是在这个过程中，受害人隐私泄露的风险很高，维权成本和代价过于沉重。现实压力迫使很多受害人忍气吞声，打消报案的念头。因此，性暴力的报案率低，受害者比例低，不一定真实地反映出当地性犯罪的数量和实际情形。

而且，女性并非完全束手无策。借助于日益普及的社交媒体，女性也日益发掘出其中社会互动与网络动员的行动价值。2017 年席卷好莱坞的 #me too 运动，其影响波及全美、欧洲和亚洲各国；2018 年韩国女明星具荷拉遭遇前男友崔钟范不雅视频威胁，上万名韩国女性发起街头游行，另有超过 20 万人在韩国政府的青瓦台请愿网上发起请愿，要求严惩像崔钟范一样的"色情报复"罪犯。当女性结成同盟，勇敢地站出来讲出自身的遭遇时，她们夺回了被男性"阉割"的话语主动权，通过自媒体赋权和动员，由网络自发组织发展到集体动员和线下活动，获得了言说和行为的主动权。在"李胜利性招待事件"中，问题的曝光和持续性揭丑，也是源于一名勇敢的女性记者姜新妍坚持不懈地跟踪报道。而"张紫妍自杀事件"也重新回到民众视野，人们发起请愿，要求延长此案的公诉期。在舆论压力下，时任韩国总统文在寅也表态并下令彻查此案，严惩相关犯案人员。

女性在自我赋权和建立"想象的共同体"过程中，对于自身权利的觉醒和主张不无社会进步的意义。"受害者"身份固然能够为她们争取到同情话语和舆论支持，但是，从道德和法律的层面确立女性当事人的权利主体地位，为寻求社会平等、正义和问题的彻底解决，提供了更加宽广和高远的社会视野，当然也因此获得了更多的主动性和实现正义的可能性。"权利话语给这些妇女提供了一种指认暴力犯罪者的语言武器，宣告一种权利受侵害前提下的合法身份，幸存者已经能够依靠揭发犯罪者的当代世界秩序的平台，从对社会性死亡自我指向的责任承担的情境中摆脱出来。"[①] 当受到不法侵害的女性（也包括其他弱势群体和边缘人群）能够使用自我陈述和书写，摆脱强加于自身的"耻感"，她们

---

① [澳] 凯萨琳·谢菲. 丛林、性别与澳大利亚历史的重构 [M]. 侯书芸，刘宗艳，等译. 桂林：广西师范大学出版社，2010：233.

就能得到赋权，勇敢地、合理合法地向政府部门和非政府部门——NGO 组织成员、律师、媒体人士、社会行动者、国际组织成员等说出自身的遭遇和权利诉求，也就真正摆脱了作为受害者的弱者身份和受救济者的被动地位，不必依靠争取社会同情和道德力量，从而获得权力者的"慈悲"与"施舍"，"为她 / 他做主"，还给她们应得的正义和公平；而是依靠自己的主动争取，最终赢回属于自己的权利。就像电视剧《都挺好》里的独立女性苏明玉，靠着自身的能力和实力，摆脱了原生家庭的压迫和创伤，收获了美好的人生。

当我们超越记忆与话语的视角，以一种新的主体性身份认知，那么，无论是对于战争中的性犯罪，还是日常生活中伴随女性的性暴力阴影，我们都可以打破受害者想象的既有框架，在人权主体的范畴内讨论性别平等问题。男尊女卑、男强女弱的性别霸权意识固然要得到清算和抛弃，激进的女权主义者所主张的以女权代替男权未必是更好的选择。相反，真正的性别平等，是在承认两性差异的事实基础上，将女性视为和其他性别的人同等的权利主体和社会公民，独立于由社会和国家性别关系产生的社会性别身份，亦能克服私人化的偏狭和依附性，不必通过他人的陈述和评判来为自己贴标签和"估价"，而是真正以社会公民和全球化浪潮催生出的世界公民身份，获得一种维系过去、现在与未来的新的生命体验，并在与男性同胞势均力敌、相映生辉的社会互动中形成新的两性关系和道德法则。

第三章

从再现到表征：隐形的监牢

社会性弱者，无论哪一类，都承受着同样的"范畴的暴力"，因为制造和划分范畴的，是社会的支配性集团。

——铃木道彦真：《恶之选择》

　　大众媒体如何对男女性别关系和权力结构产生影响？用社会性别的理论视角来审视这个问题，我们着重发掘和揭示媒介如何塑造性别文化和社会表征，从而将一种性别关系定型化。大众媒介以一种无孔不入、潜移默化的方式渗透到我们的日常生活、社会场域和公共政治中，它所塑造和传播的性别文化，让男女两性在生理性别差异之外，更加突出和强化社会性别差异。

第一节　厌女主义的历史维度和现实维度

　　人类性别具有双重属性，即生理性别和社会性别。生理性别基于第二性征和男女身体构造特点，它是生物学意义上的人体差异，作为一种普遍存在的、不可改变的自然事实而存在。社会性别指的是男性和女性之间的社会差异，它反映的是男性和女性在一定时期和一定社会环境下体现的社会差别和社会关系。这种差别不同于生物性的区别，而是基于两性的社会身份、经济地位、政治待遇、文化形象、社会期望和社会角色等方面作出一系列的规范、判断和要求。它们也构成了人类社会不同族群之间的文化差异。因而，社会性别属于社会文化、习俗和政治制度的范畴。不同文化在自身发展过程中，对社会性别会作出不同的规定。

以西方文化为例，在西方中世纪时期，虽然骑士文化的流行使得对贵族女性的尊敬与服从成为一种时尚潮流，但也恰恰是在这个时期，厌女主义风气最为盛行。中世纪的厌女主义与基督教息息相关，而厌女主义的传统则承袭自古希腊时期以来的罗马文化、犹太教和日耳曼文化。古罗马神话中，被母狼乳汁养育大的两兄弟罗慕路斯和雷穆斯为了领地和人口之争而手足相残，哥哥罗慕路斯杀掉他的弟弟瑞摩斯并创建了罗马城。在这个神话里，女人成为兄弟相残的祸根。特洛伊神话里，希腊美女海伦被特洛伊王子帕里斯诱拐，引发了这场延续10年的战争，女人成为诱发战争的导火索。而在此之前就已经埋下伏笔，天后赫拉、智慧女神雅典娜和美神阿佛洛狄忒为了争夺金苹果，去找帕里斯做裁判。帕里斯把金苹果判给了阿佛洛狄忒，从而引发了其他两位女神的不满。作为报复，她们蓄意挑起了这场战争。战争中，两位希腊主将阿伽门农和阿喀琉斯为了争夺美貌女奴而失和，让敌人有了可乘之机，一度遭遇惨败。神话往往是现实生活的投射。在这则神话里，无论是女神、王后还是女奴，都成为挑起战争的"祸水"——造成手足相残、同室操戈、父子反目，从而祸国殃民。神话中所表达的对女人的恐惧和蔑视，成为厌女症的源头。

在西方的宗教文化里，《圣经》上说，夏娃听从了蛇的挑唆，并引诱亚当偷吃禁果，以至于两人被赶出伊甸园，从此只能胼手胝足，终日劳作，方能填饱肚子。于是，"以男性神学家为代表的教会认为，以夏娃为代表的女性是人类不幸的根源，她们理应接受惩罚，成为被谴责的对象，而且后世的妇女继承了夏娃的缺点：不能抵制诱惑，又诱惑男人。因此现世的她们要谦卑，要服从男性的统治。不仅在教会中如此，在家中亦如此"①。由此，神父们依据《圣经》，在理论上确立了女性服从于男性的性别秩序和社会秩序。后世学者弗洛伊德则从心理分析的角度上阐述了厌女主义的根源。他指出，男性这种对女人的恐惧来源于对被阉割的恐惧和焦虑。女人代表着"淫欲、放荡、肤浅和堕落"，同女人的接近，有可能遭遇阉割的危险。"这一解释之所以有道理，或许就在于让他们想起恐怖的阉割观念。"② 在诺曼·霍兰德（Norman N. Holland）看来，"对于男

---

① 李桂芝.中世纪欧洲厌女主义的发展及其影响 [J]. 史学理论研究，2016（4）.

② Tyson A，Freud S.Leonardo da Vinci and a Memory of His Childhood[M].NewYork：Nordon，1964：45-46.

人来说，女人就是最初的'他者'"，但是，她们又是一种比那些外民族或者异域宗教更加棘手的情况，"她是不能被排斥在外的'他者'"，她是男人必须与之生活在一起的"他者"，必须把她们和男人隔离起来，比如说用修道院、闺房和面纱等等，"但是，同她的性行为是必要的，也是不可避免的"。①神话、宗教、社会习俗和社会规范等各种文化因素相互作用，构成了厌女主义的传统，并为男性和女性的社会分工、社会义务和性别结构划定了范围和权力领域。而在人们的观念中，又把这一切视为理所当然。

在中国的传统文化中，初生婴儿根据性别来确定"弄璋之喜"和"弄瓦之喜"。这个典故出自《诗经·小雅·斯干》："乃生男子，载寝之床，载衣之裳，载弄之璋。……乃生女子，载寝之地，载衣之裼，载弄之瓦。"璋是美玉，瓦是纺锤。二者价值高下有别，意味着男女尊卑有别。在这里，生物性别与社会性别似乎本质上是一体的。身为男子，社会赋予他的期望是"男儿何不带吴钩，收取关山五十州"。而对于女性，所负责任就是洒扫烹饪、照料公婆、相夫教子。汉朝才女班昭写《女戒》一书，规定了女性在卑弱、夫妇、敬慎、妇行、专心、曲从和叔妹等七个方面的言行举止与道德规范，成为流传后世的女性教科书。虽然男尊女卑、男主女次的性别规范业已确立，但其并非一成不变。到了中唐时期，唐玄宗李隆基宠爱杨贵妃，杨氏满门"姊妹弟兄皆列土，可怜光彩生门户"，这种示范效应甚至改变了当时人们重男轻女的生育观念，"遂令天下父母心，不重生男重生女"。在这里，我们看到，所谓男尊女卑、男主女从的性别关系并非铁板一块，它会根据社会形势和社会关系的改变而变化。生物性别和社会性别在这里出现了分裂，由是说明，社会性别差异更多地来自社会环境与文化的影响。近代法国女性主义的先驱波伏娃在《第二性》中喊出振聋发聩的声音——"女人不是天生的，而是后天被塑造成的"。男女诸多差异并非仅仅由于生理特征而自然产生，而是在社会文化中形成的，是社会文化和习俗观念把男性和女性分配到不同的领域，形成"男主外女主内"的分工格局。女人可以生孩子，但并非天然地领受了带孩子的义务和责任；即使在自然界中，也有一些动

---

① 转引自 [美] 拉塞尔·雅各比. 杀戮欲：西方文化中的暴力根源 [M]. 姚建彬，译. 北京：商务印书馆，2013：158.

物是由雌性负责繁衍生育，而雄性负责孵化和养育后代。

女性在先天生理性别上承担繁殖的义务，以及后天社会性别角色所规定的必须承担养育和照料家庭的任务，二者并无实质性关系。

那么，社会文化和习俗观念是如何划定两性的行动范围，以及如何确定男性属于公共领域、女性属于私人领域的性别权属的呢？在社会学家的眼中，个人在社会化的过程中也完成了性别角色的塑造。而其作用机制来自"原型"。所谓原型，原本是指文学作品中的人物类型或模型。"在性别角色形成过程中，原型起着一种特别的框架和模板作用，对男女应具备的心理特征和所从事的活动有一套相对固定的看法。所以，原型是复杂世界的简单化表达，它使歧视性、预先判断的认识和结论合理化。"[①] 男权社会通过制造和维持性别原型，从而建构起一整套关于性别角色与性别关系、权力等级的观念和规范，通过各种中介，如家庭、学校、工厂、政府机关和媒体等，向大众潜移默化地、反复地传播和强化性别原型，让人们遵从文化规范中设定的性别角色：男性美是强壮、勇敢和威严，女性美是柔弱、胆怯和顺从；好男儿志在四方，要建功立业、光宗耀祖，好女人勤俭持家，要相夫教子、夫唱妇随。符合性别原型的行为受到褒奖和传颂，违反常规的"越界者"则受到惩罚和唾弃。在长期的浸润传播中，媒介文化把这种性别规范塑造为社会共识，并且长期固定下来，形成一种根深蒂固的社会意识。而采取奖惩结合的权力规训手段，则使这种"观念暴力"获得大众的认同而得以合法化，成为名正言顺、人人遵行不悖的社会规则。

福柯以其清醒犀利的洞察力，穿透了这种"不可见"的权力迷雾。他指出，真正统治社会的，不是国王、军队、刽子手和酷刑这种宏观的、可见的权力，而是深潜于人们的意识和观念中，麻痹和奴役大众头脑和心灵的"微观权力"。这种"微观权力"作用于人的灵魂（意识）而非身体，通过"一整套知识、技术和'科学'话语"[②] 与惩罚权力相结合，"惩罚应该打击灵魂而非肉体"[③]。这里受

---

① Rapport N，Overing J.Social and Cultural Anthropology[M].London：Routledge，2000：344.

② [法] 米歇尔·福柯. 规训与惩罚：监狱的诞生 [M]. 刘北成，杨远婴，译. 北京：生活·读书·新知三联书店，2007：24.

③ [法] 米歇尔·福柯. 规训与惩罚：监狱的诞生 [M]. 刘北成，杨远婴，译. 北京：生活·读书·新知三联书店，2007：17.

到惩罚的灵魂是一个抽象的能指，"它与基督教神学所展示的灵魂不同，不是生而有罪并应该受到惩罚的，而是生于各种惩罚、监视和强制的方法。……这种现实的非肉体的灵魂不是一种实体，而是一种因素。它体现了某种权力的效应，某种知识的指涉，某种机制。借助这种机制，权力关系造就了一种知识体系，知识则扩大和强化了这种权力的效应"①。我们可以将这种非现实的肉体（福柯称之为灵魂）抽象化为"社会身体"，其成为权力运作和实现的一个工具。这也许可以作为理解福柯所谓"灵魂是肉体的监狱"这一深奥命题的途径。惩罚的目的并非使人遭受酷刑的痛苦，而是在于剥夺人作为主体的权利，它的支配效应在于调度、计谋、策略、技术和运作。对于权力客体来说，微观权力成为一种强加于自身的义务，它在实施干预和控制的时候，也通过他们得到传播。换言之，被统治的对象反过来也成为权力统治的帮凶和同谋。

在葛兰西看来，当统治者获得被统治者的合意共谋，即掌握了某种霸权。中国传统俗语"多年的媳妇熬成婆"，反映的就是这种权力择人而噬的本质。当受尽男权压迫的女人成了"婆婆"，获得了等同于男性的家长权威后，会反过来压迫年轻的媳妇。权力深入社会关系的深层，而且具有某种连续性，如福柯所言，"在个人、肉体和行为举止的层面复制出了一般的法律和政府的形式"②。大众媒介就充当了这种"权力—知识"机制的运行载体和工具。"在大众媒介日益渗透我们的日常生活，媒介实践已经成为我们生活实践的一个重要部分的今天，任何一种霸权的形成都不可能不借助媒介的力量，媒介提供可借助的力量不是身不由己，而是乐此不疲。"③大众媒体以其无孔不入、潜滋暗长的影响力，日复一日地生产着这种微观权力，如福柯所言，受到这种权力规训与惩罚的人，包括疯人、家庭和学校中的儿童、被隔离的人、工厂里的工人，以及——女性，都是福柯所谓的"权力匮乏者"，如同置身于"隐形的监牢"。

---

① ［法］米歇尔·福柯. 规训与惩罚：监狱的诞生 [M]. 刘北成、杨远婴，译. 北京：生活·读书·新知三联书店，2007：31-32.

② ［法］米歇尔·福柯. 规训与惩罚：监狱的诞生 [M]. 刘北成、杨远婴，译. 北京：生活·读书·新知三联书店，2007：31.

③ ［法］米歇尔·福柯. 规训与惩罚：监狱的诞生 [M]. 刘北成、杨远婴，译. 北京：生活·读书·新知三联书店，2007：31-32.

不同于政治学意义中的权力，"权力—知识"机制不是暴力—意识形态的对立，也不是所有权观念、契约和征服模式，它凭借"以显而隐"（布尔迪厄语）的方式来运作。借助反民主的象征暴力和服膺商业逻辑的他律性，"如本该属于其职责范围的事，亦即提供信息，展现的东西，电视却不展现，或者虽然展现了本该展现的东西，但其采用的方法却是展而不示，让其变得微不足道，或者重新加以组合编造，使其具有与现实毫不相符的意义"①，导致对民主、社会正义及新闻真实性的戕害。究其原因，布尔迪厄认为是"记者们有着特殊的'眼镜'，他们运用这些眼镜看见某些东西，但对某些东西却视而不见；同时又以某种方式，见他们所见的东西。他们进行某种选择，并对所选择的进行建构"②。从媒介批评者的角度来说，他们看到了媒介内部权力结构和外部市场力量的共同作用，将媒介变成"性别等级的社会帮凶"③。

欧盟委员会就业、社会事务及机遇平等总司的 2010 年度报告显示：媒体业的高层决策者中，男性占绝对优势，只有年轻貌美的女性在节目主持领域有优势；尽管女性在现代公共生活中越来越活跃，但媒体所呈现的公共生活仍然以男性为主导；广告和市场营销竭力维持女性作为性目标、牺牲者、怪物等的性别原型。④ 中国的大众媒介也呈现类似的图景，娱乐业、时尚业、美容业、影视业每天兜售青春美貌，将女性的身体作为一种消费景观进行生产、包装和出售，让"美丽"成为一项有利可图、奇货可居的生意，女性的身体成为被展览、被凝视、被规训和被剥削的商品。在政治经济学的层面，媒介"制造性别"和"消费女性"的技术和商业逻辑，也构成了一种"身体政治"（body politics）。在有关身体政治学的论述中，"'身体'常常不仅是政治思想家用来承载意义的隐喻，而且更常是一个抽象的符号。思想家借以作为'符号'的身体而注入大量的

---

① [法] 皮埃尔·布尔迪厄. 关于电视 [M]. 许钧，译. 沈阳：辽宁教育出版社，2000：51.

② [法] 皮埃尔·布尔迪厄. 关于电视 [M]. 许钧，译. 沈阳：辽宁教育出版社，2000：52.

③ 马媛，王利芬. 性别与大众媒体 [M]// 王利芬，郑丹丹. 语言与文化读本：社会性别. 武汉：华中科技大学出版社，2015：23.

④ European Communication, Employment, Social Affairs and Equal Opportunities.Advisory Committee on equal opportunities for women and men : Opinion on "breaking gender stereotype in the media"[R]. 转引自王利芬，郑丹丹. 语言与文化读本：社会性别. 武汉：华中科技大学出版社，2015：23.

意义与价值"①。为身体设定何种隐喻，赋予其何种意义和价值，都是作为一种物质因素和技术手段，为权力和知识关系服务，"而那种权力和知识关系则通过把人的身体变成认识对象来干预和征服人的肉体"②。知识、话语和权力不可分割，而权力通过话语来实现。男性主宰的媒体必然服务于男性霸权的意识形态，话语权力分配的失衡是性别统治和性别压迫存在的重要原因。对女性身体景观的制造和话语权的褫夺，也是媒介暴力的表现形式之一。

第二节　身体景观的生产

一、身体作为符号景观

在媒介的形象再现中，身体是一个重要的符号表征，同时也是展示身体的社会建构的重要场域。在身体社会学的脉络下，我们如何看待性别化的身体，以及如何探讨身体与性别、文化和权力之间的互动关系？自 16 世纪开始，在社会达尔文主义的影响下，学者将身体置于自然科学的研究视野中，身体成为物质性客体。直到 19 世纪后，以涂尔干为代表的社会学家开始对达尔文主义的身体观提出批评，涂尔干赋予身体以重要的文化意义，揭示其所蕴含的社会性。比如，男女性别首先表现在身体的生理特征上的差别，性征不仅仅体现为差异，还具有文化隐喻的意味。男女之间的对立性和支配性关系，"表现为高 / 低、上 / 下、前 / 后、直 / 弯、干 / 湿、坚挺 / 柔软、清楚 / 模糊、外（公开）/ 里（私下）等，其中的某些对立与身体的运动（高 / 低、升 / 降，外 / 里、出 / 进）相关。这些对立在差异中表现出相似，在实践转换和隐喻的无限游戏中，彼此协调，相反相成"③。性别的划分看似一种自然秩序，既以客观的方式存在于事物中，又被以归并的状态存在于身体中。就像布尔迪厄所说的，男性秩序的力量体现在它无须为自己辩解这一事实上：男性中心观念被当成中性的东西让大家

① 黄俊杰 . 中国古代思想史中的"身体政治学"：特质与涵义 [C]//《国际汉学》编委会 . 国际汉学（第 4 辑）. 郑州：大象出版社，1999.

② [美] 米歇尔·福柯 . 规训与惩罚：监狱的诞生 [M]. 刘北成，杨远婴，译 . 北京：生活·读书·新知三联书店，2007：30.

③ [法] 皮埃尔·布尔迪厄 . 男性统治 [M]. 刘晖，译 . 北京：中国人民大学出版社，2012：5.

接受下来，无须诉诸话语使自己合法化。① 社会就是建立在男性统治的基础之上的，从劳动的性别分工、时间的分配、空间的结构到身体的生理构造等等。这种被归并的社会认识似乎适用于一切领域。而且，首先是生物学身体本身，即从生理差别上决定社会分工，其次则是社会身体的建构，生理差别被纳入社会秩序的现实之中，并形成了男人统治女人的关系。福柯以寓于身体的权力研究，让我们看到身体作为权力运作的载体，其"自然"形态背后所蕴藏的历史、社会、政治、经济等建构力量的交融。

在文化建构上，无论是在神话中还是在社会实践中，我们都能看到男性与女性之间这种性别统治关系如何通过身体来实现。西方的《圣经》中说，世界上第一个男性亚当，是上帝仿造自己的模样创造出来的，这种与神明类似的象征，使男性统治具有合法性的意味。上帝取出亚当的一根肋骨，造出了女人夏娃，给亚当作伴，并且规定夏娃必须服从丈夫的命令。在中国的古老神话里，女娲娘娘抟土造人，然后男女两两结合，遂有人类的繁衍。男耕女织的性别分工，奠定了"男主外、女主内"的家庭—社会关系结构。这种"内外"有别的关系，也隐喻着权力关系。女性作为对象的身体——被动的身体——处于次要地位的身体，也决定了女性在社会中被认定为只能从事一些辅助性的、缺乏挑战性的工作，如秘书、护士、幼师、家政人员等等。即使在男女同时从事的工作中，女性的职位也常常居于男性之下。这种认知在媒介再现活动中也一览无余。

身体作为意识的物质载体，既烙印着历史文化的印记，又融合了个人体验和感受。分析"肉身性的身体"与"社会性的身体"的存在与互动关系，从对身—心、主体—客体这种二元性的分析到对其统一性的考察，笔者引入"景观"的概念，试图说明身体景观在社会结构和话语控制中如何被媒介文化所形塑，又如何通过日积月累的涵化作用，成功地由"外部规训"演变成"自我异化"，使女性作为一个整体被媒体的象征暴力改造、控制和"征服"。

"景观"这个概念是法国思想家居伊·德波（Guy Debord）1967年提出来的。在专著《景观社会》中，德波认为现代社会已经成为一个"景观社会"。在这里，景观不是纯粹指视觉世界或影像传播技术的产物，而是"某种实在化的、物质

---

① [法] 皮埃尔·布尔迪厄. 男性统治 [M]. 刘晖，译. 北京: 中国人民大学出版社，2012: 8.

　　无物之阵: 多维视角下的媒介暴力与性别公正

化了的世界观"，"总体上抽象地等于一切商品"。^① 出于对商品资本主义的批判，德波指出："在现代生产条件盛行的社会中，生活的方方面面以无限堆积的方式呈现自身。曾经直接存在的、鲜活的一切已经全部转化为再现。"^② 在影像充斥的时代，"景观成为当今社会的主要生产内容"^③。在这些景观商品中，关于身体的景观更是比比皆是。从名人明星花边新闻到广告海报、影像画面、包装设计，大众传媒在景观制造上总是乐于提供曲线完美、容貌靓丽、衣着入时的帅哥美女，是之谓"养眼"；而苗条纤瘦、性征突出、曲线完美的人体（主要是女体），成为庞大的"景观堆积"。

景观具有权力的意味。从其功能上来说，景观的展示、分离、否定和重构过程，即代表了一种媒介与文化意识形态的集中和扩张，景观生活成为人们的一种生活状态、一种被动的消费特征，"现代人完全成为观者"，个人实现了自我与现实的融合，并根据景观所展示的表象不断重新建构现实。因此，德波用景观理论来批判大众传媒对主体的麻醉、欺骗和异化，它使身体丧失了主动性和创造性，更屈服于充斥着商品资本主义的欲望和幻象中。

让·鲍德里亚（Jean Baudrillard）在继承德波关于景观分析的基础上加深了这种批判。他提出"内爆"理论，认为媒体对于现实的再现，不过是一种"仿象"，它是"内爆的""超真实的"，大众深陷媒介制造的虚拟世界中而无法自拔。鲍德里亚认为，大众传媒并不意味着信息之间的交流，而是"最终禁止回应，阻止任何交换可能（除非是在回应的仿象状态中，在这一状态下，回应自身处于传播过程之中，在单向传播中不会产生任何的改变效果）"^④。因此，他指出，这正是社会控制与社会权力所建立之基础，因为权力意味着只能给出，却无以返赠，而这样不平等的减缓最终必然导致垄断。^⑤

福柯从分析身体与权力的关系入手，揭示社会如何通过建立话语与知识，进而产生权力。这是一种微观权力，是不可见的，它是通过被惩罚和监禁的对

---

① [法]居伊·德波. 景观社会评论 [M]. 梁虹，译. 桂林：广西师范大学出版社，2007：4.

② [法]居伊·德波. 景观社会 [M]. 王昭凤，译. 南京：南京大学出版社，2007：3.

③ [法]居伊·德波. 景观社会 [M]. 王昭凤，译. 南京：南京大学出版社，2007：5.

④ Poster M.Jean Baudrillard：Selected Writtings[M].Cambridge：Polity Press，1988：207-208.

⑤ [法]居伊·德波. 景观社会评论 [M]. 梁虹，译. 桂林：广西师范大学出版社，2007：8.

象的可见性来实施和体现的。"没有比权力的实施更加物质的、生理的和肉体的了。"① 福柯认为，借助对身体的规训、改造、惩戒、监禁等方式，用惯性和自我监禁的方式，就可以用最小的代价实现一种有效的监禁——驯服的身体。"监狱的诞生"——在现代社会里转化为一种关于"监视"的隐喻。笔者认为，也许可以将之称为"凝视的暴政"，也就是权力实现的过程。"他（福柯）提出'正常化'和'惩戒凝视'的观点。正常与反常是由话语来定义的，这种话语使得人们实现对自身行为的规训。同时也营造一种气氛，使得人们无时无刻不处于他人无形的监视当中，就如'圆形监狱'一样。久而久之，人们就慢慢内化了他人的凝视，成为自我约束的力量。"② 就像福柯所说的："一种虚构的关系自动地产生出一种真实的征服。"③

现代社会中，视觉主义逐渐风行起来后，身体的展示不再成为问题，反而成为一种新的经济产业。在大众媒体的聚焦下，"减肥""整容""塑身"等相关话语广为流行，并掀起了改造身体的热潮。这就是我们今天探讨的话题——在身体消费主义大行其道的年代，身体控制与身体操纵是以何种形式实现的？在理想身体与性别政治的博弈下，身体的商品化对女性的戕害是减轻还是加重了？在减肥、整容、塑身、抽脂、化妆术、滤镜和美颜相机等各种技术手段的加持下，女性对于身体的掌控和改造，究竟是代表女权的胜利还是寓示着女性自主意识的倒退？在身体领域的知识与话语的争夺，引发我们重新思考身体与社会、政治、经济、技术等的关系。

二、对减肥热的冷思考

当下，国内外关于减肥美容等方面的研究文章，从主题上主要可分为 3 类：一是从分析减肥广告的话语建构入手，讨论大众传媒对女性的权力控制；二是从话语分析的角度，揭示大众媒体中关于减肥话语的修辞策略和生产机制；三是致力于揭露大众媒介通过减肥健身话语生产的"话语政治"，反思女性解放运动的得与失。

---

① [法] 米歇尔·福柯. 权力的眼睛：福柯访谈录 [M]. 严锋，译. 上海：上海译文出版社，2003：171.
② 李丹峰. 关于女性减肥热潮的社会学反思：以女大学生为例 [J]. 社会学，2013（3）.
③ [法] 米歇尔·福柯. 权力的眼睛：福柯访谈录 [M]. 严锋，译. 上海：上海人民出版社，2007：227.

学者林宇玲运用福柯的权力 / 架构理论分析了 20 世纪 90 年代的减肥广告中的权力机制。她最终得出如下结论：①瘦身概念的形成视特定历史下的权力 / 知识网络而定；②瘦身被建构为一种身体的"物质形态"——包括身体的曲线、大小、式样，主要是透过一套训练的机制来实现；③瘦身概念已经发展出一套身体政治的相关论述，包括身体美学、医药、道德、科技和商业等面向，这些论述已发挥的权力及生产效果更甚于压抑效果；④女体不只是被动地引进瘦身概念之内，而且女体也在日常生活中主动地展现"瘦身"的物质形态。[①] 徐敏、钱宵峰对由科学抽样获得的 13 个品牌的减肥药广告进行了详细解析，提炼出其中存在 3 个共性：主诉对象为中青年女性；主诉功效为塑造充满性感魅力的苗条身材；通过"偷换健康概念""营造苗条暴政""以身材歪曲人格""渲染色、性""制造神话误导消费"等 5 个方面构建病态的苗条文化，从而论证了大众传媒在男权文化控制和操纵女性身体中发挥着巨大影响力的观点。[②]

张晓琳选择了国外 4 本发行量和影响力都很大的杂志——*Shape*、*Fitness*、*Self* 和 *Oprah*，从其 2010—2014 年刊载的 534 篇文章中筛选出 113 篇，通过文本分析的方法，总结了其中的女性关于减肥与塑身的陈述所呈现出的六大矛盾性。张晓琳指出，这些自相矛盾的话语，恰恰正是现实中女性的"身体"既呼唤主观自由又被客观规训的反映，女性减肥从表面上看是个体的身体实践、是女性自我选择的结果，但背后蕴含着社会的标准与规范。[③] 这种身体审美文化的主旨依然是迎合男性社会的审美标准，诱使女性通过自我规训来实现自我发展。

岳丽媛选择了 12 家与减肥有关的微信公众号作为研究对象，对其中的文章和评论进行内容分析与话语分析。她认为，减肥话语会受到社会文化的影响和制约，反过来也会对减肥文化进行一定程度的建构。所以，从科学传播的角度来说，这些公众号制造的话语助推了减肥热，并且对人们的身体观念和健康观

---

①　林宇玲.从傅柯的权力 / 知识架构来看台湾"美体塑身"广告 [J].妇女与两性学刊，1996（7）.

②　徐敏，钱宵峰.减肥广告与病态的苗条文化：关于大众传播对女性身体的文化控制 [J].妇女研究论丛，2002（3）.

③　张晓琳.自由与规训：国外健身美容杂志中关于女性节食、运动与减肥的矛盾叙述 [J].吉林体育学院学报，2015（2）.

念也存在一定的负面影响。①

高星、徐松美从新闻传播学的角度对有关青少年减肥的报道进行内容分析后发现，减肥报道主要采用选择与凸显两种方式，在理念、知识和方法上向社会呈现一种系统性偏差，使青少年对身体自我的认知发生改变——为追求"理想自我"和群体认同而盲目减肥。这是一种自我异化。②

赵芃引入葛兰西的"霸权"概念和费尔克拉夫的"话语技术化"理论，运用批评性话语分析的方法，通过观察一个关于减肥药推广的电视节目，分析其中话语技术者（专家和主持人）如何设计和利用话语技术（如访谈、授课、问诊等活动以及语体杂糅），将医学领域的专家知识悄然地植入大众传媒领域，形成常规性的话语表达，从而完成了"权力合法化"的过程。③

常悦收集了英文杂志上的 52 则减肥广告，通过对广告文本的分析，发现通过话语预设能够有效地影响读者心理，进而使读者产生购买欲望，这揭示了在现代社会中话语权力是通过转化为消费行为而得以实现的，提醒我们，消费主义同样具有意识形态霸权特征。

从话语政治—实践政治的角度出发，何涛认为，女大学生整形美容是在男权社会文化结构中进行的对自己身体有意或无意的实践，它在很大程度上维护着男权社会对女性的身体标准定位，不利于女性在公平公正的文化环境中主动支配自己身体权利意识的形成。现代社会理性的发展却在无意间助推不平等的男女性别权力结构生成。④因此，作为对男权社会的反抗，我们需要重塑女性话语结构，通过优化性别权力结构，推进性别平等的实践。

章立明认为，现代社会中对于隆胸和减肥的极致追求，与维多利亚时代贵妇人的紧身褡、明清以来的缠足文化，在对女性身体的改造和控制上并无二致。研究者对于此类身体改造现象的研究，鲜少探讨女性的身体为谁所有的问题。

① 岳丽媛."减"还是"不减"：这是个问题——基于微信减肥公众号的科学传播研究 [J].自然辩证法研究，2021（2）.

② 高星，徐松美.偏差与虚拟：减肥报道对青少年自我认同的消极影响 [J].中国青年社会科学，2016（1）.

③ 赵芃.话语的技术化与权力的合法化：医药电视节目中权力合法化运作的探究 [J].外语与外语教学，2019（1）.

④ 何涛.身体政治与性别权力解构：女大学生整形美容的身体社会学审视 [J].广西青年干部学院学报，2015（1）.

因此，持续批判男权主义与消费主义对女性身体的合谋，有利于赋权女性，探讨女性的精神自由与思想解放。①

柳波认为，现代社会中女性的整形、美容、减肥、塑身等身体改造行为，无论是出于被动顺应还是积极改造，都是屈从于父权制的"凝视"和规训，是女性身体被物化和对象化的表现，从而不断巩固和再生产父权制的社会结构。因此，呼唤女性的主体意识、呼吁建设平等的性别文化，成为其理论旨归。②

文华反对这种把身体改造仅仅视为父权制压迫的产物的观点，她认为这也是女性主动选择命运的机会与手段。因此，她通过对美容院及其顾客的田野调查，一方面探讨权力机制在女性身体上的运作，另一方面探讨女性通过选择整形美容手术，如何以主体消费者的身份获取"身体资本"，从而在错综复杂的权力结构中，以个人的"身体政治"的运作来实现自我赋权。③

李丹峰结合实证访谈的资料，对女大学生的减肥言行进行剖析，认为现代女性在减肥方面体现出来的积极性与主动性，说明女性的身体不仅仅是被社会"驯服的身体"，还夹杂女性自身的反思、选择和抗争。④

上述相关成果在论证框架和脉络上有诸多相通之处。基本上，国内学者在减肥问题上经常征引的理论有福柯的知识—权力理论和权力规训的思想，以及桑德拉·巴特基（Sandra Lee Bartky）关于权力对身体的征服观点（借助"一种探究它、打碎它和重新编排它的权力机制"⑤，从而实现对女性全体的彻底控制）。后女性主义学者纳奥米·沃尔夫（Naomi Wolf）在《美丽的神话》一书中指出，时装、化妆和减肥工业塑造了"年轻、飘逸、纤瘦"的女体，广告图片、时装表演充斥着人们的日常生活，使得女性对自己的身体产生永无休止的不满意。同时，消费文化也暗示了身体可以不断地被改造，制造出每个人都可以拥有模

---

① 章立明.隆胸与减肥：消费社会中女性的身体控制 [J].山东女子学院学报，2012（4）.

② 柳波.女性"身体再造"：父权制规训下身体的对象化 [J].山西农业大学学报（社会科学版),2011(8).

③ 文华.整形美容手术的两难与焦虑的女性身体 [J].妇女研究论丛，2010（1）.

④ 李丹峰.关于女性减肥热潮的社会学反思：以女大学生为例 [J].社会学，2013（3）.

⑤ Bartky S L.Foueauh，femininity，and the modernization of patriarchal power[M]// Diamond I，Quinby L，ed.Feminism and Foucauh：Reflections on Resistance.Boston：Northeastern University Press，1988.

特般身材的美丽幻觉。① 苏珊·波尔多（Susan Bordo）认为，现代女性的身体焦虑反映了社会固有的性别秩序，"厌食症患者通过支配身体与灵魂而进行强迫性的身体实践，她们由此获得的独立自主、自由自在的感觉，是服务于现有的限制女性发展的社会秩序，而非改变这种秩序"②。波尔多将对苗条身材的渴求与现代社会的焦虑联系在一起，将女性对身体肥胖的焦虑视为对欲望和控制的渴望，苗条代表自我克制与自律、自信和成功，而肥胖是放纵和失控的体现。因此，减肥这种身体实践也有了"道德资本"的意味。它既是规训的结果，又是实现自我赋权的途径。进入 21 世纪以来，减肥、整容等身体实践活动也被视为女性实现自我赋权的方式之一。就如同黛布拉·金林（Debra Gimlin）所提出的观点：女性在对身体进行塑造的过程中，通过对身份的协商，重新塑造自我，这是一种积极地应对文化压迫的行为，体现了女性的主体意识和能动性。③

在方法论上，田野调查、媒介内容分析和批判性话语分析是研究者经常使用的理论路径和方法。此外，社会学理论中的行动者分析以及"性别政治""社会资本""身体资本"等概念被经常调用，用于分析身体意象和改造行为对人们的心理、行动的影响，以及对人们的社会控制和意识形态的争夺。

第三节　从美丽神话到恐惧诉求

在媒介研究中，笔者发现一个有趣的现象：大众媒体和自媒体上的减肥话语是两种不同的生产模式，其视角和立场截然不同。大众媒体上关于减肥、塑身、整容等身体改造的话语，仍然倾向于制造"他者"，通过"男性凝视"来表达一种身体审美和道德资本；而在自媒体上，个人对于"改头换面""减肥瘦身"的话题明显带有更多的主动意识，带有强烈的个人主观色彩，虽然仍然不乏

① Wolf N.The Beauty Myth : How Images of Beauty Cite Used Against Women[M]. New York : William Morrow and Company，1991. 转引自李丹峰 . 关于女性减肥热潮的社会学反思：以女大学生为例 [J]. 社会学，2013（3）.

② Bordo S.The body and the reproduction of femitfinlty[M]//Bordo S.Unbearable Weight : Feminism，Western Culture，and the Body.Berkeley and Los Angeles : University of California Press，1993.

③ Gimlin D L.Body Work : Beauty and Self—Image in American Culture[M].Berkeley : University of California Press，2002.

"网红脸"、流行审美观的印记，但是其自我展示和自我改造的主动性程度大大提升。笔者拟从主题框架、话语策略、传播手段和传播对象等方面进行分析。

一、大众媒体上的"男性凝视"

今天，减肥日益成为一项火热的经济产业，在其背后，媒体业和广告业的推手作用可谓功不可没。媒介文化产品对减肥瘦身观念不遗余力地宣传、诱导和形塑，形形色色的减肥产品广告则通过影响人们的消费观念和生活观念，鼓励人们购买或消费减肥产品，通过健身塑形来创造"全新的自我"或者"崭新的世界"。出现在大众视野中的媒介文化产品和广告画面，带有非常明显的性别化特征，对女性形象的展示数量大大超过了男性。比如，据研究者统计，与减肥话题有关的媒介图片中，"展示女性形象的图片出现的次数最多，共 3533 次，而男性的形象仅出现了 679 次，远低于女性形象"[1]。尤其是在展示减肥效果时，镜头乐于聚焦女性的胸部、腰腹部、臀部和腿部等，以展示"纤瘦、性感、迷人"的效果，甚至对于女性的身体之美还有一定的尺寸标准，比如用数字限定的"标准三围"、A4 腰、马甲线等，这些文本和话语都传达出物化女性的倾向，将女性身体置于男性凝视之下。女性主义者认为，这种男性凝视是具有霸权意味的规训。它剥夺了女性身体意识的主体性，也强化了性别陈规。[2]

在关于身体的美学认知和评判标准上，往往体现的是男性的审美话语，"白瘦幼"成为衡量女性美貌和性感的黄金标准。所以，与美白、瘦身、嫩肤等有关的美容产品和塑身美体类服务大受欢迎。为了迎合乃至符合这种男性对于女性气质的审美期待，女性越来越关注个人的体重数字，以至于产生严重的身体焦虑。减肥作为一个"女性味"十足的话题，不仅在女性群体中备受关注，甚至成为一种社交话语，女性朋友见面时寒暄的话题由传统的"吃了吗？"变成"你瘦了！"但是，这种过分关注背后，透露出一种焦虑感和不安全感。有人指出，"女性这种对自我身体的'减肥'暗示实则给女性带来了很多负面问题。它不仅影响女性的饮食，更会影响到女性的社交、自尊、积极性、对体育的认知和看

---

① 岳丽媛 . "减"还是"不减"：这是个问题——基于微信减肥公众号的科学传播研究 [J]. 自然辩证法研究，2021（2）.

② 李静 . 瘦身广告中的性别批判 [J]. 西安社会科学，2009（3）.

法等很多方面"①。身材肥胖的女性在日常生活中受到各种嘲笑和歧视，甚至遭受公开的身材羞辱。

2020年，"大润发女装尺码建议表"的话题登上了微博热搜。事件起因是顾客在大润发购物时，发现现场挂出了一张"女装尺码建议表"，但是关于尺码规格的说法让人有点无法接受：S就是瘦，M就是美，L就是烂，XL就是稀烂……照片传到网上后，网友不禁质疑："这是尺码建议表还是'身材歧视图鉴'？"即使商家出于所谓"幽默""玩梗"的目的，但其中隐含的厌女主义思想昭然若揭。将身材等同于个体价值，用单一且狭隘的标准去规定所谓的"美"、所谓的"理想身材"，这是将男性凝视暴政施加于女性，并且将这种"身材羞辱"内化为女性的自我认知。这种符号暴力传达出的精神内涵，被上野千鹤子称为"作为自我厌恶的厌女症"②。在她看来，"命名"本身就带有权力的意味。而"女人"的范畴在自我诞生之前就已经存在，"人在成为女人的时候，要先将'女人'这个范畴所背负的历史性的厌女症姑且接受下来"，而且也不得不屈从于"被指定的位置"。③大到国家社会中的公共身份，小到日常生活中的形象规制，女性所遭受的压制和歧视是如此深刻却又挥之不去。

二、自媒体上的"励志故事"

相比于传统媒体以"美丽神话"之名所进行的蛊惑人心的宣传，自媒体上关于减肥、瘦身的话语策略更多体现为"励志""独立"和"自强""自爱"。根据笔者对微博和微信公众号中关于减肥、瘦身等内容的分析，在社交媒体和自媒体中进行减肥、瘦身宣传的营销号不在少数，而且诸如塑身、减脂、有氧健身、瑜伽等相关话题长期居于热榜，网络意见领袖的加入和带动，更是让减肥与健身成为新的流行文化之一。

相比于传统的对于美貌、理想身材的强调，自媒体充分发挥了其社交化、平民化和个性化的传播优势，以话题引爆、网络动员和病毒式传播的方式，如"马甲线""反手摸肚脐""A4腰"等话题迅速在网上风靡一时，从明星到普通

① 王凌月.男权社会的"话语霸权"对女性身体的规训和塑造 [J].昌吉学院学报，2017（2）.
② [日]上野千鹤子.厌女：日本的女性嫌恶 [M].王兰，译.上海：上海三联书店，2016：118.
③ [日]上野千鹤子.厌女：日本的女性嫌恶 [M].王兰，译.上海：上海三联书店，2016：120.

网民，都兴致盎然地参与其中，以兴趣分享和"自我挑战"的形式，迅速掀起一场狂欢式的"网络文本行动"①。有人统计过，"A4腰"话题在新浪微博上达到了16亿人次的阅读量、30.8万人次的讨论量，一些明星、网红等的热捧，有意或无意地为该文化现象的传播贡献了热度。②在这种话题讨论中，焦点放在通过运动健身、减肥塑形、饮食调节等自我的努力，来实现美丽的"蜕变"。比如，被称为"马甲线女神"的演员袁姗姗，一度遭遇严重的网络暴力，被网民公然嘲笑"滚出娱乐圈"。2019年，她通过在微博上晒出自己的"马甲线"照片，由"全网黑"转而逆袭，成功实现"翻盘"。关于她练出马甲线的图片、视频教程和经验心得等在网络上大受欢迎，她的努力、认真通过健身被网民看到，她由此赢得了网民一致的尊重，口碑急剧提升，也重新迎来了事业的春天。袁姗姗因此被视为通过健身实现"逆天改命"的励志典型——看到明星褪去光环，通过不懈奋斗，在"逆境"中东山再起，足以令普通网民感同身受，产生强大的情感共鸣。

当身体成为一种符号，被贴上"成功"或"励志"的标签，减肥、健身、运动等就不再局限于"美丽"或"健康"的意义，而被视为一种生活方式、一种人生态度，甚至是一种价值观上的新生。它和奋斗、自律、独立等具有积极意义的话语画上等号，从明星名人到社会大众，在追求"全新自我""崭新人生"上取得了高度的一致和共鸣，减肥与健身话语就具有了一种情感动员的积极功能。美国社会学家兰德尔·柯林斯（Randall Collins）提出了"互动仪式链"理论。他认为，社会成员通过相互关注共享的符号、共享的情感连带机制进行有意义的社会互动。"当相互关注和情感连带变得强烈时，自我强化反馈过程导致更强烈的情感体验活动……通过这种体验，文化得以创造、诋毁或加强。"③这种情感体验同时催生了新的符号创造，身体不仅仅是一个需要改造、可被改造的对象，同时还可以成为表达价值立场和生活态度的符号表征。"励志狂魔""健身

---

① 参见曹洵.修辞、叙事与认同：网络公共议题中的话语政治[M].北京：中国社会科学出版社，2019：104.网民针对公共事件或公共议题进行集体参与，以某种话语行动的统一形式，形成相对一致的立场和意见，这种话语行动模式，曹洵称作"网络文本行动"。

② 徐晨雪.新媒体环境下减肥文化的营销传播策略分析：以微博营销号"减肥明星赵某某"为例[J].今传媒，2017（11）.

③ [美]兰德尔·柯林斯.互动仪式链[M].林聚任，王鹏，宋丽君，译.北京：商务印书馆，2009：16.

达人""马甲线女神""人鱼线""6块腹肌"等符号的出现和流行，表明了一种强大的群体认同、一致的价值取向和行动激励。

三、意见领袖对"减肥文化"的助推

从明星如袁姗姗、杨幂、陈乔恩、陈意涵、彭于晏、闫妮等人的"现身说法"，到网络红人"芙蓉姐姐"减肥成功，实现了"脱胎换骨"的变化，这些明星名人所具有的符号价值，放大了"减肥成功，走向人生巅峰"的励志话语，使之逐渐内化为人们头脑中的固定思维。我们在朋友圈看到，某人把网名改成"不瘦20斤不换头像"的誓言，发个朋友圈，把减肥作为新年愿望之一；在朋友圈中晒微信步数、晨跑路线和健身照等，成为新的内容潮流。我们清晰地看到了"话语—观念—行动"这一模式在"减肥运动"中的复制路线。在电影《西虹市首富》中看到"全民跑步减肥"与"论秤分金"（根据减重数量获得金钱奖励）的桥段，虽然属于戏谑，但是正如曹洵所指出的那样，这也是一种情感动员的心理机制，"通过在笑声中激发参与者生产快乐，进而获得共鸣，人们能与志同道合者建立联系与互动"[①]。

市场需求与技术助力、社交分享文化等"一拍即合"，因此各种运动类App也趁势推出，减肥也变得更加"科学"，而且以"肉眼可见"和"网络打卡"的范式，助推了这股热潮。比如咕咚运动、Keep、天天跳绳、每日瑜伽、瘦瘦、轻加等各类减肥塑形类App。它们"贴心地"为你专业定制运动瘦身方案和健康食谱，建立个人健康模型，跟踪体重变化、热量消耗、计步器等身体数据，提供食物热量精准计算、全身及各部位减脂塑形视频以及线上商城，各种看起来"靠谱"的减肥产品琳琅满目，随时满足你的需求。每日打卡的机制又形成一种无形的"强制性"，好友的点赞支持更让人获得心理的满足，有了持续坚持的动力。从科学价值、实用价值、社交价值到情绪价值，全都照顾到，堪称"无微不至"，"软硬兼施"（"软"的是分享奖励和情感激励，"硬"的是定制化方案、具体数据和打卡机制等外部约束），多管齐下，由不得你不"入坑""沦陷"，并且在坚持一段时间，看到起效后产生"爽呆了"的巅峰体验。

---

① 曹洵. 修辞、叙事与认同：网络公共议题中的话语政治 [M]. 北京：中国社会科学出版社，2019：136.

在新媒体环境中，减肥文化的传播方式主要呈现为社交平台上的发表、评论以及转发，网友以亲身经历为证，更具有真实性和说服力。一方面，通过口碑营销，即有用户和粉丝的真实照片和减肥日记为证，使话题的感染力强、传播面广。另一方面，通过聚合网络上的弱连接关系，使得有同类需求的用户聚在一起，很容易产生共鸣和情感动员的效果。这也体现了群体感染和群体暗示的效应。

第四节　话语制造中的道德绑架

从传统媒体到网络媒体减肥话语的变化，体现了一种全新的话语置换。过去，一度引发万众瞩目的电视减肥栏目如《超级减肥王》、电影如《瘦身男女》等，致力于展示"肥胖"给个人带来的社会贬斥、社交隔离、事业和爱情上的失意等，带有一种"责备"和"惩罚"的意味。常悦在分析减肥广告中的话语预设时明确提出，减肥广告为了鼓励或刺激消费者购买减肥产品，会使用"话语预设"的策略来加强消费者的信任，诱导购买行为。[①] 如常用事实预设、信念预设、状态预设和行为预设等四种方式，利用当事人"现身说法"、"减肥不影响健康"的专家观念引导、展示减肥前后的生活状态变化、建构产品—效果之间的因果关系等手段来强化消费者对产品的认同和信赖。实则是利用"恐惧诉求"，暗示肥胖人士如果不采取行动努力减肥，就会陷入失败或困境，反之则会走向幸福和成功。吴伟军则使用批判性话语分析的方式，从文本—话语实践—社会实践三个层面揭示了电视减肥广告中的话语生产和意识形态权力本质。他指出，广告主在推销商品的同时，也在宣扬和影响人们的消费观念、价值观念、生活观念，将"瘦即是美"建构为一种主流的审美观。[②] 这里体现了资本与文化意识形态的合谋，共同塑造了消费主义的意识形态。

此外，性别歧视也是媒介话语中的一个突出问题。媒体塑造了关于肥胖者的刻板形象，如笨拙、行动迟缓、衣着邋遢、吃相难看、社交排斥等，尤其是当她被表现为女性时，大肆渲染她在异性面前的尴尬、丑陋、自卑和失意，而

① 常悦 . 减肥广告语中的话语预设 [J]. 海外英语，2014（8）.

② 吴伟军 . 电视广告语的批评话语分析 [J]. 新闻爱好者，2012（3）.

与之形成鲜明对比的是瘦美人苗条时尚、妆容精致、人见人爱、爱情圆满。通过这种对比来加强"一胖毁所有"的身材羞辱。在 2015 年春晚上，由贾玲、瞿颖、沙溢等人主演的小品《女神和女汉子》，故意把女神塑造为身材高挑苗条的大美女，而"女汉子"是肥胖的、不招人待见的形象。这虽然是一种艺术的夸张，用戏谑的手法来展示人们对于美的观念差异，但是无意中仍然迎合了这种刻板印象，甚至加深了性别角色"定型化"的思维：瘦即"自律、成功、有面子"，胖即"没心没肺、没前途、没人爱"。女神"长得漂亮有面子"，备受异性青睐；而"女汉子"因为胖和强壮，令男生退避三舍，甚至连女性气质也被阉割。虽然在导演的刻意安排下，"女汉子"战胜了"女神"，但结局的反转更多的是为了营造一种煽情效果，满足观众的想象。这里反映和讽刺的依然是社会观念中根深蒂固的性别陈规。

不少从事媒介批评或者文化研究的学者都注意到，在新闻报道、广告画面、影视作品、电子游戏等媒介产品中都存在女性刻板印象，女性主义者对此大加挞伐。美国女性主义学者朱迪斯·巴特勒（Judith Butler）的性别操演理论是进行女性主义媒介批评的利器。巴特勒认为，性别是虚构的，是被生产和模仿的，它是被用来建构彼此认同的实践过程。因此，从这个意义上来说，社会性别作为建构社会认同的途径和过程，体现了社会的性别"展演"和"协商"。这里面包含主观性因素。而中国学者王青亦认为："主体性别意识的表达与实践固然对性别建构具有重要的意义，但是政治、资本等通过媒介形成的各种权力，在现代中国的性别建构中发挥了更为重要的作用。"[①] 在他看来，中国现代社会中社会性别的建构恰恰具有巴特勒所否定的客观性。笔者认为，现代中国社会的性别观念是由主客观因素共同塑造的。一方面，我们不能忽视在媒介文化和个体表演中所进行的性别赋形；另一方面，高度政治化的公共生活和公共政策以及高速发展的市场经济，作为外部空间和环境条件，对性别观念实施了改造和建构。当然，在和平年代，这种颠覆、改造、赋形和建构，都是以"静悄悄的革命"形式进行的，润物无声却水滴石穿，让人们不知不觉间接受了这种性别意识形态，而认识不到这是一种符号暴力。更危险的是，女性群体中的大多数人

---

① 王青亦. 制造性别：现代中国的性别传播 [M]. 北京：社会科学文献出版社，2016：5.

深陷于这种"隐形的监牢"而浑然不觉，这种性别压迫弥漫于社会生活，让人想反抗而无从着力，想前进却踌躇不前，最后不得不屈从。这无疑是对现代女性独立个性和自主意识的最大戕害。

CHAPTER 4

第四章

从沉默到言说：回归的主体性

摧毁女性、操纵女性、贬损女性，让女性受限于传统定位的，正是暴力的机制。

——伊芙·恩斯勒:《回忆、独白、宣言与祈祷》

若论近年来女性主义运动的标志性事件，非 #me too 运动莫属了。#me too 运动在西方被视作一场新女性主义运动。2017 年 10 月 15 日，美国女明星艾丽莎·米兰诺（Alyssa Milano）等人爆出好莱坞金牌制作人哈维·韦恩斯坦（Harvey Weinstein）性侵多名女星的丑闻，她们在社交媒体推特上发起运动，呼吁所有曾经遭受过性侵或性骚扰的女性说出自己的遭遇，并在社交媒体贴文上附上 #me too# 标签，借此唤起社会关注。这场运动在全美如火如荼地开展，并迅速波及欧洲各国和亚洲的韩国、日本等。从 2018 年 5 月起，境外的这场轰轰烈烈的反性骚扰运动也有了中国版本。5 月爆出北航教授性骚扰女生丑闻、北大教授性侵女生事件，6 月发生陕西榆林受辱女生跳楼事件，7 月爆出知名公益人性骚扰女实习生事件，8 月某著名作家性侵事件曝光……性侵、性骚扰事件频频曝光，引起了世人的瞩目，网络舆论一时呈现"爆雷"之势。

这场运动历经 2 年仍然余波未平，各种网络抗议和声援活动甚至从线上蔓延到了线下。2019 年 2 月 18 日，矗立在美国佛罗里达海滩、纪念二战胜利的雕像《吻》被人为毁坏，女像的腿部被人用红漆涂上了 "me too" 的字样。① 这座

---

① 消息来源于微信公众号"中国日报双语新闻"。参见：二战经典吻照男主人公逝世，其雕像第二天被毁……[EB/OL].（2019-02-21）[2021-12-30].http：//m.sohu.com/a/296201845_100016892.

雕像的原型是美国记者阿尔弗雷德·艾森斯塔特（Alfred Eisenstaedt）在1945年拍摄的海军士兵亲吻女护士的著名新闻照片，这座雕像在美国不同地方都有同款。事后，根据当地警察局的调查，这起事件是某位激进的女权主义者所为。她的理由是，这座雕像实则变相鼓励男人侵犯或骚扰其他女性。因为亲吻事件的原型当事人本来是素不相识的陌生人，而非人们臆想的恋人关系。这个插曲，恰也从一个侧面说明 #me too 运动对当代女权主义运动起到了推波助澜的作用，以及公众对于性暴力的零容忍态度。

鉴于这场传播运动肇始于自媒体领域，因此，我们从主体性与媒介关系角度探察 #me too 运动所蕴含的反性暴力和性别抗争意义，就有了十分有力的现实依据。

第一节　作为争议焦点的受害者身体：
创伤记忆与主体性剥夺

性骚扰、猥亵、强奸等行为，都属于种性暴力。关于性暴力的定义，美国国家性暴力研究中心作出如此解释："性暴力是未经受害者同意的任何形式的性接触，包括性侵犯和强奸，同时也包括言语和行为，例如性骚扰、语言羞辱，以及未经许可的情况下分享私密照片，例如'色情报复'。"[①] 这一定义把针对受害者的身体侵害和精神伤害都包括在内。

性侵、性骚扰事件对受害者的影响，不仅包含身体所体验到的暴力，也有人们因遭受身体羞辱而在人格上、心理上产生的受辱感。当受害者因这段创伤经历对日常生活环境失去信任时，恐惧感就会油然而生。2019年曾有如下一则社会新闻：女生与网友见面时被下药，多亏服务员及时识破，给她换了饮料，使她幸免迷奸危险。这段可怕的经历，给女孩带来了极大的心理阴影。女孩坦言："以后（出去时）再也不会相信别人了。"对于性侵、性骚扰事件中的受害人的性别，人们的第一反应就是女性。女性的这种脆弱性，不仅源于生理上的柔

---

① 资料来自美国性暴力研究中心，https：//www.nsvrc.org/sites/default/files/2018-01/ understandingsexualviolence_onepager_508.txt。

弱，也因为她们对暴力的恐惧往往表现得更为强烈。当这种脆弱性嵌入日常生活中，"真实的但未必在事件中现实化的恐惧，在实质和潜在层面上对个人产生影响，会在日常生活中建构起一套恐惧的大环境"①。而激起人们对暴力的恐惧心理，正是权力想要达到的效果和目的。

在性侵、性骚扰事件中，争议的焦点是受害者的身体。其不仅事关创伤，还包含权利和救赎的意义。在受害者的叙述中，她们的身体往往成为施加侵害的男性欲望的客体，被打量、被凝视、被触碰、被侵犯，"抚摸""袭击""撕扯""强行进入"等等，这些在媒体叙事中常见的词语，以及所有关于暴力行为的回忆和叙述，虽然都带有性的意味，但仅仅反映了男性的欲望——征服和侵犯、蹂躏和摧残。当性以这种暴烈的方式呈现，对于受害者来说，在身体上引发的是疼痛、受伤、不适，或者恶心、呕吐等生理反应，以及精神上的厌恶、恐惧、紧张和痛苦。对于倾听这种叙述的第三人来说，这种对现场情景的描述并不会引发色情联想和性冲动，而只会唤起同情、憎恶等心理。可见，在性侵事件中，拥有主体性的只是施暴的男性，而女性处于受剥夺的地位。这种被侵犯感、受辱感，在使受害者丧失主体性的同时，也给受害者带来永久的心理创伤和情感障碍。就像《吻》这张照片的女主人公格蕾塔·弗里德曼（Greta Friedman）2005 年在口述史访谈中曾表示的："这（被强迫接吻）并不是一件浪漫的事，被亲吻不是我的选择，那家伙就这么走过来亲上了……"②可见，对当事人中被动的女方来说，这个经历并不是多么愉快的体验。她个人所受到的小小"冒犯"在庆祝战争胜利的宏大背景中却被完全淹没了，一个明显是性骚扰的行为被浪漫化，甚至成为一段佳话，被塑像纪念。其间，当事女性的主体性完全被忽视了，隐秘的性暴力却因此受到鼓励甚至是怂恿、教唆。

2021 年 3 月，全棉时代发布的一则卸妆湿巾的广告引起了巨大争议③，广告情节设置如下：一名年轻貌美的女孩在夜晚被不明身份的黑衣男子跟随，似

---

① ［印度］微依那·达斯. 生命与言辞 [M]. 侯俊丹，译. 北京：北京大学出版社，2008：12.

② 消息来源于微信公众号"中国日报双语新闻"。参见：二战经典吻照男主人公逝世，其雕像第二天被毁……[EB/OL].（2019−02−21）[2021−12−30].http：//m.sohu.com/a/296201845_100016892.

③ 卸妆湿巾广告涉嫌侮辱女性？全棉时代道歉 [EB/OL].[2021−12−30]. https：//m.k.sohu.com/d/508823583.

乎有不良企图。女孩灵机一动，从包里拿出卸妆湿巾擦脸，黑衣男子跟上来拍她肩膀，女孩一转脸，变成了一个面貌平庸的中年大叔，说了声："大哥，啥事儿？"男子仓皇跑开，还伴随着呕吐的画外音。很多网友举报了这则广告，认为这则广告不仅歧视女性，还有怂恿性骚扰的嫌疑。这则广告从创意到内容以及社会影响，确实有诸多不妥之处。女性化妆和卸妆后的对比与想象，放大了对女性的容貌羞辱。而且，类似跟踪、尾随等涉嫌性骚扰的行为，公然出现在广告里，经过媒体的传播，有可能产生某种误导作用——跟踪女生无伤大雅，而且当事人以戏谑和滑稽的方式"吓跑"骚扰者，降低了人们对于性骚扰行为的警觉性和对其伤害性后果的预期。这还会传达一种不良的心理暗示：女生被骚扰是因为长得美，长得丑就"安全"了。这无疑又是一种"受害者有罪论"了，是另一种形式的语言暴力。

对于在性骚扰事件中饱受身心创伤的女性来说，这种创伤经验可能会给受害人带来毁灭性的打击。杨雪燕等关于暴力与自残行为的研究结果表明，"遭受过语言暴力的男女大学生更易发生自残行为……而且，对女大学生来说，视觉暴力及性暴力经验对其自残行为具有显著影响，即遭受过视觉暴力和性暴力的女大学生更易实施自残行为。尤其是性暴力经验对女大学生自残行为的影响十分显著"[1]。这一点也能在生物学的相关研究中得到证明。"现代神经生物学家指出，倒叙中不断重复创伤经验可以使其自身再度受到重创；就算不会导致生命危险，至少也威胁到了大脑中的化学结构，最终会导致脑功能恶化。这似乎解释了幸存者中自杀率高的现象。"[2]在陕西榆林女生跳楼事件中，受辱女生在遭受吴某的性骚扰后，产生严重的应激障碍，情绪抑郁，多次流露出自杀倾向。而且因为事后投诉无门，眼睁睁看着作恶者逍遥法外，更让她感到无助和绝望。这种痛苦与绝望的双重折磨，以及围观她的看客的冷血嘲讽，最终导致了女孩的决绝弃世。

---

① 杨雪燕，李艳芳，罗丞，等.男孩危机? ——大学生自残行为的性别差异及性别角色冲突的影响 [J].青年研究，2015（3）.

② Caruth C.Unclaimed Experience：Trauma，Narrative and History [M].Baltimore：Johns Hopkins University Press，1996：63.转引自 [印度] 微依那·达斯.生命与言辞 [M].侯俊丹，译.北京：北京大学出版社，2008：133.

在我们的日常经验中，来自过去创伤经历的回忆与痛苦，不仅带来心理上的压力，更渗透到亲历者的日常生活中，使他们的观念、态度和行为方式发生深刻而长久的改变。遭受性侵或者性骚扰的受害者，留下了终身不褪的耻辱记忆。身体上的伤害是暂时的，可以借助医疗技术和时间治愈，但是精神创伤也许永远无法修复。#me too 运动中揭露出来的那些案例，蕴藏在个体经历中的真实事件，其实反映和表达了一个共同的问题——针对女性的暴力无所不在。性暴力在个体经验和集体程序之间相互转化，从身体到认知以及心灵的层层压迫，构成了对女性的"隐形的监牢"。

福柯借助于对监狱的隐喻，分析了"规训"这一权力机制如何运作，他敏锐地捕捉到主体的形成和征服的经验二者之间的关系。监狱的纪律不仅使囚犯的行为规律化，而且也侵入人的内心，在事实层面塑造了它。在性侵、性骚扰的创伤记忆中，关于性暴力的回忆和经验，会一次次地刺痛受害者的心灵，摧毁他们重新开始新生活的信心和愿望，将受害者的思绪永远囚禁在痛苦的回忆中。"它深入于日常生活中，把握着有关侵害、背叛和受伤的自我的有害知识，而这一自我已渗透到社会日常生活中。"①对他们来说，内在与外在、身体与心灵、语言与意识之间的关系都因此陷入动荡不安的困境中。作家林奕含以自己的亲身经历，写成了《房思琪的初恋乐园》这本自传体小说。作为强奸幸存者，即使以文学为出口，讲述了自己少女时期的不堪经历，控诉了施暴者的恶行和丑态，但其依然无法排遣那种屈辱感和毁灭感，在这本书出版不久，她就自杀离世。林奕含的个人遭遇，恰恰印证了精神创伤和"心灵监禁"对一个人的毁灭性打击。

个体与集体之间存在一种游离的关系，个体处于不断地寻找和回归的状态。但是性侵事件中的受害者，恰恰无法重建和集体（社会）的信任与连接。用"监禁"来隐喻这种关系比较恰切，但不止于此。这种关系模型不同于传统的"权力—对抗"，而是作为一种"隐形的监牢"，不仅将受害者长久囚禁于暴力经验和创伤记忆中，而且将受害者群体置于这种"无言之痛"的困境中。因此，性暴

---

① ［法］米歇尔·福柯．规训与惩罚：监狱的诞生 [M]．刘北成、杨远婴，译．北京：生活·读书·新知三联书店，1999：32.

力事件中，受害女性在主体性上的丧失，不仅关乎个人，也关乎群体，呈现的是作为一个社会性别整体，她们在身体、心灵、话语和环境制度下所承受的种种压制、束缚和权利剥夺。

第二节　受害者的污名化与耻感建构

在网上浏览网友对于性侵、性骚扰事件的评价，可以看到其中较多的是对受害者"行为不检"的指责与贬损，甚至有一个专门名词"荡妇羞辱"来指称这种现象。"荡妇羞辱"是西方文化中关于厌女主义的一个别称，具体是指人们贬低或嘲笑某些女性的一种社会现象。例如，污蔑某位女性着装暴露，或谣传某位女性的言行放荡不羁。在一些性骚扰或性侵事件的媒体报道中，媒体或网民对性暴力事件中的受害者冠以污名，将性侵事件的责任和关注点都集中在对受害者的言行指摘和道德评判上，如言行不检点、着装性感暴露或私生活放荡等，从而为真正的施暴者开脱罪责。比如，一位受害人事后向男朋友倾诉性骚扰事件时，男方反问她："你当时穿了什么衣服？"[①] 这种对受害者实施污名化的策略，尽管手段低级但往往行之有效，它让受害者产生了深深的羞耻感，因而忍气吞声，让强奸行为逃脱了法律制裁与道德谴责。"荡妇羞辱"和受害者谣言，构成了强奸事件中的话语框架，尽管这种框架并不合理。事实上，"造成强奸的是强奸犯、厌女症、结构性暴力以及社会体制的容忍程度，不是女人的打扮和妆容，不是她们自己不够小心，也绝对不是因为她是一个'荡妇'"。"'荡妇羞辱'助长了性侵文化，如果这种歧视侮辱根深蒂固，人们会认为性暴力司空见惯、不足为奇，也会提高社会对性暴力的普遍容忍程度，认为女性被骚扰是自己'犯贱'等。"[②] 对女性受害者的遭遇缺少同情，而对女性"贞洁""名誉"的重视超过了对暴行的谴责，古今中外皆如此。归根结底，这是厌女主义传统对男女性道德持有双重标准的体现。对受害女性来说，这种归咎于弱者的道德谴责，是一种比身体伤害更加严重的灾难。

受害者污名是一种话语暴力。受害者的身体被粗暴侵犯，不仅仅带来生理

---

① 受害者口述来自微信公众号"西柚记"，https：//mp.weixin.qq.com/s/mf4ZLu8Eayd_QFS_cKZOhg。

② 王佳鹏.羞耻、自我与现代社会：从齐美尔到埃利亚斯、戈夫曼 [J]. 社会学研究，2017（4）.

上的痛苦，更大的痛苦来自事后挥之不去的屈辱感和羞耻感。羞耻感是一种感到自身人格被降低或贬低，或者感到他人对自我的评价要低于自我期望的感受。在情感社会学中，往往从心理学的角度来解释羞耻感，强调羞耻、自我与社会之间的关联。"个人的自我图式是形成自我意识的重要基础，也影响着个体对社会信息的加工。这会影响我们如何感知、回忆和评价他人和自己。"[①] 就羞耻感而言，托马斯·舍夫（Thomas Scheff）认为，广义的羞耻感指的是个体觉得自我受到他人或社会消极评价时的感受。其中，困窘是最为轻微的羞耻感，羞辱感是最为强烈的羞耻感。[②] 欧文·戈夫曼（Erving Goffman）区分了两种自我——"太人性的自我"和"社会化的自我"，指出自我的建构，除了自我的想象以及他人对自我的想象和评价之外，还包括羞耻感。从形式上来说，羞耻感让人陷入自我分化和自我贬低，残缺的自我与完整的自我相互撕裂，以及自我压抑的矛盾中。它也让受害者常常陷入恐惧之中，但是这种恐惧并非对于身体暴力的恐惧，而是个体面对他人及社会力量时的无助状态。现代社会的和平趋势虽然消除了暴力本身，但也使受害者对性暴力的恐惧演变成为内在自我的心灵冲突（即羞耻感）。通过个人评价和外部评价中对自我的贬抑、降格和羞辱，作为受害者的个人将不得不把自己从"正常人"和"正常生活"中剥离出来，为自己打上无形的耻辱烙印，最终陷入孤立无援和悲观绝望的困境中。

羞辱感往往会造成三个方面的后果[③]：其一，对具体当事人的情感伤害。羞耻感深植于个人的自我观念中，遭遇他人的羞辱往往意味着对自我人格的否定，这种伤害远远超过身体的痛苦。遭受羞辱的个人，经常会失去理智和判断力，从而诱发各种冲动性行为。其二，尽管人人都具有受到羞辱性伤害的可能，但有些人群更可能成为潜在的羞辱对象，如女性等。在性暴力事件中，她们除了遭受身体羞辱外，还会在事后遭遇语言和符号上的羞辱。其三，除了个体和群体的情感伤害外，羞辱感还会严重地危害整体性的社会风气。

在这种由羞辱感引发出来的文化观念中，遭受性侵而"失身"的女子，从

① ［美］戴维·迈尔斯.社会心理学纲要（第6版）[M].侯玉波，廖江群，等译.北京：人民邮电出版社，2014：30.

② 王佳鹏.羞耻、自我与现代社会：从齐美尔到埃利亚斯、戈夫曼[J].社会学研究，2017（4）.

③ 王佳鹏.羞耻、自我与现代社会：从齐美尔到埃利亚斯、戈夫曼[J].社会学研究，2017（4）.

身体和道德上都是"不洁"的，这种耻辱不仅是她自己的，还会让家族"蒙羞"。甚至于唯有一死，才能洗刷这种耻辱。不少女性在描述或者回忆受辱经过时，往往有这样的表述："感觉自己很脏""太恶心了""我觉得羞耻和恶心""我羞于向任何人提起这件事"。这种耻感的建构，作为一种隐性暴力，对女性的残害比身体伤害来得更为严重和长久，甚至直接造成个体的毁灭，比如前文述及的榆林受辱女孩跳楼自杀事件。时至今日，受害者也许不必再为"失身"付出生命代价，但是我们还是能在新闻报道中看见对以死抗争性侵的"烈女"的歌颂。那些受辱后继续生活的幸存者，往往会遭到人们的不无恶意的揣测与议论："怎么还有脸活着啊！""还不如死了的好。""别人都没事，怎么就她被强奸了，肯定是她自己不检点。"这些言论恶毒而诛心，"众口铄金，积毁销骨"。流言就像锋利的刀子，杀人于无形。语言，抑或是言语与话语的生产，往往带有明确的主观判断和意识形态权威。尤其是当言语用于评判或评价时，它所具有的权威并非来自言说本身，而是具化为一种制度性的压制和符号暴力。它不但可以用于标示不同言语主体之间的关系，还可以塑造新的社会意义。

对受害者来说，暴力在她们的身体上烙下印记，同时在她们的观念和生命中都打下了烙印。而这些挥之不去的言语羞辱和道德贬损，以及个人心理上的自我贬斥和厌恶，造成了受害者人际关系上的疏离与隔膜，其难以重建对他人的信任。这种强烈的自卑感和自闭意识，抽空了人的一切主体性。作为一种心理控制技术，男权话语正是凭借羞耻感的建构，让受害者臣服于男权至上的权力文化，从而丧失了对身体、自我与社会评价的主体性。

第三节　幸存者的觉醒与抗争

语言和传播之间有着密不可分的关系。利用符号进行思考和传播的能力使我们的意义筹划、创造、想象新的可能性，并改造自己、改造世界。[①]霍尔认为，表征是一个创造意义的过程。它通过在人、事、物和经验的世界之间建立联系来达到目的，而借助的手段就是概念，以及编入语言的、"代表"或传递这

---

① [美]朱丽亚·T.伍德.性别化的人生：传播、性别与文化[M].徐俊，尚文鹏，译.广州：暨南大学出版社，2005：79.

些概念的符号。① 语言可以用不同方式定义男性和女性，以此表达有关性别的文化观念。并且，在语言或话语的分配上，也可以体现性别权力的差别。哲学家斯坦利·卡维尔（Stanley Cavell）认为，压抑声音进而压制忏悔和自传书写，也是一种暴力方式。"声音可以激发语词，赋予语词以声音。而声音恰恰是表达对日常的怀疑。"② 在文学作品中，所有伟大的悲剧都是在表达一种怀疑：《李尔王》中表现的是父亲对女儿倾吐爱心的怀疑，《奥赛罗》中展示的是丈夫对妻子忠诚的怀疑，《哈姆雷特》中是儿子对母亲和恋人的怀疑、对生与死的质疑。这些经典的文本中所表达的怀疑，体现并贯穿于日常生活中。薇依娜·达斯（Veena Das）对此的解读是，问题不在于"知"而在于"承认"。在她看来，世界的毁灭，或者在世界毁灭的怀疑中发现自我的主题，并不必然地与大事件联系在一起。相反，世界的不可知性，以及在这一世界中自我的不可知性，往往隐藏于日常生活中。

经历了性骚扰或性暴力而幸存下来的个体，对于过去可怕遭遇的叙述或羞于启齿，或隐忍不言，或自我逃避，他们同时也成为语言的受害者。一起强奸未遂事件中的当事人"哒哒"（化名）在讲述自己的经历时，用"性骚扰"这个词来定义自己的遭遇，被身边朋友一针见血地指出："你这哪里是性骚扰，明明是强奸未遂。"③ 朋友的评判揭示了"哒哒"自我逃避的心理，她试图用"性骚扰"这样的字眼来代替更可怕的"强奸"这个词语，以减少自己内心的恐惧。就像研究者指出的那样："不去命名某一事物，即意味着否定它的存在或否定它的重要性，也就是否定它。"④ 命名的影响力在"性骚扰"和"强奸"问题上得到明确的体现。长期以来，性骚扰时常发生，但却没有得到命名。因为没有得到命名，所以性骚扰不为人所知，不引人注目，令人难以确认、思考、惩罚这一现象或

① [英]斯图亚特·霍尔.表征：文化表象与意指实践[M].徐亮，陆兴华，译.北京：商务印书馆，2005：62.

② [印度]微依娜·达斯.生命与言辞[M].侯俊丹，译.北京：北京大学出版社，2008：8.

③ 李婷婷.当女权主义者遭遇了性侵[J].人物，2017（8）.

④ Spende D.Defining reality：A powerful tool[M]//Kramarae C，Schultz M，O'Barr W，eds.Language and Power.Beverly Hills：Sage，1984：195−205.

阻止这一现象的发生。① 一个没有被命名的词语和概念，就难以进入社会视野中去反思它的危害，受害者也无法用语言来定义或思考这种令人痛苦的强奸经验。

在不少受害者的事后叙述中，往往出现"我再也不是当初那个我了""再也回不去了"等表述。生命中这种满目疮痍的重大事件，无法用平常的语言来描述，暴力以展示而非叙述的方式展开。受害者的隐忍不言，造成了性骚扰行为在社会生活（尤其是职场和各种饭局）中如苍蝇一样挥之不去，让人见怪不怪。一方面是微妙地被揭发出来的暴力，另一方面是受害者的沉默，这种"无言之痛"显示了语言的苍白无力。受害女性选择沉默是一种自我保护的策略，但这只会助长加害者的气焰，给更多的女性带来伤害。

所幸，并非所有的受害女性都会保持沉默。她们对于性骚扰的抗争，不仅仅是借助 #me too 这样的话语标签加以表达——它让昔日的那些不可知、不可见的暴力和"耻辱"重新显示在生活中。当有关这些事件的创伤记忆成为开启过去时间的方式，当一个个受害者分别站出来陈述自己的遭遇时，个体与世界之间就建立了新的关联——在个体最脆弱的时刻，借助 #me too 这样的语言标签，大胆地说出自己的遭遇，"表达"成为一种共享语言。受害者汇聚成了一个集体，从被怀疑到被承认、被抚慰，创伤记忆得以宣泄、表达、接纳和认同，这些受害者才有可能真正走出创伤的阴影。

分析这些受害者的叙述文本，我们发现，生命并非在超验领域中以某种崇高的姿态恢复自身，而是通过沉潜于日常生活来恢复自身。在同时吸收了"暴力"和"平常"这两个要素后，创伤得以修复，幸存者得以重回日常生活，继续自己的人生之路。一位女性受害人瓦西里萨·科玛洛娃（Vasilisa Komarova）如此描述自己受辱后的感受："因为这些人的存在，我知道了被强奸的感觉，那种认为自己再也不会看到明天太阳再次升起的感觉……我知道我必须留下来继续战斗。如果我不主动采取任何措施，防止此类的事情再次发生，我想我根本就没办法继续活下去。"她经过自己的努力申诉、调查和公开发声，推动案件调查，最终将伤害她的 3 个强奸犯送进监狱。之后，瓦西里萨建立了一个叫作

---

① [美] 朱丽亚·T. 伍德. 性别化的人生：传播、性别与文化 [M]. 徐俊，尚文鹏，译. 广州：暨南大学出版社，2005：83.

"凤凰姐妹"的互助联盟，希望能帮助和自己一样的受害者。她说："我们就像浴火重生的凤凰，我们曾经被烧毁了，但是我们依然活了下来，并且变得更加强壮了。"[1] 经历过性暴力的时刻，女性在最近处面对死亡（时间再往前推几十年，失去贞洁的女性，真的会以死亡来洗刷自身遭受的耻辱，所谓"饿死事小，失节事大"，这种父权制的话语真的具有"吃人"的本质）；即使受害人在性侵后幸存下来，她的身体和意识的一部分已经"死亡"了。直到她们选择说出这一切时，经历了揭开记忆疮疤和语言撕扯的痛苦洗礼，受害者如同获得了重生。借助言说，记忆开启了时间之门，主体也就成为一种双重存在：一方面，她栖居于当下的时刻（陈述和言说）；另一方面，她指向了未来的不同时刻（参与行动）。因此，以反性骚扰口号集结起来的女性主义运动，其本质意义并非言说，更不是抱着窥私和猎奇的心理去聆听一个个悲惨的故事，从而获得"同病相怜"的安慰，减轻心理伤害的程度，而是让我们得以理解在主体性转换之间女性意识的觉醒，以及彼此之间因认同和接纳而形成的"姐妹意识"（女性共同体），这是开启抗争的重要步骤。

第四节　耻与罪：身体经验—社会经验的实践反思

个体的生活认知离不开社会语境的限定。长期以来，在社会心理中，尤其是在男性意识中存在一种"强暴谬论"：女性会欢迎性骚扰——女性在说"不要"的时候并非真的意味着"不要"。[2] 这样的印象或者说谬论来自何处呢？一个心理学实验结果颇能说明问题：分别请一些男大学生观看一部没有性描写的电影和一部有性暴力的电影（一个男人征服了女人），一个星期后再做另外一个实验，看过适度性暴力电影的被试更容易接受对女性施暴的行为。相关实验结论和研究结果表明：接触色情信息会增加人们对"强暴谬论"的容忍度。以《色·戒》和《十面埋伏》为例，对于影片中"男主强奸了女主，或者用暴力的方式对待她，而女主最后爱上了男主"这样荒谬的情节，很大一部分观众（也包

---

① 信息来源于微信公众号"英国那些事儿". 旅途中被暴力强奸，她在异国坚守一年，终于看到歹徒应得的结局 [EB/OL].（2018-06-18）[2021-12-30]. http：//www. fjljqz. com/ 15347/ 20180618A1C9JP00. html.
② ［美］戴维·迈尔斯. 社会心理学纲要（第六版）[M]. 廖江群，等译. 北京：人民邮电出版社，2014：292.

括女性）居然能够接受。上述心理学实验的结果表明："男性接触这样的媒介信息多了，与其他没有接触此类信息的被试相比，他们对性暴力的受害者表现出更少的同情心，对受害者受伤害的程度估计偏低。"① 媒介对现实的这种歪曲再现和解读，会影响人们的认知和意识。因此，在性暴力、性骚扰事件中，男性较少地会产生负罪感，在为自己行为进行辩护时，他们的话语表达往往倾向于以下几个方面：①外在因素，比如"喝醉了/喝多了""一时冲动""曲解了女方的意思"等；②内在因素，"我爱她""我喜欢她""我怕失去她"，"她说'不要'只是出于害羞或矜持，而非真的拒绝"；③归咎于对方，"她诱惑了我""她主动的""她举止轻佻、穿着暴露挑逗我""你情我愿""性交易"等；④风险转移，责任扩散，如"我犯了全天下男人都会犯的错误""男人们都是这样冲动，这事儿很常见"，男性通过责任分担和扩散，放弃对自己的道德约束。而团伙暴力或者群体暴力更容易产生破坏性，也更容易分散对犯罪的警惕之心，从而产生群体极化现象。电影《我唾弃你的坟墓》中，几个男人对一个单身女人轮番施加性侵害，甚至怂恿另外一个本来对女主抱有同情和好感的男人也加入暴行中，如同交了"投名状"一样，用"法不责众"的心理来抵消彼此的罪恶感。

从社会心理上来说，"物以类聚，人以群分"，想法相似的人会逐渐联合起来，使他们共有的倾向得以加强。在相邻团体互相强化的过程中，犯罪团伙便产生了，他们的成员往往具有共同的品质和敌意性人格。② 互联网普及以后，网络中的群体极化得到加强。在网络上，拥有相近观点和趣味的人群更容易聚集到一起，他们更容易互相应和、开脱、包庇和辩护，从而加深这种"强暴谬论"，弱化男性的社会责任感与犯罪感。

对于女性受害者，则存在这样一种刻板印象：①好女孩不会被强暴；②女性若奋力反抗，男性便无法得逞；③女性若无反抗，就不算强暴；④被强暴的女性，一定是穿着暴露或行为不检点；⑤女性说"不"，只是故作矜持；⑥遭受强暴的女性名誉受损，身价大跌。这种刻板印象也是属于前述的"强暴迷思"的一

---

① ［美］戴维·迈尔斯.社会心理学纲要（第六版）[M].廖江群，等译.北京：人民邮电出版社，2014：292.

② ［美］戴维·迈尔斯.社会心理学纲要（第六版）[M].廖江群，等译.北京：人民邮电出版社，2014：223.

种表现形式。① 在大规模的 #me too 式言说事件中，我们看到，受害女性都遭遇了这种羞耻感的折磨。将强奸、性骚扰事件塑造为"女性之耻"，这种命名和言说策略，或者说一种意识形态框架，很明显带有男权的色彩，它有意偏袒加害一方，而女性受害人在这种话语框架下明显处于弱势地位。正如福柯所言，各种话语并非简单地反映"现实"，而是在一种特殊语境中建构现实，使之符合各种特定的权力关系。② 话语权的分配与分化反映了性别政治和意识形态领域的斗争。

话语的争夺，不能简单归结为报道不当或舆论生态的问题，而是性别政治在媒体立场和社会关系中的投射。对女性的征服与控制，事实上已经渗透于制度设计、产业经济、文化观念乃至于人们的日常生活中。"象征性的文化再现（例如那些贬低、压抑、客体化、压制、羞辱、讥笑或者要么就使妇女或'弱势群体'边缘化的报道）直观地被个体所'运用'，在精神层面上被确认并且在社会关系中被用到极点，从而加强和再生了社会分化和不平等。"③2018 年，学者常江收集了 100 个性侵事件与故事，经过梳理总结，他认为存在"社会对于性侵害案件的系统性压制"，表现在：①受到性侵害后即使报警，也往往因为取证困难而难以立案；②即便成功立案，也存在浓厚的人为干预，案件难以得到公正处理；③对施暴者的惩戒轻微，施暴者能够很轻易地以"谈恋爱""两相情愿""性交易"，甚至是"戴套不算强奸"这样荒谬的警方结论而逃脱惩罚，继续逍遥法外。④ 在强奸事件中，社会对男性施暴者的态度过于宽宥，没有教会他们因为作奸犯科而感到羞耻，却让受害人的名誉和生活严重受损，难以在原来的社会环境中立足。这种"系统性压制"所暴露出来的不平等的性别权力结构，"在社会生活和观念领域，不管是否讨论性暴力、性骚扰、约会强奸或家庭暴力，一个共同的根本主题是男性统治获得全社会的认可，把性侵犯作为强者控制弱者的工具的文化规范，与性别不平等相互作用，创造了可导致对女性实施

---

① 范红霞. 媒介眼中的"她者"图景与性别话语研究 [M]. 杭州：浙江大学出版社，2017：162.

② Foucault M.The order of discourse[M]//Shapire M，ed. Language and Politics.Oxford：Basil Blackwell，1984.

③ 范红霞. 媒介眼中的"她者"图景与性别话语研究 [M]. 杭州：浙江大学出版社，2017：163.

④ 微信公众号"西柚记"，https：//mp.weixin.qq.com/s/mf4ZLu8Eayd_QFS_cKZOhg。

暴力的环境"①。

强奸和性骚扰既是一种性暴力，也是彰显男性权力的方式。如前文述及的网友"哒哒"在讲述自己险遭强奸的经历时，她也深刻地意识到，在强奸事件中，"他（男人）完完全全就是要找一个猎物，就是因为他是一个男人，我是一个女人"②。强奸，不过是男性向女性宣示权力的手段和途径而已，以表达男性在弱势的女性面前所产生的心理优势和霸权意识。遭遇强奸或性骚扰的可怕经历，在个人观念和社会文化中被建构为受害者的"耻辱"，女性需要为此检讨、反思和吞咽苦果；而男性加害者却被一种群体宽容的氛围或者大家默认的"潜规则效应"得以脱罪。在这种不平等的权力结构中，女性的身体、话语与性别政治的主动性都被褫夺了。

就如研究者所指出的那样，"媒介、语言和世界的关系可以沿着权力／知识的轴线以及理解／真相的轴线进行思考"③。二者的结合，能够拓宽我们对世界的思考，反思这些频繁发生的性暴力事件所暴露出来的深层问题，如：性骚扰和强奸等相关概念（"知识"）的命名，媒介对事件本身的话语建构，以及在社会实践层面不同群体对待事件及当事人的态度与评价等。它们不仅呈现了性暴力、媒介伦理和法治问题，更启示我们去辨认并揭示其中隐含的男性霸权意识和性别权力之争。

第五节　命名与复位：性别政策的建构基础

重新回到主体性认知上来，沿用福柯关于权力—身体—知识的微观权力理论，笔者从知识生产、话语建构、政策过程三个层面来归纳本次讨论的主题，即暴力、身体与性别政治中的主体性。

① ［美］玛丽·克劳福德，［美］罗达·昂格尔. 妇女与性别：一本女性主义心理学著作（下）[M]. 北京：中华书局，2009：862.

② 李婷婷. 当女权主义者遭遇了性侵 [J]. 人物，2017（8）.

③ ［新西兰］艾伦·贝尔，［澳］彼得·加勒特. 媒介话语的研究进路 [M]. 徐桂权，译. 北京：中国人民大学出版社，2015：211.

一、重新构造关于性侵与性骚扰的知识

在受害者讲述的遭受性骚扰的经历中，加害者往往会说："我是因为爱你才那么做的""我很喜欢你""只要你听话，我就会给你某某好处"等。在加害者一方，这种行为是出于"爱""好感""喜欢"或者某种"交易"，从而将性骚扰行为改造为"爱"的名义或者某种利益交换，从而降低受害者的警惕心或反抗意识；还有一些加害人会直接采用威胁、恐吓或者胁迫的手段威逼女性就范。而对于受害者来说，尤其是未成年人，其无法分辨这种暴力是"出于爱意"还是侵害，但是本能的排斥与身体的创痛，让这段遭遇成为一种创伤记忆，她们觉得"羞于启齿"，无法用语言来表达痛苦和愤怒，更无法把这些恶人恶行暴露于世人面前。在这段关系中，受害者完全处于被动和弱势地位。

在 #me too 运动中，"说出你的遭遇"——通过同伴的讲述和经历，她们意识到了自己曾经遭受的伤害，而对于经历的陈述，"以证词的方式，将这种'有害的知识'转化为对彼此存在的认同，从而用苦难重新构造了知识"[1]。打破沉默的女性勇敢地说出自己的遭遇，她们的反抗行为让更多的女性得以明确所谓"爱"与性骚扰的界限，重新为性骚扰命名。女性打破了性禁忌与羞耻感的束缚，获得了更多的自我保护与权益抗争的知识。这不仅是女性权利意识的苏醒，更重要的是，在反性骚扰运动（如 #me too 运动）的扩张过程中，女性之间形成一种认同，不仅帮助受害女性逃离这种令人窒息的环境，同时也塑造了同性之间紧密的情感联系和政治联系。由女性共同体"治疗"并重新搭建了一种新的性别关系——在男性和女性之间的支配与依附性关系之外，还存在女性群体之间相互团结、守望相助的同伴关系，里奇将之称为"姐妹情谊"[2]。这是推动女性主义运动发展的社会基础。

---

① ［印度］微依那·达斯．生命与言辞 [M]．侯俊丹，译．北京：北京大学出版社，2008：99．这里所谓"有害的知识"，是指男性加害者将性骚扰或性侵行为改造为"爱"的名义，或者一种出于利益交换的"契约"行为，甚至是一种耻辱——说出去后女人会丢尽颜面、被扫地出门。

② 里奇所说的"姐妹情谊"，不是指女同性恋之间的感情，而是包括"更多形式的妇女之间和妇女内部的原有的强烈感情，如分享丰富的内心生活，联合起来反抗男性暴君，提供和接受物质支持和政治援助"。参见埃德里安娜·里奇《强迫的异性爱和女同性恋的存在》一文。转引自郭冰茹．20 世纪中国小说史中的性别建构 [M]．上海：华东师范大学出版社，2013：61．

二、话语建构策略从"同情的政治"转为"认同的政治"

女性反性骚扰运动的进步性，不仅仅体现在传播层面——言说的空间由大众媒体转向自媒体，由"他者的言说"转向"自我的书写"，更重要的转变来自从"同情的政治"转向"认同的政治"，实现了女性主体性的回归。

在大众媒介时代，性侵、性骚扰事件往往零星见诸社会新闻版面，其话语策略是建构对受害者的同情，用词往往是"惨遭""蹂躏"等，而受害者往往也负有"自证清白"的义务，比如：她最好之前是个"处女"；低龄化（意味着纯洁，和处女是同一意涵）；她曾经激烈地反抗过；她很柔弱无助……在这种重在刻画受害者"弱者形象"的话语策略下，即使受害人能获得舆论同情，其也不可避免地要以泄露个人隐私、回忆和描述加重了精神创伤等后果为代价。而在反性骚扰运动中，当事人自我讲述—自我辩护的方式，不仅打破了"无言之痛"和"难以启齿"的羞耻感，还能够从有相同遭遇的网友的呼应和声援中获得认同和支持，增强行动的勇气和自信。2018年以来，中国社会中多起被曝光的有性骚扰行为的施害者都相继受到了组织惩处和法律制裁，尤其是对校园性骚扰"零容忍"的态度，有助于建立保护女童性权益的制度化环境。

同时，当事人和声援者可以直接回击那些充斥着"荡妇羞辱"或者厌女主义思想的陈词滥调，多少有了赋权的意味。在这里，言说和话语的权力重新回到了讲述者手里，讲述者从当下进入过去的时间，身体的创伤已然痊愈。遭受性侵伤害时，她也许是孤独无助的；但是当她勇敢地说出这段经历时，她获得了更多同病相怜者或者感同身受的"陌生人"的鼓励与支持，从而获得了一种认同的力量。在这种话语潮流的裹挟中，曾经的受害者在讲述经历和彼此呼应中建构了自身的主体性，展示出一个人如何通过叙事行为修复创伤记忆和社会关系，同时呈现了同伴的守望相助、异性的鼓励声援如何占据创伤符号并赋予性骚扰新的符号意义（如"我可以骚，你不能扰""虽然遭遇性骚扰，但那不是我的错""'不'就是不"，等等）。按照这个逻辑关系，梳理"亲历者—见证者—讲述者"的身份与话语策略转换，是我们解释暴力、身体与主体性关系的一个合理路径。

三、性别政策建构过程中的博弈与协商

反性骚扰运动中的女性结盟和社会舆论支持，还为当下陷入死水一潭的女性主义运动注入了新的政治能量与权利议题。从第一波女权运动开始，西方很多学者和社会运动活动家并不期待父权主义的国家能够带来积极的政策变革，真正促进性别平权。它为人诟病最多的问题之一就是，投入了过多政治能量去追求选举权，而在保护底层妇女实际的经济和社会权利方面建树不多，运动的最终受益者更多的是上层女性和部分中产阶层女性，而非广大的工人阶层女性。① 性别政策推动者也往往在漫长的政治协商中耗尽政治能量，或被迫改变初衷，而妇女解放的内涵终被消解。② 20世纪六七十年代，美国第二波女性主义运动再掀波澜，旨在追求性别政治权利平等、平等雇佣、堕胎合法化等政治目标，而把性骚扰建构为性别歧视的政策话语获得了更多的支持，并形成了一定规模的政治联盟。学者们也反思了这种政策建构的得失。一方面，它确实有助于保护女性的身体权益；另一方面，这种政策效果"必然是强调女性'易受伤害、处于弱势、需要保护'的刻板印象，并出人意料地加强性别之间的工作区隔，反而造成雇佣机会的不平等。这和延长产假（在没有政府补贴的情况下）、某些女性专属的福利项目等类似，对女性的教育和职业前景也许都是负面的影响"③。而在欧洲的政策实践中，则是把性骚扰纳入普遍的公民权中加以考量。女性作为一个集体性政治主体获得了赋权。但是在政策执行过程中，过分依赖集体协商使得这种政策执行不到位，或者诉讼程序拖沓冗长，无法真正保护女性权益。理论的高标与实践的蹈空，让西方女性主义运动在20世纪90年代以后逐渐陷入保守和沉寂。

中国的社会基础和司法体制迥异于国外，在反性骚扰的政策制定上，除了参考和借鉴欧美的反性骚扰政策话语和解决方案外，更多的是需要在国家内部权力结构中找到适当的政策时机，联合多方行动主体，推动政策的制定和出台。中国经验，也许更多的是打造一种舆论政治，从媒体议程上升到公共议程。高

---

① 郦菁.比较视野中的反性骚扰政策：话语建构、政策过程与中国政策制定 [J]. 妇女研究论丛,2018（3）.
② 董丽敏."性别"的生产及其政治性危机：对新时期中国妇女研究的一种反思 [J]. 开放时代,2013（2）.
③ 郦菁.比较视野中的反性骚扰政策：话语建构、政策过程与中国政策制定 [J]. 妇女研究论丛,2018（3）.

密度的大众传播、社会的普遍关注、有代表性或冲击力的政治事件或者报道热点，都有可能成为政策变革的导火索。中国版的反性骚扰行动目前已经产生了立竿见影的效果。2018 年 8 月 6 日，杭州出台全国首个反校园性骚扰工作机制《关于建立校园性骚扰未成年人处置制度的意见》，从设定教师职责红线、6 小时内报告学校负责人、24 小时内报案等机制上遏制和惩戒校园性骚扰行为。可以预见，类似的政策将陆续在各地出台，经由地方—中央的政策协调路径，制定全国性的反性骚扰政策与法律将迅速进入公共议程。2020 年颁行的《民法典》，设立了专门的法条，明确了性骚扰的违法责任。《中华人民共和国刑法》《中华人民共和国治安管理处罚条例》《中华人民共和国妇女权益保护法》等法律法规中也有保护女性免受性骚扰的条款，对施行性骚扰的行为人的违法责任和惩罚措施作出了明确规定。

预防性暴力的工作不能在真空中进行。除了立法，还要加大执行力度，在全社会形成"共防共治"的集体氛围，各类组织机构的合力并进也非常重要。司法机关、政府机关、学校、企业、工会和行业协会、军队和体育机构等都可以加入进来，各方合力并举，才能织就预防性暴力的恢恢"天网"。

在政策制定主体上，政府毫无疑问是行动的主体与核心力量。在政府与权力机关之外，还应吸纳社会主体力量，如女性主义运动团体或社会组织、女性律师、法律学者和传媒人士等政治与知识精英，构成所谓的"赋权三角"，推动女性权益保护政策的立法进程。在这个进程中，也不能忽视民意的诉求，必须动员更多的行动主体加入政策讨论和制定中来。因为反性骚扰不仅关乎身体权利，更关乎性别平等和公民人格权的实现。

基于性别差异和保护弱者的观念而制定的政策，可能会加重社会对女性和弱势群体的刻板印象与歧视，因为性骚扰既难以举证，也难以自证清白，为避免麻烦而增加性别区隔，反而损害了女性平等就业和接受教育的基本权利。这种政策反而印证了"性别麻烦"的偏见，是一种倒退，会阻碍自由开放的氛围，助长保守、思维固化的社会风气。对照 2015 年出台的《反家庭暴力法》，它确认了家庭成员之间以及家庭成员以外共同生活的人之间发生的家暴行为论罪同处，从而扩大了家庭暴力的外延。有学者建议，"反性骚扰政策精神也应扩大范畴，将劳动法、教育法、社会组织法等多方面得以体现，将之作为政治的一个基本原则，而非对特殊群体的额外保护，亦可适用于男性和多元性向的受害者"①。这不失为一条明智之策。在笔者看来，始于媒体、终于立法、严于执行、利于平等，似可作为反性骚扰政策立法过程中的发展路径。

结　语

由社交媒体发源的反性侵、性骚扰的话语运动，最终在国际范围内引发新的女性主义浪潮，#me too 运动的价值与意义值得社会学者加以认真审视和评估。如同美国预防性暴力攻击全国研讨会在网站中所指出的那样："#me too 运动扩大了全社会对性暴力的真实面貌及其影响对象的了解。尽管任何人都可能遭遇性暴力，无论其收入、地位或身份如何，但那些被边缘化的身份群体经常会有更大比例遭受性暴力。#me too 运动使各行各业的幸存者(特别是有色人种女性、残疾人、性少数群体)得以浮现，并成为参与全国性讨论的一部分。"② 这次会议的成果之一，就是明确提出性暴力问题和美国社会中普遍存在的种族主义、仇外心理、同性恋恐惧症、极权主义等社会意识有着密不可分的关系，这是一种系统性的压迫和社会不平等现象。因此，#me too 运动引发的一个更具有普遍性的关注点就是，如何通过个人及组织等各方的共同努力，推动社会变革，不仅要打击性暴力，还要打击一切形式的压迫，以解决社会上包括性暴力在内的所有类型的暴力所造成的不平等问题。③ 美国预防性暴力攻击全国研讨会的成果之二，就是推动了一些行业维权组织的创立，比如在好莱坞就成立了如 Time's Up 之类的组织，来帮助解决娱乐业中普遍存在的性骚扰问题。Time's Up 法律辩护基金的共同创始人陈远美（Tina Tchen）谈到，该组织的目标是消除所有工作场所中存在的系统性不平等和不公正现象。④ 美国的 Uber 公司也通过制定改

---

① 郦菁.比较视野中的反性骚扰政策：话语建构、政策过程与中国政策制定 [J].妇女研究论丛,2018（3）.
② 美国预防性暴力攻击全国研讨会（NSAC）宗旨 [EB/OL].（2019-08-06）[2021-12-30].https：//msmagazine.com/2019/08/06/how-were-moving-beyond-the-breakthrough-of-metoo.
③ 美国预防性暴力攻击全国研讨会（NSAC）宗旨 [EB/OL].（2019-08-06）[2021-12-30].https：//msmagazine.com/2019/08/06/how-were-moving-beyond-the-breakthrough-of-metoo.
④ 好莱坞的性骚扰和性暴力问题调查 [EB/OL].[2021-12-30].https：//www.nsvrc.org/blogs/usa-today-survey-partnership-nsvrc-reveals-shocking-extent-sexual-misconduct-hollywood.

革政策来兑现其承诺，包括取消阻碍个体受害者寻求司法公正的仲裁，并制定了关于性骚扰和性侵犯指控的分类法。[①]中国在立法层面已经有所行动，但是在行业和组织层面的行动纲领还有待明确及落实。

本书由此发起的关于性暴力、身体与主体性的讨论，出发点是性别主义理论，探索维度则从身份政治延伸到话语政治、从性别政治指向公共政治，理论研究的落脚点则是"经世致用"，将理念变成政策，让理论指引行动，把理论上的性别平等转化为社会实践中的两性平等、和谐发展。

---

① 案例来自美国预防性暴力攻击全国研讨会（NSAC）工作组关于工作场所性骚扰的研究报告，https：//www.nsvrc.org/key-findings-select-task-force-study-harassment-workplace。

第五章

媒介暴力的时间之维：女性价值与时间政治

有四种尺度可以测量人，那便是金钱、醇酒、女人以及对时间的态度。

——塔尔莱特·赫里姆:《塔木德》

时间是被建构出来的人类观念。古人通过观察日月星辰运动和地球万物的存灭规律，发明了各种时间规则和计时工具，用于生产、交往、祭祀、营建、出行等社会活动，并由此形成了线性时间观念。随着计时工具的不断改进，人们对于时间的测量和把控能够做到越来越精确。从古代的日冕、沙漏到时钟，直到近代利用碳原子的放射周期、光速等，物理学家眼中的时间是可以利用测量工具和计算公式、数字等进行确切描述的过程变化。但是爱因斯坦的相对论和霍金的"虫洞"理论，又颠覆了人们关于时间的线性和绝对永恒观念，时间可以弯曲、折叠、重合，也可以交叉和平行，过去、现在与未来并非线性前进，完全有可能重返过去，或者穿越到未来，或者出入于不同时间，进行"时间旅行"。这些理论假设也在诸多的科幻小说、电影中得以创造和表现。时间不仅是可逆的、相对的，也可以被建构，这就给社会学中的时间概念和相关理论提供了极大的空间。

时间关系也隐含着一种权力关系。从"空间的征服"过渡到"时间的统治"，当现代社会的生产逻辑服膺于"时间就是金钱，效率就是生命"的资本法则时，社会时间的管理和时间观念日益体现为一种"文化政治"，它弥散于经济生产、社会交往、权力博弈和性别关系中。在此，笔者从时间维度出发，试图通过分析当下的某些社会现象和热点媒介事件，探求时间与社会性别、社会秩序之间的关系与特点，并借鉴时间社会学中关于时间政治的说法，探讨和解读与性别有关的媒介文化中所隐含的性别政治与文化暴力。

第一节　时间社会学中的几个重要问题及概念

一、哲学社会学中的时间观念

英国社会学家诺贝特·埃利亚斯（Norbert Elias）首先提出了"时间社会学"的理论。他认为，时间并不是自然而然就存在于人们的脑海中，也不是自然而然地就存在一个普遍的"标准时间"。时间观念取决于当代的测量工具和技术，以及当时当地的文化情境。人们必须通过学习才会理解、掌握时间概念。只有通过学习，人们才会接受并习得一个普遍的时间。而这个普遍时间也并非唯一的时间标准。比如说，同在一个地球上，因为地球的公转和自转而形成了年月日和昼夜的观念，但是根据地理位置的不同，世界上又划分了 24 个时区，在同一天里，不同国家和地区的时间并非同步。即使在同一国度，比如在中国，既有"北京时间"作为社会生活的"标准时间"，也有地方性的时间如"新疆时间"，这不仅意味着两小时的时差，还代表着一种"地方性知识"。作为物理概念，时间原本不应该有属性和特征上的区别；但是作为社会概念，"北京时间"具有一种正统、规范和先进的意味，而"新疆时间"相对来讲就有一种封闭、落后和迟滞的意味。一个朝九晚五的内地上班族，也许很难理解新疆人朝十晚八的工作节奏，尤其是下午 2:00—4:00 的时间段，打到办公室的电话常常无人接听，因为这个点恰好是当地人的午饭和午休时间。笔者跟内地朋友说起来时，他们常常感到难以理解。其实换成当地时间，节奏就和内地完全同步了。但是人们接受国外的时差似乎毫无困难。其中的差异就是源于一种社会建构，而这种建构兼具文化和心理的特点，它更多的是通过大众媒介得以形塑和呈现的。因此，埃利亚斯认为，与其说时间是被工具测定的客观对象，不如说是通过时间测定，人们得以表达一个被称作"时间"的象征，而人们可以借此象征连结个人、社会与自然。[①]

---

① 　郑作彧. 社会的时间：形成、变迁与问题 [M]. 北京：社会科学文献出版社，2018：19.

齐格蒙特·鲍曼（Zygmunt Bauman）则把现代性视为"时间的历史"。他指出："人们可以把现代时代的起点和不断变化的人类时间的各个方面联系起来，但是，时间从空间中的解放——从属于人类的创造性和技术能力，并由此作为一个征服空间和使用土地的工具而和空间相对比较长。"① 鲍曼进一步认为，现代社会里的时空关系是流动的、不确定的和动态的，"空间的征服"意味着对于领域扩张和速度的追求成为现代信仰。在这个过程中，"空间是价值，而时间是手段"。② 如何理解鲍曼这句话呢？空间的征服，意味着规模的增大和空间的扩张。但是"天下一统"随后就会带来社会治理方面的问题。秦始皇统一六国后采取了统一币制、度量工具和语言文字的措施，"书同文，车同轨"，包括定年号、祭祀时间和节事庆典等，都是在时间方面加以协调和统一。鲍曼将这种行为称作"时间的惯例化、常规化"，其作用在于"使整个空间变得紧凑起来，并服从于相同的逻辑"③。

在资本主义社会，社会化大生产也是通过时间对空间的协同来实现的。因为在机械化的社会生产中，工人和机械运作之间的协调变得相当重要。机械设备是资本家的生产工具，"因此工人不能决定何时让机械运作，他必须配合资本家让机械运作的时间。除了要跟机械运作协调，工人之间也需要进行协调"④。所以，上下班、轮班倒班、工序流程、生产环节等等，在时间安排上让所有的行动者同步化、标准化，这种生产秩序的建立，既符合社会化大生产的需要，也是对工人的一种制度规训。鲍曼敏锐地看到了时间在空间征服中的作用，"当空间被控制着，空间才真正被占有着，而且对空间的控制，首先即意味着对时间的驾驭，并使它内在的推动力变得无效：简言之，即是时间的一致性和协同性"⑤。所以，在一个高度集中化的机构里，要求所有成员步调一致，才能更好地体现出协作性。

---

① ［英］齐格蒙特·鲍曼．流动的现代性 [M].欧阳景根，译．北京：中国人民大学出版社，2017：193-194.

② ［英］齐格蒙特·鲍曼．流动的现代性 [M].欧阳景根，译．北京：中国人民大学出版社，2017：194.

③ ［英］齐格蒙特·鲍曼．流动的现代性 [M].欧阳景根，译．北京：中国人民大学出版社，2017：193-194.

④ Thompson E P.Time，work-discipline and industrial capitalism[J].Past and Present，1967（1）：56-97.

⑤ ［英］齐格蒙特·鲍曼．流动的现代性 [M].欧阳景根，译．北京：中国人民大学出版社，2017：198.

在中国的传统观念里，时间更与人的心理、行为和社会评价与期待联系在一起，在什么时间里做什么事，不仅仅是个人的行为，更像是履行一种社会义务。如"男大当婚女大当嫁"，人的婚嫁生育活动也是一种时间责任。又如，"三十而立，四十不惑，五十而知天命，六十而耳顺，七十而随心所欲不逾矩"（《论语·为政》），时间积淀不仅仅意味着年龄的递增，还代表着心智与思想上的成熟，代表着社会信任的增加。

二、时间的社会功能

在时间与社会的关系方面，埃利亚斯指出，时间至少有三个功能：一是沟通功能。通过时间排序，相同社会中的成员得以拥有和形成共同的集体记忆，便于人们在沟通时不至于出现误解。二是指示功能。即让人们知道什么时间该做什么事，"顺应天命""男大当婚女大当嫁""大限将至"等种种话语表述，都说明了时间的这种指向功能。也正是由此，我们形成了关于寿命、周期和历史等的时间观念。三是调节功能。即调节人类行为与感受的功能，如"时间能治愈一切""人不能两次踏进同一条河流""只争朝夕""时间就是金钱，效率就是生命"等，无非表达这样一个意思：我们可以借由时间来联结和协调个人与社会、自然之间的关系，并实现改造社会的目的。

时间还具有一种象征功能，尤其是在被置于社会情境时，时间遂具有了指代和表征的意味。中国的文学理论中，有所谓"意境"与"意象"的概念。意境指环境、空间，而意象指物象，这种物象除了作为真实存在的物体，更多地来自人们的想象和创造，是一个被建构出来的文化与媒介符号。如清代词人纳兰性德的《蝶恋花》中的词句："辛苦最怜天上月，一昔如环，昔昔都成玦。""昔"是里面的时间名词，一月之中，月亮只有一夜是满月，其他时间都不圆满；一年之中，唯有中秋夜月亮最圆满，其他时间里阴晴圆缺，难以如意。如此一来，天上明月也有了伤感、惆怅和希冀的意味，这完全是诗人主体精神的投射。而"十年生死两茫茫"的感慨，不仅指代发妻亡故十年，更是表达人生无常、倏尔半百之年的惆怅与落寞之情。除了表达文学艺术中的想象外，时间还有表征社会文化、习俗、宗教礼仪、阶级、性别和身份等功能。如"春种秋收""千秋万岁""前世今生""长幼有序""剩女""男人四十一枝花，女人三十豆腐渣"等时间表述，时间的先后、次序、价值等也成为彰显社会地位、身份等级和性别差异的重要尺度，因而也具有权力的意味。

三、时间的权力特征和抗争策略

为说明上述问题，笔者引入了"时间资本"和"时间政治"两个概念。

所谓时间资本，是从马克思主义政治经济学中的"资本"概念引申而来的。"马克思一针见血地指出，让抽象的劳动力得以具体估算的重要转换媒介就是工人进行生产劳动的时间。此种社会生产方式的转变，使得人们从'任务取向'的劳动转换为'时间劳动'。"[1] 马克思洞察到商品价值与劳动时间之间的关系。在资本主义的生产劳动中，工人的劳动时间分成两部分：一部分是社会必要劳动时间，这一部分时间劳动的商品价值体现为工资，由资本家支付给工人；另一部分是剩余劳动时间，而资本家正是通过无偿占有工人的剩余劳动时间生产出来的商品价值，以实现资本的增值，其剥削本质也正体现于此。因此，资本家在剥削工人劳动力的同时，也在剥削工人的时间价值。由此出发，社会学家引申出时间资本的概念。社会学家划分了日常时间（自由时间）和标准时间（工作时间），用以分析资本主义雇佣生产关系。德国学者尤尔根·林德斯帕赫尔（Jürgen P. Rinderspacher）又提出了一个"三元时间"的概念来替代这种二元的时间结构。他认为，所谓三元时间，就是指"薪资劳动工作时间""非薪资劳动事务时间"以及"复原与文化时间"[2]，简单来说，也就是指工作时间、个人发展时间和自由时间。拥有时间资本，就拥有较多的自由时间和个人发展时间。时间资本的多寡因人而异，更重要的是它和经济收入、社会地位、社会关系资源相关。拥有较高收入、社会地位与社会身份的人，同时也是"时间富裕者"，他可以借此发展更多的兴趣、爱好，接受优质的教育、培训以及参与公共政治，通过时间资本的积累而实现个人增值，获得更多向上流动的机会。

布尔迪厄提出"社会资本"的概念，对应经济学中的资本概念，社会资本是指个人所拥有的基于社会关系网络而形成的社会资源的集合。它是"实际或

---

[1] Thompson E P.Time，work-discipline and industrial capitalism[J].Past and Present，1967（1）：56-97.

[2] 郑作彧.社会的时间：形成、变迁与问题 [M].北京：社会科学文献出版社，2018：41.

潜在资源的集合，这些资源与对一个相互熟识和认可的、具有制度化关系的持久网络的拥有——换言之——一个群体的成员身份——联系在一起"[①]。布尔迪厄认为，社会关系本身和其数量及质量的多寡高低，能够为个体带来实际收益。比如，基于姻亲和裙带关系的"一人得道，鸡犬升天"现象，就是社会资本为主体带来收益的实际体现。而时间资本带来的社会不平等，具体表现就是时间富裕者（拥有充裕自由时间和个人发展时间）与相对剥夺者之间的差距。实践富裕者拥有较多的自由时间，他可以利用这些时间学习或参加培训，从而提升自身的工作技能和再生产的能力，并借此获得更多的收入（平等权利）、更好的环境和更多的时间自主性。因此，时间富裕即拥有时间资本，能够带来生产力的提升和分配的公平（见图 5-1）。[②]

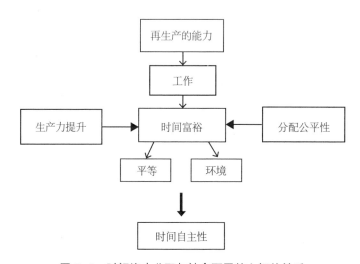

图 5-1　时间资本分配与社会不平等之间的关系

　　这种在时间自主性上的差距会进一步拉大社会个体间经济收入和社会地位的差异。因此，在资本主义社会，工人阶层要对抗资本剥削，为减少劳动时间，争取自由时间而进行的抗议、谈判和罢工抗争，乃至流血牺牲，都体现了一种"时间政治"。当前，企业和社会机构中加班文化的盛行，引发了不同社会阶层对"996""007"工作制的全民大讨论和意见分化，也是时间政治的实践途径之一。

①　转引自黄佩. 网络社区：我们在一起 [M]. 北京：中国宇航出版社，2010：67.

②　郑作彧. 社会的时间：形成、变迁与问题 [M]. 北京：社会科学文献出版社，2018：58.

关于时间政治，我们先给出定义，再做解释。社会学家认为，"对时间制度的抗争与争取所造成的时间结构的变动，深刻地影响着人类在社会中的生存条件与生活方式"①。而"人类有意识地改善日常生活，试图改变生活方式，进而改变时间结构，让时间有了政治性的生活实践意涵，即'时间政治'"②。也就是说，人类历史上的任何一种时间结构都蕴含着时间政治的问题。如中国历史上的"长幼有序""长子继承制"等，长与幼的秩序安排和权力等级就是一种政治制度。

一般来说，社会时间有三个建构维度。第一，将时间放置于关系之中，而非将其视作一个指涉客体对象的名词。人和人之间的关系要求在时间刻度下采取行动，时间成为一个让社会形态通过人们的时间行动交织起来的生活运作，而时间成为一个结构性的名词，如"日出而作，日入而息"，这里的时间就成为指向社会生产形态和方式的规定尺度。第二，"时间即生活"。埃利亚斯认为，人并非孤独存在的个体，在其生活中的任何行动都会牵涉他人，并且与他人直接或间接地交织在一起。这是人类社会的存在形态，它具有结构性的韵律表现。沃纳·伯格曼（Werner Bergmann）则进一步指出，人类生活的时间结构就是由各个生活运作时间性地协调、交织起来的整体社会形态的结构性表现。③ 第三，时间是一种制度化的产物。时间结构不是稳定不变的，而是随着权力斗争与平衡不断变动的制度。如现代社会里确定的"8 小时工作制"，就是工人阶级和资本家长期斗争才得以确立的劳动制度。本书所言及的社会时间，无疑是立足于后者。

时间资本、社会关系与社会结构在某种程度上是一种互构的关系。就时间而言，个体如果有更多的闲暇时间参加公共生活和政治事务，就能为自己和所在群体争取更多的政治话语权和其他政治权利；反之，在时间安排上相对被动以及自由时间被剥夺的那一方，在时间价值交换关系上也处于不平等的位置。他的一部分工作时间是完全无偿的，在社会分工链条上被居于上游位置的资本

---

① 郑作彧. 社会的时间：形成、变迁与问题 [M]. 北京：社会科学文献出版社，2018：35.

② 转引自郑作彧. 社会的时间：形成、变迁与问题 [M]. 北京：社会科学文献出版社，2018：35.

③ Bergmann W. The problem of time in sociology：An overview of the literature on the state of theory and research on the "sociology of time"，1900−1982[J]. Time & Society，1992（1）: 81−134.

家无偿占有；在家庭劳动分工中，这种无偿劳动成为一种义务性责任，不被重视，其价值也完全被忽略不计。这种时间分配和消费上的不公平，客观上造成了不同社会个体在权力、地位和身份上的差别，也成为社会抗争的因素之一，体现了厚重的政治色彩。所以，时间政治是社会建构的结果。

特别要指出的是，时间政治作为一种社会秩序和社会建构的过程及结果，离不开暴力的因素，它以公开或非公开、显性或隐性的方式来达成目标。在媒介文化中，它更多的是以象征暴力的方式潜滋暗长，通过日复一日的生产和建构，最终确立其主导性地位。

第二节　性别关系的时间维度考量

时间观念说到底是人类的知识体验，作为一种被建构出来的观念形式，它也同样具有主观的色彩和社会意义。社会学家从人类体验、社会叙事和时间的社会建构等面向，对时间的社会性重新加以阐释，比如关于时间资本、剩余价值等的讨论，进而认识到这种时间安排所具有的权力意味，从而开启了关于时间政治的思考。而笔者从性别视角来观照时间政治，试图解释其中蕴含的性别权力关系和文化暴力。笔者对媒体的时间暴力的考察主要关涉三个问题：其一，剩女之于剩男，这种女性焦虑何以产生？其二，针对女性的年龄歧视，背后隐藏着时间资本的运作，它具有怎样的权力意味？其三，基于性别差异的家庭劳动时间分配，体现了怎样的性别剥削？

一、剩女歧视与年龄焦虑：女性的时间价值该如何定义

关于女性的时间价值，有两个衡量维度：一是生育层面，二是作为劳动者的生产层面。按照马克思主义的观点，女性从事着两种性质的生产：一种是社会劳动生产，一种是人类自身的生产，即出于繁衍目的而进行的人口生产，也就是生育行为。因此，根据劳动的性质，我们可以从生育和生产这两个方面来研究女性的时间价值。这就引出了两个时间结构：生命时间结构和社会时间结构。

人的存在，是一个"向死而生"的过程。人们从出生、成长、发育、成熟到走向死亡的老化过程，是生命科学的研究主题之一。德国学者马丁·科利

（Martin Kohli）提出了"生命历程的制度化"理论。他认为，人的生命并不单纯是一个个体从出生、发育到衰老死亡的过程，正常情况下，人们必须在家庭或者类似家庭的环境中被养育才能成长，并学会社会的各种规则，成为一个社会性的存在。因此，人的成长很大程度上是社会环境与社会规范影响和奠定个体人生基础的社会化过程。"年龄一方面呈现了生命的时间序列，另一方面也让生命时间具有社会规范性，而人就在生命时间当中不同的年龄阶段被指定了各种不同的角色期待与社会位置。"[1] 在我们的传统文化中，向来有"男大当婚女大当嫁"的说法，结婚不仅是个人行为，还关系到家族繁衍、社会稳定和民族兴亡。因此，婚嫁不仅仅是个人事务，还是一个社会议题。

从 2007 年开始，"剩女"一词开始频繁出现在中国的大众媒体和公共视野中，教育部当年发布的《中国语言生活状况报告（2006）》将"剩女"一词也收录进去，从而将这个网络流行语变成了一个正式的汉语词语。伴随而来的，是各种相亲类综艺节目的走红，其吸引了大众眼球，并牵引出"拜金女""女嘉宾骗婚"等社会热点话题，这些电视节目和大众话题勾勒出剩女的负面形象：择偶眼光过高、高不成低不就、拜金、私生活混乱、性道德污名等。而一些以大龄剩女为女主角的影视剧，如《杜拉拉升职记》《失恋 33 天》《我愿意》《欢乐颂》《三十而已》等，进一步强化了这种印象。其剧情设计中，女主角大多坚强独立、精明能干，但仍不足以撑起其人生的成就感，赢得社会认同。"剩女"的身份标签，使她们成为被群嘲的对象，同时构成她们人格遭受贬低的"原罪"。而她们唯有通过找到一个男人来爱她，通过进入爱情或婚姻，才能真正得到"救赎"。这一话语框架的设定，使得此类影视作品和女性角色徒具"女权"和"独立女性"的空壳，失去了女性解放和自我发展的本质内涵。中国的"男女平等"口号喊了 100 多年，实行"男女平等同工同酬"的政策也有 70 多年，但仍然无法弥补中国女权运动缺失留下的政治空洞和政策软肋。而且，在宏观政治的意识形态层面，也缺乏对女性主体性的自觉和自省。反映在大众媒介中，长期以来充斥的是家长里短、后宫争宠、出轨劈腿、三角恋情之类的题材，缺少反映

---

[1] Neugarten B L, Hagestad G O. Aging and the life course[M]//Binstock R H, Shanas E, eds.Handbook of Aging and the Social Sciences.New York：Van Norstrand Reinhold，1976：35-55.

女性独立自主、具有女性觉醒意识和启蒙意味的现实主义媒介产品。

"剩女"歧视体现为一种隐性的时间暴力。"剩女"话语的流行，加重了女性的年龄焦虑。根据社会调查统计数据，中国人的初婚年龄不断推迟，大龄未婚人口占据了较大的人口份额，男性28~30岁、女性25~27岁依然是结婚的最佳年龄。[①] 今天的年轻女孩过了25岁还没有固定男友就开始自称"剩女"了，这大大加重了中国女性的年龄恐慌。笔者认为，"剩女"之"剩"，集中于以下三方面的话语歧视。其一，未婚女性的年龄普遍偏大，集中在26~40岁，已经过了青春正好的时光，所以是"剩下"的。这里将女性与物品等量齐观，有物化女性的意味。即使是已婚女性，社会文化对她们也不够宽容，要求她们保持年轻状态，有"少女感"，这样才是一个"完美妻子"；身材变形、不善修饰的女性被贬称为"黄脸婆""大妈"，其媒介形象往往是负面的，而丈夫出轨似乎也有了理直气壮的理由，因为"衰老"就是她们的"罪过"。其二，"剩女"是被人"挑剩下的"，之所以被"剩下"，是因为她们自视甚高，要求苛刻，以至于在婚姻市场被"积压"下来。"剩"有过时、贬值之意，也隐含贬低的意味。其三，"剩女"年华老大，错过了黄金生育期，其女性价值大打折扣，"身价"自然也要贬值，该"降价处理"、及时"出货"以减少损失。所以，劝女性将就、放低身段的话语甚嚣尘上。在某化妆品广告和某征婚网站的广告语中出现的"逼婚"话语，也隐含着贬低女性生命价值和时间价值的歧视意味。

怕老、惧老，普通女性如此，光鲜靓丽、身价不菲的女明星也概莫能外。60多岁的刘晓庆依然在荧屏上扮演16岁的少女；年过半百的演员赵雅芝、李嘉欣以及歌手杨钰莹等出现在媒体视野中时，观众依然用"少女感""逆生长""岁月从不败美人"等话语来赞美她们，而对于一个正常老去的女明星，则用恶意满满的"老态毕现""难掩皱纹"等词语加以嘲讽，完全不去考虑衰老这一人生自然规律。对于那些年过四十依然未婚的女明星，如俞飞鸿、徐静蕾等独立女性，用"少女感满满"这样的词语来形容她们无异于一种另类的羞辱——她们必须逆转时间规律，没有自然老去的自由。因为单身未婚，她们未能获得

---

① 2016中国人婚恋状况调查报告 [EB/OL].（2016-01-02）[2021-12-30].https：//max.book118.com/html/2016/0102/32578802.shtm.

无物之阵：多维视角下的媒介暴力与性别公正

同样情况下被尊称为"钻石王老五"的男性的礼遇，而是饱受社会质疑，在媒体上被反复追问"为什么不结婚"。而三十出头已为人母的女演员，如杨幂、杨颖、赵丽颖等人，出现在媒体视野中时，依然要保持"宛若少女"的形象，对其本人来说，未必不是一种巨大的压力。演员周迅参演的电视剧《如懿传》播出后，因其外表过于成熟、不符合原著中对于16岁少女的形象刻画而受到网民的群嘲，以至于她情绪一度崩溃。女演员或女明星刻意打造"少女感"人设，作为一种商业营销手段，自然是无所不用其极。但是，这种充斥于大众视野的媒体话语，客观上违背自然规律，主观上用苛刻的审美标准评判女性价值，片面强调女性的外貌价值（年轻貌美），忽视其作为社会主体在工作能力、职业资历、专业素养等方面的能力和作为，说到底，其重视的依然是女性原始的生育价值（年轻意味着更强的生育能力，从而更具有交换价值或资本价值）。

在社会普遍心理中，仍然有很大一部分人把女性的生命价值等同于生育价值，而对于女性追求自我实现、追求灵性自由的行为嗤之以鼻，甚至不惜以形形色色的语言暴力加以贬低和侮辱。因创造了"孔雀舞"而名动天下、享有"孔雀公主"美誉的舞蹈演员杨丽萍，未婚未育，年过六十依然保持少女一样的身材，在舞台上展示轻盈空灵的舞姿，但在微博上，很多网民以"不做母亲，人生是不完整的"的话语对其展开攻击。归根到底，这种群体心理恰恰是厌女主义的文化传统和性别平等意识匮乏的体现。

对女性的年龄歧视一方面强化了女性的年龄焦虑，另一方面加重了性别不平等观念。现实情况是，和成熟女演员同龄的男演员从来不会遭遇年龄尴尬，四五十岁的男明星依然可以和二十出头的年轻女孩搭档出演情侣，甚至这种"大叔爱萝莉"的剧情还成为营销卖点。年龄歧视在两性中的双重标准，将中国社会传统择偶观中"男大女小""男高女低""男强女弱"的性别偏见日益定型化，从而更加凸显"剩女"危机。

事实上，"剩女"话语掩盖了中国人口问题中真实存在的"剩男"危机。根据2021年5月11日公布的第七次全国人口普查数据，在性别比这个问题上，我国现有男性人口为72334万人，女性人口为68844万人。男女性别比为105.07，男性比女性多 3490 万人。①2000 年以来，中国男女的性别比中，男性人口数量都超过了女性；2016 年的统计数据显示，男女性别比为 105（女性 =100）。②学者们的研究数据则显示，中国的人口出生性别比自 1980 年起出现大范围的持续偏高，女婴死亡水平在 20 世纪也一直偏高，导致中国的性别结构失衡。在未来较长一段时期内，中国的婚姻市场将面临越来越严重的女性短缺和男性过剩。③目前，中国男女比例已严重失衡。2021 年，中国处于婚龄的男性人数比女性多出 3000 万～4000 万人，这意味着平均每 5 名男性中将有 1 人找不到配偶。而《2017 中国人婚恋观调查报告》中的数据表明，中国单身人口近 2 亿人，越来越多的人选择不结婚（绝大部分是女性）。④可以预见，"剩男"危机将会日益凸显。

"剩男"危机会带来社会风险。社会学家指出：在性别结构失衡的社会，这些在婚姻市场失利的大龄未婚男性将面临心理福利和性福利的损害，特别是当大龄未婚男性流入城市地区时，其性风险行为的增加，将在增加自身感染性疾病风险的同时，增加性病、艾滋病的传播风险。⑤另外，也会导致强奸、卖淫、买卖妇女等违法犯罪行为的猖獗。2022 年春节期间，江苏丰县爆出"八孩母亲被锁铁链、精神失常住猪圈"的骇人新闻，随后揭出其被人拐卖强奸、被迫生子的悲惨身世，也把长期存在于中国农村的拐卖妇女、买卖婚姻的古老罪恶暴露于世人面前。

除此以外，因为在中国长期存在的"家国同构"的社会文化传统，性别结构失衡在宏观上还将对中国的社会治理、公共安全以及人口问题产生长期的影响。因此，当前，婚恋市场上最应该受到关注的是"剩男"危机，而不应该是"剩女"问题。但是，大众文化中关于"剩女"问题的话语狂欢，造就了对于"剩女"

① 第七次全国人口普查：男女性别比是 105.07[EB/OL].[2021-12-30]. https：//m.thepaper.cn/baijiahao_12640161.

② 数据来源自国家统计局。查询自镝数，http：//dydata.io/datastore/ detail/ 1854532572613316608/。

③ 刘慧君，李树苗，等.性别失衡的社会风险研究：基于社会转型背景 [M].北京：社会科学文献出版社，2014：31.

④ 2017 中国人婚恋观调查报告 [EB/OL].（2017-08-29）[2019-06-16].https：//zj.qq.com/cross/20170829/80Ipm4y2.html.

⑤ 刘慧君，李树苗，等.性别失衡的社会风险研究：基于社会转型背景 [M].北京：社会科学文献出版社，2014：73.

这一社会伪问题的过度关注，恰恰说明了长期以来存在的厌女主义思想和对女性的刻板印象，掩盖了性别问题的社会本质。

社会学者方旭东针对当前中国社会中存在的剩男剩女现象，提出了"过度单身"这一个概念。方旭东认为，人们的年龄体现出时间的三大特性，即生命时间、社会时间、历史时间。针对传统文化中"男大当婚女大当嫁"的时间观念，"过度单身"主要是"指称有结婚意愿的大龄单身男女。只要还期待走进婚姻，婚龄的推迟本质上是个体生命时间阐释与历史时间、社会时间约定的结婚年龄脱节，婚姻制度赋予生命的意义尚未实现的状态，属于时间社会学范畴。就成家这一社会普遍认同的个人事务，过度单身者丝毫没有任何为追求效率和实现可见目标筹划的迹象。相反，过度单身这一行动彻底颠覆了现代社会强调时间节约、在成功意义上快速完成人生大事的期待"[①]。过度单身现象打破了把"成家立业、生儿育女"作为人生义务和生命价值标准的禁锢，反映了个体意志对于婚恋行为越来越具有主导性。

二、家务劳动分工中的性别权力与时间政治

（一）家务劳动时间上的性别差异

2011年10月，由全国妇联和国家统计局联合进行的第三期中国妇女社会地位调查数据显示：虽然超过七成的女性就业，但男女劳动收入差距仍然较大；与丈夫相比，妻子承担家务劳动的负担较重，平衡工作和家庭存在困难。就业中的性别歧视、家庭暴力等现象不容忽视。虽然八成以上的被调查者认同"女人的能力不比男人差""男人也应该主动承担家务劳动""男女平等不会自然而然实现，需要积极推动"等性别平等观念，但是认同"男主外女主内"等传统观念的比例也有所回升。一项关于两性在家务时间上的劳动差异调查显示：女性每天花在家务劳动上的平均时间是男性的2.8倍（见表5-1）。

---

① 方旭东. 过度单身：一项时间社会学的探索 [J]. 中国青年研究，2016（10）.

表 5-1　2018 年全国时间利用调查中居民无酬劳动分项目平均时间统计

单位：分钟

活动类别	男性	女性
家务劳动	45	126
陪伴照料家人	30	75
购买商品或服务（含看病就医）	15	26
公益活动	3	3

数据来源：国家统计局，http：//dydata.io/ datastore/ detail/1865367140840902656/。

家务劳动是无偿劳动，在家庭贡献中也不会列入经济意义上的统计，只是被视为女性天经地义的责任。无法在经济上体现，就不可能有价值。女性在婚姻家庭中的时间投入和劳动投入，因为无偿性而被忽略不计，在经济学的角度而言，这是一种剥削。而且，这种剥削打着"爱"的名义，被罩上了"贤妻良母"的光环，其实是对女性作为生命个体的价值和情感的双重剥削。

2019 年上映的韩国电影《82 年生的金智英》中，女主角受过良好的大学教育，婚前从事着一份不错的工作，但是婚后尤其是生完孩子后不得不辞职在家养育孩子，成为一名家庭主妇。每天忙碌于做饭、洗衣、打扫、育儿等繁重的家务，积劳成疾，身体和心理上都出现了严重的问题。尽管有丈夫的体贴，但是却无法得到婆家、娘家的同情和理解，更不要说邻居和路人了。带娃外出，手忙脚乱之时还被路人讥讽为"妈虫"。这部电影因为深刻揭露了东亚男权社会对女性的歧视、压榨和剥削，揭示了厌女主义文化是父权社会和"男性统治"的共谋与帮凶，引起了韩国女性的普遍共鸣，甚至在中国、日本也激起了较大的社会反响。但是正因为影片深刻抓住了男权文化的"痛脚"，韩国男性网民对其发起了大规模声讨和舆论围攻，以至于饰演女主角的演员郑裕美还收到过极端分子的死亡威胁。这一事件说明性别抗争和女性革命的道路依然艰难而漫长。

（二）丧偶式育儿带来的"生育亏损"

在婚后生活中，女性和男性究竟谁的压力更大？有调查显示，由于要操持家务、带孩子、买菜做饭、照顾老人，同时还要上班赚钱，女性比男性更觉得自己的婚姻不幸福。这种压力和不幸福感更多出现在有小孩的家庭。调查显示，

3 岁之前主要由母亲照顾小孩的家庭占比为 29.04%，父亲参与照顾小孩的家庭占比仅为 2.1%。[①] 因为女性被赋予了"相夫教子"的社会期待角色和家庭义务，她们为家庭所作出的任何投入和牺牲都被视为理所当然。而被剥夺的女性时间和劳动价值被忽视和掩盖了。有研究者指出："父权制下的性别政治实质上是男权政治，女性时间的缺席是性别政治的具体体现。"[②]

2019 年 6 月，一则新闻引发社会热议：相声演员曹云金和妻子唐菀结婚仅仅一年就宣告离婚。大家关注的焦点是其离婚原因，男方经纪公司的说法是，两人"性格不合"，男方不满于女方婚后无工作、无收入，不能分担养家责任。而事实上，结婚一年，女方正好经历了怀孕、分娩、哺乳和养育等一系列生育过程。作为妻子在生育中的劳动付出和社会价值被一笔抹杀，而其因结婚生子而丧失的工作机会、经济收入和个人前途得不到任何补偿。这种"生育亏损"反过来也会加重女性的生育焦虑，"恐婚""逼生""二胎困境"等话语流行，投射到现实生活中，是单身人口的不断增加和生育率的不断下降。这是现代女性因为对婚姻的不安全感增加，迫于经济理性而作出的无奈选择，但其间未尝没有孕育女性自我觉醒意识的可能。新婚姻法关于婚前财产和离婚时夫妻双方财产分割的规定，无法为女性在婚姻中的无偿家务劳动和情感劳动付出提供保障，更无法对女性的"生育亏损"提供合理补偿。制度设计上的性别偏向加重了女性对婚姻的不安全感，所以"单身时代""不婚主义"的潮流未尝不是表达一种抗争，同时也体现了在"生活政治"中的性别博弈。

第三节　时间的抗争：从情感异化到性别觉醒

自黑格尔到马克思，以至于当代的批判理论学者，都曾经用"异化"概念表达过对社会的批判。黑格尔所谓的异化，就是观念由客观到人的主观产物，进而再度成为客观存在的过程。这是一种"观念的异化"，因为"此在"非"彼在"。马克思关注的是劳动异化为商品，这是对人的本质的扭曲，并由此造成社会关

---

① 2015 中国人婚恋状况调查报告 [EB/OL].[2021-12-30].http：//baike.chinaso.com/wiki/doc-view-233042.html#m1.

② 尹泓 . 性别政治与女性时间 [J]. 求是学刊，2011（2）.

系的不平等。当代批判理论的女性先锋、德国柏林洪堡大学哲学系教授拉黑尔·耶基（Rhhel Jaeggi）在博士学位论文中将"异化"的定义加以翻新，界定为"缺乏关系的关系"。2005 年，这个新版的异化观念渐渐成为德国学界的流行定义之一。

所谓"缺乏关系的关系"，有两个根本要点：①缺乏关系的关系依然是一种关系，这意味着人必然处于一种社会关系当中。②若这种关系是冷淡、没有回应、静默的，那么长久下来这种关系就等同于排斥、推拒，就像缺乏关系一样。[①] 当"没有关系"也能成为一种关系时，如同佛教经文所言"空即是色，色即是空"一样，一种辩证式的关系就此产生。只不过它走向了迥异于正常或常态的反面，即异化。关系的异化体现在各个方面，其中也包含社会时间在社会关系结构中的分配与消费问题。比如说，时间对于情感的异化，双方从有情人变成陌路人、从亲密关系走向了冷暴力。

在人们过去的观念中，"路遥知马力，日久见人心"体现的是时间对情感的沉淀和深化；而"七年之痒""中年危机"等词语则被用来形容人对于长期的婚姻生活表现出来的疲倦、懈怠和焦虑，这恰恰说明了时间对两性情感的异化。从另一个角度来说，当个体时间被沉重的生活压力和工作压力剥夺时，在情感上人们更加追求时间的自主性。在家庭生活中，个人时间被琐碎家务和养育孩子占据最多的人，恰恰是最缺乏自主性的那个人，也是最容易被其他家庭成员忽视的人。如此一来，缺少时间权利的人，同时也是缺乏家庭权力的人。时间权利或者说时间的自主性所构成的时间资本，既是衡量两性在家庭经济地位上的尺度，也是揭示两性发展权利不平衡与家庭情感失衡的重要变量。

方旭东在其关于"过度单身"的论述中也提到了时间对情感的异化。"现代社会对生命的压制是将时间理解成物质来实现的，物化时间一旦过多统领生命，则情感和精神性时间必然会受到压制。人逐渐在这一压制状态中被异化。"[②] 流行歌曲如此吟唱："时间都去哪了 / 还没好好感受年轻就老了 / 生儿养女一辈子 / 满脑子都是孩子哭了笑了……"在传统人生价值观中，个体时间价值寄托于生

---

① 郑作彧. 社会的时间：形成、变迁与问题 [M]. 北京：社会科学文献出版社，2018：175.
② 方旭东. 过度单身：一项时间社会学的探索 [J]. 中国青年研究，2016（10）.

命延续中，从而凸显生育的价值。传统观念中对女性"相夫教子"的价值定位，就是将女性的生育价值置于个体价值之上，从而剥夺了女性对自身命运与发展的自主性。这是对女性生命权利和时间价值的异化。

当然，这种观念在今天发生了很大改变，少子或者不生孩子成为越来越多年轻夫妻的选择。又如，传统观念中"男大当婚女大当嫁"的时间统摄，在今天单身潮的冲击下，已经摇摇欲坠。追求时间自主和个体自由的现代年轻人，一旦意识到他们对于美好爱情的向往敌不过物化时间的残酷真相时——"年龄到了就结婚生子，为家庭奉献、相夫教子而失去自我"，他们宁愿长久地停留在单身或丁克状态里。这种对情感的自我控制，体现了生命个体自我意识的觉醒，同时也反映了个体对于自由时间和自我发展的向往与追求，或可被看作性别平等化进程中的小小变奏。

2020年大火的综艺节目《乘风破浪的姐姐》，在横空出世时打出了"三十而骊"的口号，有意挑战对女性的时间定义。参加节目的女明星都是30岁以上的成熟女性，她们张扬个性、拒绝被标签化。比如，被贴上"豪门阔太太"标签的演员白冰大方地承认，自己已经和丈夫离婚，目前单身带着女儿生活。她笑言，"现在我的生活很幸福，我可以自由地安排我和女儿的生活"，话语中满含重获时间自由的喜悦。节目的主题歌《无价之姐》的歌词更是表达出了现代女性日益觉醒的性别意识和追求独立的心声："单身，年龄，哪个罩／每一种审视都像刽子手手里的刀／一个女性成长要历经多少风暴／做自己才不是一句简单的口号……什么人生 什么梦想 我自己造／保护好那一抹最真实自在的笑／我是自己的无价之宝。"拒绝男性审视，拒绝被社会时间所定义，这些前卫的口号和主张，听起来确实激动人心，也让我们看到，女性的自主性和个性得到唤醒与张扬。虽然一档综艺节目不足以扭转大的文化气候，而且在商业资本力量的介入下，最终以"成团"结局，笑到最后的还是那些年轻貌美、最具人气的女明星——这与节目的口号和初衷仍相去甚远，但是从这些局部的变化中我们看到了曙光：曾经以"时间"之名对女性形成的偏见和枷锁正在被撼动，一部分精英女性作为女性群体的代表，发出女性自我发展和获取人格权利的呼吁；同时，在时间资本方面，破茧重生的现代女性正在形成和男性分庭抗礼的时代新观念。

结 语

本章从时间维度考察了当前媒介文化中隐含的性别暴力。针对前文设定的三个问题（"剩女"之"剩"，这种女性焦虑如何产生？针对女性的年龄歧视，是否蕴含着"时间政治"的权力运作？家务分工在时间自主性分配方面存在怎样的性别剥削和情感异化问题？），笔者努力进行了阐释和说明，并得出了明确的结论："剩女"话语、年龄歧视和家务分工中的性别剥削，都集中指向一种隐性的时间暴力，体现了资本对女性个体的时间价值和自由权利的剥夺，也隐含了男权思想对女性自主意识和时间权利的压制，这是两性不平等和性别压迫的现实写照。只不过，这种压迫并非以一种赤裸裸的暴力形态出现，而是借由媒介的"符号暴政"来施加，并且被家庭温情的面纱所掩盖。在当下社会中，厌女主义思想未能得到清算和根除，反而在大众文化和社会观念中长久持续而习焉不察地实施着象征暴力，对女性进行隐性的压迫与规训。这不仅是观念和文化的问题，更是制度化暴力使然。

早在 20 世纪 30 年代，英国社会学家埃利亚斯就明确指出，任何一种社会秩序的出现，都是社会建构的结果，它不是由一个人，或是一个群体、一个阶级的主动设计而出现的。事实上，这些秩序和结果是很多人之间的相互作用（无论是有意还是无心）而造就的。这些秩序和结果在历史上无法预见，但即便是这种"无意的秩序"也离不开暴力。对女性的年龄歧视和社会时间方面的种种限制性观念，体现在时间资本占有和分配的不平等上。从媒介暴力的狭缝中生长出来的抗争力量也在汇聚和成形，无论是借由媒介之口公然发出的"女性宣言"，还是关于"乘风破浪"的励志叙事，都体现为争夺时间意义的话语策略。当"时间政治"转变为"修辞政治"，我们看到，这种"抗拒不是内在的，而是外在于社会的，或者更确切地说，它们构造了对社会的局限，以及社会完全构造自身的不可能性"[①]，最终体现为性别话语的多元对抗。

---

① 刘涛 . 环境传播：话语、修辞与政治 [M]. 北京：北京大学出版社，2011：191.

CHAPTER 6

第六章

媒介暴力的空间之维：厌女主义与空间政治

空间在建立某种总体性、某种逻辑、某种系统的过程中可能扮演着决定性的角色，起着决定性的作用。

——亨利·列斐伏尔:《空间与政治》

在上一章中，我们从时间维度讨论了性别暴力的表现，包括针对女性的年龄歧视、生命价值、生命权利以及时间剥削的问题。世界是时间和空间的统一体。因此，本章主要通过空间维度来讨论媒介暴力的形式、功能与性别意义。我们先做概念上的介绍和厘定，以便在其后的文献梳理和定性分析中展开论述。

第一节　空间和空间政治学的诞生

什么是空间？空间作为我们日常生活和活动的场所，既构成了我们的外部环境，又从精神层面塑造着我们对于环境和社会的认知。人们从不同的理论维度可以提出不同的概念。如物理意义上的空间，它是可以"用三个数或坐标去描述空间中的一点的位置"，如长宽高；"或者用一定的纬度、经度和海拔来指定该点"。①《大英百科全书》中对于空间的定义是："在物理学上，空间是无边际的三维存在，物体与事件发生其中才能产生相对的方向与位置；在造物视角看来，空间是供画家用来表达、雕塑家用来填充、建筑师用来覆盖的非物质本质，在无限的自然环境中实现完全人造的有限环境。"② 心理学上有"知觉空间"

① ［英］史蒂芬·霍金 . 时间简史 [M]. 许明贤，吴忠超，译 . 长沙：湖南科学技术出版社，2009：34.
② 转引自张黎 . 性别化的设计批评：空间、物、时尚 [M]. 南京：江苏凤凰美术出版社，2016：43.

的概念。环境是可被人们感知的，因此成为我们形成自我认知和社会认知的重要场所，它体现为一个过程而非单纯的结果。在这个过程中，"主体性身份认同一般也伴随着空间概念的清晰化。从这个意义上可以说，空间是以自我与非我的差异为界的场所"①。从社会学视角来看，空间是社会关系及其结构具象化的可视产物。"空间形式并不是被视为它所处的并展现它的社会过程中的非人化课题，而是'内蕴'于社会过程，而且社会过程同样也是空间形式的产物。"② 即空间是社会的、历史的产物。亨利·列斐伏尔（Henri Lefebvre）更进一步指出，空间是政治性的、战略性的。作为一种被占据的空间，"以历史性的或者自然性的因素为出发点，人们对空间进行了政治性的加工、塑造"③。

空间具有再生产性。列斐伏尔将空间划分为物理空间、精神空间（感知的、想象的、被表现的）和社会空间（被建构的、被生产的、被规划的，尤其是都市空间），这三个领域彼此缠绕，不可或缺，共同组成了三位一体的空间结构。他认为空间具有功能性和工具性。一方面，在广义上，空间涉及社会关系的生产和某些关系（如生产关系、消费关系等）的再生产。另一方面，它也是被人们生产和建构出来的，与之相关的产品和物品都出自人类劳动，因而它也是被现实化、客观化了的，不可避免地带有人的主观意识色彩，成为一种符号能指，可以被设计、规划、建构、编码，被赋予各种社会意义。它也因此成为一个意义表征与权力争夺的场域。④

空间还具有一种中介性。它承载着人类的需求、观念、审美和文化传统，同时也作为一种社会结构，连接人们的精神与社会、理论与实践、理想与现实。因此，从社会的总体性角度出发，列斐伏尔断言："空间在建立某种总体性、某种逻辑、某种系统的过程中可能扮演着决定性的角色，起着决定性的作用。"⑤正是基于这种思考，列斐伏尔提出了"空间政治"的概念，并据此分析了社会阶级与空间的关系。他指出，都市与郊区、资本主义帝国与其殖民地、发达地区

---

① 张黎. 性别化的设计批评：空间、物、时尚 [M]. 南京：江苏凤凰美术出版社，2016：43.

② Harvey D. Social Justice and the City[M].Oxford：Blackwell Ltd.，1988：9-10.

③ [法] 亨利·列斐伏尔. 空间与政治（第2版）[M]. 李春，译. 上海：上海人民出版社，2015：37.

④ [法] 亨利·列斐伏尔. 空间与政治（第2版）[M]. 李春，译. 上海：上海人民出版社，2015：27.

⑤ [法] 亨利·列斐伏尔. 空间与政治（第2版）[M]. 李春，译. 上海：上海人民出版社，2015：19.

与贫穷地区之间，存在着严重的不均衡、不平等现象。空间作为一种社会区隔而存在。具体的现实空间被剥离了物质意义，而被人为地涂抹上了各种符号色彩，成为一种表征空间。如城市里的高档写字楼和棚户区、昂贵的学区房和破败的农村学校，是当代社会贫富分化、阶层固化的一个形象表征。爱德华·索亚（Edward Soja）则进一步对社会与空间的辩证关系进行梳理总结。他认为空间具有双重性质，"既是社会实践和社会关系的结果和产物，同时也是社会实践的重要前提和中介"[①]。生产方式决定了社会关系和空间关系，而空间也能反作用于社会关系的生产和再生产。"越是在空间结构中居于中心位置的个体或组织，越容易吸纳资源向其聚集，从而使其与处于边缘位置的个体或组织竞争时处于优势地位，即通过空间的结构性安排维持特定的社会关系。"[②] 仍以城市空间为例，中心城区、郊区及城乡接合部的房价水平划分出了不同阶层的社会区隔，当房价稳定下来，所谓高档社区与贫民区的空间分化一旦形成后，富人们越来越倾向于向高档社区（高档楼盘或别墅）聚集，这些地方的公共资源、基础设施和社区服务会更加完备；与此同时，底层人群和流动人口也越来越集中在房租低廉的老旧社区，这些片区治安状况不佳，公共设施缺乏或损毁严重，居住条件日益恶化，从而形成了更加鲜明的贫富分化景观。这是"马太效应"在空间结构和社会关系上的体现。而要改变特定的社会关系，可以通过调整空间安排的方式来进行，比如说在新疆、内蒙古、西藏等地兴建牧民定居点，在农村地区推行"农民进城上楼"政策，或者通过异地安置，把贫困山区的居民整体搬迁到经济发展条件相对较好的地方，提高他们的生活质量和生产水平。

相对于时间的变化，空间一般被认为是静止的。但是，从更加长久的历史视角和现代主义观点来看，空间也是一个流动的概念。它看起来好像是静止的，但会随着历史变迁而发生改变，以至于面目全非，令人感慨。因此，它既具有社会历史性，还在社会心理层面具有可被感知与反思的特征。古罗马全盛时期，神庙林立，宫殿巍峨，但是现在只剩下一角斗兽场和巴特农神庙的断壁残垣供人凭吊。当年"五步一楼、十步一阁，歌台暖响，春光融融"的阿房宫，

---

① 刘兆鑫. 空间政治：城市公共空间的生成逻辑与治理政策 [M]. 北京：中央编译出版社，2019：28.
② 刘兆鑫. 空间政治：城市公共空间的生成逻辑与治理政策 [M]. 北京：中央编译出版社，2019：39-40.

秦亡时"楚人一炬，付之焦土"。空间（都城）历来是各种政治力量和军队必争之地。南宋文及翁的词作"一勺西湖水。渡江来、百年歌舞，百年醉醉。回首洛阳花世界，烟渺黍离之地"（《贺新郎·西湖》），讽刺了南宋小朝廷偏安江南，不思收复中原失地，以至于宋朝旧都洛阳惨遭兵燹之祸，沦为荒草丛生的废墟。在这里，空间成为历史的表征，反映的是时代变迁和人们的心理状态。空间作为政治和社会关系的符号，再现或隐喻了历史、时代和当代人的悲剧。这也是"空间与政治"命题得以确立的现实及文化基础。

华裔地理文化学者段义孚认为："空间的概念来自建构主义的观念，即经验是我们所建构现实的模式……空间完全由各种关系而定义，空间是由人所施加的形式。"[①] 列斐伏尔关于空间的思考，更是深刻剖析了从历史性空间到社会空间，从绝对空间到抽象空间所具有的资本性质的支配与控制、殖民与反殖民的斗争。在"空间殖民"的命题下，列斐伏尔着重批判了集"都市化、国家化、全球化"于一身的当代资本主义在争夺世界市场时对其他国家与地区的支配与控制、掠夺与征服。只不过，这种权力征服是通过抽象的空间表征来实现的。比如，如今处处可见的摩天大楼、巨幅海报、股票交易市场前的铜牛雕塑，还有麦当劳的金拱门标志等，这些象征着"都市""繁荣""现代化"的符号，正在亚非拉各国落地开花。从纽约、伦敦、东京等世界财富和权力中心流出的巨量资本，借着全球化和城市化的浪潮，正在世界各地收割巨量财富。国家和地区间的经济发展不平衡，也演化成日益加剧的关于世界领导权之争的空间政治。这种关于"空间殖民"的概念也被女权主义学者所征用，用来说明空间扩张与文化、性别、民族和种族之间的关系。比如，美国女性主义学者桑德拉·哈丁（Sandra Harding）以科学与殖民地扩张之间的关系为研究对象，得出一个结论："欧洲扩张降低了当地文化传统的价值，也破坏了当地的文化传统，以致当地文化面临极大的困难。"[②] 这是知识与权力关系的反映，并涉及秩序构建的权力。

空间意识来自人的身体经验的感知、测量和建造。列斐伏尔据此论述了空间与身体、身份生产之间的关系，以及空间的性别化问题。他认为，"空间的生

---

① Tuan Y-F.Space and Place : The Perspective of Experience[M].London : Hodder & Stoughton Educational, 1977 : 6.

② [美] 桑德拉·哈丁 . 科学的文化多元性 [M] . 夏侯炳，谭兆民，译 . 南昌：江西教育出版社，2002 : 66.

产，开端于身体的生产"①。他以毕加索的画作为例，分析了父权观念下两性身体所表征的空间性别化问题。"我们在毕加索的作品中可以发现一种赤裸裸的视觉化空间，一种对视觉和阳具的专制独裁；还可以发现咄咄逼人的男性生殖力、公牛、地中海的男性、阳刚气概（在性能力方面的绝对天才）等的专制独裁……他的这种粗鲁残酷通过空间的主导形式、视觉、阳物来实现——简言之，通过暴力实现。"②他认为这是一种"可视的、阳具崇拜的空间"，表现为一种视觉的专制："那些大厦、建筑，耸立在地表和地平线上，不是为了言说和生产其他的东西，而是为了更好地监管和控制。"③空间因而具有男性与女性的性属关系。从哈贝马斯的公共领域视角出发，社会空间被划分为公共领域和私人领域，而在父权制意识形态的运作下，公与私的分野逐渐转化为男性与女性的性别空间。"一般认为，公共领域泛指社会，具体涉及经济、政治、宗教、教育、历史、文化等宏大话语；私人领域则主要指家庭空间及其日常生活。以崇尚秩序的政治思维来看，公私领域的二元划分有助于社会整体更高效地发挥各种职能。男性在外工作，女性在内帮扶——各处其位、各谋其职，性别化的空间安排成为社会秩序得以建立的主要前提。"④所以，"男子打仗在边关，女子纺织在家园"是一种合理的社会分工，"男主外女主内"的家庭秩序延伸到国家层面，成为男权统治的合法性基础。而在女性主义视角看来，空间是一种"表征、强化并有助于重构性别差异的新形式"⑤。摩天大楼、地铁、公共巴士、地下室、城市广场、游泳池等，各种形式的空间不仅构成人们日常生活的场所，也是男女两性确认其性别身份的重要场域。

福柯把空间视为权力的角斗场。在他的研究视域里，工厂、学校、监狱、精神病院等，成为身体与权力规训的场域。这种权力关系不仅体现在物理空间，呈现于抽象的社会空间，如监控的目光所构筑的社会"圆形监狱"，而且表征于

① 牛宏宇. 空间理论视域下的弗吉尼亚·伍尔夫研究 [D]. 天津：天津师范大学，2014.

② [法] 亨利·列斐伏尔. 空间的生产 [M]. 牛津：布莱克维尔出版社，1991：302. 转引自 [英] 多琳·马西. 空间、地方与性别 [M]. 毛彩凤，袁久红，丁乙，译. 北京：首都师范大学出版社，2018：183.

③ [法] 亨利·列斐伏尔. 空间与政治（第2版）[M]. 李春，译. 上海：上海人民出版社，2015：97.

④ 张黎. 性别化的设计批评：空间、物、时尚 [M]. 南京：江苏凤凰美术出版社，2016：44.

⑤ Setal B.Environment，planning and feminist theory：A British perspective[J].Environment and Planning，1982（6）：711-716.

形而上学的精神空间，如上下、左右、尊卑对应于男女有别的空间位置，以此来表达出差异化的文化意义和男尊女卑的性别等级。上面、右边和尊位属于男性空间，其反面则对应于女性空间。福柯认为，"想象的空间"也可以成为实施权力的一种途径与模式，因为它们表达了"权力与知识之间的关系"。"特定的空间形式造成了权力机制与职能的结合，使权力关系在某种职能中发挥作用，也使职能通过一定的权力关系发挥功能。"① 现实生活中不乏这样的例子。比如，在职场上，男性被认为天然具有占据权力"塔尖"的合理性，即使是在女性数量占相对多数甚至绝对优势的组织中，担任领导职务的也往往是男性；而职业女性在晋升过程中，往往会遭遇"玻璃天花板"效应，以至于跻身高级管理层的女性寥寥无几。而一旦空间被新的力量所占据，其中的社会结构和逻辑都会发生变化。如随着互联网的普及应用，门户网站、网络社区和社交媒体以及自媒体的兴起，造就了另一个和官方舆论场相对峙的民间舆论场。时至今日，网络舆论已然成为一股不可忽视的监督力量，推动公共事件和决策的进程。因此，本章试图从空间维度出发，探讨空间政治在社会性别领域的媒介表征、建构与解构，性别暴力如何作用于社会空间并影响人们的日常生活，探索如何通过空间治理，在尊重性别差异的前提下消除性别歧视、社会区隔与性别压制，建设两性和谐、共同发展的现代社会。

第二节　性别化的空间与空间的性别化

在地理文化学者眼里，"空间"和"社会"形成了一组有意义的二元关系，空间是社会建构的对象之一，同时也是塑造和再生产社会关系的重要场所。"所有的范围界定、建立边界以及对地方身份认同进行保护的做法，目的都是对某个时空的意义进行固化。"② 而这种做法都是出于社会权力的斗争，意在争夺标识时空的权力，争夺定义某个空间的权力，即使这种权力并不长久和稳定。吉

---

① [法] 米歇尔·福柯. 规训与惩罚：监狱的诞生 [M]. 刘北成，杨远婴，译. 北京：生活·读书·新知三联书店，1999：225–231.
② [英] 多琳·马西. 空间、地方与性别 [M]. 毛彩凤，袁久红，丁乙，译. 北京：首都师范大学出版社，2018：9.

登斯指出，现代性的后果之一是将空间与地方割裂开来，"它在'缺席'的其他个体之间建立了联系，而这些其他个体从位置上来说远离任何面对面的既定交流场景"①。也就是说，昔日那种地方—身份认同在具有高度流动性的现代社会已不复存在，取而代之的是和人们的生产、生活以及创造活动有关的"场所"。空间形式的变化，反映和塑造了流动的社会关系。因此，"社会关系'在空间中延伸'（或者不延伸），以及社会关系采用特定的空间形式，都影响着社会关系本身的本质，影响着劳动分工和社会关系内部的各种功能"②。

在女性主义地理学者看来，所谓性别化的社会空间结构，是指在西方社会中形成的等级性二元社会空间结构；准确地说，是男性主导的社会空间结构。③琳达·麦克托维尔（Linda McDowell）进一步指出，地理空间中存在一系列的性别化的二元论表征：男性表征着公共空间、外在空间、工作空间、生产空间、权力空间、独立空间等；女性表征着私人空间、内在空间、再生产空间、休闲空间、娱乐空间、消费空间、依赖性空间、弱权力空间等。在这些空间里，具有男性特征的空间是生产性的、主导性的空间；具有女性特征的空间则是再生产性的、依附性的空间。④英国地理文化学者多琳·马西（Doreen Massey）通过具体的田野研究证实了这一点。她对19世纪到20世纪英国四个地区（英格兰东北部的煤矿区、兰开夏的棉纺织城镇工厂、伦敦哈克尼地区的血汗工厂和芬斯地区的农业集体劳作区）的研究将空间和地方的讨论与性别紧密地联系起来，旨在说明：空间和地方在性别关系建构中非常重要，"性别化的空间和空间的性别化"不仅仅体现在地理、时间、社会分工差异上，更重要的是成为一种建构性政治的宏观手段和规训力量。"从空间和地方的象征意义和它们所传达的显著性别信息，到通过暴力达成的赤裸裸的排斥，空间和地方不仅本身被赋予了

① ［英］安东尼·吉登斯. 现代性的后果 [M]. 剑桥: 政体出版社，1990: 18. 转引自 [英] 多琳·马西. 空间、地方与性别 [M]. 毛彩凤，袁久红，丁乙，译. 北京: 首都师范大学出版社，2018: 9.

② ［英］多琳·马西. 空间、地方与性别 [M]. 毛彩凤，袁久红，丁乙，译. 北京: 首都师范大学出版社，2018: 32.

③ Massey D.Space，Place and Gender[M].Cambridge: Polity Press，1994. 转引自孙俊，汤茂林，潘玉君，等. 女性主义地理学观及其思想史意义 [J]. 地理科学进展，2019（3）.

④ McDowell L.Space，place and gender relations[J].Progress in Human Geography，1993（2）: 157-179.

性别，而且通过这种方式，它们都反映和影响了性别被建构和理解的方式。"①
具体而言，这种性别建构和理解方式，就是指一整套的学术话语与知识话语和
一套社会制度。它们在不同的话语维度和关系尺度上建构了性别化的社会关系。
它们包括文学作品、大众文化、科学与学术生产和与之相关的政治法律制度、
宗教伦理、行业规范和职业标准等等。

　　前面提到，空间是塑造社会身份和身份认同的重要方式。以公私领域来划
分两性的二元对立和等级关系，就是空间性别化的社会基础之一。"男主外女
主内"的空间划分也衍生出一系列性别化的等级价值关系。如，"我负责赚钱养
家，你负责貌美如花"，男性负责生产，而女性擅长消费和再生产（生儿育女、
照料家人、操持家务等）；又如，"夫唱妇随"，男性掌控着家庭事务的话事权，
女性则处于服从和追随的地位；再如，"男人理性、女人感性"，由此衍生出关
于男女两性在智力上不平等的"迷思"——"女人头发长，见识短"，所以，"女
司机""女领导""女老板""女学者""女汉子"等称谓，多少含有轻视、调侃
甚至鄙薄之意，在科学、学术、技术领域，女性从业者受到的性别排斥远远多
于其他领域。空间也被视为一种支配手段。对于男性来说，"他们常常要求比女
人更多的个人空间；他们的领地往往比女人的大得多，在自己的领地受到侵犯
时会更加积极主动地反抗；……男人经常走在女伴的前面，而不是女人走在男人
的前面"②。

　　英国剑桥大学社会人类学博士、英国皇家学术院院士白馥兰（Francesesa
Bray）以中国帝制晚期的性别分工为研究对象，探讨了纺织、烹饪和生育如何
作为"女子之术"，成为锻造女性的美德懿行的方式和途径，以及毛笔、耕犁的
使用如何作为"男子之术"，来打开"知识—实践（修齐治）"之间的通道，以此
来论证技术与性别之间的权力关系。她最重要的理论创见在于，不是仅仅停留
在对父权家长制的批判上，而是将技术与性别之间的关系作为理解中国帝制晚
期的社会关系的一把锁钥，指出中国传统社会里的"女子之术"对于家族延续

---

① ［英］多琳·马西.空间、地方与性别 [M].毛彩凤，袁久红，丁乙，译.北京：首都师范大学出版社，
2018：232.
② ［美］拉里·A.萨默瓦，［美］理查德·E.波特，［美］埃德温·R.麦克丹尼尔.跨文化传播（第 6 版）[M].
闵惠泉，贺文发，徐培喜，等译.北京：中国人民大学出版社，2013：201.

和社会善政良治的重要贡献：妇女在家庭空间内进行的劳作生产并非对男性工作的补充，而是与男性的工作有着同等的重要性，这种贡献也获得了社会的认可。① 白馥兰对中国帝制晚期的技术景观的分析独出机杼，把女性的生产和再生产活动（在生物学意义和社会学意义上）整合进中国历史进程当中，并客观评价了她们的社会贡献。这为本书考察性别与空间的互动关系及意义生产提供了重要的理论启发。

女性主义地理学家理查德·皮特（Richard Peete）认为，女性及女性空间在社会中的从属性，缘于社会分工所导致的女性处于再生产地位，女性问题与阶级问题一样，是资本主义社会关系所规定的结果。"现代空间安排加强了不同性别之间社会地位的差异，即性别化空间削弱了女性的地位及其对知识的获得，使女性被男性利用为再生产的权力。"② 在与"空间"直接相关的建筑领域，美国建筑师乔尔·桑德斯（Joel Sanders）就直言不讳地指出，"公共与私人的对立，关键是基于男女两性的二元对立……通过划分对立的空间领域，建筑与主流意识形态合作，创造并维护了现行的社会阶层及其区隔"③。建筑空间之所以能够形成这种排"她"性的性别区隔，并非出于某个男性建筑师的个人偏见，而是整个社会结构性压迫的大环境促成的。我们去故宫参观，看见午门前的广场宽阔宏大，气象庄严，华表高台、丹墀龙庭，体现出皇权、父权的威严可畏；后面的红墙宫苑，层层进进，让人感受到后宫女性身处"深宫"的寂寞孤独。所以，那些宫怨诗里多有"似将海水添宫漏，共滴长门一夜长""宫中千门复万户，君恩反覆谁能数"这样的句子。前朝是男性君王处理政务、接见大臣和外邦使节的地方，所以雄浑壮阔的空间，隐喻着充满阳刚之气的男性气质；后宫是嫔妃宫女生活起居的地方，她们的使命就是服务于君王——后宫唯一的权力男性，华美繁丽、幽深静谧的后妃寝宫，隐喻着柔顺、贞静、婉转迎合的女性气质。在建筑形式和功能上，性别化的空间和空间的性别化互为表里，共同塑造和维护着男权社会的统治基石。莱斯利·维斯曼（Leslie Weisaman）一针见血地指出

① ［英］白馥兰. 技术·性别·历史：重新审视帝制中国的大转型 [M]. 吴秀杰，白岚玲，译. 南京：江苏人民出版社，2016：24-25.

② ［美］理查德·皮特. 现代地理学思想 [M]. 周尚意，等译. 北京：商务印书馆，2007：17.

③ Sanders J.Study：Architectures of Masculinity[M].New York：Princeton Architectural Press，1996.

这种工具性的空间设计所隐含的父权制社会霸权机制："通过建筑制造空间，通过空间建立规范，通过规范控制身体，通过身体认同身份。"①

对于空间的文学化或者说媒介化表征，进一步强化了这种男权至上的政治秩序和文化观念。中国古代文学中不乏以"宫怨""闺怨"为主题的诗词歌赋，但多数是以男性视角来反映女性心理，或者由男性充当女性的代言人。面对君王的薄情寡恩、喜新厌旧，失宠的嫔妃只能整日倚首长门，"千金纵买相如赋，脉脉此情谁诉"（辛弃疾《摸鱼儿·更能消几番风雨》），或者是因为独守空房而自怨自艾，"闺中少妇不知愁，春日凝妆上翠楼。忽见陌头杨柳色，悔教夫婿觅封侯"（王昌龄《闺怨》）。文学作品中由男性塑造的"怨妇"角色比比皆是，但是她们并没有能力发出自己的声音。这种"身体在场"而"话语的缺席"，即使在今天，也仍然被视为男性霸权主义的宰制形式。空间的性别化实际表征的是权力的性别化。英国学者亨利埃塔·摩尔（Henrietta Moore）认为："尽管性别关系的真正本质并不是由空间来表征的，但空间再造了一种'父权至上的意识形态'。"②空间因此也具有形而上的性别化区隔功能。社会性别及其身份和认同的差异，决定了性别等级化的空间资源配置。具有阳刚气质的公共空间（男性空间）被视为高于阴柔气质的私人空间（女性空间）。如祠堂、庙宇、殿堂等场所，轻易不允许女性踏入（在场）；而在祭祀、殡葬、分封、调停、话事、开垦、交易等仪式性和生产性场合里，女性也是缺席的。厨房、卧室、后花园、阳台、产房等私密空间，则是女人的专属领域。男人要在外建功立业（"封狼居胥"），马革裹尸，光宗耀祖，无比荣耀；而女人要安分守己，大门不出二门不迈，宜室宜家，才是受人尊重的良家妇女。两性的社会角色和身份认同与其所处的空间类型密切相关。空间不仅表征了社会关系，还进一步固化了现有的社会性别身份。

支运波认为，现代社会造就了两种空间：都市空间和媒介空间。③在都市空间里，"现代性空间抽离了离散者最后的认同感。普遍的现实是人们生活在空

---

① Weisman L.Discrimination by Design：A Feminist Critique of the Man-made Environment[M].Urbana：University of Illinois Press，1994.

② Moore H.Space，Text and Gender：An Anthropological Study of the Marakwet of Kenya[M].New York：Guilford Press，1996：188.

③ 支运波.媒介空间与公共理性[J].福建论坛（人文社会科学版），2011（6）.

间殖民之中。办公室、地铁、高层建筑的居室、购物广场……这些现代空间几乎占去了日常生活的绝大部分"①。而生活在媒介化社会中的人们，日常工作和生活都离不开媒介的使用，电视、手机、互联网等装置构成了现代性的媒介空间。都市空间和媒介空间构成了现代人的"公共领域"，也成为"社会关系再生产的场所"。② 在媒介空间中还出现了私人领域的公共化和公共领域的私人化这两种倾向，"在提供最大限度的自由、平等时，同时也制造了话语的霸权。之前人们担忧的传统公共领域内审美暴力和审美专制已衍化为新样式。公共领域已经演化成了在同一个地理空间里共同存在的有差异性和冲突性的公共碎片的集合"③。所以，我们以空间维度来透视性别暴力时，不仅仅要关注现实空间内的性别区隔和男性中心主义表征，更要集中展示这种性别化的空间实践和话语暴力对于当今时代的性别关系会造成何种程度的影响，以及其中是否蕴含推动社会进步和性别意识形态改造的力量与可能性。

第三节　性别空间的三个维度

笔者的立论之基虽然是身体、空间、权力的生产，但最终的理论旨归是实现"知识—实践"的良性交互。美国著名学者、被视为继爱德华·萨义德（Edward W. Said）之后当代最有影响、最有争议的后殖民理论批评家佳亚特里·斯皮瓦克（Gayatri C. Spivak）认为，知识建立的基础是差异。而"性别差异的道德问题是持续存在的，并终将出现"④。在我们的社会中，历史文化、经济生活、社会管理等诸方面的核心话语仍然由男性主导，但"在话语领域发挥功能转移的恰恰是危机的动力"⑤。要破除各行各业存在的各种隐性的（有时候是不加隐晦地表露）性别歧视，使男女平等走向显性公平和实质正义，推进社会的性别主

①　支运波.媒介空间与公共理性 [J].福建论坛（人文社会科学版），2011（6）.

②　[法]亨利·列斐伏尔.空间的生产 [M].李春，译.上海：上海人民出版社，2008：38.

③　万俊人.我们都住在神的近处 [M].沈阳：辽宁人民出版社，1998：109.

④　[美]佳亚特里·斯皮瓦克.从解构到全球化批判：斯皮瓦克读本 [M].北京：北京大学出版社，2007：237.

⑤　[美]佳亚特里·斯皮瓦克.从解构到全球化批判：斯皮瓦克读本 [M].北京：北京大学出版社，2007：141.

流化，性别维度是一个颇有价值的思考立场和观察视角。在这个维度上，笔者将从三个层面展开论述。

一、身体维度

（一）男女有别：空间形式的身体原型

日常生活中的建筑空间充斥着男女有别的身体隐喻：摩天大楼、纪念碑、石柱、高塔等隐喻男性的身体，充满阳刚之气，也被赋予了各种积极正面的空间价值；公园、水池、花朵和各种华丽的装饰物则象征女性的身体，体现阴柔、繁衍、母性的美德。"从父权制社会的文化等级制度看来，男性气质（身体）代表了人类文明的高级形态，女性气质（身体）则处于文化系统的低端。"[①]

在建筑设计师眼里，建筑空间的性别隐喻代表着一种约定俗成的关于"性别秩序"的认可和意识形态价值。17世纪的意大利建筑师乔凡尼·贝尼尼（Gianlorenzo Bernini）认为，秩序的多样性来自男性与女性的身体差异。文艺复兴时期的那些艺术大师如米开朗琪罗、达·芬奇、缇香等人，在他们的雕塑和绘画作品中，男性的阳刚气质和女性的阴柔之美有着截然不同的分野，艺术作品中的男性无论其原型、"故事"还是出现的场合，都是在广场、教堂、市政厅等这样的公共空间中，而其所表现的女性（特别是裸女），所身处的空间多是卧室、厨房、花园等私密空间，或者其身份是圣母、母亲或者贵妇人等。从18世纪开始，"阳刚气质"逐渐成为经典建筑的价值衡量标准。建筑师阿道夫·鲁斯（Adolf Loos）认为："建筑的外立面应该呈现出完整的自我主体形象，是对阳刚气质的统一表达；阴柔气质只能在建筑内部那些有关'性'与再生产的空间中隐晦地有所流露。"[②] 鲁斯的这种说法得到了大多数男性建筑师的认同和追随。这种美国式的具有"阳刚气质"办公大楼在19世纪成为西方建筑界的主流。因此可以说，建筑设计中对性别气质的选用和表现，不仅仅是一种技术层面的问题，更反映了建筑师的价值取向和男性沙文主义的政治立场。张黎用表格的形式对

---

① 张黎. 性别化的设计批评：空间、物、时尚 [M]. 南京：江苏凤凰美术出版社，2016：46.
② Colomina B.Intimacy and spectacle：The interiors of Adolf Loos[J].Architectural Association Files，1990（20）：5-15.

两种性别气质的空间属性进行了对比，可以一目了然地看到建筑风格与性别身体原型之间的关系（见表 6-1）。

表 6-1　男气质与女性气质的空间属性对比

比较项	男性（身体）气质的空间	女性（身体）气质的空间
分属领域	建筑及外部空间	室内及内部空间
思维方式	理性的、逻辑的、功能的、整体的	感性的、装饰的、形式的、细节的
设计修辞	简洁、暴露、直接	烦琐、含蓄、隐晦
权力关系	规训的、支配的	克制的、从属的
社会角色	公开的、公共的	私密的、家庭的
主体性	完整的、自我的	碎片的、他者的

资料来源：张黎.性别化的设计批评：空间、物、时尚 [M].南京：江苏凤凰美术出版社，2016：48.

建筑领域长期以来为男性建筑师所把持和操控，从某种意义上来说，它已经形成了布尔迪厄所谓的具有男性气质和父权主义色彩的"惯习"和"场域"[①]。所谓惯习（习性），是指"由环境所生产出来的、持久的、可传递的秉性体系，经由长期累积、已内化的行为模式与思考方式，可以不断地重复与持久存在于个体中，同时以无意识的方式指挥着个体的行动"[②]。而对于场域，布尔迪厄的解释是："一个场就是一个有结构的社会空间，一个实力场有统治者和被统治者，有在此空间起作用的恒定、持久的不平等的关系，同时也是一个为改变或保存这一实力场而进行斗争的战场。"[③] 因此，空间就转变成"父权意识形态所宰制的社会结构的化身"，"这样的结构往往排除女性的使用经验、漠视女性的需求，再生产性别不平等的空间"。[④] 在建筑空间内呈现的男性中心主义的思维，

[①] "惯习"和"场域"都是法国哲学家布尔迪厄所提出的概念。作为常用的文化政治学概念，用来解释持久的行为习惯和环境对人的观念和行动所产生的潜在影响和控制，以及在其中生产出来的权力秩序和社会关系结构。

[②] Bourdieu P. Outline of a Theory of Practice[M].Cambridge：Cambridge University Press，1977：76-78.

[③] Bourdieu P. Outline of a Theory of Practice.[M].Cambridge：Cambridge University Press，1977：77.

[④] 陈芬苓，张盈堃.宰制与抗拒：一所科技主导之大学校园所做的性别观察 [M]// 王金玲，林维红.性别视角：生活与身体.北京：社会科学文献出版社，2009：44.

在惯习的作用下成为不言自明的行业规则、建筑习气和社会风气。而通过建筑形式反映的性别象征，不仅仅形塑了霸权性质的男性气概，也规训了处于屈从地位的女性气质，利用这种空间权力建构了一套基于性别不平等的社会秩序。

布尔迪厄认为，这种男性统治的社会秩序，主要是借助象征性力量（象征暴力）建构起来的。"社会秩序像一架巨大的象征机器一样运转着，它有认可男性统治的趋向，因为它就是建立在男性统治的基础之上。"[①] 这些基础包括劳动的性别分工、空间的结构（男性与女性专属空间，即性别化的空间）和时间的结构（劳动、农事和生命循环等归属男人，漫长的妊娠期属于女人）等。因为自然差异而形成的男性与女性的身体，在生理差异的基础上形成了等级化的性别观念，成为划分出高下、优劣、强弱以及主次尊卑之别，进而形成具有支配与屈从关系的社会化身体，这种社会化身体又分别投射在空间结构、时间结构、社会结构和人们的认知结构中。由此，社会存在和社会意识达成一致。从更深的层次来说，由男性、女性的行动范围，划分出外与内、公与私的性别化空间的边界，这种空间边界也成为性别权力的边界。

（二）空间权力的身体隐喻："缺席"与"在场"

如前文所述，空间权力是一种政治性的、策略性的社会建构。这种权力更像是一种象征力量，即统治者与被统治者都不会认为这是一种强加的行为。布尔迪厄认为这种"男性统治和女性服从的矛盾逻辑既是自发的又是被强加的"[②]，但是只有当我们注意到社会秩序对当下的性别关系持续施加作用时，才会意识到这是一种无形的象征暴力。从葛兰西的文化霸权理论，到福柯的"身体—知识—权力"学说，再到布尔迪厄的惯习与场域理论，它们的共同点是，都指出了这种抽象的权力是通过作用于身体而得以实现的。但这种象征力量是以无形的、潜伏的方式，"通过对一个以象征方式建构的有形世界的习以为常，以及被统治阶级占有的相互作用的早期经验和延续的经验[③] 而得到实现，因而显得更

---

① ［法］皮埃尔·布尔迪厄. 男性统治 [M]. 刘晖，译. 北京：中国人民大学出版社，2011：8.

② ［法］皮埃尔·布尔迪厄. 男性统治 [M]. 刘晖，译. 北京：中国人民大学出版社，2011：53.

③ 即习俗、传统、文化制度等长期形成的观念性因素。——作者注

加强大"①。社会学家从不同角度对这种权力加以命名。葛兰西将它命名为"文化霸权"，福柯称之为"微观权力"，到布尔迪厄这里则被称为"符号暴力"。

空间权力如何通过身体得以表征和实现的呢？

策略之一就是"显露"和"遮蔽"。直立、高耸、强壮、明亮、干燥等具有男性气质的特点，被称颂为"阳刚之气"，获得更多积极正面的肯定价值，所以它们也被广泛地运用于空间构造中；而弯曲、低矮、柔和、阴暗、潮湿等具有女性气质的特点，被贬斥为"阴柔之气"，对它的评价倾向于负面和贬低，在风水上被视为不吉之相，在建造空间时要极力避开这些地方，或者只用于建造给死人用的"阴宅"。空间的建构和分配，是对性别化社会性身体的再现和表征，由此匹配不同的空间价值，从而定义了等级化的性别价值体系。

策略之二是"缺席"和"在场"。前文论及，公共领域被划归男性，而私人领域被划归女性。公共领域属于外部空间和正式场合，承担更加重要的公共使命和社会责任，具有毋庸置疑的经济地位、政治地位和统治权力；而私人领域属于内部空间和隐秘场所，置身其间的女性要承担生育职责和家务劳动，以及照料老人孩子和牲畜等家庭义务，自然也缺乏收入、政治地位、表达诉求及参与管理的权力。在日常生活中，空间配置的优先权属于男性，由他们来分配住所的空间功能和各人的使用权；在祭祀、宴聚、分家、合议、婚礼丧仪、调解纠纷、耕种收割、捕鱼打猎等仪式性或生产性场合中，都是男人在场而女人回避（时至今天，某些农村地区还有"女人不上桌"②的旧俗），更不要说争斗和战争场合了——"战争，让女人走开"，说的就是这个意思。综观历史典籍、文学作品和艺术传统，女性的身影寥寥无几，她们的成就和贡献也少有提及。偶尔的历史记载和再现形式中出现的女性现象，也是由男性来书写、记录和塑造的。可以说，女性的身体长期以来在文化历史上都是缺席的。

中华人民共和国成立后，在社会主义意识形态领域提倡男女平等，"男女都一样"，要求女性走出家门参与劳动生产和社会建设，越来越多的女性身影活跃在各行各业。女性的解放成为中华民族解放的一部分，"性别解放"成为"政

---

① [法] 皮埃尔·布尔迪厄. 男性统治 [M]. 刘晖，译. 北京：中国人民大学出版社，2011：54.
② 白洪谭. 博士春节返乡：老家仍保留客人来了女人不上桌习惯 [N]. 北京青年报，2018-02-24.

治解放"的题中应有之义，也获得了国家政策制度层面的合法性支持，如宪法、婚姻法和劳动法等一系列立法决策确认和保障了女性的政治权益、人身权和财产权以及男女"同工同酬"的工作权益。

自 20 世纪 50 年代在中国由妇联组织推动的"五好家庭""文明家庭"的评选活动，在全社会范围内公开认可和肯定了女性在家庭领域的重要作用和突出贡献，大众媒介在舆论方面也给予了大力宣传和支持。这是在话语层面提供了促进性别平等和女性发展的价值引领和社会支持。自 1995 年联合国第四届世界妇女大会召开后，"家庭暴力"等原本属于私人领域的"家务事"开始进入公共议题，并首次出现在中国法律体系中；进入 21 世纪，由于大众媒体的大量报道，社会也普遍关注女性在政治、经济和家庭各领域的合法权益，鼓励妇女参政、提倡女性的教育平等权、推动对家务劳动性别分工的反思与讨论、对婚姻中的女性生育权和财产权的立法保障，以及反对职场（以及其他公共场所）中的性别歧视、性骚扰等活动，对"剩女"问题予以持续关注……在媒介话语的大量介入下，有关女性的议题开始从私人领域转入公共领域，女性的身体及其社会价值，终于从"不可见"变得"可见"，女性也终于赢得了一部分空间权力。女性主义研究者已经认识到，女性受压迫的机制是在多种因素相互作用下形成的，如朱丽叶·米切尔（Juliet Michell）概括为四大机制——生产、生育、性、儿童的社会化①，认为只有改变这四大机制，女性才能获得真正的解放。体现在空间解放上，对女性而言，公私领域不可分割，"在社会领域取得的成就是女性在性别关系中取得平权的前提，经济资源仍是影响家庭权力和家庭地位获得的重要因素。促进家庭领域的性别平等，推动女性在社会领域的发展依然至关重要"②。

更有研究者从"家国同构"思想出发，指出"家是缩小的国，国是扩大的

---

① ［美］朱丽叶·米切尔.陈小兰，葛友俐，译.妇女：最漫长的革命[M]// 李银河.妇女：最漫长的革命——当代西方女权主义理论精选.北京：生活·读书·新知三联书店，1997：45.

② 贾云竹.妇女社会地位与家庭结构的关系研究[M]// 谭琳，姜秀花.家庭和谐、社会进步与性别平等.北京：社会科学文献出版社，2015：208.

家，国家统治秩序是家庭伦理秩序的推广"[1]，因而，家庭建设是推动女性发展和性别平等建设的重要途径，女性参加公共领域的工作，也是女性追求经济独立和自身发展的主要途径和标志。笔者认为，无论是在社会空间、抽象空间还是形而上的认知空间，女性要获得空间权力，始于"进入空间"，陷于空间之"不可见"，变革于"空间可见"，强调身体的"在场性"。而女性的空间活动，至少要经历"以生产为中心（前工业时代）—以消费为中心（后工业时代、消费时代）—以发展为中心"（信息时代）三个层次的跃迁，才能完成对等级化与不平等的性别结构、社会结构、认知结构的改造与解构，真正获得"空间的解放"。

（三）视觉专制：从凝视到偷窥

在今天，女性的身体和活动范围已经完全进入公共领域，甚至已经有"她世纪"[2] 的说法。但是，"可见"一定会带来赋权的结果吗？恐怕未必。早在 20 世纪 60 年代，布尔迪厄就指出，认为女性如果在身体上被赋予展示的地位就以为她们获得了解放，不过是一种自欺欺人的想法。"对于这些人，只要指出这种对身体本身的利用非常明显地服从男性视角就够了（我们今天可以很清楚地看到广告对女性身体的利用）：既被展示又被遮盖的女性身体表现为一种象征的自由使用权。"[3] 其展示的无非是女性的吸引力和诱惑力，这种视觉形象仍然服膺于男性的"观看"，成为男性凝视与欲望的客体；广告画面中动辄可见的"香车美女""豪宅醇酒美人"形象，将女性作为占据财富优势地位的成功男性进行炫耀性消费的物化符号。这一点，德波在《景观社会》中、鲍德里亚在《消费社会》中都进行了批判，认为这种将女性作为性化的符号，或者色情化想象，由男性欲望主导的女性形象再现、建构、表达和支配关系，本质上与昔日的男性压迫并无不同，依然表现的是资本主义父权制体系对女性的压迫、支配、占有

---

① 范红霞. 妇联、家庭与妇女解放：以"五好家庭"活动为例 [M]// 谭琳，姜秀花. 家庭和谐、社会进步与性别平等. 北京：社会科学文献出版社，2015：434-435.

② 2010 年 3 月 8 日，香港《大公报》刊文《中国政坛已迎来"她世纪"》。文章说，今天，中国的性别歧视的制度性藩篱日渐消除，中国女性整体权利意识已经觉醒，男性独掌政治的一统天下一去不复返。越来越多女性闪亮登上政坛，证明一个被称为"她世纪"的政坛新时代正悄然来临。

③ [法] 皮埃尔·布尔迪厄. 男性统治 [M]. 刘晖，译. 北京：中国人民大学出版社，2011：40.

和剥削。女性主义者伊利格瑞认为，现代主义将把视觉放在第一位，"同时建立了一种从权威性、特权和男性的立场看待一切的既定视角"①。出现在大众视野中的各种广告海报、显示屏、影视画面、杂志封面和插图，音乐MV、电子游戏和动漫产品等等，最吸引眼球的都是各式各样的性感女郎，或者是被物化的女性的身体局部特征，充满诱惑。而很多男性艺术家的创作灵感也是来自女性的身体。杰克逊·波洛克（Jackson Pollock）批判了现代艺术对于性主题的迷恋："很多男性艺术家将女性身体宣称为自己的现代性领地"，"我们必须质问，为什么现代主义如此经常地关注男性性欲及其表现和女性身体？为什么都是裸体、妓院和酒吧？在性欲、现代性和现代主义之间究竟是什么关系？"②这种男性视角下的女性身体与形象再现，对于人们头脑中形成的女性形象会不会形成真实与虚假的错置？它们对于塑造社会关系和人们的性别认知究竟能发挥何种作用？

虽然对这种视觉专制的效果很难具体描述，但我们看到，它们确确实实影响了人们的观念。在通往现代性之路上，性别平等的问题可能依然是我们必须翻越的一座大山。从2003年开始，《金枝欲孽》《宫心计》《甄嬛传》《如懿传》等宫斗戏走红十多年而历久不衰，以至于看一些以"大女主"为噱头的现代职场戏，都有皇后妃子"借尸还魂"、穿越到现代来"斗法"的感觉。即使在现实生活中，我们也会听到所谓"甄嬛体"的对话；网友们看泰国王室这两年的狗血新闻，有人评论：这是一出活生生的泰国版"甄嬛传"。而家庭伦理剧中的情节设定，很多都是男人出轨、婆媳纷争、三角恋爱、求子或夺子闹剧等等。剧情的重点都放在女性以色承宠，利用身体资本争斗上位，以及宣扬"母以子贵"的生存价值，并将其作为"弱者的武器"，试图从男权社会里分得好处。从这种叙事策略中我们看到，父权制文化的幽灵仍然盘桓在我们的日常生活和媒介文化中，媒介的娱乐节目对社会气候产生了很大的影响，人们会在不知不觉中接受这种文化洗脑，从而认同这种落后陈腐的性别价值观，比如在抖音上曾一度流行过的"姨太太装扮""家暴妆"等。

---

① ［英］欧内斯托·拉克劳. 对我们时代革命的新反思 [M]. 伦敦：沃索出版社，1990：50.
② 转引自 [英] 多琳·马西. 空间、地方与性别 [M]. 毛彩凤，袁久红，丁乙，译. 北京：首都师范大学出版社，2018：233.

按照布尔迪厄关于居家空间的惯习分析，我们可以把惯习理解为一个具有生成性的、有结构能力的策略和社会实践原则，它们能够重新产出以及强化性别不平等的社会秩序。此外，布尔迪厄更进一步认为，"惯习是架设在个人行为与社会变迁二者间断带上的桥梁"[①]。媒介是形成"惯习"的文化场域和为"惯习"提供"合法性"的重要工具。所以，笔者认为，近些年来，在社会中出现的"拜金女""包二奶"现象以及"年轻貌美就是资本""干得好不如嫁得好""小三上位"等陈腐性别观念的回潮，与其说是女性解放的倒退，不如说和媒介文化中泛滥的性别刻板印象、厌女主义思想有关。这种符号暴力对个人和社会的影响可谓流毒深远、贻害无穷。

我们不能忽视媒介的符号表征和意义建构的作用。很多学者都关注到大众媒介这种"看不见的权力"——符号权力。从路易·阿尔都塞（Louis P. Althusser）的意识形态构成论、弗雷德里克·詹姆逊（Fredric R. Jameson）的政治无意识理论、霍尔的意义表征与编码与解码理论、布尔迪厄的符号资本和符号暴力概念到鲍德里亚的商品符号学等，这些学者都看到了符号在建构意义方面的强大作用，也由此入手展开批判。布尔迪厄指出，以电视为代表的大众媒介能够"行使一种形式特别有害的象征暴力。象征暴力是通过施行者与承受者的合谋和默契而施加的一种暴力，通常双方都意识不到自己是在施行或在承受"[②]。而借用胡塞尔（Edmund Husserl）的现象学理论和德里达（Jacques Derrida）的解构理论，我们可以作出如下分析：将女性身体作为物化符号、男性欲望的客体和可供消费的商品，其本身就是剥夺了女性的主体性，反映和固化了男性权力对女性从身体到意识的支配与压迫。我们可以把它归结为一种"视觉专制"（或者说视觉暴政）。

2002年，笔者作为记者去南疆采访时，当地政府鼓励农村的维吾尔族妇女走出家门参加工作，或者摆地摊做点小生意。这些有工作、有收入的女性和待在家里的女性最大的不同就是，她们一般会戴颜色更加鲜艳的头巾，不戴面纱，

---

① 转引自 [英] 白馥兰 . 技术·性别·历史：重新审视帝制中国的大转型 [M]. 吴秀杰，白岚玲，译 . 南京：江苏人民出版社，2016：154.

② [法] 皮埃尔·布尔迪厄，[美] 华康德 . 实践与反思：反思社会学导论 [M]. 李猛，李康，译 . 北京：中央编译出版社，1998：220.

而且为了展示她们漂亮的发型（维吾尔族女性喜欢烫发、染发和盘发，满头小辫子的发型早已过时），她们会有意把头巾戴得靠后，露出更多的头发。这一部分开风气之先的女性，借助隐晦的身体语言，表达了对"性别解放"的渴望。

在雪莉·阿登纳（Shirley Ardener）的一项开"空间与社会性别研究"潮流之先的课题中，她和研究团队成员也注意到面纱对于男人和女人的不同含义，以及空间的性属变化。他们发现，在伊朗的部落，当白天男人赶着牲口离开村子时，女性会不戴面纱在村子里自由走动（女性王国）；而到了晚上，当男人们回到村里时，她们会戴好面纱，安分守己地待在家里（男性世界）。[①]这可以看作男性目光对女性身体进行无形"监视"和"专政"的典型场景。阿登纳的研究旨在揭示社会关系如何为共有空间里不同性别的成员构造其性别身份。在这里，面纱象征着空间的性别属性转移和对性别权力的确认。

与公开的凝视不同，偷窥更近似一种无底线的越轨行为。现代社会里，出于社会管理的需要，监控探头无处不在，道路、商场、地铁、公交车、工厂车间、校园教室、走廊电梯、办公大楼、超市餐厅等；除此以外，还有私人自行安装的各种隐秘的摄像头，甚至在地下通道、自动扶梯、人行天桥和公交地铁等这些人流量很大的公共场所里，有一些人用手持设备，故意偷拍女性裙底或"走光"照，满足自己的窥私欲，并上传到网上"分享"牟利。偷拍行为的猖獗令人发指，在网上以"偷拍、女性"为关键词，出现700多万条搜索结果，用词低级露骨，不堪入目。据报道，警方破获了一个以偷拍牟利为目的的犯罪团伙，案犯交代，他们曾经把一条私密视频在网上卖到千元高价。[②]

更有甚者，有一些道德低下的人将女性的私密照、私密视频或者亲密画面作为要挟工具，在对方提出分手时拿出来进行敲诈，威胁女性不听话就散布到她的家庭、单位中和网上，这就成为一种"色情报复"了。2018年，韩国女团KARA前成员具荷拉与其前男友崔钟范互殴事件引发韩国社会关注。起因是崔

---

① Ardener S.Women and Space：Ground Rules and Social Maps[M].2nd ed.Oxford：Berg，1993. 参见[英]白馥兰.技术·性别·历史：重新审视帝制中国的大转型[M].吴秀杰，白岚玲，译.南京：江苏人民出版社，2016：157.

② 团伙用"神器"偷拍女性裙底10分钟视频卖千元[EB/OL].（2014-06-11）[2021-12-30].http：//news.cri.cn/gb/42071/2014/06/11/7211s4572681.htm.

钟范以性爱视频威胁具荷拉。事情曝光后，韩国网民在青瓦台请愿网站发起请愿，要求严惩像崔钟范一样的"色情报复"罪犯，请愿者甚至超过了 20 万人，同时，此事还引发了韩国女性的万人大游行，她们打出口号"我的生活，不是你的色情片"。① 受此事打击，具荷拉的演艺事业一蹶不振，心理上遭受创伤，两年后在日本自杀身亡。中国也有类似的事件，令当事女性名声受损，事业、家庭大受打击，而散布艳照的肇事者却没有受到法律的追责。

无论是偷拍女性身体，还是色情报复，都反映了男性主动而女性被动的不对等关系，女性被迫屈从于男性的欲望，沦为色情化的商品或是受害者。这反映的是男性统治的事实，也揭示了世界上普遍存在的性别歧视，以及男性在性关系方面所具有的占有、支配与剥削的特权。从备受压制的自然身体，到服从于男性欲望支配和剥削的欲望客体，再到以空间形式表征出来的社会化身体，女性的屈从地位在不同时代和不同空间里彼此关联，通过政治、经济、宗教、习俗和文化等各方面因素密切互动，将一种象征性秩序（男权统治）代代传递、渗透蔓延以至于根深蒂固，这是一个历史性进程，也是一个社会性乃至全球性的问题。

二、家庭维度

（一）家庭环境与性别气质的养成

家庭对于女性而言，不仅是她们的生存和生活空间，也是她们形成自我认知、建构和体验社会身份的主要场所。女性身份和她们的性别紧密联系在一起，作为对应于男性的"他者"，妻子、母亲、女儿、姐妹的身份也是在家庭中得以建构的。"嫁"在汉字里的字形，左边是"女"字旁，右边是"家"字，古人在造字的时候就把女性的角色与功能限定在家庭中了。外面的世界属于男人，而女子守在家里，从事家务劳动，从事生育和照料的工作，为男人提供一个可以遮风避雨、休养生息的"港湾"和"后院"。家庭体现着女性的气质、责任和价值。因此，关于家庭的空间构形与女性气质养成方面的关系，笔者遵循"身体—身

---

① 具荷拉遭视频威胁惹韩国女性游行近 20 万网民请愿 [EB/OL].（2018-10-07）[2021-12-30].http：//news.sq1996.com/ylbg/2018/1007/260318.shtml.

份"的经验研究路径予以剖析。

首先，通过空间隔离的方式建构"男女有别""男主外女主内"的性别模式。比如，在居家空间内，与外部连通的空间属于男性所有，比如客厅、起居室和书房等，他们可以在这里会见客人、处理办公文件、思考或阅读等等。而女性的起居活动局限于卧室、育儿室、厨房、浴室、洗衣间、阳台和后院等等。基于对空间的性别属性划分，形成了以阳刚、坚毅、理性、冷静、公共性为特质的男性气质，以及以阴柔、温和、感性、脆弱、亲密性为特征的女性气质。身处外部空间——公共领域的男性，肩负治国治家的重任；而身居内室的女性，以操持家务、生儿育女为本分。在这里，身体经验形成了不同属性的空间分野，而这种空间隔离进一步强化了性别身份，建构了"男主外女主内""男主女次"的身份认同。身体是性别差异的符号，而空间是性别关系的表征。"行于所当行，止于所当止"，通过空间结构和房屋功能，划分出了人们行动的边界，而人们以"身体力行"，实践了经由"身体—身份"路径完成的社会身份建构和性别角色的归属。

其次，通过空间分治的方式，强化女性卑下、服从、服务的家庭角色和身份地位。所谓"分治"，就是"分而治之"的意思，即把一个复杂的问题分解成两个或更多相同或相似的子问题，还可以再做细分，直到小问题可以用最简单的办法直接求解。这是计算机算法的思维之一。笔者借用这个名词，提出了"空间分治"的概念。在空间治理的学说当中，有"空间分异"的说法。所谓"空间分异"，"包含'分开''区别'的意思，指不同群体、机构在空间分布上呈现出同类聚集、异类分异的现象，空间分治／空间分异是社会资源配置的必然结果。（虽然），空间分异本身并不一定体现了社会排斥或社会剥夺，关键在于分异的程度和原因"[①]。因为性别差异和家庭责任的差异，居室空间内形成了"内外有别"的空间分异。比如，在中国古代的居室营造和家规管理上，就定出如下的规则：

---

① 景晓芬.空间区隔及其对外来人口城市融入的影响研究：以西安市为例[D].咸阳：西北农林科技大学，2013.

凡为宫室，必辨内外。深宫固门，内外不共井，不共浴堂，不共厕。男治外事，女治内事。男子昼无故不处私室，妇人无故不窥中门。男子夜行以烛，妇人有故出中门，必拥蔽其面（如盖头、面帽之类）。男仆非有缮修，及有大故（谓水火、盗贼之类）不入中门。……女仆无故不出中门……铃下苍头，但主通内外之言，传致内外之物，毋得辄升堂室，入庖厨。[①]

　　男性以外部空间为活动舞台，以修身齐家治国平天下为己任，天下兴亡匹夫有责，强调男性负有对社会和国家的责任。女性则以安分守己为美德，不能抛头露面，不能使自己暴露在外人面前。"遮蔽"和"隐藏"是她们的生存策略，也是备受褒奖的"妇德"。即使有少数女性执掌家务、管理家政，也是从"主持中馈、相夫教子"的德性角度出发。所以，如果我们把空间秩序视为由媒介表征的社会规范和行为准则，那么居住其间的人以自己的"身"与"行"，不但践行着礼教习俗的规定，还赋予其道德价值。家庭的居住空间就转化成了一个有法度、有等级的权力空间。在这里，身体和空间互为媒介，共同承载、维系和传递着"男主外女主内"的象征性性别秩序。

　　当然，变化也并非没有，也有研究者注意到空间的多样性问题。米歇尔·德·塞尔托（Michel de Certeau）用"地点"（place）和"空间"（space）的概念区分来表示"地点"的正统性和"空间"的多样性。他认为，"正统理念被刻写在'地点'中，而多重样式的'空间'则可以在同一地点上呈现出来。不同'空间'可能呼应着不同的行动主体、不同的关系，或者在同一人的头脑中并存的对'地点'的阐释。'故事'将地点转化成空间（地图转化成旅程），反之亦然。这样一来，我们就可以将任何一个地点（比如，一个中国人的家宅）看成包含了空间多样性，由空间的多元性建构组成"[②]。在中国的历史上出现过短暂的变革。唐代时出现了武则天这样史无前例的第一个女皇帝，她在登基称帝之后，

---

① 司马光《书仪·居家杂仪》。见楼含松. 中国历代家训集成·汉—唐编 宋元编一 [M]. 杭州：浙江古籍出版社，2017：222.

② [英] 白馥兰. 技术·性别·历史：重新审视帝制中国的大转型 [M]. 吴秀杰，白岚玲，译. 南京：江苏人民出版社，2016：156−157.

为方便处理政务，任命了一批女官，设立了很多女性官职，让权力机构中出现了女性的身影和女性特征。但重男轻女的社会风气使然，"女帝当朝"被正统的知识分子视为"牝鸡司晨"的不祥之兆。即使女性占据了属于男性的公共空间，但因为缺乏合法性基础，很难形成有规模的政治气候。所以经历了武则天这一朝之后，这些女官和女性治理的"空间"就迅速消失了。清朝同治年间，慈禧太后把持朝政，通过"垂帘听政"的方式来操控政权。这些掌握了至高无上权力的女性，在进入以男性为主体的政治领域之后，要么以重新命名的方式，用女性气质的词语来改造权力机构，要么用一道帘子区隔"男女""内外"，以示对"男女大防"这一礼俗的遵从，这种象征性策略依然是对"男主外女主内"和"男尊女卑"的性别传统的延续。

最后，通过空间排斥贬低女性价值，剥夺其主体身份，使之屈从于男性，形成"男尊女卑""男强女弱"的等级化观念和性别秩序。人类学家罗伊·艾伦（Roy Ellen）认为，空间结构的固化将"象征性的秩序在某种程度上冻结在结构当中"[1]。在中国古代，祭祖是十分重要的仪式，女性不能轻易踏进祠堂，新妇进门要祭拜祖先，从此她的名字上要冠上丈夫的祖姓，被称为"××氏"，少女时期的闺名从此湮灭在"××氏"这样一个模糊的符号指称之下，她的身份继而转变为某人之妻、某人之母，而不复拥有自己的独立身份。作为女性行为准则的"三从四德"，其中的"三从"分别是未嫁从父、出嫁从夫、夫死从子，反正都是归属于男性意志统摄之下，不允许存在女性的自我意识。另外，不同的性别空间有价值高下之别，女性不能轻易踏入男性处理公务、接见宾客、会友交谈的社交场所，如正殿、客厅、书房等，这些空间处于居室的核心位置，而女性的产房被视为不洁不祥之地，女性分娩时丈夫不能进入，以免沾了血光之气不吉利；女性在经期也被视为不洁之身，不能进入正式场合，男人如果接触了她们或是接触她们所经之处、坐卧用具也会被视为不洁。[2] 这种对女性身体、身份和女性空间的排斥——剥夺女性的主体地位、贬低其社会价值，是对女性

---

① Roy E.Microcosm, macrocosm and the Nuaulu House : Concerning the reductionist fallacy as applied to metaphorical levels[J]. Bijdragen tot de Taal-, Land- en Volkenkunde, 1986（1）: 1-30.Janet C, Stephen H-J. About the House : Levi Strauss and Beyond[M]. Cambridge : Cambridge University Press，1995.

② 见《圣经·利未记》第 15 条 "漏症患者的洁净"。

的一种压迫和专制。而且，不同地位的女性之间也存在地位和等级的差异，后妃宫女之间、妻妾婢仆之间的阶级差异之大，使之不可能在男女等级关系下凝聚出共识和统一行动。主人住正房，妾住偏房，下人的住所和主人的正房之间泾渭分明、等级森严。另外，"女性等级最重要的空间象征展现在祭祖仪式当中：在这些仪式中，正妻是丈夫不可或缺的伴侣。这种仪式上的平等性并非家中所有女性都能获得。妾被禁止参加家庭祭祖仪式，正如她们也被剥夺了社会意义上的母亲身份一样"①。正妻死后，妾也不可能成为丈夫合法的正妻。这些规矩似乎具有无可辩驳的"合法性"。事实上，通过空间排斥，女性遭遇的是性别与阶层的双重压迫。

媒介作为传承文化、启发和引领大众精神认知的重要载体和信息来源，其对空间秩序的表征会起到重要作用。空间统治与空间转移蕴含着社会关系的生产和变化，也传递着历史文化的意义。关于空间，我们在电视剧《知否知否应是绿肥红瘦》中看到，盛家的家长盛纮因为出身关系，挑战这种嫡庶尊卑的伦常秩序，"宠妾灭妻"，以至于小妾肆意妄为，纵女偷情，未婚先孕，败坏了盛家名誉，甚至可能危及家族命运。中国的古训是"妻贤夫祸少"，而盛纮"宠妾灭妻"的错误做法，让一个无德无行的妾室"上位"，几乎毁掉了盛家的前途和嫡女的终身幸福。剧中有两条叙事的时间线，以女主盛明兰出嫁为分野。盛明兰出嫁前，因为庶女的身份，一直循规蹈矩、韬光养晦，即使祖母授权她管家，给她分配独立的宅院和侍女，她也谨守本分，并不敢作威作福。这也是"妇德"的体现。明兰凭借自己的品德和性格赢得男主——侯府嫡子顾廷烨的倾慕爱恋，娶为正妻。她的智慧才干都体现在作为家庭女主人，周旋于顾府复杂的人际关系之间，孝上睦下，攘外安内，理顺了"内外""主仆""嫡庶""上下"的关系，在维护性别尊卑和等级差序的事情上游刃有余，让自己的爱情、亲情和友情都得到了圆满的结局。明兰的"聪明"和"完美"，在于她有效地实施了"合作"策略——乖巧地迎合和捍卫了传统妇德与性别规范。她所谨守的"本分"，就是在性别结构固化的男权社会里安于自己的"身份"和"位置"。电视剧中的情节设

①　[英]白馥兰.技术·性别·历史：重新审视帝制中国的大转型[M].吴秀杰，白岚玲，译.南京：江苏人民出版社，2016：162.

定，以及其所承载的女性价值观和对女性治家才华的肯定，固然对当代女性有一定的激励意义，但该剧对于所谓"正统"的性别歧视和社会等级观念缺少反思与批判，对青少年女性造成一定的价值误导。原著中更是把盛明兰设定为现代人穿越回古代——作为现代女性也不得不屈从于被"圈养"的地位，无疑更是一种悲哀。这也暴露了媒介文本的局限性。

（二）"厨房"与"厅堂"：现代职业女性的艰难平衡

现代女性的居住环境较之从前已经有了很大的改善。在现代家庭，随着冰箱、洗衣机、微波炉、烤箱、洗碗机、扫地机器人等家电产品的普及，家务劳动的压力大大减轻，而且组织化的、职业化的家政服务也能以合理的价格在市场上买到，网络购物、食品外卖又如此高效便捷，幼儿园、早教机构和各种培训班也成了"带娃神器"……种种现代生活的便利，使女性得以从繁重的家务中脱身出来，在生育后尽快重返职场。据统计，中国女性的劳动参与率在世界名列前茅。2019 年，中国的劳动参与率是 76%，全球的劳动参与率是 48.5%，而中国女性劳动参与率超过 70%，排名世界第一。其中，25—55 岁的中国女性劳动参与率甚至高达 90%。[①] 中国女性对国家和社会发展所作出的劳动贡献有目共睹。研究人员指出，"随着中国经济社会的快速发展与转型，家庭结构和婚姻关系发生了重大变化。已婚女性走出家门进入劳动市场，打破了传统的'男主外、女主内'的分工模式，是几千年来最大的家庭变革"。[②]

鲁元平等人利用 2010—2016 年中国家庭追踪调查（CFPS）面板数据进行实证研究，得出一个结论：新婚姻法出台导致的家庭财产产权重配，保护了男性利益，却大大削弱了女性的财产权，降低了已婚女性的家庭议价能力，也显著降低了已婚女性的主观幸福感，造成了新的家庭内部不平等。此外，他们还认为，婚内财产归属的问题，不仅提高了已婚女性的劳动参与概率，而且增加

---

① "她经济"崛起，中国女性劳动参与率世界第一 [EB/OL].[2021-12-30].https：//m.sohu.com/a/305211201_587809.

② 杨菊华，何绍华.社会转型过程中家庭的变迁与延续 [J].人口研究，2014（2）.

了其工作时间。① 之所以会出现这种情况，鲁元平等分析认为，在研究样本中，近78%的家庭房产证上只有丈夫姓名，而夫妻共同拥有产权和妻子单独拥有产权数量只占样本总量的6.7%和5.5%，一定程度上说明男性对家庭房产具有绝对的支配权。新婚姻法的出台提高了男性离婚后的财产收益，降低了女性议价能力，为消除这种不安全感，女性要么增加自己名下的房产（比如说要求"加名"），要么就出去工作挣钱。相比之下，已婚女性外出就业更容易得到家庭的支持。

这样一来，现代女性就不得不挑起兼顾家庭和生活的重任，"下得厅堂上得厅堂"成为"模范妻子"的标准，职业女性被迫面对"如何平衡工作与家庭"的难题，一边是作为劳动者身份的员工职责，一边是作为妻子和母亲必须承担照管家庭的"天职"，还要尽到生儿育女、繁衍后代的家族义务。唐永霞通过对中国三期妇女地位调查数据的比较，发现随着时代变迁，虽然农村已婚女性每天家务劳动时间有所减少，夫妻双方间的差距也在减小，但夫妻双方在无偿家务劳动时间配置上的性别差异依然明显存在，妻子依然是家务劳动的主要承担者。② 基本上，自2000年以来，妻子做家务的时间都是丈夫的2倍及以上（见表5-2）。城镇的情况略好于农村，但家务劳动的性别分工依然很明显。而且，在农村，在盖房、买房或投资贷款等大事上，以2010年来说，由"夫妻共同决定"及"主要由妻子决定"的比例，分别比20年前提高24.0个百分点和8.4个百分点。③ 但是，家庭中70%以上的决策仍然是由丈夫来作出的。由此可以看出女性的家庭地位虽然有所改善，但是她们在家庭的财产权、话事权上依然处于劣势，而且，即使她们外出工作，也依然主要承担着家庭照料者的角色。

---

① 鲁元平，张克中，何凡．家庭内部不平等、议价能力与已婚女性劳动参与：基于《新婚姻法》的准自然实验 [J].劳动经济研究，2020（2）.

② 唐永霞．改革开放40年中国农村已婚女性家庭地位的变化：基于中国妇女社会地位抽样调查数据的分析 [J].甘肃高师学报，2020（3）.

③ 唐永霞．改革开放40年中国农村已婚女性家庭地位的变化：基于中国妇女社会地位抽样调查数据的分析 [J].甘肃高师学报，2020（3）.

表 5-2　男女两性每天家务劳动时间比较

单位：小时

年份	城市		农村	
	男	女	男	女
1990	2.16	3.75	2.23	5.18
2000	1.22	2.87	1.57	4.43
2010	0.72	1.70	0.83	2.38

资料来源：1990 年的数据根据《当代中国妇女地位抽样调查资料》整理计算；2000 年、2010 年的数据根据《第三期中国妇女社会地位调查全国主要数据报告》整理。中国社会科学院人口研究所. 当代中国妇女地位抽样调查资料 [M]. 北京：万国学术出版社，1994. 全国妇联，国家统计局. 第三期中国妇女社会地位调查主要数据报告（2011 年 10 月 21 日）[EB/OL].[2021-12-30].http://www.china.com.cn/zhibo/zhuanti/ch-xinwen/2011-10/21/content_23687810.htm.

　　社会主义女性主义者对女性的照料劳动进行了深入研究。在秉承马克思主义关于"再生产劳动"理论的基础上，将女性在家庭中从事的隐性家务劳动"可见化"，对于那些向来被视为母性天职的、主要在私人领域进行的活动，重新发掘其社会功用和经济价值。最重要的发现，是打破了对女性的"照料者"的性别身份和社会角色的定型化思维，指出"照料的组织已经成为一个复杂变动的结构，跨越了'公'与'私'的边界，并将'市场'直接带入'家庭'"[①]。

　　女性主义研究者认为，照料行为包含相互依赖、抚育和关系的实践和伦理，包含了大量的情感回应和关系性。[②]过去，在西方女性主义的批判性视野里，女性照料劳动的价值很大程度上被轻视乃至于无视了，因为这一行为本身被视为具有男性与女性差异的性别特质。男性身处公共领域，"理性"和"个体主义"被视为男性特质；而女性身处居室、厨房与炉灶之间，"情感"和"抚育"被视为女性特质，因此照料活动符合其"天性"，因而被视为理所当然的家庭义务，以至于女性所从事的包括照料行为在内的家务劳动缺少社会认可，在男性中心的话语体系和价值观方面处于被忽略的地位。再略作延伸，当女性进入公共领域

---

①　肖索未，简逸伦. 照料劳动与社会不平等：女性主义研究及其启示 [J]. 妇女研究论丛，2020（5）.

②　Gilligan C.In a Different Voice：Psychological Theory and Women's Development[M].Cambridge：Massachusetts，Harvard University Press，1982. 转引自肖索未，简逸伦. 照料劳动与社会不平等：女性主义研究及其启示 [J]. 妇女研究论丛，2020（5）.

从事某种职业或生产行为时，她们的工作性质也往往是作为照料者的家庭角色的社会延伸，如护士护工、育儿师、幼儿教师、家政保姆、裁缝、按摩师、清洁工等，这些职业劳动也往往是低薪的，收入不稳定，但是对其劳动技能和道德要求比较高，因而也被视为一种"爱的劳动"，"强调劳动者的利他性付出，也高度依赖照料者与被照料者之间的关系"①。

照料、抚育等家务劳动的隐性和无偿，以及投射了其性别气质的社会分工与职业劳动的低薪化和社会歧视，凸显的是对女性劳动价值的贬低，以及情感剥削。有研究者认为，因为照料劳动需要投入情感，对被照顾者给予关怀，因此这种活动似可被纳入社会学家阿莉·霍赫希尔德（Arlie R. Hochschild）提出的"情感劳动"的范畴。照料工作虽然是有偿劳动，但也需要照料者进行一定的"情感表演"，这种矛盾和张力可能构成了一个新的剥削维度。② 因为女性出于关爱子女和对家庭与生俱来的责任感，愿意在家庭中付出更多体力和情感劳动，而有些男性利用女性的这种弱点推脱家庭责任，逃避育儿任务，以至于出现"保姆式妻子"和"丧偶式育儿"的现象（不可否认，更多平等关系的家庭里实行家务共担、共同养育子女和分担家庭开支的模式）。

今天我们倡导男女平等，除了要在教育、就业等社会公共领域保障女性发展的机会均等，在家庭领域也必须重新思考女性的照料劳动和生育行为的公共价值、经济价值、伦理价值。要警惕将照料"女性本质化"，进而将其变成对女性的道德压迫。③

（三）空间重组：从"自己的房间"到"我的地盘我做主"

英国女作家弗吉尼亚·伍尔夫（Virginia Woolf）在小说《自己的房间》中写到，女性应该有一个"自己的房间"。这反映了追求女性独立的先声。过去，只有少数富裕家庭才可能为处于青春期的女儿准备独立的房间，如小姐的绣楼、闺房等等，但是这些独立的空间也往往成为禁锢她们行动与意识的所在。按照

---

① 肖索未，简逸伦. 照料劳动与社会不平等：女性主义研究及其启示 [J]. 妇女研究论丛，2020（5）.

② England P.Emerging theories of care work[J].Annual Review of Sociology，2005（31）：381-399.

③ Kofman E. Rethinking care through social reproduction：Articulating circuits of migration.social politics—international studies in gender[J].State and Society，2012（1）：142-162.

过去对女性行为礼仪美德等方面的规训，禁止她们抛头露面，限制她们外出会客访友、接受教育等，出行则必须有年长女性或侍女陪伴，没有行动自由。所以年轻女性多是"养在深闺无人识"。这种空间隔离也是性别区隔的策略之一，把女性封闭起来，阻断她们和外界的联系，来实现女性对其从属身份的认同。在她们出嫁以后，与丈夫共享卧室，没有严格意义上的私人空间，厨房、后堂才是她们的主要活动场所，只是为了对应于她们作为妻子和母亲的身份职责，以此来强化"三从四德""男主外女主内"的性别规范。

现代女性追求独立自主，首先从走出家门、获得经济独立开始。17世纪工业革命发生后，棉纺织业逐步实现了工业化，兴建工厂车间，招募女工，因此第一批女性产业工人出现了。女工身份使女性获得了稳定的工作和经济收入，也使她们有底气对抗家庭中的男权与父权压迫，追求自主独立。此时家庭中开始出现为女性准备的单独卧室和盥洗室，以及符合女性审美趣味的家庭装饰风格。所以，在19世纪，随着"家庭生活美学"的兴起，室内设计开始流行起来。如果说女性身体是女性气质的来源，那么家庭居室和日用物品就成为女性身体意象的延伸。一些女性设计师开始出现在向来由男性把控的设计领域，如19世纪著名的女性设计师埃尔西·德·沃尔夫（Elsie de Wolfe）。她认为，室内设计是"展示女性个性的表达方式，女性才是室内空间的真正主人"[①]。她为自己的女性客户打造具有个性化品位的私人空间，如卧室、衣帽间、化妆室与会客室等。她的设计注重女性的身体体验，契合女性客户的个性化要求，在当时的中上层女性群体中很受欢迎。

在中国，是在现代社会晚近时期，特别是20世纪初期，中产家庭的女性才开始有机会走出家门求学、工作和旅行，脱离了旧式家庭对女性身体的禁锢和监管。她们不仅获得了身体的自由，也在思想意识上打开了一扇窗。五四时期，中国社会涌现出一批女作家、女诗人、女明星，而即使是那些从事家政劳动或进入工厂的保姆、纺织女工等下层劳动女性，她们要谋生、要居住、要恋爱或者结婚，都是先从租房子开始，很多以亭子间、阁楼或者大杂院等为生活场景或者叙事背景的文艺作品中细致地描述了她们的身体经验和人生故事。现代中

---

① Wolfe E.The House in Good Taste[M].New York：Rizzoli，1914：14—15.

国性别解放的潮流从这个节点发端，从身体的解放开始，而身体解放的第一步，就是获得空间的自主权——一个"自己的房间"。

进入 21 世纪，女性的经济地位和家庭话语权获得全面提升。从女性消费数据中可以说明这一点。近 10 年来，女性在购物、旅游、买车及买房方面的消费能力越来越强。《2019 年女性安居报告》提供的数据显示："2018 年女性购房者的比例为 46.7%，达到了近 7 年来的最高值，与男性购房者的占比已很接近。其中 30 岁以上大龄女青年购房者逐年增加，比例高于平均值。"① 在女性购房者中，约 45% 接受了父母的资助，29% 的女性凭借一己之力独立购房，超三成的单身女性选择了全款购房。女性经济实力由此可见一斑。② 而这个趋势还在继续加强。《女性居住现状调查报告（2021 年）》中的数据显示，全国 30 个重点城市整体女性购房占比逐年提升。其中 2020 年 24 岁以下、25—29 岁女性购房客群占比分别为 45.21% 和 48.99%，明显高于其他年龄段女性。③

女性购房者群体扩大，和政策的"倒逼"机制脱不了干系。因为涉及婚姻中的房产权益问题，现行法律似乎不能给女性带来更多的安全感。2011 年 8 月，最高人民法院颁布实施了《〈中华人民共和国婚姻法〉若干解释的解释（三）》[简称"司法解释（三）"]。此规定颁行后，在社会上引发了激烈的讨论。媒体上的报道多持质疑态度。如凤凰网推出了题为《男人获利多 女人伤不起》的专题报道，网易新闻以专家访谈和网友评论互动的形式，在"让女人不高兴"的主题下对"司法解释（三）"进行了解读和讨论。媒体舆论所表达出的怀疑和担忧集中在以下方面：其一，男人买房、女人陪嫁是中国传统的婚姻习俗（我们可以把它视为布尔迪厄所谓的"习性"）。按照这个规定，男性在婚后成为"房东"，女性成为"租客"。一旦婚姻"契约"破裂，女性很有可能被"扫地出门"，她们无法从房产升值中获益，而且已婚身份让她们丧失了购房资格，因而也丧失了

① 女性购房比例高涨：男人是靠不住的 但房子跑不掉 [EB/OL].（2019-04-07）[2021-12-30].https：//baijiahao.baidu.com/s?id=1630113866766399714&wfr=spider&for=pc.

② 女性购房者为什么快速增加？[EB/OL].（2019-05-02）[2021-12-30].https：//author.baidu.com/home?from=bjh_article&app_id=1593743208952652.

③ 一线城市大龄女青年偏爱买房：未婚单身花 400 万买房？[EB/OL].（2021-04-06）[2021-12-30].https：//new.qq.com/rain/a/20210406A02WIN00.

资产增值的机会成本，经济利益受到很大损害。其二，女性的家务劳动和生育哺育等再生产行为，无法在现有的家庭财富积累和收入分配上体现为任何货币价值，而且因生育行为造成的任何身体资本和经济资本上的"亏损"，都得不到客观评估和合理补偿，这是否构成了对女性的婚内"剥削"？其三，为规避风险，女性要求在家庭房产上"加名"的行为，能否得到法律和舆论上的支持？研究者也据此展开了研究。有人认为，"司法解释（三）"表面上符合"男女平等"的原则，拥有婚前房产的女性在离婚时同样可以主张为个人财产，不用进行房产分割，但是当前男性和女性的经济地位、财力仍然存在很大差距。根据第三期中国妇女社会地位调查的数据：当前女性拥有存款、房产的比例分别低于男性 8.9% 和 29.2%。[①] 而且在传统习俗中，多是父母为儿子结婚买房的多；在缔结婚约时，"男方买房，女方装修、买家电（或者女方买车）"等也是约定俗成的"规矩"。在"住房市场化"政策实行以来的这 20 多年，房产在抵挡通货膨胀、财产保值增值等方面所具有的抗风险能力有目共睹，而家装、家电，以及汽车等日用品会随着使用年限的增长逐渐贬值。两相对比，女性在家庭财产地位和财产分割上的劣势不言自明。研究者在分析了这条规定的法理依据和司法实践后认为：这条法律规定只注重了形式平等，而忽略了实质平等。因为"秉持男女平等、性别中立立场的解释（三）在司法实践中，是以损害女方财产权为代价来实现对男方财产权的保护，它以形式上的男女平等导致了实质上的男女不平等"[②]。这也反映了立法者在性别意识方面的缺失。如果我们的社会里仍然普遍存在类似的缺少性别敏感的法律法规和制度观念，将不利于打破千百年来男性霸权主义（父权制）的结构化压迫，不利于实现真正意义上的女性解放和性别平等。

可喜的是，女性追求自身解放和自我发展的脚步从未停止。随着女性的政治地位、经济地位和文化地位（归功于教育平等化的推进）的提高，以及随着中国社会逐渐出现的老龄化、少子化和性别失衡的趋势加剧，女性的经济收入

---

① 　第三期中国妇女地位调查课题组 . 第三期中国妇女社会地位调查主要数据报告 [J]. 妇女研究论丛，2011（6）.

② 　尹旦萍 . 平等与差异:《婚姻法》解释（三）有关房产规定的性别解读 [M]// 谭琳，姜秀花 . 家庭和谐、社会进步与性别平等 . 北京: 社会科学文献出版社，2015 : 71.

和家庭地位不断提升，在家庭事务和投资决策等方面逐渐获得一定的话语权，其在房产和居住等方面的空间权力也得到了保障和扩大。顾金土、周红云在鲁西北 L 村所做的一项关于农村安置新房分配的社会调查发现，当地的部分"出嫁女"也能获得父母亲赠与的安置新房，虽然这个比例只有 10% 左右①，但这个研究发现也依然令人振奋。在研究者看来，出嫁女儿能够从娘家那里获得一部分房产，反映了出嫁女在娘家地位的提升，也反映了年老家长对"女儿养老"这一家庭策略与资源的期待，双方皆大欢喜。这一转变，既可以最大限度地激发子女共同养老的积极性，也有助于提升出嫁女在夫家的地位和话语权。同时，还可以为女儿的家庭提供向上流动的经济资本和社会资本。"对处于远郊的女儿家庭来说，不仅是获得一份重要的住房财产，而且也是实现城市化的一个路径，给下一代提供更多的向上流动机会。"②可以说，这一家庭策略是兼顾了传统理性和工具理性的帕累托最优选择。

同样，在富裕的浙江地区，温州、青田一带的农村地区还出现了"两头婚"的新婚俗，即男女双方结婚时，"不娶不嫁"，婚后依然住在各自家中，与自己的父母生活，周末相聚，节假日轮流到娘家和婆家看望、走动，婚后一般生育两个孩子，一个随父姓，由爷爷奶奶照管，一个随母姓，由外公外婆照管。男女双方都有各自的房产和存款财产，分摊家庭生活费用和孩子的抚养教育费用，但依然保有个人独立的收入和财务权。这种新的家庭形式，看起来是最大限度地实现了男女平等，虽然在实践过程中也存在为人诟病的现实问题。

此外，鉴于中国城乡二元分化和地区发展不平衡的长期结果，性别内的阶层差异其实远较性别差异大得多。中国文化地理学者吴启焰认为，"中产阶层化进程的社会空间后效一直是一个二元对立结果：一部分（如单身、未婚同居者、丁克家庭）女性在中产阶层化过程中社会收入、地位得到改善、提高；另一部分则被边缘化、排斥或者工资的社会性别差异没有缩小"③。底层女性受到父权

---

① 顾金土，周红云.性别视角下的农村安置新房分配研究 [M]// 谭琳，姜秀花.家庭和谐、社会进步与性别平等.北京：社会科学文献出版社，2015：333.

② 顾金土，周红云.性别视角下的农村安置新房分配研究 [M]// 谭琳，姜秀花.家庭和谐、社会进步与性别平等.北京：社会科学文献出版社，2015：339.

③ 吴启焰.中产阶层化过程中的女性社会空间建构研究 [J] 人文地理，2013（3）.

制与男性霸权的压迫比城市中产阶层的女性要深重得多，但是她们长期处于失语和被遮蔽的状态，所以真实处境不为人知，她们的权益保护和个人发展，才是中国女性解放和性别平等化建设中最需要解决的问题。

三、公共空间维度

（一）可见与不可见：政治场域内的"失语"与"失位"

传播学者李彬等认为，空间与社会是一种嵌合关系。[①] 空间处处都打着人的印记和社会关系的烙印，两者之间有着密切的互动关系。"空间的组织结构不单单产生于社会，同时也能反过来影响各种社会关系。"[②] 前文已经分析过，性别关系作为一种被建构的社会关系，它也会投射在社会空间，因而造就了性别化的空间。在公共领域中，既定的性别秩序也时时处处彰显着它的存在。在公共事件和公共场合中，我们能够观察到其中的端倪。

2020年初，一场突如其来的新冠疫情席卷全球，导致医护资源全线挤兑，全球经济停摆，造成了巨大的经济和社会损失。在中国武汉因为疫情而封城的时候，当地医护人员全力以赴，努力救治病人。在这场抗击疫情的斗争中，白衣战士冲在了最危险的前线。而他们当中，70%是女性，有身怀六甲的孕妇，有刚刚生完孩子处于哺乳期的年轻妈妈，更有很多上有老下有小的中年女性。大灾面前，她们义无反顾，奋勇前驱。全国医疗系统也积极支援武汉，分别组织了援鄂医疗队，奔赴救护前线。据上海市妇联主席徐枫介绍，"全国驰援武汉和湖北的女性达到2.8万人，占到了三分之二。上海援鄂的1649名医务人员中，有1089位女性。成千上万的中国女性用担当和奉献换来了山河无恙"[③]。上海市新冠肺炎医疗救治专家组组长张文宏也证实：在上海市公共卫生中心救治患者的过程中，"干吃力活的是女同志多。……而在整个社会的大协作方面，离开女性是很难进行下去的。因为女性更倾向于一起协作，达成共识，在协作和

---

① 李彬，关琮严. 空间媒介化与媒介空间化：论媒介进化及其研究的空间转向 [J]. 国际新闻界, 2012（2）.

② [美] 爱德华·W. 苏贾. 后现代地理学：重申批判社会理论中的空间 [M]. 王文斌，译. 北京：商务印书馆，2004：87—88.

③ 邂逅抗疫中的"女性力量" [N]. 新民周刊，2020—11—17.

共识中把抗疫工作向前推进"①。这一时期，出现了大量讴歌医护人员的新闻报道和文艺作品。但是，经过数据分析，我们发现，在这些报道中，对男性与女性医务人员的报道数量和报道内容存在差异。比较而言，对男性医务人员的报道在数量上多于对女性医务人员的报道（见图6-1）。

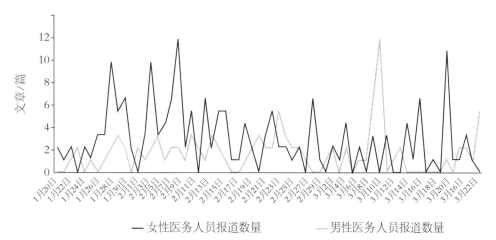

图 6-1 基于样本的男性、女性医务人员报道数量分析

分析有关对男性、女性医务人员的报道内容，可以看出，专业知识相关报道中男性占比为53.2%，女性占比为21.4%；家庭角色相关报道中男性占比为7.0%，女性占比为26.2%；身体书写相关报道中男性占比为1.8%，女性占比为11.7%（见图6-2）。由此可见，对女性医务人员的报道更注重家庭角色以及女性身体书写。②

① 邂逅抗疫中的"女性力量"[N]. 新民周刊，2020-11-17.

② 房琳，张琳 . 新冠肺炎疫情报道中女性医务人员的身份表达与媒介形象建构：以《人民日报》官方微博为例 [J]. 中华女子学院学报，2020（4）.

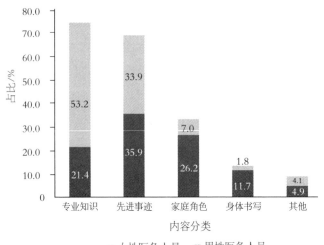

图 6-2　基于样本的男性、女性医务人员报道内容分类占比

图片来源：房琳，张琳.新冠肺炎疫情报道中女性医务人员的身份表达与媒介形象建构：以《人民日报》官方微博为例 [J].中华女子学院学报，2020（4）.

　　另外，女性的身体经验在举国抗疫的宏观语境中很容易被忽视、被抹杀。一则采访抗疫一线人员的电视新闻中，女性医护人员出镜时，说"我当时正来着例假"，在后期编辑时这句话被删剪了。新闻播出后，引起了受访对象和女性群体的抗议——女性的身体经验，为什么羞于提及？又如，武汉某医院接受捐赠的院方领导漠视女性护理人员关于生理裤、卫生巾的需求，在报道防疫物资捐赠情况时，这类物资的捐助信息也很少被提及。①

　　新闻图像的意义建构也是值得研究的对象。我们可能都看到过一张新闻图片：李兰娟院士脸上被 N95 口罩和护目镜勒出深深的印痕。还有甘肃援鄂医疗队的女性医护人员，为工作方便，剃光了头发，报道中说她们是"自愿"的。但是，姑娘脸上的眼泪和理发师手上握住的一把秀发让人印象十分深刻。② 新闻中这样报道：

<hr>

① 　实有其事，参见梁钰 @ 梁钰 stacey 2020 年 2 月 9 日的微博。全文参见：这些"牺牲"我们不会感动 [EB/OL].[2021−12−30].https：//www.jianshu.com/p/10754132c23d.

② 　甘肃援鄂医疗队女护士集体剃光头争议 院方回应：自愿未强迫 [EB/OL].（2020−02−18）[2021−12−30].https：//xw.qq.com/cmsid/20200218V0OVPR00?f=newdc.

2020 年 2 月 18 日，位于兰州的甘肃省妇幼保健院派出 15 名护理人员援鄂，为了穿防护服方便，减少病毒感染，15 个护理人员中有 14 个被理成了光头。援鄂的护理人员几乎都是女性，从一头长发变成一个光头是需要很大的勇气和信念的。央视媒体称赞她们"你们的发型是战疫一线最特别的勋章"。①

有人认为，新闻图像中"医护人员脸部特写中的口罩和护目镜勒痕成为视觉象征符号，指代医护人员的奉献和辛苦，强化战疫情感认同"②。就重大公共事件中进行情感动员和认同塑造的目的来说，通过诉诸情感来消弭政治的功利性和强硬性，这种策略无疑是有效的。在这种语境下，女性的身份表达和性别气质，"顺理成章"地消失在举国抗击疫情的宏观话语中，或者被拔高到爱国主义、集体主义的意识形态层面，成为一个抽象的政治符号。

媒介报道中对男性与女性报道的不均衡，一方面，体现为男性对社会的贡献被报道得更多，曝光率更高。另一方面，体现为无视男女的性别差异，在政治领域和社会空间内，女性的身体与身体经验"不可见"（如"月经羞耻"），或者被刻意抹平了性别气质；无视女性特殊的生理需求，包括以"自愿"或"方便工作"的名义让她们剃光头发，这是一种简单粗暴的男权思想。这种有意地"去性别化"的做法，是对女性特质的一种阉割，反映了根深蒂固的性别偏见，以及对女性隐含的歧视意味。

同时期内，一部反映抗疫的电视剧《最美逆行者》开播后，被指有歧视女性的嫌疑而受到网友批评。剧中有个情节：某单位组织抗疫运输队，报名的都是男司机。（男）领导说："咱们这个报名的都是男同志，是不是女同志也出一个呀？"随后点名了一位女士，她站起来面有难色地说，"我真不行"。当女主角李文丽站起来要去报名的时候，旁边的女同事却劝阻她说"你凑什么热闹啊"，李文丽回答，"这不都拖家带口的吗？我是一人吃饱全家不饿"。这段场景放到

---

① 甘肃援鄂护士集体剃光头 官方回应自愿 [EB/OL].[2021-12-30].https://baijiahao.baidu.com/s?id=1658973468596537982&wfr=spider&for=pc.

② 王南杰.基于视觉语法的突发公共卫生事件新闻摄影图片图像意义建构：战"疫"新闻图像研究之一[J].新闻爱好者，2021（1）.

网上后，引起了极大的争议，不少网民认为，编剧与导演是在刻意制造性别对立的印象，似乎女性天生就是"头发长见识短"，只顾小家，"不识大体"，在女性群体中有"大局意识"的人只是少数，唯其如此，才能凸显女主角的"特别"意义。网友"扫描你的心"的评论很有代表性，他对这种带有性别偏见的做法表达了质疑和抨击：

> 　　不要说一些有的没的，硬要往性别对打方向靠。这是打着纪录片的名号的剧吧，那就要尊重事实，不要为了所谓剧情冲突需要去制造爆点啥的。这疫情还没过去呢，导演、编剧就夹杂私心，没看很多弹幕，还是"男同志懂大局"等等吗？N年后，让后辈们看着觉得这就是当初的事实！但真实情况却不是如此，真的寒人心！不针对演员，就针对导演编剧，真的让人一点好感都无！难怪一提《娘道》都被人诟病呢，导演的三观要好好重铸了。①

　　上面的例子和现象虽然极端，但是我们不可否认，媒介制造的"虚拟现实"会在很大程度上影响人们的社会认知。如果我们的媒介从业者缺乏性别敏感，或本身就对女性存在歧视，在新闻报道和艺术创作中就会潜移默化地带入既定的价值观和性别偏见，导致这种"三观不正"的言行得以广泛传播，给我们追求性别平等和社会公正的努力带来很大的阻碍。吴启焰关于女性社会空间建构的研究就特别指出，"即使将性别视为一种社会关系，其文化建构也不容忽视"②。他重点关注了当代中国城市女性在实现中产阶层化的过程中，如何借助文化和教育的再生产，实现对自我的社会、家庭、工作场所角色和身份的实践与建构。由此可见，公共领域及媒介自身所建构的认知空间，成为两性之间为争取性别权力而进行支配与抗争、异化与赋权的重点领域。

---

① 抗疫剧被指歧视女性，报名的都是男同志，女性要上就是"凑热闹"[EB/OL].[2021-12-30].https：//baijiahao.baidu.com/s?id=1678168695561774903&wfr=spider&for=pc.

② 吴启焰.中产阶层化过程中的女性社会空间建构研究[J].人文地理，2013（3）.

（二）媒介空间中的形象再现策略与隐形框架

房琳、张琳分析了武汉封城期间《人民日报》官方微博对女性医务工作者的100篇报道，发现女性医务人员在媒体报道中呈现三种形式的身份表达：全力以赴应对疫情的国家身份；具有高度医疗水准的职业身份；具有鲜明女性特质的性别身份。[1] 这三种身份在形象特质、叙事特质、议题特质方面，凸显了媒介形象建构的鲜明特色。和以往《人民日报》报道中的话语策略不同，在移动互联网时代，因为微博这样的社交媒体独具的平等性、平民化、人性化以及个性化特征，《人民日报》的微博平台也一改往日"庄重、肃穆、高屋建瓴"（阳刚气质）式的口吻，采用更加贴近人性、更接地气、更具有亲和力（阴性气质）的方式来"讲故事"，情感化的叙事策略让它的话语风格显得质朴、温和、亲切，如果说阳刚气质具有男性的菲勒斯中心的色彩，那么女性气质就更多地具有柔和、平等和情感化的色彩了。

在关于女性抗疫群体的形象再现方面，《人民日报》的报道较之从前也有了很大的不同。比如说，以往的救灾防疫报道重在强调"吃苦耐劳、舍生忘死""勇敢无畏、甘于奉献"的英雄形象，其中的典型人物都具有"冲锋陷阵""钢铁意志"这样的阳刚气质，而这次关于抗疫的报道，鉴于医护人员中70%~80%是女性，而且救治和护理工作本身就带有很多照料、关怀、安慰等女性气质方面的因素，因此这一类的报道，如《患儿独自留院隔离治疗，医护当半岁确诊患儿临时妈妈》《心都化了！隔离病区新生儿哄睡画面》《最萌鞠躬礼里的护士妈妈》《像照顾我的孩子一样照顾患儿》等报道，体现了女性医务人员的"母性"特质。这恰恰被视为女性所擅长的，"女性独有的'母性'特质，使女性医务人员更富有同理心。她们更加善于关爱患者，能够更好地换位思考并体会患者的心理变化，给予及时情绪疏导和心理安慰，为患者提供积极有效的人文关怀和心理支持"。[2]

然而，研究人员也表达了对这种话语策略的质疑态度：

---

① 房琳，张琳.新冠肺炎疫情报道中女性医务人员的身份表达与媒介形象建构：以《人民日报》官方微博为例 [J]. 中华女子学院学报，2020（4）.

② 房琳，张琳.新冠肺炎疫情报道中女性医务人员的身份表达与媒介形象建构：以《人民日报》官方微博为例 [J]. 中华女子学院学报，2020（4）.

第一，在与性别身份相关的报道中，媒体对女性医务人员家庭角色的关注多于对其职业角色的关注。① 比如妻子出征，丈夫送别时承诺"回来后包做一年家务"，这显然体现了男性与女性在家务分工上的刻板印象。还有"援鄂护士征男友"的报道，把为国奉献的精神和"剩女"焦虑结合起来，怎么看都有偏题的意味。

第二，报道重点应该放在女性的职业和价值上。医护人员在全国抗疫斗争中当然功不可没，但是为什么报道钟南山、张文宏这样的专家时，重点放在他们说了什么、对疫情的贡献方面，他们的身影，不是在医院病房就是在新闻发布会上，而轮到女性时就是展示口罩下的压痕、剃发和流泪画面呢？网友对这一则新闻犀利地点评："（剃光头）这种牺牲个体的事例不应该作为道德高尚的标准。有时候人们心中会有隐隐的担心，会不会这样的事例宣传多了，自然而然就把女护士头发越短与品德越高尚挂钩呢？医护人员们不畏生死冲在最前线的行为值得歌颂，可是以牺牲换同情，用卖惨宣扬伟大的价值观不可取。"②

当然，出现在公共场域和媒体视野中的女性，无可避免地是基于"新闻价值"进行选择的结果。根据戈夫曼的拟剧理论，我们知道社会空间对人们社会角色扮演（即社会身份）具有决定作用。人们对于新闻中的女性，根据她们的身份和特征往往抱有某种程度的期待和判断，这也因此构成了刻板印象的一部分。身处媒介空间中的女性，性别、阶层、职业身份、身材外貌、言行举止等等，这些身份表征就构成了个人的"前台"。为了扮演好自己的社会角色，她们会尽可能地在"人性化自我"和"社会化自我"之间寻求平衡和一致性。因此，自我认知和刻板印象有时候能够达成默契的"共谋"："我们往往期望在外表和举止之间具有一种确定的一致性；我们期望互动者之间社会身份的差异能以某种方式，通过由预期的互动角色所构成的暗示性的适当差异表达出来。"③所以，对于媒介所选择的这种旨在凸显性别差异的报道角度，我们就能够理解

① 房琳，张琳. 新冠肺炎疫情报道中女性医务人员的身份表达与媒介形象建构：以《人民日报》官方微博为例 [J]. 中华女子学院学报，2020（4）.

② 这些"牺牲"我们不会感动 [EB/OL].[2021-12-30]. https：//www.jianshu.com/p/10754132c23dhttps：//www.jianshu.com/p/10754132c23d.

③ [美] 欧文·戈夫曼. 日常生活中的自我呈现 [M]. 冯钢，译. 北京：北京大学出版社，2008：21.

了。这种社会规训，戈夫曼称为"态度面具"①，波伏娃则称为"夹子"，它们"夹住了"女性的身体，迫使她们改变自我面貌以适应新的社会身份。"她要与小说中那些不真实的、毫无变化的、完美无缺的英雄相认同……她竭力使自己等同于这种形象，这样她才觉得自己比较踏实，才觉得她如此绚丽多彩的形象合情合理。"②所以，抗疫报道中的女性医护人员无论是表现出"母性"，还是展示白衣天使、英雄的"崇高性"，本质上与中国20世纪五六十年代大量出现的"铁姑娘""半边天"形象并无不同。

医护人员作为个体或者群像，她们与媒介和社会之间的互动，如同戈夫曼所谓的"剧班共谋"，"即表演者所说的一切与他们所促成的那种情境定义是相一致的"③。尤其是在当下社会，更重视人物和事件的视觉呈现和表现力。我们所看到的新闻媒体上那些煽情的照片，它们的目的在于"借助于图像逼真性和在场感记录真实，激发情感认同；同时，使用视觉语法这样的隐性生产方式，赋予图像象征意义，实现价值认同"④。而媒介在形象建构、叙事策略、话语建构中所使用的术语，如戈夫曼所言，也是"相对标准化了"，并且在各个媒介文本（新闻报道、影视剧、新闻发布会、政府表彰会和公益广告、商业海报等）中以相同的形式出现。⑤这就有助于形成和维系一种稳定的、普适的价值观和社会意识形态；同时，也有助于达成报道宣传和传播的目的及意义："在以《人民日报》官方微博为代表的主流媒体报道中，女性医务人员获得更多的表达机会与更广阔的表达空间，多元化的'她形象'得到全面展示，在新冠疫情中的'可见度'得到有力提升。"⑥

① [美]欧文·戈夫曼.日常生活中的自我呈现[M].冯钢，译.北京：北京大学出版社，2008：47.

② 转引自[美]欧文·戈夫曼.日常生活中的自我呈现[M].冯钢，译.北京：北京大学出版社，2008：47.

③ 转引自[美]欧文·戈夫曼.日常生活中的自我呈现[M].冯钢，译.北京：北京大学出版社，2008：151.

④ 王南杰.基于视觉语法的突发公共卫生事件新闻摄影图片图像意义建构：战"疫"新闻图像研究之一[J].新闻爱好者，2021（1）.

⑤ [美]欧文·戈夫曼.日常生活中的自我呈现[M].冯钢，译.北京：北京大学出版社，2008：151-152.

⑥ 房琳，张琳.新冠肺炎疫情报道中女性医务人员的身份表达与媒介形象建构：以《人民日报》官方微博为例[J].中华女子学院学报，2020（4）.

（三）作为"策略性仪式"的新闻知识生产与话语生产

在新闻专业主义的话语中，新闻被指认为"客观的""公正的""平衡的"报道。但是，在塔奇曼看来，这不过是一种策略性仪式，这些媒介符号和话语，"它们被制造的方式与社会中占有支配地位的指意系统是一致的"①。事实上，社会生活中，男性和女性都有关于各自社会角色与身份的刻板印象。只不过，不同性别的人，受到刻板印象影响的程度并不相同。有学者通过研究不同的语言框架对不同性别的职业刻板印象产生的影响，认为有些职业是高度性别化的。其中，男性职业的性别刻板印象更严重，不容易受到语言框架的影响，所以某些"男性领域"内几乎见不到女性的身影。比如说士兵、保镖、将军、建筑工人、瓦匠等，普遍被认为是"男性"的职业；而相比于男性，女性职业更容易受到语言框架的影响。② 比如说美甲师、幼师、护士、助产士、催乳师、秘书、导购、微商、模特等主要由女性从事的职业中，不乏男性从业者，甚至比起女性同侪，他们更容易因受到社会的瞩目、客户的青睐而走红。现实的例子就是"口红一哥"李佳琦。他在直播间受女性欢迎的程度和"带货"的热度，让他坐稳了带货主播"顶流"的位置。

疫情传播中关于医护人员的报道，得到更多曝光度的依然是男性，男性专家、领导、医生、志愿者和社区工作人员等，尽管女性占医护人员群体中的大多数。2021 年春晚小品《阳台》中的社区主任，据说其原型本来是一位女性③，但是在春晚这个集政治性、文化性和娱乐性多种意指实践于一体的舞台空间里，作为抗疫先进典型和模范人物的符号化表征，仍然选择了由一位男性来出演。虽然我们可以把它理解为"艺术来源于生活而高于生活"，但是如果我们把这些报道、表演和剧本等文本的生产视为一种知识与话语的生产，我们就会明白：任何一种知识的生产、一种命名的策略、一种集体仪式，其本质上都反映着权力关系和社会不平等的关系结构。这种知识与话语生产策略，在福柯那里被视为是微观权力通过对客体自身的规训而实现的，在女性主义交织理论学派的学

---

①   Tuchman G.Objectivity as strategic ritual：An examination of newsmen's notions of objectivity[J].American Journal of Sociology，1972（4）：660-679.

②   臧鑫磊. 语言框架与性别对职业性别刻板印象的影响 [J]. 开封文化艺术职业学院学报，2020（11）.

③   春晚小品《阳台》：真实写照战"疫"家庭共克时艰的感人故事 [N]. 中国青年报，2021-02-12.

者看来，则是通过两种途径得以实现的：一种是重视边缘的视角和知识，强调社会群体因处于社会不平等结构的不同位置而获得对于世界的不同立场和知识，比如"立场理论"①和"被压制的知识"的解释②；另一种则是将性别、职业与劳动的交织性作为一个分析策略应用到对社会现象、问题、制度的分析中。比如，有学者提到，女性对于家庭、社会的照顾、服务和奉献，是一种超越了个人、性别、种族与阶级等的照料劳动。因此，"对照料劳动的认识需要超越私人化的文化认知，摒弃公与私、金钱与情感、有偿与无偿的二元对立思考模式，检视照料活动的社会运作也需要嵌入特定的社会制度及文化脉络中，并将照料实践视作一个浸润着权力关系的场域"③。

温柔、细心、具有亲和力、擅长沟通等，这被视为女性的"天性"，以至于女性顺理成章地被赋予照料者角色，而且，这种角色也从家庭推及社会，如护理人员、幼儿教师、育儿嫂、服务员、保姆等职业。然而，就像家庭主妇在家庭中的地位贬低一样，"这些女性技能往往被视为女性的'天性'或者'本能'，在被赋予道德价值的同时并没有获得相应的社会认可。当照料劳动进入市场交换以后，工作技能评价以男性主导的职业技能作为标准，有偿照料劳动往往被视为女性无偿家庭照料的延伸而被'去技能化'，难以得到认可和实现市场价值"④。女性的职场情境有时也像某种家庭功能或角色的延伸，就如同戈夫曼所说的，是一种"社会前台"——"一种特定的社会前台，往往随着它所引起的刻板形式的期待而变得制度化，它倾向于在以此名义进行的当下具体工作之外，另具有一种意义和稳定性。前台变成了一种'集体表象'和自身独立的事实"⑤。女性在扮演社会角色时，往往会发现，这个"前台"对角色设定有预先规划。由此出发，我们就可以理解为什么女性医护人员的风险高、奉献大，但是在媒介

① Crasnow S. Is standpoint theory a resource for feminist epistemology? An introduction[J]. Hypatia, 2009（4）：189−192.

② Collins P H.Black Feminist Thought：Knowledge，Consciousness and the Politics of Empowerment[M]. New York：Routledge，1990.

③ 蓝佩嘉.照护工作：文化观点的考察 [J].社会科学论丛，2009（3）.

④ England P.Comparable Worth：Theories and Evidence[M].New York：Aldine de Gruyter，1992. 转引自肖索未，简逸伦.照料劳动与社会不平等：女性主义研究及其启示 [J].妇女研究论丛，2020（5）.

⑤ [美] 欧文·戈夫曼.日常生活中的自我呈现 [M].冯钢，译.北京：北京大学出版社，2008：23.

空间的"能见度"很低，且视角往往落在母亲、妻子的角色成规上，而有意无意地忽视了她们的专业技能、职业价值和利益诉求。也正因如此，唯有职业女性，越是成功，越是容易被问及"如何平衡工作与家庭"。

媒介则是另一个"社会前台"。媒介场域由布尔迪厄所谓之"新闻场"[①] 脱胎而来，李普曼称之为"拟态环境"，网络时代兴起后，它被称为"虚拟世界"或"赛博空间"，但归根究底，它都是指代一种虚拟空间。"虚拟空间则是指人与人或人与物相互影响、相互作用、相互制约的关系状态，它既能以实在空间为基础进行建构，也可以自身为基础进行重构。它在本质上体现的是一种普遍的社会联系。因此也可以将其称为社会空间。社会学与传播学讨论的空间既包括实在空间，也包括虚拟空间，但终极指向是社会关系与社会结构。"[②] 研究者认为，虚拟空间既包含社会关系在实体空间内的组合与表征，也包括对空间内的行动者的身份认知和其社会关系构成的"圈子"。研究包括疫情在内的重大公共事件传播中女性的媒介形象再现、叙事策略、符号表征和意义建构，从建构主义的角度来说，有助于我们理解媒介传播的社会价值；而如果从空间维度来思考，我们可以看到，空间成为宣示行动者主体社会身份与地位等关系信息的媒介，通过"空间重组"和"空间赋值"[③]，女性医护人员一方面被整合进"齐心协力全国抗疫"的宏观话语中，和所有男性一样冲在前线，舍生忘死，恪尽职守，成就"救死扶伤"的职业理想，绽放"她力量"。一方面，他们作为"奉献者"和"协作者"的公共形象受到官方的高度肯定和媒体"加冕"——被称为"白衣战士"。另一方面，作为疫情的"亲历者""讲述者"和病人的"守护天使"，她们用自己的实际行动、工作内容和情感价值，重新诠释了身为妻子、母亲和"照料者"的传统女性美德，以及高尚的道德情操与崇高的人性关怀。

---

① 此概念可参见布尔迪厄的专著《关于电视》中的相关论述。[法]皮埃尔·布尔迪厄.关于电视 [M]. 沈阳：辽宁教育出版社，2000.

② 李彬，关琮严.空间媒介化与媒介空间化：论媒介进化及其研究的空间转向 [J].国际新闻界,2012（5）.

③ 参见李彬等对这两个概念的解释。关于"空间重组"，他们认为："虚拟空间体现的是一种关系导向的组合状态，这种组合可以是对实在空间的组合，也可以是对自身的重组。"关于"空间赋值"，他们认为："赋值是指给实在空间赋予社会关系，使其成为具有社会意义与价值的虚拟空间。"李彬，关琮严.空间媒介化与媒介空间化：论媒介进化及其研究的空间转向 [J].国际新闻界，2012（5）.

四、媒介暴力在性别空间的显现：欲望围猎与消费陷阱

（一）"危险的街道"："黑暗森林"的想象

2021年春节前，一则《女子坐"货拉拉"搬家，途中跳车身亡》的新闻刷屏朋友圈，成为备受关注的社会事件。货车司机作为嫌疑人先拘押后释放，对于女孩跳窗原因语焉不详，令人觉得十分蹊跷。[①] 这样的一则悲剧性新闻，跟2018年发生的"8.24乐清女孩乘车遇害案""10.4灵山奸杀女童案"，以及2019年发生的章莹颖和章子欣遇害事件等有颇多相通之处。比如说，受害者都十分年轻，受害者身上都带有"脆弱"或"美貌"等性别特征；嫌疑人或施暴者都是利用她们的"信任""恐惧"或"毫无防备"施害，手段极其残忍……

类似这样的新闻报道看多了，确实让人很为女性的出行安全担心。社会环境作为我们日常起居活动的生活空间，原本就是为了给人们提供庇护所和交往的场所与平台，也是社会关系得以形成、发展和建构的空间。而空间安全性是衡量空间质量的一个重要指标。在人群聚集、人口密度很大的城市里，尤其要注重空间的宜居性和安全性，特别是对女性、儿童、老人和残障人士来说，能够为他们提供出行的便利性、可达性，满足其日常生活所需，以及和其他生活成员平等地共享空间，是所谓"空间正义"和人性化城市的重要体现。建筑学中有一个概念——接通权，即通过克服摩擦力，出入物理空间的功能。[②] 张黎认为，"在父权制社会的空间资源系统中，只有男性获得了与外部世界自由接通的授权。男性在公共空间的支配性地位，决定了他们拥有从私人空间到公共空间的自由转移能力"[③]。而女性获得接通权的公共空间非常有限，大部分是被父权制"过滤"后的结果。除了在家庭空间内抚育孩子、照顾家人，她们要外出采购，或者进行日常社交等活动，只能去超市、百货公司、城市公园、广场草坪、咖啡厅、电影院和餐馆等，一般需要附带照管婴幼儿的设施和空间，如婴幼儿

---

① 根据2021年3月1日官方通报的最新案情进展：女孩系因司机三次偏航，沟通无果而跳窗致身亡，涉事司机因涉嫌过失致人死亡罪被警方依法刑拘。货拉拉平台向全社会发出致歉信，表示今后要加强对司机的监控和管理，在车上配备录音录像设备。

② 张黎. 性别化的设计批评：空间、物、时尚 [M]. 南京：江苏凤凰美术出版社，2016：53.

③ 张黎. 性别化的设计批评：空间、物、时尚 [M]. 南京：江苏凤凰美术出版社，2016：53.

能够乘坐的购物车（篮）、儿童游乐设备或家庭专座等，这就大大限制了她们的空间移动能力。

此外，另一个重要因素是，女性能否在公共空间内获得足够的安全感，这应该成为评估环境的性别友好程度的重要指标。街道、公园、商场、餐厅、酒吧、影院、学校等各种室内建筑，以及城市交通设施等等，对于进入其间并在此逗留的女性应该提供足够的安全庇护。但恰恰是这一点，目前看起来还有许多不尽如人意之处。比如说，街道规划中欠缺安全考量，照明不足，或存在"死巷"，或多个交叉路口存在监控盲区；城市公园和地下通道内光线昏暗，监控探头形同虚设，在这些地方经常会发生受害者为女性的各种暴力事件。此外，自动扶梯和人行天桥缺少物理遮挡，身着裙装的女性走在上面很容易"走光"；还有地铁、城市巴士等公共场所容易发生性骚扰行为且无法取证，尤其是在夏天衣衫单薄的时候，导致受害女性有苦难言，只能忍气吞声。"城市空间设计不仅没有解决上述看得见也摸得着的真实问题，反而在某种程度上加剧了女性对于城市空间的异质感及闯入了专属男性的意志空间而体验到诸多不便。"①

2012 年，印度发生了举国震惊的"黑公交轮奸案"，受害女性因身体受到严重损害，抢救数日后依然含恨去世。男性施暴者被抓后，反而振振有词："发生这种事，女孩要承担很大的责任，因为她那么晚还在外面游荡。"在中国，2018年，先后发生了乐清女孩遇害事件和郑州空姐遇害事件，她们都是在乘坐滴滴顺风车时遭遇不法侵害而身亡。但是依然有网友评论说："肯定是这个女孩穿得太暴露，引起了司机的邪念。好女孩就不会遇到这种事"，"单身女孩就不应该在晚上打车"。还有人直斥："红颜祸水。就怪女孩长得太漂亮了。"发生性骚扰事件后，也常常有人抛出"受害者责任论"或者类似于"荡妇羞辱"的言论。如此种种，都反映了社会观念中存在的那种根深蒂固的男权思想，以及对女性的偏见和歧视。而滴滴公司的事后处理措施也令人诟病：事件曝光后，滴滴公司在全国范围内停止开展顺风车业务，调整了内部的投诉和派单机制。后来又出台了一项规定：在特定时段内不再接受女性乘客的叫车单，不向女性提供服务。这种"剥夺式惩罚"一般适用于儿童和犯错者，将其加诸（潜在的）"受害者"

---

① 张黎.性别化的设计批评：空间、物、时尚 [M]. 南京：江苏凤凰美术出版社，2016：77-78.

身上，就是将女性视同"弱者"，对她们的出行自由予以惩戒或剥夺，而非提供保护，这无疑是一种霸权式思维。

对女性来说，她们在城市空间中的各项权利、自由，是以免于恐惧的安全性保障为前提的。但是整个城市规划和空间建筑，多是出自男性设计师或决策者之手。对空间的占据、控制和支配，以及对空间功能的定位和分配，既表征了不同的社会性别身份，也是"男强女弱"的权力表征。正因为初始的社会架构就带有偏见，所以女性在物理空间内的种种遭遇，其实症结在于社会性别结构和性别权力的不公正。

（二）欲望围猎：女性在媒介中的空间形象

媒介中的女性空间形象再现就更能说明问题了。在 19 世纪早期的关于城市空间的再现和研究中，文学、电影、小说、艺术等媒介文本中都能找到各种穿梭于城市中的男性形象，他们被建构为"漫步者"或者"游荡者"形象，如醉心于侦查案件的夏洛克·福尔摩斯，或是衣冠楚楚的绅士，即使是大卫·科波菲尔这样的街头"游荡者"，也能得到细致的刻画。而"淑女"或者良家妇女往往深居简出，在街头游荡的女性，要么受到男权的压迫、惩罚，如小说《巴黎圣母院》里流浪街头的吉卜赛女郎爱斯梅拉达，电影《窈窕淑女》中的伊莉莎等；要么是身份暧昧、为人不齿的妓女，成为男性欲望的对象和猎物，如《茶花女》中的玛格丽特，《风月俏佳人》中的薇薇安等。在这里，能否具有在空间里自由行动的能力，成了性别身份的表征。"通过身体在空间中的转换与视觉呈现——移动或是被移动、看或是被看、消费或是被消费、交换或是被交换、展示或是被展示，性别身份得以建构。"[1] 所以，男性拥有在公共空间内自由行动的能力和主体性权力，而出入其间的女性被男性观看、消费或者成为被"捕猎"的对象。"街头""外面"对女性而言，成为充满危险意味的"黑暗森林"，而给她们制造麻烦或带来危险的就是男性的欲望。但荒谬的一点是，发生针对女性的暴力行为后，人们往往倾向于谴责受害者"不知检点"或者"勾引男人"，而不是谴责施暴者。至于如何防范不法侵害，往往是建议女性"不要出门"或者少去所谓

---

[1]　Rendell J.Ramblers and Cyprians：Mobility，Visuality and the Gendering of Architectural Space[M]. Chichester：Wiley，2000：136.

"危险的地方"，在时空上限制女性的行动自由和人身权利。

印度"黑公交轮奸案"发生后，尽管有万人上街进行抗议，有政客呼吁，但女性的公共安全问题仍然得不到解决。首都新德里的女性人人自危，天黑就闭门不出，因为她们恐惧于"女性只要上了马路就是'公共财产'"[①]的环境恐吓。在中国，2020年12月，一个成都女孩被确诊新冠阳性后遭遇网络暴力。因为在确诊后，为寻找密切接触者，她的当日行程被网络曝光，可以看到她当天去过美甲店、餐馆、电影院，以及5家酒吧。随后她受到全网群嘲和人身攻击，如："一晚上转场5家酒吧，能是什么好东西？"甚至被冠以污名"外围女""酒吧女"等等。[②]这件事情固然暴露了防疫过程中公权力对公民个人信息保护不力、信息隐私权利意识淡薄等问题，但本质上仍然与性别偏见密切相关。从性别与空间权利的维度上说，这名成都女孩的人格名誉权和行动权利，不应该因其所处的空间性质而被污名化或强行剥夺。街道、酒吧等公共空间，对于女性而言，依然是危险的"黑暗森林"，她们被视为男性欲望的猎物。出没其间的女性，也缺乏安全的保障。1888年，美国最为臭名昭著的连环杀人案的凶手"开膛手杰克"，就专门以猎杀街头女郎或妓女为目标。所以，虽然说"外面的世界很精彩"，但是对女性而言，它并非代表机遇，而是意味着危险重重。

法国女性主义哲学家伊莉格瑞将女性视为父权制社会交换系统中的商品。她认为，"对于19世纪的欧洲女性而言，所处的物理空间也决定了商品的属性，身处深闺的家庭主妇是雇主固定的私人商品，游荡暴露于城市空间的妓女则是所有男性共享的公共商品。父权制的文化观念系统之所以对逗留于公共空间的女性群体给予了坚定打压与无情贬低，主要原因在于他们模糊了男女两种性别身份的根本差异：于多种空间之间的'接通力'和'移动性'"[③]。列斐伏尔认为"空间的生产"就在于生产出了"差别性"，包括阶级、地方（城邑与都市）以及性别身份的差异。所以，"作为社会实践的空间和产品，它具有一些特定的、明

---

① 印度女性悲剧命运的深层原因 [EB/OL].（2018-01-07）[2021-12-30]. http：//opinion.china.com. cn/opinion_59_62359.html.

② 成都女孩确诊1天后，她被1000万网友网暴了……[EB/OL]. [2021-12-30]. https：//www.sohu. com/a/437700034_157442.

③ Irigaray L.Sexes and Genealogies[M].New York：Columbia University Press，1993.

确的特征。……它是可视的、男阴崇拜的"①。在后现代社会到来之前，男性思维主导下的城市规划和空间资源配置，自然也就突出了典型的男性气质，缺少对女性体验和女性权利的尊重与保护。

20世纪80年代末以来，城市设计开始重视空间资源的性别配置以及女性在公共空间内的平等性和安全问题。1989年加拿大多伦多市率先实施女性安全审计，就是一种重视女性安全的公共空间设计策略。从90年代开始，女性主义规划者总结了三种更具有安全性和包容性的设计策略，包括：采用女性安全审计；创建更多的庇护空间和赋权空间；将性别意识纳入社区安全计划。②除此之外，一种名为"女性关怀的性别敏感设计"思想开始逐渐在现代城市规划中得以推行和贯彻。即在城市环境、公共空间、公共建筑的细节设计上体现女性关怀。如公厕设计和建造时注意男女厕位的合理比例及配备差异化的设施（如女厕有尿布台，方便母亲照料婴儿）、在公共场所设立"哺乳室"等等。"通过关怀导向的设计方法，更好地满足所有使用者的需要，尤其是儿童、老人、残疾人和女性等群体的特殊需要，提高公共空间和公共服务设施的'精准匹配'度。"③中国的一些大城市和知名景点已经引入这种"性别敏感"的设计思想。"故宫博物院前院长单霁翔在2019年2月举办的亚布力论坛演讲时指出，故宫研究人员通过大数据分析，获得故宫女士洗手间厕位数应是男性洗手间的2.6倍的数据，基于该数据，故宫管理者对男女洗手间进行了重新配比设计与改造。"④此外，考虑到城市中男性与女性差异化的空间需求和性别权利不均衡的事实，在进行城市设计时，应当把焦点放在两个方面：一是公共空间中的女性安全，二是城市设计与性别平等。女性主义建筑学者和设计师提出"包容性的性别敏感设计"，这是一种以人性化视角涵盖女性视角的更具有包容性的设计思想。它除了强调要基于"男女平等共享"的目标建造城市，还重视满足不同人群如老人、儿童、女性和残障人士等的差异化需求，使城市发展的面向更具公平性和包容性。

① [法] 亨利·列斐伏尔. 空间与政治（第2版）[M]. 李春，译. 上海：上海人民出版社，2015：97-98.
② Sweet E L, Escalante S. Planning responds to gender violence：Evidence from Spain, Mexico and the United States[J]. Urban Studies，2010（10）；21-32.
③ 秦红岭. 走向空间包容：将性别敏感视角纳入城市设计 [J]. 规划研究，2009（7）.
④ 秦红岭. 走向空间包容：将性别敏感视角纳入城市设计 [J]. 规划研究，2009（7）.

当然，当女性在公共空间内遭遇侵害的时候，她们能否依法获得保护，并且免于承受"媒介暴力"的风险，得到社会大众的舆论声援，这也是"空间正义"和"媒介正义"的考量指标。在媒介化社会的今天，空间与媒介的关系，值得我们更加深入地思考。

第四节　在地与他者：女性气质与城市的性别想象

提到形象，我们往往会产生审美的联想。一般来说，美人总是引人注目又令人过目不忘。美人和地域有着难舍难分的缘分，对于一个地域来说，能够出产一位有名的美人，对于提高它的知名度来说大有裨益。因此，著名的美人被称为"国色"，或形容她的美是"倾国倾城"。在美人前面加上地域，如苏州美女、杭州美女等说明她的出身，地域成为提升其女性魅力的附加值，从而产生溢价效应。今天，中国的城市往往热衷于选拔形象代言人或"形象大使"，这种选拔往往也成为选美大赛，最后总是选出各种千娇百媚的美女来代表城市的风貌和气质。在这里，城市的性别气质，尤其是女性气质，成为塑造城市形象的重要手段。

什么是性别气质？在社会学理论中有明确的定义。生物学意义上根据性征划分出男性和女性，而在社会学中又发展出关于社会性别的概念。所谓社会性别，是指男女基于生理差别在社会文化的建构下形成的性别特征和差异。如"男强女弱""男尊女卑"等。它是由文化和社会心理建构出男女的差异，表明了性别的社会属性。性别气质，即文化传播中建构起来的关于性别的刻板印象，具体来说，是指"受父权社会物质生产实践及统治制度支配的媒介文本在塑造及传播男女形象中建构起来的一整套将两性气质差异推向极端对立的标准化规训。这种刻板印象在借助媒介文本对两性气质非自然化、非稳定化的中性化特征予以否定的同时，充斥着男权文化将两性固定性别角色上升为社会共识的期待"[1]。男性气质总是与雄心勃勃、大胆、争强好斗、具有竞争力和性活跃的积极状态联系在一起，而女性气质表现为温柔、爱整洁、依赖男性以及与一切与

---

[1] 鹿锦秋，赵璐.性别气质二元论的生成与破解：基于唯物主义女性主义的文化传播学视角[J].山东理工大学学报(社会科学版)，2020（4）.

男性气质相对立的特征。因此，女人味总是让人联想到羞涩、腼腆、胆小、多愁善感、温柔等。

人有气质，城市亦然。"'城市气质'就是城市的内在、城市的灵魂，抑或是城市的精神。"[1] 性别气质是一种社会建构。它既深刻地影响着两性形象、性别关系和社会性别等级，同时也会把这种有关性别气质的话语投射到社会的各个方面。因此，性别气质作为一种社会建构方式，当它作用于城市的形象生产时，在时间、空间和性别维度，都会对城市文化与城市心理产生深远的影响。

一、性别气质和城市构形之间的关联

卡尔·休斯克（Carl E. Schorske）在他的《欧洲思想中的城市观念》中指出了城市观念的社会建构本质。"没有人是孤立隔绝地想到城市的。他对城市的想象通过了一种感觉投射。这种感觉投射来自他所继承的文化，并染上了个人经验的色彩。所以，对城市的思想观念进行考察，总是会把我们带出原有框架之外，带入关于人性、社会性、文化本质的无数观念和价值。"[2] 我们如何认识身边的城市，以及如何想象"他者"的城市，一方面是通过个人体验，另一方面来自心灵的经验，包括认知、理解与想象。因此，为了说明城市的文化建构，我们引入了"构形"的概念。

所谓构形，包含两个层面的意思：在文本层次，指文学与电影中的城市形象；在更深的思想层次，指以文本书写城市的过程中运用的认知、感觉、观念工具。因此，从这个意义上来说，城市构形就是指通过象征性手段"建构起来的'真实的'或'想象的'城市生活"[3]。张英进认为，城市不仅存在于个人观察到的城市景观和通过个人游历所体验到的印象，城市也是一种话语。它更多地表现在人们叙述的语言和反映城市形象的各种文本中。它们"通过其形形色色

---

① 吴军. 城市气质的理论与实践研究 [J]. 中国名城，2015（9）.

② 张英进. 中国现代文学与电影中的城市：空间、时间与性别构形 [M]. 秦立彦，译. 江苏人民出版社，2007：1.

③ 张英进. 中国现代文学与电影中的城市：空间、时间与性别构形 [M]. 秦立彦，译. 江苏人民出版社，2007：3—5.

的形象、外形，不是表明什么创造了城市，而是表明城市使什么成为可能"①。因此，张英进从女性主义的角度，借助于对反映城市的"文本"——文学和电影的考察，通过分析这些"看和写的方式"，考察了中国城市的性别构形。"城市被看成一个戴面具的（因而不可知的）女人，她肉感的身体展现在观察者的偷窥之下，而她的秘密需要用谨慎的叙述来加以探索。这个有性别的城市形象，引发了城市叙述中一个反复出现的模式：来自外省的一个年轻的男子，被光怪陆离的城市生活引诱，在城市冒险中轮番体验快感与绝望。"② 这一叙述模式或书写模式用在各种话语中，指向各种文本或意识形态。张英进由此推论，在对任何城市（从小镇到传统城市再到现代都市）的构形中，性别都不仅是其中的一部分，而且是不可或缺的一部分。

在各种文本中，均不乏将城市与女性勾连起来的话语。在王安忆对上海的一系列书写如《长恨歌》《天香》等作品中，女性气质和上海这座城市紧密地联系在一起，女性的命运也在上海的日常生活中起起伏伏。③ 丁宁通过对1979—1989年中国电影中的城市男青年的形象研究，力图揭示在改革开放新时期年轻人的价值选择差异、理想和现实之间的冲突，以此反映城市与乡村的二元对立，以及在城市形象塑造上凸显的男性气质。这一阳刚气质的表露，恰恰和当时百废待兴、改革开放、全社会摩拳擦掌大干"四化"的政治环境、革命与建设话语相适应。"这些气质多元的年轻男演员与其银幕形象共同演绎了新时期日益多元的男性气质，成为20世纪80年代社会文化的生动缩影。"④ 生机勃勃的城市图景，代表着中国社会正由传统的农业社会向工业社会迈进，"改革"的话语无疑是充满阳刚之气的，恰好与男性气质相吻合。而在媒体热衷于报道的各类城市选美大赛中，这种性别想象更是一览无余。如杭州电视台2012年3月23日对"发现最美·杭州女孩"总决赛的现场报道中出现这样的句子：

---

① Blanchard M E.In Search of the City : Engels, Baudelaire, R.rnibaud[M].Califonia : Anna Libri, 1985 : 20–31.

② 张英进. 中国现代文学与电影中的城市：空间、时间与性别构形 [M]. 秦立彦，译. 南京：江苏人民出版社，2007 : 9.

③ 李腊. 城市与女性：王安忆《天香》论 [D]. 南宁：广西师范学院，2014.

④ 丁宁. 城市文化语境下的青春选择与男性气质建构：1979—1989年中国电影中的城市青年形象研究 [J]. 电影评介，2017（7）.

这十位女孩是在过去一年时间里，经过周赛、月赛、复活赛、公益活动等诸多环节，从参加第三届"发现最美·杭州女孩"的近3000位女孩中脱颖而出——这一漫长而精彩的过程，其实也是文明城市、幸福之都有关品质生活的一次清新表达，这些美丽、健康、阳光的女孩们，向世人展示了杭州迷人的风采。……当她们穿着代表"西湖十景"的礼服亮相，那是整场晚会最惊艳的瞬间——"杭州女孩"也成了展现西湖、展示杭州的最美的使者。[①]

二、城市的性别化——从欲望书写到景观生产

接下来，笔者以北京、上海、杭州这三座城市为具体的观察对象，分别从文本、形象、话语和想象（意识形态）这几个方面来考察现代中国城市的性别构形。笔者所选取的时间段，则是1978年改革开放至今，在这个时期，中国在政治、经济和观念上都面临现代化转型，从生产社会向消费社会转型，其间相伴的是传统与现代的冲突、城市与乡村的冲突、理想与现实的冲突等，种种社会问题，以"分化""断裂""非均衡化"等为特征，社会生活中充斥着"变化""创新""消费""商品经济"等话语，欲望——作为人性的深层意识，被发现、展示、挑逗和怂恿出来，由此，城市成为欲望的陈列和角逐之所。出于情色想象和欲望宣泄，如同女性往往成为欲望的客体，城市也日益呈现出性别化的特征，并用于城市形象的塑造和对外宣传。而在空间层面，随着城市化的全速推进，现代都市逐渐摆脱了"城市—乡村"的二元情结，重构了"中心—边缘"的空间结构，在媒介文本中广泛使用的一线、二线、三线城市等区域分野，主要根据其经济地位和发展水平进行身份界定，并且按照时尚流行的规律进行文化的传递和互动，呈现出"环肥燕瘦，各擅其美"的多元化发展格局。城市的地理景观同样带有性别化的气质特征。

---

① 杭州女孩展示城市之美 [EB/OL].（2012-03-20）[2021-12-30].http：//news.artxun.com/pipa-1708-8539256.shtml.

（一）北京

北京是中国的首都，"首善之地"，是中国政治、经济和文化的中心，是中国城市发展的风向标和领航者。当然，它绝非得天独厚、一枝独秀的"宠儿"。和"京派文化"遥遥相对、自成一家的"海派文化"的发源地——上海，往往能够与之分庭抗礼、平分秋色。北京是古都，也是现代大都市。它的明媚、庄严、肃穆、堂皇，表现在城市的"仪容仪表"——建筑景观上，更内蕴于城市的文化内容和市民气质中。用"他者"的眼光来审视这座城市，似乎更能说明这一点。迈克尔·麦尔（Michael Meyer）在《天安门之龙》中用不无溢美的言辞描述这座城市："北京首先是一个观念，然后才是一个城市……这个观念赋予这一城市及其环境以形式和内容……并赋予整个中国，最终赋予全世界以形式和内容。……它虽不用言辞说话，却用建筑、体积、空间来说话。大大小小的厅堂、宫殿、花园、街道、城墙、大门、牌坊、庙宇，一起发出非常清晰的宣言。"[①]北京是充满阳刚之气和皇家气象的"父亲之城"，代表着权力、威严和等级分明的秩序。能够代表北京形象的，最为典型的就是中央电视台《新闻联播》的主持人了。一男一女的固定组合，用以表明"男女平等"、符合"政治正确"的价值导向。主播无论男女，都不是绝对意义上的帅哥美女，但是有一个共同的面貌特征：浓眉大眼、稳重大气，令人油然而生敬重之心。这种"去性别化"的形象选择策略，恰恰说明作为国家级媒体，它采取的象征性符号，既要符合主流意识形态的设定，又要消融传统与现代的冲突。一方面，它是传统的，作为一个空间导向的城市形象载体，华表、天安门、故宫、长城，是威严的、阳刚的、厚重的；另一方面，它又是现代的，高楼大厦、街头美女、巨幅海报以及在美国时代广场播放的国家形象宣传片，又塑造了现代中国的符号表征。章子怡、巩俐等中国女明星，作为中国的"名片"和形象代言人在国际文化交流中影响尤重，以回应西方世界对于东方风情的憧憬和想象。在"父亲之城"里活跃着女性的面孔和身影，并且作为对外交流的"名片"，不同于历史上女性所谓的"缺席的在场"，现代城市女性开始活跃于公共空间和社会场域。

---

① 张英进.中国现代文学与电影中的城市：空间、时间与性别构形 [M].秦立彦，译.南京：江苏人民出版社，2007：67.

（二）上海

20 世纪 90 年代以来，上海以极快的速度再度崛起于中国，树立了国际化大都市的城市形象。而上海的文化身份认同呈现出很强的女性化气质。究其原因，"（20 世纪）九十年代以来的上海城市书写轨迹中，产生广泛影响的作品基本上都出自女作家之手，而在她们的作品中，往往也是以女性作为小说的灵魂和支柱，进而升腾为上海整个城市的精神象征"①。除了前文提到的王安忆及其《长恨歌》，还有以庆山（安妮宝贝）为代表的 80 后女作家，以"身体写作"的姿态行走于文坛和都市文化表达中，通过女性化日常生活空间的建构以及女性化的细节体验和言说，使独立、张扬、前卫、时尚的都市女性成为上海的文化符号和城市形象表征。而与此相对应的是，在各种文本中塑造和嘲讽的"上海小男人"角色，如在电视剧《渴望》、严歌苓的小说《陆犯焉识》和张艺谋据此改编拍摄的电影《归来》中，上海男性形象的自私、萎靡和无力感被刻画得入木三分，两相对照，上海女性的独立、自由和勇气更加强化。

在上海的城市构形中何以出现的这种性别气质倒置，可以用瑞文·康奈尔（Raewyn Connell）的社会性别理论加以阐释。康奈尔用"社会性别秩序"这个词来表示在不同制度背景中产生和转变的"男人与女人之间由历史构建的权力关系格局，以及女性气质和男性气质的定义。而关于男性气质和有支配地位的男性气质的人文定义，基本上都是为社会占统治地位的男性群体的物质利益服务的意识形态结构。霸权的男性气质反映、支持并且积极培育社会性别不平等（男性支配）。同时，它也允许男性精英阶层通过'男性间支配等级结构'将他们的影响和控制延伸到稍低等级社会地位的男性"②。强势的女性，在这里不过被代入了这种霸权的男性气质里，暂时充当或替代了那个"无能的父亲"或"软弱的丈夫"角色，以承担起在家庭和社会生活中的责任。诚然，这种转变也和都市的物质性和消费性、海派文化和世俗精神，以及作为城市文化代码的"小布尔乔亚式"的女性情调等因素有关。

---

① 李黎.论九十年代以来上海城市书写的女性气质 [D].济南：山东大学，2008.

② ［美］苏·卡利·詹森.批判的传播理论：权力、媒介、社会性别和科技 [M].曹晋，主译.上海：复旦大学出版社，2007：283.

（三）杭州

杭州作为江南名城，婉约、精致和闲适。城市以西湖而闻名天下。"未能抛得杭州去，一半勾留是此湖。"湖光山色、水光潋滟、烟雨空蒙、荷风桂香，清新的自然景观和秀雅的园林城市相得益彰，更有千年积累的深厚的人文诗意，使这座城市呈现出独特的形象韵味。既不同于北京的庄严，也迥异于上海的摩登，深厚的古典人文气息浸润着城市的文化气质，在空间景观上呈现出精致的品位；白蛇传说以及白居易、苏东坡、岳飞、武松、苏小小等历史上的人物逸事，增加了杭州时间维度上的厚度。在城市话语建构上，杭州正在实现从传统想象到现代表达、从古典意境到时尚魅力的变化和转型。

其一，城市景观拼贴。老城区的白墙黛瓦、绿叶纷披，安静、闲适，充满传统意象里的古典优雅，和现代商业街区的高楼大厦、喷泉广场以及钱江新城的现代繁华交相辉映，春江花月夜和繁华交响乐交织在一起，形成传统与现代、古典与时尚的拼贴世相。

其二，政治符码变迁。过去，杭州远离政治中心，仿佛是庄严朝堂宁静的后院。仕途厮杀、宦海浮沉之后，官员们或挂印、或解甲、或去职，到西湖边上寻一方清静之地，求田问舍，买屋造园，安心做一个逍遥的寓公或者闲散的江南富翁。这种对仕途官场的淡然和超脱，即使在今天也能从杭州的公务员身上看到蛛丝马迹。2010 年至今，杭州的城市文化由清雅恬淡转为积极进取，杭州先后承办过 G20 峰会、全国大学生运动会，操办 2022 年的亚运会（延期举行），如此大型而密集的、高规格的会议和赛事，大大提升了杭州的美誉度和国际化程度，杭州从"小家碧玉"型的二线城市一跃成为国际化大都市，散发着"成熟御姐"的风范。

其三，城市女性面貌。杭州是中国最具幸福感的十大城市之一，传统印象里，杭州女性是婉约的、温柔的、安静的。随着电子商务的兴起、阿里公司的带动，杭州成为中国经济发展最活跃的长三角地区的核心城市之一。中国（杭州）跨境电子商务综合试验区的建立，为杭州创新发展提供了强大的动力，也为创业女性带来了前所未有的发展良机。杭州女性的社会地位、知识水平和能力也较高。2012 年的数据显示，在浙江省近 90 万家企业中，女性担任法定代表人、董事等企业高管的达 38 万家，占 42.2%，越来越多的女性企业家跻身"风云浙商""风云杭商"行列，成为领军人物。[①]

如果说景观的变化突出呈现了杭州从传统的"诗意栖居之所"向现代都市转型，那么女性则是其中"内嵌性"的部分和重要的变化力量。在迅速扩张的城市空间里，她们有着极高的能见度，并且在西湖景区、大厦写字楼、商业街和南山路的酒吧、咖啡厅里随处可见的精致面孔，以及在街头对擦身而过的美女惊鸿一瞥，都持续印证了"杭州出美女"的世俗神话；杭州女性的社会地位、知识水平和能力也较高，在职场里她们也越来越多地占有一席之地，如西溪创业园里的白领女性，各具特色、巧笑嫣然的淘宝模特，这里还出过著名的文艺女明星汤唯，以及活跃在高校学术场域里风姿独具的知识女性，还有聪明干练、巾帼不让须眉的创业女性，如"九曲红梅"品牌创始人鲁冰花、"西子女红"服饰品牌创始人唐红英等。一大批创业女性的加入和卓越贡献，使杭州成为中国经济发展最活跃的长三角地区核心城市之一。如此一来，在杭州传统的靓丽面孔上，又增加了干练的气质。——仅此一端，足以对杭州的社会结构、城市构形和人们的认知产生重大影响。

时至今日，杭州美女仍然是代表杭州文化和"特色"的一张名片，尽管活跃在城市公共空间和大众讲坛里的是互联网行业精英、体育明星等。在《最忆是杭州》这样一场盛大的国际晚会上，音乐、舞蹈、戏曲等诸多文本在呈现杭州的文艺气质的同时，那些窈窕的身影给世人留下了难忘的惊鸿一瞥，这仍然是把杭州作为女性创造为文本的过程。

三、城市的性别想象与符号隐喻

当然，女性广泛地出现在社会公共空间，从家庭走向社会，从传统走向现代，不仅是发生于一城一地的变化，它更是从跨世纪到进入社会主义建设新时期以来中国重大的历史性变化，是现代中国一系列历史事件和改革开放的结果，也是经济转型、技术变迁和社会转型等综合因素相互作用的结果。在"城市与女性"这个话题的开拓上，之所以将城市看作一个性别化的女人，其症结在于，

---

① 范一斐. 杭州市女性创业帮扶机制研究 [J]. 杭州学刊，2017（1）.

在中国疾速的城市化进程中，女性不仅作为一种诱惑或"战利品"存在（当然，这依然是一种霸权式的男性统治想象，攻城略地的雄心往往和金钱美女的奖赏密不可分），更作为不可或缺的劳动力和建设者，和男性一起奋斗。大量的女性活动其间，从而在根本上影响了城市的构形和面貌，城市已然是性别化的了。

只不过数千年来，女性在历史和政治书写上都是"缺席"的，在时间和空间维度上都是"不可见的"，她们被禁锢在深宫内苑和深宅大院里，"庭院深深深几许"，她们的才情、见识和成就都被尘封其间，渐次被人遗忘，"墙里秋千墙外道"，一道围墙隔开了女性和外界的联系，也成为一道牢固的性别藩篱。而当女性真正投身于社会生活和事业职场，她们的身影和力量渐渐从都市风景里浮出，并见证着城市的振兴。对社会男性来说，女性在现代社会的崛起，已然造就了一种新的社会性格，女性甚至能够与男性势均力敌、平分秋色。仅这一变化，就大大超出了人们既有的认知范围和社会心理，人们需要重新打量这一群体，重新定义社会性别的含义。

因此，今天的城市想象，不仅是一个讲述男性欲望的文本，它同时是张扬女性欲望的阵地。如此一来，大众媒介中的文本与影像相互呼应、认同，产生了一个共同的"深层心理"，这个"深层心理"与中国社会中的性别系统相互作用，从文化、心理和制度上织就了城市的性别构形。这种性别构形在政治和商业的双重作用下逐渐定型，并在城市景观、公共空间和迷思制造等多个方面占据支配地位。

（一）欲望的想象

"山外青山楼外楼，西湖歌舞几时休？暖风熏得游人醉，直把杭州作汴州。"在这首诗里，作为人间天堂的杭州，让游人沉醉在歌台柔声、舞榭情影中不能自拔。让人沉醉其间的，是撩人的感官享受和肉体欲望。观察城市的视角是以欲望投射的方式来呈现的，"它把一个人沉迷于其中的诱人世界，变成了一个在他眼前展开的文本。它让人阅读这个文本，像太阳的眼睛一样，像神一样俯视"①。城市里的景观，如西湖、街道、楼外楼、歌舞的女子等等，作为可视化

① 转引自张英进. 中国现代文学与电影中的城市：空间、时间与性别构形 [M]. 秦立彦，译. 南京：江苏人民出版社，2007：136.

的符号，呈现于人们的眼前。城市变成了可阅读的文本，这种由感觉体验获得的城市文本，充满了想象和感官欲望。而这种想象和欲望投射的客体，一旦和女性关联，城市风情就变得分外妖娆迷人。

（二）情感的想象

讲故事是另一种形式的体验。如果我们深入探讨城市形象与神话传说和新闻报道的关系，就会发现"制造神话"是另一种建构城市想象的方式。与西湖相关的神话，最有名的莫过于白蛇传了。至今，西湖边伫立的雷峰塔，虽然和白蛇毫无关系，但被人天然地当作这一神话的物证，流传至今。《白娘子永镇雷峰塔》神话中表达的是人们对美好、忠贞爱情的向往，对许仙和白娘子人妖殊途、爱而不能相守的爱情遗憾的唏嘘。因此，在一代代人对白蛇传说的继承和讲述中，虚无缥缈的神话寄托着人们对爱情和美好生活的期望，西湖、断桥、雷峰塔等城市景观因此成为情感符号。"故事的目的，不是传递事情本身。……故事是把自己嵌在讲故事者的生活中，将其作为体验，传递给听故事的人。"① 这里面既有实践经验（个人知识与生活阅历）的传递，也有情感的交流和认同的传递。"神话是人的社会经验（不是个人经验）的对象化。它们被看作现实，而不是像艺术那样被看作符号。"② 伊芙特·皮洛（Yvette Biro）指出："神话是一个体系，它包括理想和价值、禁忌和礼仪的整个网络，也包括调节我们的行为与社会交往的习俗。因此，它完全可以作为社会群体的凝聚力；它可以借助强迫力量和仿效意志发展和维护社团集体仪式，提供行为模式。"③ 神话起源于人的社会心理期待和意识形态需求，借助神话的象征作用可以推动社会心理整合，凝聚情感力量。无论是白蛇传说，还是范蠡与西施泛舟西湖的传说，都反映了一种乌托邦心理。

在神话与民间故事的讲述和流传中，横亘于时间和空间中的人类代际沟壑和地理边界被填平和打破，共同聚集在同一个情感空间和氛围中。当然，这也

---

① 转引自张英进. 中国现代文学与电影中的城市：空间、时间与性别构形 [M]. 秦立彦，译. 南京：江苏人民出版社，2007：138.

② 陈卫星. 传播的观念 [M]. 北京：人民出版社，2004：108.

③ [匈牙利] 伊芙特·皮洛. 世俗神话：电影的野性思维 [M]. 崔君衍，译. 北京：中国电影出版社，1991：95.

体现了一种女性特质，如包容、爱、忠贞和人类传衍等。张爱玲在《谈女人》一文中曾经如此断言："在任何文化阶段中，女人还是女人。男子偏于某一方面的发展，而女人是最普遍的，基本的，代表四季循环，土地，生老病死，饮食繁殖。女人把人类飞越太空的灵智拴在踏实的根桩上。"除了这种文学性的表达，在社会性别理论中，关于两性的性别气质划分也蕴含着政治和权力意味。不同文化表达出的共性是，男性气质总是与工具性行为和体能性的能力相关，女性气质总是与表达性行为和亲和能力相关。两性气质与社会任务相关联，使统治秩序合法化。[①] 夫妻化离、人妖殊途，代表正统的社会秩序得以维持和延续，但是情感的认同和共鸣，隐喻着理想和现实的冲突。世俗神话中提供了一个圆满的解决方案，"从大众传播的角度来看，被传媒所释放的世俗神话的第一个功能，就是凝聚和集合了可以作为模仿对象或审美对象的生活经验。传统的神话意识是接受最终真理，而世俗神话的产生，是对乌托邦的回避之后对自己日常生活的神话化，从而再造新的乌托邦"[②]。在传说中，严酷的社会法则得以消解，雷峰塔不是镇压和霸权的象征符号，而是对不离不弃的忠贞爱情的永恒歌颂。这座城市因而成为一个充满浪漫色彩和人情味的城市，杭州女性，作为一个神秘、美丽、温柔而多情的形象符号，也在人们的想象中被定型化了。

（三）文化的想象

在一个媒介化的社会，城市与女性的话题往往在大众媒介的话语中酝酿、表达和发酵。2001年《作家》杂志上刊登了一篇题为《杭州美女地图》的文章。在文章中，作者用一种男性的视角表达对城市的性别想象。"任何人，只要面对西湖的时候，总有一种'想入非非'的情状。因为他可以知道，这西湖边的每一寸土地，这脚下的每一块砖石，都有一段历史——一段与美女、美酒和风流诗篇有关的传说。而杭州美女是杭州的一张'活名片'，是杭州的一个品牌形象，就像'龙井茶叶'，像'东坡肉'，像'很嫩'的'小白菜'，无论春夏秋冬，都像是从西湖里捞上来的一样——水灵灵的。"[③] 这种关于"杭州想象"的文字，建立

---

① 佟新. 社会性别研究导论 [M]. 北京：北京大学出版社，2011：30.

② 陈卫星. 传播的观念 [M]. 北京：人民出版社，2004：109.

③ 王周生. 赞美的背后：《杭州美女地图》、社会性别话语及其他 [J]. 鄂州大学学报，2002（2）.

在"看"与"被看"的视觉消费关系上，在媒介文化生产中实现了对城市的性别构形，虽然这些文字背后隐含的社会性别意识令人担忧。

（四）审美的想象

影像也是进行城市构形的一个重要手段。在影视画面中出现的杭州，不同于北京电影、上海电影热衷于描写城市现代化、浓重的商业气息、令人目眩的商业景观，杭州影像重点在展示杏花烟雨、小桥流水、充满古典韵味的山水人文景观，表达着中国传统士大夫文化中的自然审美趣味和隐逸性情。而最能打动人心的地方，则是让"女性成为连接杭州与文艺想象的重要角色"。电影《岁岁清明》、电视剧《新白娘子传奇》中展示的杭州地域特色和美丽传说，加深了杭州这座城市的女性气质和性别想象。"女性作为一个共同的叙事形象，成为杭州政治与历史的演进印痕。银幕前主导叙事话语的性别标签与女性气息，成就了杭州异于其他城市电影叙事的阴柔镜像风格，同时也是新世纪以影像重构杭州城市文化身份的关键所在。"[1]杭州的文化版图和"场所精神"、空间构形等，都与历史和文化传说中的女性符号勾连起来，借助这些符号的表达和隐喻，它让城市语言变得更加生动，产生引人联想、令人陶醉的文化体验。

城市是时间和空间的综合体。它是复杂的，悠长岁月和空间交错，很容易让人迷失在城市中；但它也可以是简单的，借助形象符号和文化隐喻，让城市变成一个"可阅读的文本"，有助于我们更好地理解城市。唐纳德·戴维森（Donald Davidson）认为，各种隐喻是"语言的梦工厂"，而华莱士·史蒂文斯（Wallace Stevens）形容隐喻为"变质的象征性语言"。隐喻在我们熟悉和不熟悉的事物中间架起了桥梁。它们赋予了人们新的视野，就像接力棒一样，把意义、迷思和意识形态从一个文化理解嫁接到另一个文化理解中。[2]在城市的性别构形中，现有的符号体系要与传统的文化形象产生一定的勾连，它们要依托一定的"原型"和"模板"，使之符合人们既有的文化认知和心理想象，然后再加以调色和创制，使之呈现出与以往的原型形象中不同的变化和新意，以产生新奇、好奇和新鲜的印象。因此，现代杭州的城市形象打造，一方面要借助景观、技

---

① 张勇. 杭州影像：电影城市与文化想象 [D]. 金华：浙江师范大学，2012.

② Bloor D.Knowledge and Social Image[M].London：Routlege & Kegan Paul，1977.

术、经济实力展示新时期杭州创新、活力、智慧和包容的新气象，另一方面仍然要借助西湖、油纸伞、丝绸、茶叶、服饰等传统的文化符号，借助富有代表性的形象载体，以展示古典与现代、婉约与干练、人文与经济融合一体、和谐发展的现代城市新图景。

结　语

城市不仅是欲望的客体，也不仅是消费景观的堆积，同时还是认同的场域。借用列斐伏尔的空间理论，城市形象的话语建构经历了从性别政治到空间政治的转变，见证了中国从农业社会进入后工业社会，乡村文化被都市文化所取代的历史过程。当然，如果仅仅从传播与媒介的角度来审视城市的性别形象，论证未免有点单薄。如果将视野拉开去，从时间和空间、政治和经济的角度来考察城市的性别化生产，我们可以更深刻地体会到，长期以来女性在城市发展的时间史上"身体在场"而"思想缺席"，使自己仅仅成为欲望投射的客体，在城市文本书写上往往重视再现女性的身体景观；而在城市公共空间的使用上，"广场舞"和"大妈"受到的轻视与群嘲，以及公共卫生间女厕位紧缺、公共场所内哺乳室和婴儿车推行坡道的缺失等，说明城市公共设施和公共空间在设计和使用方式上并没有充分考虑女性的需求。在权利平等的背后，缺少的是实体平等和细节上的善意，这种"空间政治"仍然隐含着一种"性别政治"。这不能不说是城市文化和现代文明建设中的遗憾，说明我们在革除性别歧视和偏见方面仍然有很多工作要做。有学者曾据此发出呼吁："作为一种公共政策的城市规划，同样应当把社会性别意识融入自身的制定、实施、评估、调整的动态运行过程之中，以观照处于相对弱势地位的女性需求，实现规划在性别层面的公平正义。"[①]

因此，当我们讨论城市的性别构形时，我们其实真正讨论的并非女权主义意义上的权力张扬，也不是要把我们呼吁焦点置于"女性主义"这一单一的目标上，而是试图在性别生产与"制度性的权力机制"之间探索某种批评逻辑的可能性。对性别视角的运用是为了超出性别本身，而指向所有使"性别"成为"问题"的各种权力机制和社会维度，从而召唤新的性别共同体的建构，致力于

---

① 秦红岭. 城市规划中的性别意识 [J]. 城市问题，2010（11）.

将有关性别的"话语政治""空间政治"以及"性别政治"的讨论，突破"文化政治"的层面，而真正介入"现实政治"的进程中。理论推动实践的要旨则在于，将性别主流化的观念和思想贯彻到公共政策制定与实施，以及社会公共空间和城市景观的生产中，促进两性之间的平等、理解和亲密合作，实现彼此之间的认同。

余　论　关于性别与空间正义的延伸思考

一、关于性别维度的空间意义

本章通过对性别维度的空间意义阐释，试图说明"男性是主体而女性作为他者"的性别结构构成了父权制社会的基础。空间作为人类存在与活动的场所，为人类提供庇护和生存基础，但是在空间占有和配置关系上形成了空间权力，以及为了争夺空间和反抗压制而形成的"空间政治"。这种空间政治存在于现实生活中，又在媒介空间中得以表征和再现。作为知识与实践的形式，维护并强化这种并非合理的等级秩序。正如伊丽莎白·格罗兹（Elizabeth Grosz）所指出的那样："不论是人造物的制造还是文化语境的塑造，都从属于由男性主导的生产空间。宇宙、宗教、哲学以及其他一些卓富价值的知识及其实践也都建立在父权制空间对于女性、女性气质以及母性等的系统性剔除以及暴力打压的基础之上。对于女性的删除与排斥恰好是整个父权制空间得以建立的根本所在。"[①]

空间，尤其是社会空间，作为一种人造物，并不只是一种单纯的视觉形式或者活动场所，它总要表达一种特定的意义。从建筑物本身的功能设定、外形设计、内部空间配置、服务对象……它们身上都承载着或寄托着拥有者（尤其是特权阶层）用来表示身份、权力或者价值观念（包括审美）在内的意识形态。在中国的北京、上海、南京、杭州、苏州等这样的大城市里，都有一些从前的富贵人家（甚至是从前的皇朝贵族）留下来的宅院，大到宫殿，小到园林，或者是一幢花园洋房，气派非凡，设计精巧，足以让观者想象他们当年"烈火烹油、鲜花着锦"般豪奢尊贵的生活。而读杜甫的《茅屋为秋风所破歌》中"床头

---

① May J，Watson S，Gibson K.Postmodern cities and spaces[J]. Geographical Journal，1996（2）：228.

屋漏无干处，雨脚如麻未断绝"，两相对照，贫富悬殊。当年诗人所盼望的"安得广厦千万间，大庇天下寒士俱欢颜"的社会公平，在今天仍然是我们"消除贫困，逐步实现共同富裕"的目标。从这个层面说，空间不仅反映社会现实，还映照着时代精神。现代主义建筑崇尚功能主义，推崇极简、舒适、前卫，多使用几何形式、抽象符号、玻璃幕墙、大理石、钢混结构等建筑元素和建筑材料，透露着坚硬、冷静、理性和实用主义的气质，这仍然是一种典型的男性气质。遑论一些城市的地标性建筑，其直立高耸或曲折含蓄的外形，无论如何也无法让人摆脱某种与性有关的，甚至色情化的联想，富有娱乐精神的市民们也给这一类建筑取了不无戏谑的外号，如"大裤衩""小蛮腰""秋裤门"等等。此类风格突出、功能单一、缺乏美感的建筑，多属于男性设计思维的产物。"'社会（意识形态）'—'空间'（形式）的配对关系一旦确认，便会逐渐固化为集体无意识。"[1]它们在某种程度上强化了男女有别的身体经验，加深了关于性别的刻板印象，强化了各自的性别身份认同。在城市建筑的规划设计上，应该把空间治理也作为一个重要的考量因素。

二、空间治理中应引入"关怀伦理"

在理论方面，女性主义地理学者从社会空间结构入手，他们在性别、种族、城市、通勤、服务业等方面的实践不仅揭示了社会空间结构的性别特征，阐释了各类社会空间中的性别与权力关系，而且在身份认同、种族关系、城市规划、通勤改善等方面提出了有益的参考意见，使女性主义地理学成为具有强烈实践性的学术领域。[2]

在实践层面，女性要实现和男性的权利平等与机会均等，除了要有经济收入和权利保障外，拥有自主性和独立性的实现途径之一，就是至少要拥有自主的、独立支配的空间。女性从争取"自己的房间"开始，到"我的地盘我做主"——始于空间争夺，到重新定义空间的性别气质，重视私人空间的女性现代性体验、性别身份的接纳和认同，最终指向的是扩大公共空间的女性参与，

---

① 张黎.性别化的设计批评：空间、物、时尚 [M].南京：江苏凤凰美术出版社，2016；56.

② Nelson L，Seager J.A Companion to Feminist Geography[M].Oxford：Blackwell，2005.转引自孙俊，汤茂林，潘玉君，等.女性主义地理学观及其思想史意义 [J].地理科学进展，2019（3）.

以及提升和实践城市空间基于人性化体验的"关怀伦理"，实现性别维度下的"空间正义"。更进一步来说，问题的最终解决不在于男性空间与女性空间谁为主导，而是作为"伙伴"和"搭档"，通过两性之间的相互关联与合作，"促进多元空间的发展"①。笔者也由衷希望，这种具有包容性的探索与讨论，能够为城市科学规划和实现"善政良治"提供理论依据。

---

① Ruddick S.Constructing difference in public spaces：Race，class，and gender as interlocking systems[J]. Urban Geography，1996（2）：132-151.

第七章

媒介暴力的情感之维：情感勒索与认知失调

我们的思想，我们的价值，我们的行动，甚至我们的情感，就像我们的神经系统自身一样，都是文化的产物——它们确实是由我们与生俱来的欲望、能力、气质制造出来的。

——克里弗德·格尔茨:《文化的解释》

　　女性普遍被认为是注重情感、偏向感性思维的，这也被视为"女性气质"的一部分。但在女性主义学者眼中，所谓的男性气质、女性气质都属于一种社会建构，因而他们称之为第三性征。[①] 性别气质的形成是基于两性的第一性征（生殖器官差异）和第二性征（青春期的生理发育和变化特征），但是在特定的社会文化环境中形成彼此相异的、强调两性差异的一种定型化的性别思维，涉及两性心理特征、言行举止及社会性别规范。

　　所谓男性气质，往往与大胆、争强好斗、雄心勃勃、具有竞争力和性主动等特征相联系；女性气质恰好相反，它更强调温柔、胆小、多愁善感、富有同情心和亲和力，在性活动中属于被动的一方。这种强调两性差异和对立的性别气质，也被称作性别刻板印象，其与一整套的社会性别规范和性别角色联系在一起，构成文化意义上的性别秩序和性别权力结构。

　　女性在体能和体力上不如男性，在情感上也属于被动、屈从的一方，因此，当女性遭遇性别暴力时，除了身体暴力和语言暴力，往往也包括情感暴力。所谓情感暴力，是相对于身体暴力而言，在受害人的心灵与精神、情感层面因为外部强加的压力而造成的精神伤害。情感暴力一般被视为家庭冷暴力的一种表

---

① 佟新. 社会性别研究导论（第 2 版）[M]. 北京：北京大学出版社，2011：26.

现形式。① 冷暴力相对于肢体暴力这种"热暴力"而言，多发生在家庭或恋人等亲密关系中，由一方对另一方在精神上实施虐待，包括忽视、冷淡、轻视他人的行为，以及用语言或非语言方式侮辱对方人格，践踏其自尊，丑化或贬低对方形象和社会价值，使受害者产生自我怀疑、恐惧、焦虑、抑郁等心理，严重的情况下，还会诱发创伤后应激障碍（PSTD）。情感暴力（冷暴力）会严重影响婚姻与爱情质量。施暴者或许不使用身体暴力，但是用冷落、漠视、消极态度等精神虐待形式，折磨、对抗、摧残对方，使婚姻或爱情长期处于不正常状态，使夫妻双方身心都遭受极大伤害。全国妇联的抽样调查表明，每年约40万个解体的家庭中，约25%缘于家庭冷暴力。② 此外，随着当前社会关系的日益扩展和复杂化，情感暴力的施暴范围越来越广泛，受害者群体也日益多样化。

情感暴力必须依托一定的媒介载体和内容形式来进行传达和实施。袁光锋认为，就公共场域而言，媒介和情感之间有着紧密的关系，体现在：媒介是情感生产的主体，它能够将个体的私人情感转化为公共情感；媒介对议题的报道框架会塑造公众的认知和情感；人们的情感表达和情感体验都是通过媒介作为中介来进行的；媒介塑造了人们以情感为基础的社会交往关系。③ 因此，在社会交往中，媒介也承载着情感交流、表达和传播的功能。基于这种认知，笔者试图从情感维度来分析媒介暴力的表现形式、特征、成因、后果及社会影响等，也就具有一定的合理性。

第一节　关于情感暴力的文献综述

情感暴力，也是一种精神暴力。关于"精神暴力"，中西方学者一般从两个层面对其进行界定：一是遭受身体暴力间接影响了受害者的精神或情感；二是区别于肢体暴力或非身体伤害的纯粹的精神暴力。对于前者，研究者关注身体暴力给受害者带来的精神创伤，它往往导致恐惧、焦虑和其他精神症状，以及人

---

① 肖玉敏 . 新闻采访情感暴力浅析 [J]. 中国报业，2017（8 上）.

② 闫玉，姚玉香 . 性别文化视阈下我国婚姻伦理的失范与重建 [J]. 武汉大学学报（哲学社会科学版），2013（1）.

③ 袁光锋 . 公共舆论中的"情感"政治：一个分析框架 [J]. 南京社会科学，2018（2）.

际交往困难等；后者则侵犯的是受害者的人格，而不是他们的肉体。① 情感暴力更加隐蔽，法律上难以进行界定和惩罚，但是对受害者造成的情感伤害和心理伤害影响深远，后果可能十分严重。在中国的学术研究和媒体报道中，这个概念更多地被表述为"冷暴力"。

笔者在中国知网上以"情感暴力"为关键词进行搜索，得到290条结果（截止到2021年5月8日）。这些文献的关键词主要有"冷暴力""暴力行为""领导者""暴力遭遇""性暴力""情感管理""暴力事件"等。以"情感虐待"为关键词，共搜索到607篇文献，添加"性别"关键词后，筛选出与之相关的论文138篇；以"'合理化'暴力"为关键词，得到3篇相关文献；以"情感　女性　媒体"等为关键词，得到94条搜索结果。上述文献包括中英文论文，本章的文献综述将结合上述研究成果展开。

一、情感暴力的表现形式

情感暴力的表现形式，除了语言上的贬低、侮辱和谩骂外，还包括在形象塑造或再现中存在的刻板印象、负面化（或者说异化），以及对再现对象或指涉对象的人格贬低、刻意丑化等。叶齐华从语言学角度分析了夫妻间的精神暴力在词语和非词语虐待行为上的性别差异，指出这种差异是基于并强化了社会中的性别不平等问题。② 苏美妮将都市青春剧中的女性类型归结为"他者型女性""自我型女性""依附型女性"三类。她认为，每一类女性商品形象背后都潜藏着"父权制"隐秘而强大的宰制力量。这种父权意识体现为对女性价值与社会行动的规训、惩戒、压迫和束缚，剧中所塑造的女性形象与现实生活中女性的社会责任背道而驰。③ 这种贬低女性价值、缺乏性别敏感性的表达策略说明传统父权文化仍然左右着人们的观念，也喻示了"男性中心思想"仍然把控着当

---

① 叶齐华. 精神暴力对家庭和谐的影响：实证调查夫妻在家使用／经历非词语虐待行为情况 [J]. 当代经济，2011（17）.

② 叶齐华. 精神暴力对家庭和谐的影响：实证调查夫妻在家使用／经历非词语虐待行为情况 [J]. 当代经济，2011（17）.

③ 苏美妮. 媒介形象与父权规制：论青春家庭剧中都市女性形象的父权制内涵 [J]. 华中师范大学学报（人文社会科学版），2016（1）.

下的"文化领导权"。汪兴和通过对新浪微博的抽样调查分析，发现社交媒体中存在着对女性群体大量的负面报道，涉及性、犯罪、自杀等多个方面的内容，使这个群体形象被异化。他认为问题症结在于商业化和市场化的利益导向，社交媒体为了吸引眼球，迎合受众心理，大量散布关于女性的负面信息和扭曲形象。① 隗辉注意到，网络直播中的女性形象被异化为物化角色乃至于供人消遣和消费的商品。② 此外，亲密关系中的情感暴力则体现为一种刻意为之的精神控制。施害者会蓄意打压受害者的自信心和情绪，贬低其人格和个体价值，通过情感虐待和"洗脑"控制，迫使对方对自己产生畏惧和依赖心理，心甘情愿接受其摆布。这就是一种情感"PUA"（pick-up artist，即情感控制或者说情感奴役）。在情感暴力的受害人身上，则体现为心理学上的斯德哥尔摩效应。③ 所谓斯德哥尔摩效应，是指在绑架犯罪行为中，人质对绑匪产生情感甚至反助绑匪的现象。被情感暴力操控的受害人，会深陷于情感困境而不自察、不自知，或者无力自拔，除了逆来顺受，甚至通过建立与施暴者的情感连接来自我催眠、自我麻醉，出现认知失调方面的问题。正因为如此，情感暴力成为一种隐性暴力，具有很强的隐蔽性和破坏力，它对于受害人产生的伤害和影响程度，甚至超过了身体暴力。④

二、围绕情感暴力展开的性别与权力的关系探讨

权力和暴力紧密相关、相互依赖。在罗兰·米勒（Rowland S. Miller）看来，权力建立在对有价值资源控制的基础上。⑤ 但是社交权力⑥ 有所不同（情感权力就是一种社交权力，因为它源于人与人之间的社会交往，自社会关系中产生），

① 汪兴和.网络社交媒体中女性负面媒介形象初探 [J].传播与版权，2015（12）.
② 隗辉.网络直播环境下的女性媒介形象异化研究 [J].湖北社会科学，2020（12）.
③ 陈琦.规训、惩戒与救赎：PUA 情感传播中的"斯德哥尔摩效应" [J].现代传播（中国传媒大学学报），2020（9）.
④ Strauss M A，Sweet S.Verbal/symbolic aggression in couples：Incidence rates and relationships to personal characteristics[J].Journal of Marriage and the Family，1992（54）：346-357.
⑤ [美] 罗兰·米勒.亲密关系（第 6 版）[M].王伟平，译.北京：人民邮电出版社，2015：373.
⑥ 罗兰·米勒将"社交权力"定义为"影响他人行为并抵制他人影响自己的一种能力"。参见罗兰·米勒.亲密关系（第 6 版）[M].王伟平，译.北京：人民邮电出版社，2015：372.

拥有权力的人有时未必拥有这种人们渴望得到的资源（比如金钱或社会地位），他/她只要控制了当事人获得这些资源的能力就足够。在情感关系中，亲密关系的伴侣也能控制我们获得有价值的人际奖赏——比如身体爱抚或者情绪价值，因而也就拥有了这种社交权力。虽然，在亲密关系中，伴侣双方对彼此都具有权力，双方都可以通过亲密关系中的排他性和行为控制来对伴侣施加影响，但是因为资源替代选择的易得性会影响亲密关系中权力的平衡，那些拥有更多选择的人必然拥有更多的权力，这也可以解释为什么在传统婚姻中男性一般比女性更强权。陈琦以北大女生包丽不堪男友精神控制绝望自杀事件为案例，分析了PUA这种精神控制手段，其运作逻辑正是男权意识对受害女性的欺压和操控。还原"包丽事件"，在这段"不寒而栗的爱情"关系中，男方的"处女情结"因为女方曾经有过性经历而被放大和合理化，并成为女性洗不掉的"污点"，成为男方对女方进行侮辱、欺凌和虐待的合理借口，而女性也因此深怀愧疚，害怕被对方抛弃，情愿逆来顺受，从而饱受男友的情感勒索以至于绝望自杀。陈琦据此指出，PUA情感暴力的本质，就是利用男权思想来压制女性，把男性视为一家之主，或在伴侣关系中居于主导地位；而女性必须服从丈夫的意志，女性的言行也必须符合传统男权制社会的性别角色期待：女性要注重外表，不需要有太高的学历，看重家庭，不要参与"雄性竞争"，以获得男性的青睐作为衡量女性价值的标准。[①]"合理化"暴力固然缘于家庭关系（包括恋爱等亲密关系）中丈夫的权威地位，但强大的社会规范也能赋予任何人的请求以合理权力。[②]比如在男权文化中，男性有权力命令自己的配偶，妻子也有遵从的义务。这种"合理化暴力"就含有性别权力的意味。刘积源借用精神分析理论，通过对电影作品中女主角"恋父情结"的心理剖析，解释并阐释了"恋父情结"背后的厌女主义思想，以及其中所蕴含的隐性暴力。[③]李成华等的研究成果试图说明，社

---

① 陈琦.规训、惩戒与救赎：PUA情感传播中的"斯德哥尔摩效应"[J].现代传播（中国传媒大学学报），2020（9）.

② Raven B H.Power/interaction and interpersonal influence：Experimental investigations and case studies[M]// Lee-Chai A Y，Bargh J A，eds.The Use and Abuse of Power：Multiple Perspectives on the Causes of Corruption.Philadelphia：Psychology Press，2001：217-240.

③ 刘积源.恋父背后的隐性暴力：电影《不请自来》的心理学解读[J].西安外国语大学学报，2014（3）.

会底层人群（农民工）夫妻间的经济权力结构和情感关系变化对婚姻暴力具有深远影响，而且夫妻间相对资源占有情况和情感因素对强势一方实施冷暴力和肢体暴力的影响存在性别差异：女性对配偶实施冷暴力的比率远大于男性，而相对资源因素对男性实施暴力的影响大于女性。[①] 马春华通过数据分析，指出除了"肢体暴力"（包括性暴力在内）外，中国夫妻间暴力中的"情感虐待"（情感暴力）和"强制性控制"（强迫权力）呈现出"性别对称性"[②]，即夫妻双方都有可能遭受虐待。她比较了丈夫受虐和妻子受虐的影响因素，指出双方具有相似的受虐模式，即家庭权力结构对于男性和女性受虐的影响都是显著的。[③] 在夫妻平权的家庭，发生夫妻间暴力的可能性是最小的；丈夫掌权的家庭，妻子遭遇强制性控制的可能性是最高的，其次是肢体暴力（因为对妻子的强迫、惩罚和施暴，足以体现男性权力）；而妻子掌权的家庭，丈夫遭遇任何一种夫妻间暴力的可能性都是最大的，而且性别意识传统的丈夫遭遇情感虐待的可能性更大。[④] 这一点尤其值得关注，说明女性主义理论和相对资源理论对于男性受虐的解释力有限。因此在征用女性主义理论讨论权力与性别暴力的问题时，要注意这类理论的局限性，应在实践和数据的基础上，把理论视野放在更加广阔的学科融合层面进行思考和阐释。

三、"合理化"暴力的问题

随着时代进步和男女性别观念的变化，亲密关系也在发生变革。例如，恋爱暴力（女性作为施暴方）从经验到社会认知层面都出现了新的变化趋势。研究者将其称为"野蛮女友、温柔暖男"模式，认为当下中国性别认同的多元化和性别气质变迁为恋爱暴力提供了合理化的解释。[⑤] 进一步的研究则表明：亲

---

① 李成华，靳小怡.夫妻相对资源和情感关系对农民工婚姻暴力的影响：基于性别视角的分析 [J].社会，2012（1）.

② 马春华.中国夫妻间暴力的"性别对称性" [J].河北学刊，2013（5）.

③ 马春华.性别、权力、资源和夫妻间暴力：丈夫受虐和妻子受虐的影响因素分析比较 [J].学术研究，2013（9）.

④ 马春华.性别、权力、资源和夫妻间暴力：丈夫受虐和妻子受虐的影响因素分析比较 [J].学术研究，2013（9）.

⑤ 范燕燕."合理化"的暴力：恋爱模式与亲密关系的变革 [J].常州工学院学报（社会科学版），2013（1）.

密关系暴力中的受害人（多数时候是指女性）情愿忍受暴力——即使深陷类似PUA这样的情感控制和精神虐待无法逃脱，甚至为施暴者辩护；除了施暴者针对受害者的心理弱点所使用的情感控制策略奏效，其根本原因在于性别不平等的社会机制。迈克尔·约翰逊（Michael P. Johnson）将之命名为"亲密恐吓"，这是"以爱之名"实施的暴力，包括经济控制、强迫和威胁、恐吓、感情虐待、孤立策略、利用孩子施压、利用男性特权等手段。在这里，暴力成为伴侣一方控制和压迫另一方的工具。[①] 被爱情和情感所蒙蔽的受害者，把过错归咎于自身，甚至将伴侣的暴力当作对自己的"爱意"，视为"理所当然"。所以，将亲密关系暴力"正常化"也成为一种（女性）自卫机制。这些研究启示我们：对亲密关系暴力的受害者进行心理疏导，重建情感认知，使其免于恐惧和焦虑，才是帮助她们走出暴力阴影的有效手段之一。

四、情感暴力的因果关系和形成机制

关于情感暴力的成因，不少研究者都是从心理学的角度出发，试图作出解释和说明。郭宏珍认为，暴力源于个体意识，是个体的欲望受到压抑或者欲望无法获得满足的结果。[②] 李全彩注意到家庭暴力中的"冷暴力""精神虐待""高知识阶层"等特点，并分析了其心理学成因：①受害者有长期的受虐史，心理承受力比较强；②受害者缺乏经济能力，无法摆脱对施暴者的依附关系；③受害者与施暴者之间存在扭曲的相互依存关系（受害者软弱、退让，缺乏外部支持，只能与施暴者牢牢"绑定"，纵容了暴力行为；而施暴者往往采用谩骂、贬低、羞辱等办法摧毁对方的自尊心，从而达到精神控制的目的）；④受害者形成了"习得性无助感"，以至于滑入情感暴力陷阱而无法自拔。[③] 另外，网络暴力也是近年来备受关注的问题。网络暴力作为一种虚拟暴力，更多地表现为对他人的人格攻击、侮辱、谩骂和诋毁，以及无底线地暴露隐私等，侵害他人的人格权，严重情况下甚至导致受害者心理抑郁、崩溃，以至于自杀。所以，网络暴

---

① Johnson M P.A Typology of Domestic Violence：Intimate Terrorism，Violent Resistance，and Situational Couple Violence[M].Boston：Northeastern University Press，2008.

② 郭宏珍.仪式暴力的公共性与合理化：勒内·吉拉德论宗教与暴力 [J].河北学刊，2016（6）.

③ 李全彩.家庭暴力的社会心理学成因分析与救助[J].理论月刊，2012（3）.

力也更多地被视为一种精神暴力或情感暴力。潘云梦等从社会心理学角度细致地分析了网络暴力的成因，包括：网民强烈的好奇心与膨胀的自我意识；网民为了释放压力、宣泄消极情绪；群体极化心理；网民自视为道德与正义的化身，从指责和贬斥他人的过程中获得社会认可和心理优越感；等等。① 还有学者从个体生命经验的角度出发，指出了施暴行为和童年时期的虐待经历相关。王旌宇等通过对青少年暴力犯罪行为的研究，发现"暴力接触程度、性虐待、情感忽视、反社会人格、同伴影响，以及吸毒、抽烟、家庭类型与青少年暴力犯罪关系密切"。② 还有学者认为，儿童早期的虐待经历会通过内化直接影响其成年后的人际关系，使他们难以相信对方，无法建立或正确处理和他人的亲密关系，更容易出现以暴力行为或者冷暴力的方式来解决亲密关系中的冲突问题。③ 董亚娜等运用依恋理论分析婚姻关系中的质量问题，指出有儿童期虐待经历往往会导致成年期形成不安全依恋人格，如具有回避型依恋和焦虑型依恋的成人，更倾向于不信任他们的伴侣，在双方的情感互动中更容易出现用对抗、强迫、威胁、责备等攻击性方式来表达心理需求，也就是使用某种程度上的精神暴力，从而影响了亲密关系，对婚姻质量产生消极作用。④ 希瑟·戴伊（Heather L. Dye）的研究也提到，儿童早期创伤对成年后的人格影响很大。特别是儿童时期如果遭受情感虐待，这种精神创伤会造成负面的长期后果，如抑郁、焦虑、压力和神经质人格等。他用数据进一步说明，情感虐待可能是造成不良发育后果的最具破坏力的形式，严重程度堪比甚至超过其他形式的虐待（身体虐待、性虐待，或者二者兼有）。⑤ 田苗等用回顾性研究的方法调查大学生的儿童期虐待经历和网络欺凌行为之间的关系，结果表明：儿童期受虐待经历会增加大学生实施网

① 潘云梦，卜建华，张宗伟．微媒体环境下当代青年网络暴力现象的社会心理学分析 [J].山东青年政治学院学报，2017（6）.

② 王旌宇，冯健新，张玉清．心理学视角的青少年暴力犯罪成因探究 [J].现代交际，2020（3）.

③ Kealy D，Ogrodniczuk J，Howell-Jones G.Object relations and emotional processing deficits among psychiatric outpatients[J].Journal of Nervous and Mental Disease，2011（2）：132-135.

④ 董亚娜，李信，陈毅文．成人依恋在儿童期虐待与婚姻质量间的中介作用 [J].中国心理卫生杂志，2016（6）.

⑤ Dye H L.Is emotional abuse as harmful as physical and/or sexual abuse?[J].Journal of Child & Adolescent Trauma，2020（4）：399-407.

络欺凌行为的风险；情感忽视、情感虐待、躯体虐待、性虐待及躯体忽视均与实施网络欺凌情况呈正相关。[1]调查对象在童年时期的虐待经历和成年后的网络暴力之间呈现了一种"暴力循环"。这种相关性提示我们，消除暴力的努力，要从儿童开始抓起，培育儿童的健全人格，使儿童形成自尊自爱和尊重他人的意识，树立性别平等和尊重女性的观念，学会正确处理个人的情绪和人际交往中的问题，从而避免采用冷暴力或身体暴力的方式来解决与他人的冲突和矛盾。这样才能最大限度地消除各种形式的暴力行为，营造和谐的社会氛围。

由上可见，现有研究成果分别从表现形式、性别与权力的关系、"合理化"暴力、情感暴力的成因与相关性因素等方面展开探讨，这些观点和研究方法对笔者的研究多有启发，而笔者也从中发现了一个可能被忽视的角度，即媒介（广义上的媒介）在情感暴力实施和传播中的中介作用。它究竟是充当了"助纣为虐"的工具，还是本身就是施暴者中的一分子？消除暴力的努力在于正本清源，那么，对于情感暴力这一隐性的暴力来说，何为根本、何为源头，又该如何着手清除？本章试图作出解答。

第二节　从"迷雾"到剥夺——情感暴力中的权力机制

暴力与权力关联，似已不言而喻。在社会关系中，有人努力想成为占据主导权的一方，对身边的人表现出很强的控制欲或权力欲。当这种权力欲不能通过更加合理的方式来获得时，他们就有可能动用暴力来施加控制。因此，当我们分析情感暴力时，首先关注它背后所蕴含的权力机制。在本节中，我们重点分析私人领域的亲密关系中情感暴力的作用形式和性别意义，也会涉及公共领域的情感暴力，以此获得更为全面的理论观照和现实价值。

米勒认为，亲密关系中的权力建立在对有价值资源的控制的基础上，如果其中一方控制了对某种资源的使用权，就会使另一方服从于控制方的指令，以换取相应的资源。如此一来，控制方或者资源的占有者就拥有了权力。这里的资源可以是财富、地位、身份或者经济收入，或者是孩子、父母、房产等任何

---

① 田苗，马自芳，薛钟瑜，等．儿童期受虐待经历与大学生实施网络欺凌的相关性［J］．中国学校卫生，2020（1）．

对双方来说都具有价值的事物。米勒归纳出亲密关系权力的几个原则，比如：①"较小利益原则"，简单来说，在亲密关系中投入较少的那个人拥有更多的权力。被爱者比追求者在双方关系中拥有更多的主动权。比如说，女性可以用"性"来与男性交换各种资源，因为男性更渴望性。②"可替代选择上的差异"，拥有更多选择权的人，拥有更多的权力。养家的男人就可以对做全职主妇的妻子发号施令，拥有家庭事务的话语权和决策权。③"命运控制"（伴侣权力具有唯一性）与"行为控制"（可交换性，比如说，"投我以木瓜，报之以琼琚"）。④亲密关系中，伴侣双方对彼此都具有权力，而且权力平衡关系会随着双方地位、身份、收入的变化而发生变化。①

因此可以说，两性之间的权力关系取决于双方在相对资源占有上的差异与分配上的性别不公正。在传统社会里，男性的经济地位、社会地位占优，在家庭权力中也居于优势，因而男性权力（父权和夫权）占据主导；进入现代社会，在提倡男女平等、"同工同酬"的口号下，男性得到的工资收入仍然高于女性。根据智联招聘与联合国妇女署共同发布的《2019中国女性职场现状调查报告》，男性在2018年、2019年的整体月平均收入分别为8006元、9467元，女性在2018年、2019年的整体月平均收入分别为6589元、7275元，女性的月平均收入是男性的75%~85%。

而且，现有的社会规范和深层的文化观念也倾向于支持和强调男性的支配地位。在最受中国人青睐的公务员招考录用中，性别歧视表现尤其突出。比如，2020年的国考招录岗位中，偏好女性的岗位为146个，占1.45%，而偏好男性的岗位有1596个，占15.89%，后者是前者的11倍。2017—2020年，偏好男性报考的岗位比例都超过1/10，最高时甚至达到22.36%，接近1/4。而偏好女性的岗位，仅2020年占比突破1%，2018年仅有1个岗位，2017年和2019年都是零岗位。可见在国家公务员招考中性别歧视问题十分严重，女性获得的机会长期明显少于男性。② 社会学研究者倾向认为，"存在一种世界范围内的刻板印象，即男性比女性更有决策能力。大多数文化仍然受到父权制的支配，赋予男

---

① [美] 罗兰·米勒. 亲密关系（第6版）[M]. 王伟平，译. 北京：人民邮电出版社，2015：373-375.
② 2017—2020年国家公务员招考性别歧视报告 [EB/OL].[2021-12-30]. https://www.dydata.io/datastore/detail/1890778987475636224/.

性更多的权力"①。在中国，"数千年来始终保持稳固的父权制思想，对于女性的占有、窥视与欢愉成为权力规训下的符码"②。在社会分工、薪酬待遇、家庭决策和家务劳动等方面，性别不公的问题都比较普遍。所以，当性别权力投射于家庭或亲密关系中，"男主外女主内""夫唱妇随"就成为社会大多数人认同的权力平衡关系。而在情感层面，一般认为：男人偏重理性，有些时候即使"不近情理"也可被接受，容易得到谅解；女人感性，重视感情，脆弱敏感，容易在感情中迷失或者陷入被动。

一、"迷雾"原则

从思维和心理模式上说，女性对于情感和语言具有天生的敏感性，所以女性擅长人际沟通，富有同情心，有很强的共情能力。但这些优点放在亲密关系中，当性别权力转化为情感暴力时，女性的情感特质，恰恰使之容易处于情感操控或虐待的弱势地位。苏珊·福沃德（Susan Forward）等将亲密关系中的情感操纵和控制命名为"情感勒索"。她指出："情感勒索是一种强有力的操纵方式，和我们亲近的人用它直接或间接地威胁我们。如果我们不顺从他们，他们就会惩罚我们。任何形式的情感勒索都有一个核心的基本威胁，即利用我们的心理弱点或者掌握的隐私，威胁或逼迫我们作出妥协和让步。"③毫无疑问，情感勒索也是情感暴力的一种。情感勒索之所以能够成功控制和左右受害人的认知与行为模式，是通过所谓的"迷雾"（FOG）④原则起效的。施暴者通过语言、文字或者行为，把"迷雾"灌输到受害人的思想中，对受害人进行洗脑式的精神控制，使之心甘情愿地顺从他们的意志；否则，其就会感到极度的恐惧不安或者陷入深深的内疚感中。

在"包丽事件"中，她的男友牟林翰要求她称呼自己为"主人"，而将自身贬低为"狗"，要求她在自己身上文上"我是牟林翰的狗"字样。这就是在对她

---

① Carli L L. Gender，interpersonal power，and social influence[J].Journal of Social Issues，1999（1）：81~98.

② 隗辉.网络直播环境下的女性媒介形象异化研究 [J]. 湖北社会科学，2020（12）.

③ [美]苏珊·福沃德，[美]唐娜·弗雷泽.情感勒索：助你成功应对人际关系中的软暴力 [M].王斌，译.北京：金城出版社，2010：4.

④ FOG，恐惧（fear）、义务（obligation）和内疚（guilt）三个单词的首字母缩写。

进行人格贬低。在两人的相处过程中，男友利用包丽对"失贞"的负罪感，在两人的交流中不断对她使用语言暴力，指责她不自重、"犯了大错"，"对一个女孩来说，所有的第二次都没意义"，而把自己说成是被迫"接盘"的"可怜鬼"。牟用这些话语来刺激、恐吓女生，让她背负内疚，产生自我怀疑、自我否定："我以前觉得我不会为做过的事情后悔，我现在觉得好后悔。"包丽最初也能意识到男友说的这些话语实际上是一种"精神暴力"："你明知道这样我又没办法学习，你让我期末怎么办？我真的好害怕。"① 但是男友一次次施以情感勒索，逼她拍裸照和性爱视频作为惩罚和要挟，"承诺"会娶她，强调她的"失贞"给自己带来耻辱和伤害，甚至逼她用"死"来表达自己的忠诚；牟自己也多次以扬言自杀的方式来胁迫包丽，不许她提分手。每一步都是精心算计，让包丽一步步落入被操纵的陷阱，丧失了自我意识，最终屈服于这种压力，身心俱疲，绝望自杀。

从新闻报道披露的微信聊天记录中，我们可以清晰地看到，情感暴力与情感勒索所使用的工具——"迷雾"，不外乎是制造恐惧，利用他人的责任感或内疚感，使其产生自卑与自责心理，让受害者恐惧被抛弃、被拒绝，恐惧改变，害怕失去权利——这些恰恰都是基于人性的弱点。"杀人诛心"，这是最残酷的惩罚。长期处于恐惧心理和精神压力之下，会极大地削弱受害者的安全感，使其丧失信心和生活的勇气，身体和心灵都被严重摧毁。这也是情感暴力最具有杀伤力的地方。

情感暴力以及情感勒索的施加者往往是与受害者关系紧密的亲人、家人或者朋友、同事，双方处于"强关系"圈层，这也是受害者十分看重并努力维系的关系。正因为存在这种亲密关系，当受害者深陷于他人所施加的情感暴力，或者受到情感勒索时，其无法分辨出那究竟是一种暴力，还是出于"深爱"而生的嫉妒之情。所谓"爱之深，责之切"，人们总是愿意相信和原谅这种带有强迫和暴力色彩的"爱"——"我是为你好"，而忽视或低估了它们所造成的伤害。面对这种口舌之间的言语伤害、无端指责，或者冷漠疏远、不理不睬，以及用"冷战"方式进行的情感惩罚，受害人往往会感到心理失衡、羞愧和充满内疚，承受极大的心理压力，或者产生自我怀疑，丧失自尊，在对施暴者的妥协与屈

---

① 柴会群，等．"不寒而栗"的爱情：北大自杀女生的聊天记录 [N]. 南方周末，2019-12-12.

服中，一步步失去自我意识和正常的判断力。严重的精神虐待，还会让受害人被迫陷入人生绝境，经历"社会性死亡"。

2020 年 7 月，杭州女子取快递被造谣"出轨快递小哥"，还被恶意散布到网上大肆传播，甚至还有编造出来的调情对话截图"为证"。谣言传开以后，该女子收到大量谩骂她的信息，连关系要好的朋友也信以为真，打电话来责备她。就职的公司在未经查证的情况下，将她"劝退"（实则开除）。满腹冤屈无处伸张，导致女孩后来出现了严重的抑郁症状。而造谣者在被受害人起诉后，依然不认为自己的行为触犯了法律、对当事人造成了严重后果，而认为"自己只是开了个玩笑"，不愿对受害人当面表达歉意，还认为对方要求的赔偿金额"不合理"。①2021 年 4 月 30 日，经杭州市余杭区法院审理判决，被告人郎某某、何某某以诽谤罪被判处有期徒刑一年，缓刑两年。

当然，对受害人进行造谣、诬陷，贬低其人格道德，发动群众（网友）对受害人进行"舆论审判"，这种精神暴力的实施者也不仅限于男性。2020 年，清华女生诬陷学弟性骚扰，在个人的朋友圈和微信群内公开了该男生的姓名、样貌等信息，扬言要让他"社会性死亡"。调看监控后发现冤枉了人，该女生一句轻飘飘的"文字和解、互相道歉"就想搪塞过去。但是对于被诬陷的男生而言，其精神上所受的创伤，不是一句道歉就可以弥补的。被网暴的男生这样描述自己当时的心情："那个女生的言辞和我照片下的留言让我根本睡不着，从身高到长相到人品到家庭被骂了个遍，我很少哭，但那晚对着手机哭，咬着手背哭，终于知道什么叫'垂泪到天明'。"②受害男生甚至想到，如果视频没拍到，他就打算以死自证清白。幸好，最终监控还原了真相，也为他洗刷了嫌疑。

类似"舆论审判""媒介审判"，或者 2020 年的网络流行语"社会性死亡"，其含义多是指通过对某人的"丑行"或者"丑闻"进行广泛曝光和传播。不管曝光出来的是事实，还是蓄意捏造的谣言，都会给当事人带来极大的负面影响——被"示众"，个人信息被"人肉"曝光，成为人们茶余饭后的谈资，遭受

---

① 舒静、吴帅帅. 杭州女子取快递被造谣事件调查：一个"玩笑"引发的网络暴力 [EB/OL].（2020-12-16）[2021-12-30].https：//baijiahao.baidu.com/s?id=1686220744621531454&wfr=spider&for=pc.

② 曝清华一女生诬陷学弟性骚扰 真相曝光学姐遭喷 [EB/OL].（2020-11-20）[2021-12-30]. https：//www.baizhan.net/news/shehui/20201120/56656.html.

各种指责、谩骂和鞭挞，有的甚至遭遇现实的攻击，生活、工作受到严重影响。这就是精神暴力比身体暴力或性暴力更可怕的地方，身体上的伤害可以痊愈，被污损的名誉和尊严不是靠道歉、澄清或赔偿就能轻易挽回的，更重要的是，给受害人造成的恐惧、焦虑、抑郁和心理压力等精神创伤也许其终生都无法治愈。2020 年，美国奈飞公司（Netflix）推出一部纪录片《媒体审判》（*Trial by Media*），回顾了美国历史上一些极具戏剧性、轰动一时的案件，指出"社会性死亡"这个"锅"不应由互联网时代来背，谣言也好，网络暴力也好，"传媒只是工具，根源在于人心"。[①]

二、情感剥夺

情感暴力最致命的危害在于，它通过打压受害人的人格尊严和自信，破坏受害人的社会支持系统，让他们陷入孤立无援、腹背受敌的人生绝境，剥夺了他们的自由和快乐，从而彻底摧毁了受害人的生活。在这个过程中，情感剥夺是一个经常被用到的手段。所谓情感剥夺，就是预期自己的情感需要无法得到真正满足，如关爱、照料、抚慰、温情等。心理学家认为，个体健康的心理发展需要获得基本心理需求的满足。这些核心的心理需求包括：安全的依恋关系、自主性、能力、自我认同感、表达重要需求的自由、自然的表达和玩耍、界限感和自我控制。这些心理需求得不到适当满足，就会导致个体产生不良的心理图式，并影响个体的健康发展和社会适应，使个体产生人格障碍等严重的心理问题。[②] 很多心理实验和心理学研究也表明，如果儿童在幼年时期经历了情感剥夺，或者成年人的早期经历中有过情感剥夺的体验，他们就会产生某种依恋人格，无法建立和他人的亲密关系。[③] 国内学者如陈晶琦、李鹤展等通过大量的横向研究，也证实了童年期的情感虐待经历与抑郁等心理问题有着密切的关系。[④] 不仅如此，美国心理学家埃格尔·恩·埃格洛夫（Elaine M. Jennings）通过

---

① 刘辉 . "社会性死亡" 的根源是人心 [J]. 检察风云，2021（2）.

② 陈燕维 . 自我分化和早期不良图式的关系 [J]. 浙江海洋学院学报（人文科学版），2014（6）.

③ 车文博 . 心理咨询大百科全书 [M]. 杭州：浙江科学技术出版社，2001：612.

④ 陈晶琦 . 我国儿童虐待及受害儿童心理健康的研究进展 [J]. 中华儿科杂志，2006（8）. 李鹤展，张亚林，吴建玲，等 .210 例抑郁症患者儿童期受虐史调查及临床特征 [J]. 临床心身疾病杂志，2006（3）.

临床经验证实，情感剥夺和社会心理创伤还会诱发生理性疾病。[1] 可见，情感剥夺作为一种精神虐待，乃至精神暴力的手段，能够在无形之中给人带来致命的伤害，从根本上摧毁一个人的人格、尊严和社会生存能力。"杀人诛心"的后果实在可怕，国内近年来报道了很多关于不法分子利用 PUA 手段，控制和摧残女性意志，骗财骗色，甚至怂恿、教唆受害人自杀的新闻，还有韩国"N 号房"事件，以及韩国女艺人张紫妍被胁迫性交易等事件，我们从中都能够看到这种精神暴力的巨大危害性。

阿伦特认为，暴力行为的本质是由实施暴力的手段和目的所决定的，而当这两个方面如果应用在人类问题上，往往会体现出这样的特征：目的面临被手段压倒的危险。[2] 比如在亲密关系中，如果一方对另一方实施了家庭暴力，无论是身体暴力还是精神暴力、情感暴力，无论其出发点或者说目的是否为所谓的"爱情"，一旦涉及暴力，其性质就变了。那不是爱，而是一种虐待，甚至涉及犯罪。莎士比亚的四大悲剧中的《奥赛罗》和《哈姆雷特》，里面的男主人公一个是出于嫉妒而杀妻，一个为了复仇而逼疯未婚妻，其动机固然有爱的成分，但其行为称得上是暴行和恶行了，不值得同情。手段一旦凌驾于目的之上，或者实施者为了实现目的而不择手段，无论当事人宣称自己是出于何种目的，其行为都是卑劣的、不正义的。

多萝西·史密斯（Dorothy Smith）的女权主义位置理论则认为，在当前的社会关系中，妇女的本质、需要、角色和定位，受到以父权为中心的男权统治机制的影响，而且，这种统治机制已经被高度组织化。社会中的女性之所以会产生被剥夺的感觉，是因为她们深陷父权秩序的桎梏。在这一秩序中，女性生活的世界和她们的身体，都摆脱不掉男性权力的控制；并且，男性还会借此来强化其统治地位。[3]

综上所述，在情感暴力中，无论是利用"迷雾"原则的情感控制，还是有意漠视乃至剥夺他人的基本心理需求的情感剥夺行为，都会给当事人带来影响深

---

① Egle U T, Egloff N, Von Känel R.Stress-induced hyperalgesia（SIH）as a consequence of emotional deprivation and psychosocial traumatization in childhood[J].Der Schmerz, 2016（6）: 1-18.

② ［美］汉娜·阿伦特. 暴力与文明 [M]. 王晓娜，译. 北京：新世界出版社，2013 : 3.

③ 郑涵. 女性将亲密关系暴力合理化的原因探讨：基于性别不平等视角 [J]. 法制与社会，2020（6）.

远的精神创伤和人格障碍，破坏其正常的社交能力和积极性社会评价。它们的危害程度甚至超过了现实的身体暴力和性暴力，其背后所蕴含的权力机制依然是不平等的性别观念和认知结构上的差异。而权力的实施过程则通过一系列的心理对应关系——正面情绪与负面情绪、高度的自尊与自卑、较高的自我评价/自我贬低等，分别对双方产生影响，最终演变成一场事关支配、操纵与控制的权力游戏。

第三节　她（他）们为什么不离开？
——情感暴力受害者的认知失调

面对情感暴力的伤害，受害者为什么不逃离？很多人会有这样的疑惑。有人借用心理学上的斯德哥尔摩效应来解释受害者的心理。[①] 情感暴力多发生在亲密关系中（当然现在也逐渐扩展到其他社会关系中），一项研究表明，因为暴力导致亲密关系破裂，有 43% 的人离开了原来的伴侣，但是仍然有 1/3 的女性停留在虐待她们的伴侣身边。[②] 一方面，这是出于现实的经济因素考量。比如，对没有工作的家庭主妇来说，离婚的代价很高。因为多数离婚案件都涉及家庭房产分割和财产纠纷。随着 2011 年中国婚姻法"司法解释（三）"的出台，房产分割上对女性的不利影响也凸显出来。据武汉市某区人民法院统计，2012 年，该院受理的离婚案件共 117 件，根据"司法解释（三）"第 7 条，房产判归男方的有 86 例，占 74%，判归女方的有 31 例，占 26%，女性分割获得房产的比例明显低于男性。女性因为离婚出户而不得不付出以自己名义购房的高昂的机会成本，离婚后居无定所，以及在再婚市场上"贬值"的潜在风险。另一方面，女性还有孩子抚育、教养等现实和情感牵绊。因此，离开并非一件容易的事。

再者，有研究结论提出，有些人不离开是因为情感上对于施虐者的依恋。[③]

---

① 陈琦. 规训、惩戒与救赎：PUA 情感传播中的"斯德哥尔摩效应"[J]. 现代传播（中国传媒大学学报），2020（9）.

② Campbell L，Miller P，Cardwell M，et al.Relationship status of battered women over time[J].Journal of Family Violence，1994（9）：99-111.

③ 斯德哥尔摩症候群：男人不暴 女人不爱？[EB/OL].（2012-07-20）[2021-12-30].http：//xinli.familydoctor.com.cn/xlcs/201207/5045187162815.html.

这种依恋心理，使受害人即使饱受折磨也仍然不愿意离开施暴者。从心理学角度来讲，是人性中对强权及暴力的恐惧、屈服甚至崇拜，导致了斯德哥尔摩症候群的产生。研究表明，在遭遇挫折时，人的心理会倾向于将消极刺激转化为积极刺激，这是人类心理上的一种自我保护机制，借此渡过难关。① 作家林奕含在她的自传体小说《房思琪的初恋乐园》中，借房思琪的话说出了受害者的心声："我要爱上他（老师）。你爱的人要对你做什么都可以，不是吗？……我要爱老师，否则我就太痛苦了。"② 受害者通过自我催眠、遗忘、选择性记忆或者"合理化"暴力的方式来自我麻醉，这在心理学上被称作"防卫性"的心理特质。具体包括：对认同的过度需求；对愤怒的强烈恐惧；为了获得平静的生活愿意付出任何代价；倾向于对别人的生活负担起过多的责任；高度的自我怀疑。③

在正常情况下，这些特质都是无害的，甚至有一些还具有积极意义。但是，当这些特质控制了我们，并与我们的自信心、理智和思想观念发生冲突时，就容易陷入为他人操纵的危险。为了寻求认同或者免于恐惧而有意迎合他人、屈从于他人的意志，以及出于内疚感或者自卑心理，面对毫无理由的指责、谩骂而不敢反抗、逆来顺受，没有意识到自己正在遭受精神勒索、虐待乃至精神暴力，反而为施暴者辩解、开脱，或者为自己寻找继续忍受的理由，这都体现了一种认知失调。

认知失调是美国社会心理学家利昂·费斯汀格（Leon Festinger）在 1957 年提出的概念，指"同时拥有两种或两种以上相互矛盾的信念、观念或价值观的个人所承受的精神压力或不适，从而在感知、情绪、生理上产生不愉悦、不舒适感。其中，接触具有不协调性的新信息，使得个体在现有信息与原有认知间出现不一致，可导致认知不平衡的产生"④。出现认知失调的情形时，人们为了淡化或者减轻这种不舒适、不愉悦乃至痛苦的体验，一般会采用改变行为、态度

① 陈琦. 规训、惩戒与救赎：PUA 情感传播中的"斯德哥尔摩效应"[J]. 现代传播（中国传媒大学学报），2020（9）.

② 林奕含. 房思琪的初恋乐园 [M]. 北京：北京联合出版公司，2018：24.

③ [美] 苏珊·福沃德，[美] 唐娜·弗雷泽. 情感勒索：助你成功应对人际关系中的软暴力 [M]. 王斌，译. 北京：金城出版社，2010：105-106.

④ Cooper J. Cognitive dissonance theory[J].Handbook of Theories of Social Psychology，2011（1）：377-398.

或者认知等手段来进行防御，或者自我开解。上文提到的作为性侵和情感暴力受害者的"房思琪们"，她们对于自身痛苦经历的隐忍和接纳，就是通过"认知失调—认知和谐"这一机制来实现自我和解和自我催眠。这是情感暴力受害者的典型心理特征，是一种令人绝望的自我救赎。只不过，无论是虚构的"房思琪们"，还是曾经活生生的"林奕含们""包丽们"，无论她们是使用自我催眠的方式假装"爱上"施暴者，还是因为有过性经历而自觉"清白有亏"，背负巨大的罪恶感和负疚感，在面对亲密关系中的家人诘问、规训，或者伴侣的精神虐待时无力挣扎，以至于画地为牢、三缄其口。这种心灵的监禁，是男权沙文主义的社会文化制造的性别监禁。我们虽"哀其不幸"，但如果归咎于其身处险境而"不争"的懦弱、糊涂或是愚昧，那也实在过于不近人情而近乎冷血。

出现认知失调，既有受害者个人心理上的因素，也有信息不对称和媒介环境方面的原因。前面说过，权力与暴力源于相对资源的不平衡，其中就包含信息资源占有上的不平等。在情感暴力中，加害者和受害者在社会资本、性别权力上占据不同的位置，从而形成相对的优势与弱势。优势的一方能够控制信息的输入与流出，进而控制话语权。如"包丽事件"中，包丽和她的男友虽然都是北大学生，但是其男友利用学生会主席和学长的身份，自居为"主人"，而将包丽贬低为自己的"狗"，在人格上对其进行奴化、贬低和侮辱，不停地对其灌输"你要服从我、对我忠诚"的思想，控制其言行，要求她"绝对服从"自己，甚至用"裸照""性爱视频""流产打胎"乃至"做绝育手术"等类似"投名状"的行为，来实现对受害者的从肉体到心灵的控制，这种恶行就不止于情感勒索或虐待，而是赤裸裸的情感暴力了。

大众传播在构筑"拟态环境"时，初衷原本是消除信息上的不确定性，保证受众能够获得一定程度的信息民主。但实际上，这种拟态环境和现实环境是有差距的。"沉默的螺旋"理论指出，人们总是倾向于传播和接受自己所赞同和支持的信息和观点，当某种信息在传播中占据优势时，就成为所谓的"主流观念""主流价值"而获得更多的认同和支持，从而放大这种文化、观念或者声音。感受到这种"媒介气候"，持赞同观点的人也就越来越多，而反对的声音就会倾向于保持沉默，由此在群体传播中形成了"沉默的螺旋"。不可否认，男权文化（以及父权制文化）仍然在我们的文化、制度和观念中根深蒂固，占据主流地位，而包括性教育、两性关系和性别公正在内的性别教育和性别文化则是匮乏的。所以，无论是在私密的家庭领域还是在公共领域，人们倾向于赞赏、认同和支持男性的力量和声音，而对于性别平等、女性权益保护和心灵成长之类的议题少有涉及。[①]因此，遭遇家庭暴力、性暴力或情感暴力、精神暴力等有形或无形的暴力行为时，受害者迫于自尊和维持"脸面"，对自身遭遇隐忍不言、秘而不宣，以至于种种"以爱之名"施行的精神虐待、控制和剥削暴行横行无忌。

近两年来新闻中爆出的情感PUA事件和"杀猪盘"骗局，很大程度上和一些自媒体公众号、微博大V、网络主播等贩卖情感焦虑、制造"剩女"恐慌和将婚外情浪漫化等传播失范行为大有关系，以至于人们面对情感问题无所适从，落入所谓"情感专家"或感情骗子布设的陷阱中。社会舆论对这些受害者也缺少同情和帮助，一味地指责、谩骂他们的"无脑"行为；而媒介的信息过滤和观念误导，以及定型化的性别结构和文化秩序，会在客观上形成一种"认识论暴力"和情感暴力，导致受到影响的个体在认知和情感上出现偏差，最终陷入恐惧和焦虑，从而丧失了独立思考和自我发展的能力，加重了这种认知失调的状况。媒介（尤其是网络媒体和自媒体）不仅成为承载和实行情感暴力的工具，在某种程度上还成为帮凶，这一点值得社会警醒。

第四节 "破山中贼易，破心中贼难"
——情感暴力的救赎之道

情感暴力不止于造成精神和心灵上的创伤，也会带来生理性痛苦。有研究表明，童年期周期性或经常受到情绪虐待的成人，与从未受到虐待的成人相比，大脑中对情绪调节起重要作用的内侧前额叶皮质明显减少；应对压力的部位，如下视丘—垂体—肾上腺轴，也患有一定程度的失调。[②]而这些功能性的失调，

---

① 2015年《反家庭暴力法》通过以来，这种情形有所改观，但陈年痼疾很难一下子根除，观念遗毒也不会在短时间内清除干净。

② Carpenter L L，Tyrka A R，Ross N S，et al.Effect of childhood emotional abuse and age on cortisol responsivity in adulthood[J].Biological Psychiatry，2009（1）：69-75.

会增加出现抑郁或焦虑等情绪问题的风险。[1]

此外，它不仅给受害者个体造成伤害，还会对社会造成负面影响。社会心理学家的研究表明，遭受过情感虐待的孩子，未来很可能会出现心理或精神疾病甚至是自残或伤害他人的犯罪行为[2]；而这些疾病或反社会行为，正在给整个社会带来负担并造成损失。梁洁霜等对有留守经历的农村大学生的调查研究也表明，童年时期有过留守经历和遭受过情感虐待的农村大学生，有相当一部分人表露出人际关系敏感和社交焦虑。[3]而且，在童年时期经历过精神虐待的人，在成年后很有可能也成为施暴者，造成"暴力的循环"。

情感暴力不仅是个体的遭遇，在某种程度上也反映了一个突出的社会问题——厌女主义。我们可以对身边至亲之人施以语言暴力和人格贬低、侮辱，也可以在行为上限制他们的行动，对他们进行恐吓、操纵、歧视和羞辱，孤立他们，对他们的需求不闻不问，自私冷漠；自然，我们也能把这种精神暴力施加于他人。网民对某个人发起人肉搜索，用偷拍或欺骗方式暴露他人的隐私，"分享"他人的裸照或不雅视频，用充满歧视性乃至侮辱性的言辞攻击他人，煽动偏见歧视，对女性进行"荡妇羞辱""身材羞辱"等，这一类网络暴力屡见不鲜。如2020年3月底，在中国网络上出现抵制脱口秀演员杨笠的"网络围剿"活动，起因是她在2020年12月的《脱口秀大会》上说了这样一句话："为什么男人明明看起来那么普通，却那么自信！"引起了轩然大波，很多男性网民攻击她，说她"挑起性别对立""吃性别红利"，号召全网抵制杨笠，通过举报、投诉等方式，"冲掉她的商业合作"，用语从人身攻击到性别污名，再到偷袭女权，体现了强烈的厌女主义情绪。

社会心理学者认为，在公共舆论的表达中，拥有相似情感的网民更容易聚

---

① Tenkorang E Y, Asamoah-Boaheng M, Owusu A Y.Intimate Partner Violence（IPV）against HIV-positive women in Sub-Saharan Africa : A mixed-method systematic review and Meta-Analysis[J].Trauma, Violence & Abuse，2021（5）: 1104–1128.

② Chen C, Qin J.Emotional abuse and adolescents'social anxiety : The roles of self-esteem and loneliness[J]. Journal of Family Violence，2020（5）: 497–507. 汪瑞，汪姗姗，李丹琳，等 . 医专学生恋爱暴力与童年期虐待经历的关联 [J]. 中国学校卫生，2020（4）: 510–513.

③ 梁洁霜，张珊珊，吴真 . 有留守经历农村大学生社交焦虑与情感虐待和心理韧性的关系 [J]. 中国心理卫生杂志，2019（1）: 64–67.

集在一起，甚至有可能形成公共舆论中的情感极化（affective polarization）现象。① 互联网上尤其容易形成情感极化现象。究其原因，现代人承受着孤独和情感饥渴、情感压抑等"社会痛苦"，而互联网因其匿名性和即时交互性，成为一个安全的宣泄不满的场所，也是一场无休止的狂欢。研究者指出，现实中越是孤独的人，越热衷于互联网上的狂欢，也越渴望融入"集体欢腾"。② 有人研究了新浪微博中的舆论事件，指出其并未构成一个对议题进行理性协商的公共领域，相反，它成为人们宣泄愤怒等极化情感的"减压阀"，并且网民在情感化的批评中充满了对群体利益对立面的妖魔化和恶意揣测。其中虽有网民的自由表达和个性化语言表演，但批评责问和负面情感成为话语空间的主流。③

　　网络中的情感极化不是本章讨论重点，我们还是回到对情感暴力的讨论上。就亲密关系而言，情感暴力因为包裹着"感情"的外衣，所以不容易从一开始就识别出来；也并非所有的情感暴力都像身体暴力的后果那么直接、肉眼可见，它是潜移默化、日积月累地折磨一个人的心理和意志，直至在精神甚至肉体上完全摧毁她 / 他。福沃德等人分析过，情感勒索有四张面孔，分别是：①"惩罚者"，如果不满足他们，我们会承担后果；②"自我惩罚者"，通过自残自伤迫使我们屈服和让步；③"受害者"，经常抱怨自己的委屈，让我们产生内疚，觉得应对此负责；④"诱惑者"，洞察我们的需求，作出一个个口头承诺，引诱我们顺从他们的意志。④ 每一张面孔背后都有一套精心编织的说辞和话语，所使用的情感权力策略或直接或间接（如"惩罚"或"诱惑"），男性更倾向于使用直接策略，女性则经常使用间接策略。⑤ 在双方互动中，有时需要受害人的回应或"配合"（如"自我惩罚"策略），有时则是一意孤行（如恐吓、惩罚、有意忽视

① 　关于"情感极化"的概念，可参阅：Rogowski J C，Sutherland J L. How ideology fuels affective polarization[J].Political Behavior，2016（2）：485-508.

② 　成伯清. 互联网时代的社会性 [J]. 中国社会科学内部文稿，2014（2）.

③ 　潘霁，刘晖. 公共空间还是减压阀？"北大雕像戴口罩"微博讨论中的归因、冲突与情感表达 [J]. 国际新闻界，2014（11）.

④ 　[美]苏珊·福沃德，[美]唐娜·弗雷泽. 情感勒索：助你成功应对人际关系中的软暴力 [M]. 王斌，译. 北京：金城出版社，2010：18.

⑤ 　Clark C L，Shaver P R，Abrahams M F.Strategic behaviors in romantic relationship initiation[J].Personality and Social Psychology Bulletin，1999（6）：707-720.

等），有时需要借助外部舆论或社会环境的压力（如"媒介审判"和男权文化），通过制造狂欢式的话语暴力，对某个社会个体或者群体进行打压和排斥，形成群体极化现象和"回音壁"效应。当个体暴力演化为群体暴力，其造成的社会危害更大。

尽管如此，需要特别指出的是，作为个体策略的情感暴力，有时是受到特定交往情境中的地位而非完全受性别角色的影响。米勒认为，在几乎所有的人际关系中，伴侣双方都对彼此具有权力。伴侣双方的交往来自他们彼此的相互影响。比如，妻子对是否与丈夫性交具有决定权，但丈夫反过来也可以通过哄骗、讨好甚至是威胁的方式，让她按照自己的意愿行事。[①] 这主要取决于当时的情境，根据双方掌握的资源情况而定，女性也可以采取直接的权力策略，男性也可能采取间接策略。李成华等在对1507名农民工和565个农民工家庭的抽样调查中发现：农民工家庭中的婚姻暴力现象比较普遍，以冷暴力（精神暴力）为主，女性施暴的概率显著高于男性；夫妻相对资源因素和情感关系因素对男性和女性实施婚姻暴力都有显著影响，相对资源因素对男性实施婚姻暴力的影响大于女性，夫妻情感关系对女性实施婚姻暴力的影响大于男性。[②]

由此可见，性别差异并非绝对的差异，而是一种相对差别。决定亲密关系中双方权力大小的，是彼此的身份、地位、相对资源和经济实力。已有研究表明，女性进入就业市场，一方面增加了家庭的经济资源，同时对参与家庭事务的决策权的需求也增强，这就向中国传统父权文化发起了挑战：当男性要维护其家庭主导地位时，很可能用暴力方式解决，从而引起夫妻的暴力冲突和升级。[③]

王阳明曾言："破山中贼易，破心中贼难。"权力和暴力，往往起源于人的欲望——贪欲和控制欲。消除情感暴力，关键是要打开受害者的心结，使其摆脱加害者的精神控制。对女性的赋权，第一步往往是鼓励女性走出家门，追求经济上的独立自主，希望她们通过经济地位的提升，获得一定的谈判筹码和主动

① ［美］罗兰·米勒. 亲密关系（第6版）[M]. 王伟平，译. 北京：人民邮电出版社，2015：375.

② 李成华，靳小怡. 夫妻相对资源和情感关系对农民工婚姻暴力的影响：基于性别视角的分析 [J]. 社会，2012（1）.

③ Tang C S, Lai B P. A review of empirical literature on the prevalence and risk markers of male-on-female intimate partner violence in contemporary China, 1987-2006.[J].Aggression and Violent Behavio, 2008（1）: 10-18.

权。为此，要帮助她们获得认知上的突破和观念的改变。前面说过，媒介既可以作为施暴的工具，也能成为女性赋权的工具。现实的例子比比皆是。2021年的春天，一位名叫苏敏的中年女性逃离了那个对她施行了30多年冷暴力的丈夫，摆脱了烦琐的家务，独自驾车环游中国，感受到重获新生般的自由。"自助者，人亦助之。"她把自驾游的视频放到网上，获得了上万名网友的支持和点赞，其中不乏女性同胞们的声援和鼓励。她的勇气，也鼓舞了很多深受家庭暴力伤害的女性勇敢行动起来，为保护自己的权益而努力抗争。面对前述男性网民"围剿"杨笠的行为，更多女性网友也团结起来，用买断杨笠代言商品的实际行动表达对她的支持。更不要说曾经在国内外名震一时的#me too运动了，它让我们看到这种"姐妹情谊"背后，女性团结起来所产生的巨大能量。在社交媒体上流行的一句口号"女孩帮助女孩"（girls help girls）如此深入人心，说明了女性意识和女性力量的觉醒与崛起。"女孩帮助女孩"这个项目旨在帮助低收入者摆脱"月经贫困"，获得适当的卫生巾。2016年，该项目开始推动反贫困运动。

因此，借助媒介为女性赋权和赋能，其实就是利用媒介及其获得的信息来改变情感暴力的受害者（多数是女性）的认知和观念，通过社会学习获得知识和技能，从而摆脱他人的控制

结　语

随着女性受教育程度和劳动力参与程度的逐渐提高，社会正在发生变化。年轻一代的女性们在掌握现代技术工具的能力上都超过了前一代人，并且在政治和经济资源上获得了更多的权力。男女两性在婚姻观上也变得更加平等，在传统的"霸道总裁＋白富美"的婚恋模式之外，还有"御姐＋年下男"（年龄比女方小的男子）、"野蛮女友＋暖男"、"大女主＋赘婿"，以及在江浙一带富庶的农村出现的"两头婚"等新的婚恋模式。这些都是一种新型的平等婚姻关系，双方更有可能共同决策。调查数据也证明，当现代夫妻平等地分享他们的决策权力时，他们就会感到更加幸福，冲突和问题更少，更不可能离婚；与之相对，不平等婚姻中

的夫妻一方比另一方更有权，他们更不幸福，冲突和问题更多，更容易离婚。[①]

当然，新型的性别文化或性别秩序还有待探索。我们尚不能断言上述哪一种婚恋关系更符合人们的心理预期和情感需求。唯一可以确认的是，当伴侣双方共同分享权力时，彼此之间会更加亲密，稳定的家庭关系会给双方都带来幸福和满足感。权力也许在一时能得偿所愿，但暴力不应该牵涉其中，更不应该成为一种控制爱侣的手段。无论是哪一种暴力形式，无论是通过何种媒介形式承载和释放出来的暴力形式，比如情感暴力，以及范围更大的精神暴力，都会给个人和社会造成极大的伤害。消除各种形式的暴力，除了要对受害者进行帮扶，通过媒介赋权和观念更新，让他们获得独立生活的勇气和能力，法律和制度上的保障与救济更是不可或缺的重要环节。

2015 年 12 月，《中华人民共和国反家庭暴力法（草案）》在讨论时，将精神暴力纳入家庭暴力的范畴。此外，该草案在附则中还增加了一条规定：有同居关系的人之间发生的暴力行为也应适用该法。[②]法律规定上的变化，大大拓展了家庭暴力的外延，把恋爱暴力以及其他亲密关系中的暴力行为也纳入考量，有助于在最大限度上保护亲密关系中处于相对弱势一方的合法权益。这是性别平等观念在制度设计上的落实，体现了中国社会的进步。

---

① Amato P R，Hohmann-Marriott B.A Comparison of high-and low-distress marriages that end in divorce[J].Journal of Marriage and Family，2007（3）：621-638.

② 刘桂华．"精神暴力"入法更要入心 [J]. 奋斗，2016（5）．

第八章

媒介暴力的技术之维：自我异化与算法歧视

科学似乎不是无性别的，科学是一个男人、一位父亲，并且已经被深切认同了。

——弗吉尼亚·伍尔夫:《三个基尼金币》

第一节 "美颜盛世"下的景观剥夺

一、当自拍成为一种景观

随着移动互联网和智能手机的普及，社交媒体日益入侵我们的日常生活。当用户在推特（Twitter）、脸书（Facebook）、微博、微信、博客和各类社交网站上冲浪和潜水，自由地分享和围观时，这种"生活信息流"中的主要内容之一——图片——尤其是各种自拍图片占据了其中的主流。有调查表明：美国青少年在社交媒体上所分享的信息中，91%是晒自拍。[①] 而类似的针对中国网民微博、微信使用行为的调查中，这个比例只多不少。而且，自拍几乎覆盖了网络中的所有年龄段、身份和职业，从明星到平民，从名人到草根，都喜欢通过这种方式与朋友分享生活经历和个人体验。

技术的发展更是为自拍这股潮流推波助澜。高像素、前置摄像头、美颜相机、自拍杆、打光神器等技术的升级换代，让自拍行为越发风靡。"核心用户平均每天自拍27张"，这是来自美图秀秀的数据，证明在用户的网络分享行为中，

---

① 详见钟立强，马静妍，熊传鹏. 新型社交模式下的用户自拍行为剖析 [J]. 科技创新与应用,2014（5）.

向陌生人更好地展现自己，得到赞美及夸奖的需求非常旺盛。这种需求也催生了许多相关的美图应用，如美图秀秀和各种滤镜等。当然，美图秀秀用户中大部分都是女性用户。这也很好理解，毕竟"女为悦己者容"是有现实依据的。

借助美颜相机和修图技术，我们以最好的方式呈现"理想的自我"，或者展现自己的特定形象。我们迎来了一场皆大欢喜的"美颜盛世"。这种现象，非常契合法国学者居伊·德波所提出的关于"景观"的概念。德波并没有给景观下一个明确的定义。他只是说："在现代生产条件无所不在的社会，生活本身展现为景观的庞大堆聚。直接存在的一切全都转化为一个表象。"[1] 景观可以被理解为生活的可见性，现实的物质存在、符号、声音、社会活动等都以影像的方式得以展示和显现，它成为一种生活的表象。事实上，视觉传播与视觉统治无处不在，建筑、符号、广告、视频影像等充斥我们的生活，构成形形色色的景观。德波把现代社会指认为"景观社会"。

德波发明"景观"这个词，是为了表达对现实的批判性。他从一开始就以一种冷静的洞见指出：景观并非单纯的影像堆聚，而是"以影像为中介的人们之间的社会关系"。[2] 景观体现的是一种关系、一种世界观、一种秩序力量，当然，也可以是一种权力。这恰是景观的社会功能所在，旨在利用景观对现实世界进行展示、分离、否定和重构。而德波将这种社会功能视为对主体的异化，他犀利地断言："景观的社会功能就是异化的具体生产。"[3] 客观现实被分裂为现实和影像两部分，而这两个部分是彼此异化又互为同盟的。"伪造现实的景观不过是现实的真正产物，反之，现实生活在很大程度上也被景观所侵蚀。"[4] 本章正是从这一观点出发，将自拍视为一种现代文化景观。通过分析自拍行为的自我展示及表演性入手，揭示由自拍构成的所谓"美颜盛世"景观，以及这种景观对于人的自主性、真实性及个性等的侵蚀与剥夺。

---

① [法] 居伊·德波. 景观社会 [M]. 王昭凤，译. 南京：南京大学出版社，2007：1.

② [法] 居伊·德波. 景观社会 [M]. 王昭凤，译. 南京：南京大学出版社，2007：3.

③ [法] 居伊·德波. 景观社会 [M]. 王昭凤，译. 南京：南京大学出版社，2007：10.

④ [法] 居伊·德波. 景观社会 [M]. 王昭凤，译. 南京：南京大学出版社，2007：4.

二、自拍中的景观消费与权利剥夺

当今时代往往被描述为"媒介化社会"，因为媒介已经完全侵入了我们的公共空间和生活空间，它甚至成为一种新的生活方式。媒介化社会的一大特点，就是我们对于日常生活的感知，都由媒介来界定和传达。陈力丹认为，互联网景观成为当前现实世界中的"主导性的生活模式"。[①] 在网络和社交媒体中被展示的某种形象、某种物品或经历，甚至某句话，很快就会风靡一时，形成一种时尚。如范冰冰、李晨公布恋情时，微博上的一句"我们"和配图，很快成为朋友圈里秀恩爱的"标配"；YSL 口红在朋友圈的口碑营销中一炮走红，以至于在电商平台和商场柜台一度脱销；2017 年国庆假期间，鹿晗在微博上公开恋情，"鹿晗体"迅速成为炙手可热的营销口号……在学者看来，"景观在不断制造不真实的消费，直接制造着生活"[②]。一切皆可售卖，这也恰恰正是消费主义社会的运作逻辑。

景观制造自我的认同，但也会带来认同的危机。我们看到，社交媒体中的自拍景观，乐于展示美食、美景、聚会、"恩爱"场景，以及伴随这些画面出镜的不可缺少的自我形象。由自拍所构建出来的生活场景，除了用以展示用户个人的生活和经历，往往还表达个人的情感和认同。如道格拉斯·凯尔纳（Douglas Kellner）所言："一个人的外表与形象有助于塑造一个人本身，或至少有助于塑造别人看自己的方式以及与自己相联系的方式。"[③] 因此，用户的自拍行为本身就具备了建构自我形象与自身认同性的因素。早在 18 世纪，哲学家大卫·休谟（David Hume）就论述过个人认同性与人的真正自我是由什么构成的问题，他甚至指出："不存在什么实质性的或先验的自我。"[④] 换言之，自我是被建构出来的，而时尚成了构建新的认同性的重要性基础。人们通过入时的打扮、跟风行为、新潮的消费体验等等，让自己符合当下的流行文化和审美观念。凯尔纳早

---

① 陈力丹. 互联网的非线性传播及对其的批判思维 [J]. 新闻记者，2017（10）.

② 陈力丹. 互联网的非线性传播及对其的批判思维 [J]. 新闻记者，2017（10）.

③ [美]道格拉斯·凯尔纳. 媒体文化：介于现代和后现代之间的文化研究、认同性与政治 [M]. 丁宁，译. 北京：商务印书馆，2004：452.

④ [美]道格拉斯·凯尔纳. 媒体文化：介于现代和后现代之间的文化研究、认同性与政治 [M]. 丁宁，译. 北京：商务印书馆，2004：448.

就一针见血地指出："时尚和现代性携手并进地造就现代的人格。"[①]

不仅如此，美颜自拍利用算法技术正在重新塑造女性的自我认知。比如，利用女性对容貌的重视，因为女性用户最关心的手机性能往往是"拍照好不好看"，所以新款智能手机在营销时往往把镜头设置和手机像素作为商业营销的热点。在一档热门的综艺节目中，赞助商的广告语频频出镜："××手机，照亮你的美。"而在手机应用商店里，各种P图（修图）工具、美妆相机等成为在女性群体中大受追捧的手机软件。据极光研究院2016年发布的研究报告，天天P图的用户中接近九成为女性，美颜相机83.1%的用户为女性，且均以年轻用户为主。[②]而在社交媒体上流行的"网红脸""小V脸""磨皮滤镜""大长腿"等成为修图美颜的标准。网络直播平台以及钉钉、腾讯会议等多人在线会议平台，也"善解人意"地开通了美颜的设置。但人工智能美颜技术并未真正增进女性的自尊自信，更不用说网络女主播为了追逐名利，一味迎合畸形的男性审美观，"萝莉风""性感风""好嫁风"等各种网红人设，都是在迎合甚至取悦"男性凝视"的眼光和审美标准，强化了物化女性的性别歧视。

在建构自我认同的同时，制造景观还可以作为一种社会控制新形式及意识形态。德波当年提出"景观"的概念，原本就是为了批判现代社会的景观文化对个体的异化，他主要从景观的社会功能方面来展开批判。德波认为，景观的社会功能包括展示、分离、否定和重构等。实现功能的过程也就是显示权力的过程。因此可以说，景观是一种权力，而这种权力是基于某种共谋式的社会控制手段和非强制性的意识形态。"和过去的暴政不同，它常常呈现为某种甜蜜的意识形态控制。"[③]景观和现实社会既相互分离又相互嵌入、彼此结盟，使深陷于景观中的个体无法自拔，只能屈从于预设对象的异化。个体预期越高，得到的就越少；而自身认同所需求的物质影像越多，个体对于自己的生存状态和欲望就理解得越少。由此，主体与主体所生产的景观形成疏离。"他们的生活越是他

① [美]道格拉斯·凯尔纳.媒体文化：介于现代和后现代之间的文化研究、认同性与政治[M].丁宁，译.北京：商务印书馆，2004：449.

② 极光数据研究院.拍照P图APP研究报告[R/OL].（2016-12-12）[2021-12-30].http：//www，199it.com/archives/545479.html.

③ [法]居伊·德波.景观社会[M].王昭凤，译.南京：南京大学出版社，2007：18.

们自己的产物，他们就越是被排除于这一生活之外。"① 通俗地说，人们在社交媒体中所展示的自拍场景，其实距离他们真实的生活状态很远。被排除于自我的认同性之外、被排除于真实生活之外，反而容易造成个体的挫败感，形成一种认同性危机，造成自我的异化。拉乌尔·瓦内格姆（Raoul Vaneigem）曾经有过深刻的洞察："令人异化的情景机制挥舞权力的大棒，使个人的私密生活被剥夺殆尽，可以说到了景观被剥夺的地步。"② 所谓异化，代表一种对个人自然天性的扭曲和控制；而所谓剥夺，表现为个体的自主性和独立性的丧失。

三、自拍中的景观剥夺

笔者将从四个方面揭示自拍景观对个人的异化，以及它对人的真实性、个性、主体性和生活私密性等权利的剥夺。

（一）自我展演的景观——剥夺真实性

我们在微博、微信、推特、脸书等社交媒体以及网络直播平台上传的自拍，可以视为一种"前台"的表演。关于其动机，不外乎可以归纳为展示自我、记录生活、吸引注意力、赢得他人关注与好感、消遣娱乐等等。也可以视作一种心理需求，如"为自拍者提供了自我表露的平台，便于自拍者寻求自己的归属群体，满足了他们自主扮演转换角色的需求；同时，自拍的虚拟性一定程度上满足了自拍者的成就感，成就其虚荣的心理；自拍行为还弥补了自拍者的性欲望和窥视心理，为自拍者提供了情绪宣泄的渠道"③。

这种自我展演，另一个目的是寻求认同。微信用户在好友之间、朋友圈和微信群中的表达、发言、倾诉和连接他人，其实都是为了满足表达自我欲求，寻求尊重与共鸣，找到社会归属，消除孤独，以及实现自我学习与发展。因此，点赞和评论的数量、热情和次数，这种互动行为的意义旨在获得身份认同与社会接纳，从而建立起一种互相信任和认同的关系。个体由此在群体间找到自己

---

① [法]居伊·德波.景观社会[M].王昭凤，译.南京：南京大学出版社，2007：10.
② [英]尼克·库尔德利.媒介、社会与世界：社会理论与数字媒介实践[M].何道宽，译.上海：复旦大学出版社，2014：95.
③ 柳燕."网络自拍"的传播心理分析[D].北京：中国传媒大学，2007.

图 8-1 《都市快报》对中考状元
吴思齐的封面报道

的身份定位和群体属性，在心理上获得群体支持与情感归属，从而建构起关于"我们"的群体认知，消除了游离于群体之外、作为孤独个体的那种无助感和被遗弃感。这种认同感奠定了我们对于生活和社会的信心与希望。但是，美颜相机和强迫症式的修图行为（尤其是女性用户），使得我们在社交媒介中展示的自我与个人生活成为一种"超验表演"。而这种超验表演代替了真实的社会生活。①

图 8-1、图 8-2、图 8-3 依次是大众媒体、自媒体的呈现以及事实真相，它充分说明了媒介景观中所建构的事实与真实世界之间的距离。

图 8-2 自媒体对吴思齐的报道配图

图 8-3 真实的照片拍摄现场

大众媒体所呈现出来的事实离真相最远，这是由把关机制和宣传框架决定的；自媒体呈现出来的是局部事实，代表了观看者的视角和信息偏好；而真正的事实场景隐藏在镜头背后，它有可能被呈现，但更大的可能是被遮蔽或者过滤掉而不为人所知。费尔巴哈当年批评过 20 世纪工业时代的弊病："符号胜于所

---

① [美] 欧文·戈夫曼. 日常生活中的自我呈现 [M]. 冯钢，译. 北京：北京大学出版社，2008：45.

指；摹本胜于原本；幻想胜于现实。"①他的判断完全被景观社会所证实。经过精心过滤、选择、修饰的图片，并配上用以"命名"的文字，完成了对事件场景的改写和包装。这恰恰就是一种"图像政治"——用图像重新建构事实、场景和真相。当这种被异化的景观从个人延伸到国家层面时，它所带来的对于事实真相的扭曲、遮蔽、改造乃至篡改，能不让我们悚然心惊吗？

（二）浮夸的景观——剥夺个性

自拍表露的实际上是一种深层的欲望。自拍者可以任意扮演自己的期待角色，即使和真实的自己相去甚远。尝试不同的发型、衣着、妆容，刻意地制造场景，以及为图片所配发的文字（脚本）。（在这里，图片完全成为主体，而文字只是附庸和点缀，甚至是"文字不重要，请看图"，文字的意义和使命完全被抽离和虚置了。）自拍图片和真实现实之间的位置交换了，水中的倒影变成了真实，而真实反而成为模糊不清又无关紧要的投影。在这里，媒体把制造出来的炫目景观和平凡世界的鸿沟弥合了，至少短时间内不存在了。就像德波所言："生活本身展现为景观的庞大堆聚，直接存在的一切全都转化为一个表象。"②而图像消费、景观消费的潮流，又为我们增加了许多随处可见且似乎可以随心所欲选择的角色和对象。景观重构了我们当下的社会现实，并且这种重构从现实世界蔓延到了精神领域和虚拟空间。

戈夫曼的"拟剧理论"提出，社会就是一个大舞台，每一个社会成员都可以是演员，而周围的其他社会成员构成了观众。在人前，就仿佛在"前台"，人们总是戴着面具在表演，与观众进行互动，而"后台"情形如何不为人知。"表演出来的自我被看作是某种通常可信的意象，舞台上的个体和角色中的个体都竭力诱使他人认为他合乎这种意象。"③我们只有在最亲密、最信赖的人面前才会卸下伪装，展示真实的自我。但是今天的社交平台"分享一切"的文化潮流，混淆了"前台"和"后台"的分野，社交媒体名为自媒体，但面向公众开放，面对网民围观，也很难独善其身。真实自我和身份角色不再迥然有别，而是互相交

---

① [法]居伊·德波. 景观社会 [M]. 王昭凤，译. 南京：南京大学出版社，2007：130.

② [法]居伊·德波. 景观社会 [M]. 王昭凤，译. 南京：南京大学出版社，2007：1.

③ [美]欧文·戈夫曼. 日常生活中的自我呈现 [M]. 冯钢，译. 北京：北京大学出版社，2008：215.

织。浮夸的景观背后，潜藏着为迎合观众、讨好粉丝而做的种种伪装、表演、"入乡随俗"和"趋奉共谋"。"在景观所造成的广泛的'娱乐'的迷惑之下，大多数人将彻底偏离自己本真的批判性和创造性，沦为景观控制的奴隶。"①

（三）自我异化的景观——剥夺主体性

用户的自拍从拍摄到最后发布，要经过一定的技术处理。常见的美化手段是 PS 修图技术——从遮盖瑕疵如美白、去痘、去皱、去黑眼圈，到对容貌的调整修饰如小眼睛变成大眼睛、圆脸变小 V 脸，以及拉长腿部线条等。想让自己变得完美本无可厚非，但是对于美的评价的标准化，抹杀了人的个性和差异性，最终，"美女"都是大眼、V 脸、丰乳、细腰、长腿，千篇一律，以满足时下流行的审美观。这种所谓美的标准，其实就是一种规训。福柯曾经细致地分析过身体的规训与惩罚，用这种可见性来展示不可见的权力。而它的模式就是"凝视"。"不需要武器、肉体的暴力和物质上的禁止，只需要一个凝视，一个监督的凝视，每个人都会在这一凝视的重压下变得卑微，就会使他成为自身的监视者，于是看似自上而下地针对每个人的监视，其实是由每个人自己施加的。"② 通过看与被看的关系，利用这种凝视的暴政，使被凝视的客体成为欲望的对象，实现了对被看者主体地位的剥夺。

拉康在他的镜像理论中也分析过自恋对身体自我及其性别标记的影响。他认为："自我由心灵通过投射身体形成，且自我就是投射本身。"③ 这种自我投射（镜像）不仅"通过与其他身体（母体）的分离获得，而且，被投射的任何对身体的感觉都是经由一个必要的自我分离与自我疏离而成型的"④。也就是说，我们所自恋的那个自拍中的"我"，实际上和作为主体的真正自我是分离的。自拍

---

① [美] 罗伯特·戈尔曼. 新马克思主义传记辞典 [M]. 赵培杰，李菱，邓玉庄，译. 重庆：重庆出版社，1990：767.

② [法] 米歇尔·福柯. 规训与惩罚：监狱的诞生 [M]. 刘北成，杨远婴，译. 北京：生活·读书·新知三联书店出版社，2007：227.

③ 转引自 [美] 朱迪斯·巴特勒. 身体之重：论"性别"的话语界限 [M]. 李钧鹏，译. 上海：上海三联书店，2011：56.

④ [美] 朱迪斯·巴特勒. 身体之重：论"性别"的话语界限 [M]. 李钧鹏，译. 上海：上海三联书店，2011：57.

反映的是一种身体的想象，它的存在建构了一种由"他者"眼光打量和形塑的"理想自我"和认同感，即身体的镜像在某种意义上是一种"他者"的形象。拉康更进一步指出，身体的意象是以某种迷失为代价的，即"想象的自我"对个体主体性的分离、取代与剥夺。"主体并非一个整体，它被分解为碎片。它被具有欺骗性的、被塑造起来的他者形象所填满，或在相同程度上，被其自身的镜像所填满，动弹不得。"①

这种剥夺主体性的过程也是异化的过程。只不过社交媒体的个人属性，使其作为自媒体的自我操控、自我表露、自我展演和自我审查的主动性得以凸显，因而这个过程也就变成了自我异化的过程。美颜相机的大行其道，似乎更多的是为了满足用户的虚荣心和自恋情结，而它实际上剥夺了我们对于美、对于自身以及客观世界进行表达和判断的自主性。

（四）炫耀性叙事与窥私式围观 ——剥夺私密性

自媒体时代更突出自我叙事，有时这会使人遭遇符号暴力。我们试图完美地活在朋友圈里，半开放、准公共领域的自媒体让我们对自己的隐私失去控制。个人肖像、住所、家庭关系、收入水平乃至职业等等，这些属于私密的信息，可能因为晒自拍而遭遇信息泄露，并给个人造成财产安全与人身安全方面的损失。这既是一种信息风险，也凸显了媒介权力的隐性伤害。如在朋友圈晒的"美照""美食"，秀的"恩爱"，可能与真实生活相差甚远，在朋友圈收获多少赞美，在人后就要咀嚼多少苦涩和失落；我们害怕孤独和孤立，渴望认同与接纳，但是那些对我们热情点赞评论的粉丝和好友，其实很难在彼此之间进行真正深入的交流和形成牢固的情感纽带。完美和华丽的景观下面，隐藏着深不见底的秘密与感情黑洞。"与其说我们因为欲望而受损（虽然在媒体露面的欲望有时是很真实的），不如说我们因为在媒体里露面的不足而受损：这是永远无法避免的短缺，除非我们能完全重新界定日常生活及根据其他参考框架来界定生活。"②

---

① ［美］朱迪斯·巴特勒.身体之重：论"性别"的话语界限 [M].李钧鹏，译.上海：上海三联书店，2011：59.
② ［英］尼克·库尔德利.媒介、社会与世界：社会理论与数字媒介实践 [M].何道宽，译.上海：复旦大学出版社，2014：96.

景观仅仅是现实的表象。而这种表象与客观真实相分离，与主体个性相分离，与完整的自我相分离，更有可能暴露我们的隐私，使我们遭遇直接或潜在的符号暴力的危险。

四、是剥夺，也可以是建构

本节的研究从分析自拍这一网络景观出发，着眼于从景观的社会功能角度揭示其景观剥夺的现实表象和社会意义。一方面，它让我们在社交平台上塑造完美的自我形象，使之尽量符合"白、瘦、美、萌"的审美时尚，从而构筑自我的认同性；另一方面，我们也能体验到某种认同性危机。媒介所呈现的日常景观与真正的生活现实之间存在无法弥合的缺口，这个缺口既是权力产生作用的场域，同时也有可能成为生成抗争的力量，用福柯的观点来说，权力是具有生产性的，它总是不断生产出自己的反面。凯尔纳曾指出："时尚和社会认同性本身均是相互对峙的榜样、意识形态之间的社会斗争和社会冲突过程的一部分。……所以，政治斗争部分地体现在时尚之争上，就如它体现在竞选和政治辩论中一样。"[①] 所以，除了受制于当下的景观文化，我们也有可能完成文化意义上的抗争与超越。

对于景观的批判，让我们更加清醒地认识和界定自己的行为，它使我们有可能从中脱身出来。哲学家阿德里亚娜·卡瓦雷（Adriana Cavarero）说，渴望讲故事是人的基本需求，不是因为我们有什么深层的本真要表达，而是因为每个人外在的意识都渴望到故事里去"寻找身份的认同"。在她看来，我们能讲述的自我仿佛是在外部现实里，我们通过与他人交换故事来完成自我的建构。[②]一面是理想的自我，另一面则是对自我完善的永恒追求。影视明星舒淇能够放下偶像包袱，在微博上勇敢地晒出自己的白发，并幽默自嘲——"这是一个智慧飞跃的年代"，展示了新女性的自信、独立、坚强和勇气。"承恩不在貌"，突破了颜值困局和不老神话的舒淇，赢得了世人更多的尊重与敬慕。媒体明星本

---

① ［美］道格拉斯·凯尔纳. 媒体文化：介于现代和后现代之间的文化研究、认同性与政治 [M]. 丁宁，译. 北京：商务印书馆，2004：451.

② ［英］尼克·库尔德利. 媒介、社会与世界：社会理论与数字媒介实践 [M]. 何道宽，译. 上海：复旦大学出版社，2014：95.

来就是一个典型的景观符号，他们通过塑造角色形象和自我形象，制造普通人可望而不可即的"世俗神话"。如果作为形象符号的明星都能突破这种角色成规和偶像神话，那么作为普通人的我们，打破幻象、直面真实，实践起来应该也不算特别困难。

自拍，是一种期待的自我表达。如果我们对完美自我的预期，从一种被动的"设定"，即自我异化，进化到够坦然接受自我，摆脱自恋和超验表演，勇于自我表达，也就实现了社会学意义上的自我赋权。这种反转不啻是一场自我的革命。作为独立自主的个体，只有认清景观的异化本质，勇于正视自我与现实，学会批判性地表达与思考，培养独立人格与独立思考的精神，才能有效地抵抗景观文化的支配与意识形态剥夺，也才能使我们真正从欲望和媒介幻象中解脱出来。

第二节　看不见的"大象"：算法中的性别歧视

一、技术与性别歧视

笔者曾出于好玩心理，问家里的智能语音助手"天猫精灵"："天猫精灵，你是男生还是女生？"它回答："人家是下凡的小仙女哟。"娇嗔的口气，如同天真少女在撒娇。开车时打开高德地图进行路线导航，传出的语音是台湾女星林志玲的"娃娃音"："当前道路拥堵，请靠左慢行。"导航结束后，又是一声甜甜的道别——"志玲与你下次见哦！"在一些展馆、医院、餐厅、宾馆等放置的人形机器人，或者是 AI 助手，很多都拥有一个女性化的名字。它们在与好奇的用户互动时，电脑合成的声音和语气，也是模仿女性的角色。这为它招徕了大量人气，很多参观者乐此不疲地和它玩问答游戏，甚至是"调戏"它。这样的场景，初看有趣，但是细细品味，却让人觉出一丝不安：人工智能和它所依赖的机器算法，究竟是在取悦于人，还是在"复制"社会中对女性的刻板印象，轻慢女性甚至歧视女性呢？

再联想到 2020 年的韩国"N 号房"事件、2021 年 3 月美国加州湾区"N 号房"事件，以及类似的西班牙版本，案件主犯都是高智商的技术男性，在他们创建的色情聊天室里，每天都共享着各种女性裸露及不雅的照片或者视频，创建者将这些受害女性称为"奴隶""宠物"或者"来月经的东西"，通过技术手段控制和胁迫女性上传裸照和不雅视频，侵犯她们并拍照"分享"到平台，而付费的围观者，眼睁睁地看着"暴行"发生，不仅不会报警，反而如同嗜血的野兽一样亢奋、欢呼叫好，甚至会互相交换这些"性资源"，如同一场狂欢。2022 年伊始，网上爆出男性麻醉师在手术室里直播女患者手术过程的新闻，其镜头直对着患者隐私部位。随后，因为网友举报，直播间被关闭，当事人也因为涉嫌犯罪受到刑拘。身为医生而罔顾职业道德，公然暴露女性患者隐私，破坏了医患信任。无论是顶着"博士"或"医生"的头衔，还是掌握先进技术或从事某种令人尊敬的职业，在这个网上"色情地狱"里，知识和技术助纣为虐，女性被肆意控制、玩弄、剥削和凌虐，始作俑者和看客心中隐藏的对女性的歧视与恶意暴露无遗，令人悚然心惊。从什么时候起，我们信赖并热切崇拜的先进技术成为制造和传播性别偏见、歧视与压迫的工具了？

当前，随着人工智能革命浪潮的兴起，大数据和算法逻辑正在逐渐侵入我们的社会，在公共政治、社会治理、经济活动、日常生活等各个方面产生剧变。与此同时，"算法"这个词也越来越被人熟知，它的适用场景越来越广泛，从消费到生产，从公共领域到私人领域，各式各样的算法推荐和算法模型左右着我们的认知与决策，但算法偏见和算法歧视问题也随之逐渐暴露出来。例如，在公共治理领域，公共部门正逐渐运用机器学习算法模型来决定各种公共物品的配置。算法模型不仅被运用于城市公共安全治理和食品安全监管活动中，而且被运用于扶贫资源的分配中。[①] 但正是因为依赖这些算法模型，"公共组织和商业机构得以对以单体化形式存在的决策对象进行完美歧视。"[②] 所谓单体化，按照张恩典的解释，就是指借助以大数据分析为基础的算法模型，将人和物进行

---

① 关于大数据、人工智能技术在城市公共安全、食品安全和精准扶贫等公共治理领域中的运用，可参见如下资料：赵家新 . 江苏深挖大数据 打造智慧警务 [N]. 人民公安报，2018-03-27；郑小梅，宣应，鄢留宝 . 为食品安全监管装上"智慧大脑" [N]. 嘉兴日报，2019-04-02；段虹 . 用大数据助力精准扶贫 [N]. 经济日报，2017-02-17；张恩典 . 反算法歧视：理论反思与制度建构 [J]. 华中科技大学学报（社会科学版），2020（5）.

② 张恩典 . 反算法歧视：理论反思与制度建构 [J]. 华中科技大学学报（社会科学版），2020（5）.

分类，并能够对个人行为进行高度解析，即用户画像。如此一来，作为人类个体的主体性被算法所消解，而沦为由一个个数据碎片所拼凑而成的单体。[①] 所谓"大数据杀熟"，就是根据用户画像技术，将个体归入某一用户类别而进行区别对待。这就是一种典型的"算法歧视"。人们担心性别、种族、年龄和身份地位等方面的歧视会蔓延到人工智能和算法技术中，从而将现实中的偏见、不公正和不平等"复制"到技术领域，加重社会分化和意识形态分裂的危机。

事实上，这些担忧在某种程度上也恰恰成为现实，不少学者也对此进行了深入的研究。如美国学者研究了求职者性别与招聘广告推送的关系，研究者利用 AD Fisher（一种广告钓鱼软件）模拟普通用户浏览求职网站，随后统计谷歌推送"年薪 20 万美元以上职位"的广告数据，发现男性用户组收到 1852 次推送，女性用户组仅收到 318 次，可见女性得到"高薪"职位推荐的机会仅为男性的 1/6。[②] 另外，2018 年，路透社的报道揭露了亚马逊公司研发出来的自动招聘系统存在性别歧视问题。亚马逊让人工智能系统查看求职者简历，并挑选出最优秀的候选人。为此，亚马逊向该系统提供了 10 年来向亚马逊投递工作简历的申请者个人信息，由于这些求职者多数是男性。因此，根据这些数据，亚马逊的系统通过学习，对简历中的"女性"一词进行了降级处理，将女性申请者的分数降低，而将男性候选人排名提高。[③] 甚至在当下流行的共享经济模式中，也出现了性别不平等的倾向。张凌寒通过实证研究的方式，证明了共享经济平台用工对女性赋权有限，并且延续了劳动中的性别不平等，甚至由于性别歧视手段隐蔽、损害难以察觉、性别隔离更强，发展为第三代就业性别歧视，加剧"女性兼职化"的就业趋势。[④] 她在研究中发现，家政、代驾、保姆、外卖员这一类的工作，往往缺乏福利保障、工作时间长、收入不稳定，而传统的家政工作中普遍存在的不平等权利关系以及由此产生的对工人的剥削和歧视，在共享

① 张恩典. 反算法歧视：理论反思与制度建构 [J]. 华中科技大学学报（社会科学版），2020（5）.

② 邹开亮，王霞. 大数据算法背景下就业歧视规制初探 [J]. 价格理论与实践，2020（6）.

③ Meyer D. Amazon reportedly killed an AI recruitment system because it couldn't stop the tool from discriminating against women[EB/OL].（2018-10-10）[2021-12-30]. http：//fortune.com/2018/10/10/amazon-ai-recruitment-bias-women-sexist/.

④ 张凌寒. 共享经济平台用工中的性别不平等及其法律应对 [J]. 苏州大学学报（哲学社会科学版），2021（1）.

经济灵活就业中得到了加强。如通过平台评级和评论系统，使得性别弱势、低收入、受教育程度低等弱势群体的弱势地位随着共享经济灵活就业的发展进一步加强。①2020 年，一篇题为《外卖骑手，困在系统里》的文章在微信朋友圈刷屏，说明社会开始关注外卖员面临的职业风险。他们不仅要忍受雇主和顾客的催促、苛责，还要被算法技术支配和"剥削"。尽管大数据和算法模型都有着"技术中立化"的鼓吹和伪装，但学术界已经敏感地认识到，"那些未经合理约束和控制的算法模型非但不能提高效率，促进公正，给人类带来福祉，反而有可能给个人基本权利带来严重损害，成为剥削和压制、制造社会不平等的'数字生化武器'"②。

关于技术中的性别歧视，已经有不少研究人员进行过深入的论证。如探讨技术与性别气质的建构。有研究人员认为，男性之所以一直在工程技术界③占据统治地位，很大程度上在于男性气质与技术之间长期存在着某种符号联系，技术的文化形象及其表现总是伴随着男性与权力的流行形象。④ 而技术女性主义者从社会建构角度对技术中的性别化问题进行批判性反思，认为男性气质与技术关联、女性气质与技术疏远的局面，是历史与文化建构的产物。正如技术女性主义者中的代表朱迪·瓦克曼（Judy Wajcman）指出的，"男性文化的大部分是与技术的文化相联系的"⑤。在她看来，技术与社会性别之间是一种相互塑造的循环关系。技术不仅是简单地制造东西或者是某种"硬件"，它还是知识体系以及包括知识实践在内的一种文化，或者是由一定的信仰、追求和实践组成的一整套的社会关系。从文化的角度来观照，技术既是表现男性气质的方式，也是男性性别符号和性别身份的组成部分，以至于男性气质的观念渗透到人们对

---

① 张凌寒. 共享经济平台用工中的性别不平等及其法律应对 [J]. 苏州大学学报（哲学社会科学版），2021（1）.

② [美] 凯西·奥尼尔. 算法霸权：数学杀伤性武器的威胁 [M]. 马青玲，译. 北京：中信出版社，2018：3-22.

③ 也可以推广到政界、法律界、金融界、互联网行业等。——作者注

④ Wendy F.The technology question in feminism：A view from feminist technology studies[R].Women's Studies International Forum，2001.

⑤ 转引自刘霓. 技术与男性气质：应予瓦解的等式——女性主义技术研究述评 [J]. 国外社会科学，2002（4）.

技术进行定义的方式和实践中，从而进一步巩固了技术和男性之间的关系。而女性被排除于这种男性气质的技术文化和话语体系之外。以《三体》中的一段话为例：

> 他们正在安装的超导线圈，那线圈有三层楼高，安装到一半，看上去是一个由巨大的金属块和乱麻般的超低温制冷剂管道所组成的怪物，仿佛一堆大工业时代的垃圾，显示出一种非人性的技术的冷酷和钢铁的野蛮。就在这金属巨怪前面，出现了一个年轻女性纤细的身影。这构图的光线分布也很绝：金属巨怪淹没在临时施工顶棚的阴影里，更透出那冷峻、粗糙的质感；而一束金色夕阳的光，透过顶棚的孔洞正好投在那个身影上……看上去就像一场狂暴的雷雨后，巨大的金属废墟上开出了一朵娇柔的花——[1]

文本中使用的那些看起来客观的技术名词（线圈、金属块、超低温制冷剂等）、形容词（巨大、冷酷、野蛮、冷峻、粗糙等）、比喻中的喻体（怪物、巨怪、垃圾等），以及表达句式和基调，都明显带有男性气质。对于在这个场景中出现的女性，则使用了不同的词语和感情色彩，如"纤细的身影""娇柔的花"等，带有一丝温柔的情感。这种符号使用上的性别差异，也符合人们关于技术和性别气质的传统观念。

技术女性主义者认为女性被排除在技术之外，始于人类社会最初的劳动分工，女性负责采摘果实和照管婴儿、老人，男性负责狩猎和保卫营地，从而形成了"男主外女主内"的最初性别分工。但更深刻的变化来自 17—18 世纪的工业革命和资本主义工厂的兴起。生产制造活动从家庭转移到了规模化的工厂里，男人成为工厂、矿山、铁路、农场等社会生产空间内的主要劳动力，成为操纵机器的雇佣工人；而大部分女性留守家庭，辗转于炉灶和居室之间，公共领域和私人领域分离，导致新一轮的性别分工，这也为男性主导技术（与机器）奠定了基础。这种模式也延续到互联网时代，编写代码的程序员、算法工程师和

---

① 刘慈欣. 三体 [M]. 重庆：重庆出版社，2008：6.

人工智能的研发者也多是男性，而女性在这个行业中占比不到 2%。因此，在这个几乎由男性"一统天下"的行业和领域中，其技术标准、评估决策、算法模型、使用规则等也就不可避免地以男性标准为中心，而社会文化和观念认知中的固有偏见和歧视也就有可能潜移默化地嵌入现有技术体系中。"父系社会传统所带来的对女性工作分工的偏见认为，女性的工作就应当是在家相夫教子，当这种文化上的偏见映射于社会中就产生了基于性别的歧视，尽管算法是对社会不公正现实的反映，但间接地无疑受到这种传统文化的外部性影响。"① 因此，说到底，人工智能的歧视只不过是人类歧视的反映而已，"人工智能一如既往地反映被输入的东西，而输入东西的就是我们——我们的文化、我们的意识形态、我们自己"②。英国巴斯大学计算机系教授乔安娜·布赖森（Joanna Bryson）说："偏见，只是机器从数据中拾取的规律。"③ 在人工智能和机器学习的范畴里，"偏见"并不是一个带有价值判断的词汇。然而在涉及现实应用的领域，情况就变得不一样了。就其本质而言，机器不具备人类的情感，当然更不会"故意"施加偏见，算法的结果不过是如实反映了数据库乃至社会中真实存在的偏见。而这些偏见，恰恰与我们追求的平等公正理念背道而驰。

二、算法歧视与性别不平等

歧视由来已久，人们通常所理解的歧视形成的心理原因或是说动机一般来源于人们认识事物时所秉持的刻板印象。④ 这种刻板印象往往带有一定的片面性和认知的谬误，但是当人们根据刻板印象对某个人或某个群体作出评判，并由此对他或者他们进行区别对待时，社会偏见就产生了，歧视的现象因此发生。这对于被歧视的对象来说，毫无疑问是不公平的。然而，研究人员指出，不同于其他类型的歧视，算法歧视问题的出现有其独特的技术背景。

---

① 卜素. 人工智能中的"算法歧视"问题及其审查标准 [J]. 山西大学学报（哲学社会科学版),2019（4）.

② Alang N. Turns out algorithms are racist[EB/OL].[2021-12-30].https：//newrepublic.com/article/144644/turns-algorithms-racist.

③ 在线监考系统被曝种族歧视，不认识有色人种，学生被迫在头顶上打光 [EB/OL].（2021-05-20）[2021-12-30].http：//www.zhihu.com.

④ 卜素. 人工智能中的"算法歧视"问题及其审查标准 [J]. 山西大学学报（哲学社会科学版),2019（4）.

2020 年，因为疫情，很多美国大学的教学形式都改成了网课，上课和考试借助 Zoom、Canvas、Proctorio 等即时在线交互软件进行。但是在进行在线考试时，中东裔、非洲裔等有色人种的学生屡屡因为面容无法识别而无法进入考试页面，或者因面容认证失败而频频触发软件报警，甚至被踢出考试界面。这些学生因此向老师和校方投诉，抱怨算法不公，认为软件使用的代码和人脸识别算法有缺陷，存在种族歧视。一名计算机专业的学生利用专业知识对考试软件 Proctorio 进行了技术测试，发现这款软件所使用的人脸识别算法，在 57% 的情况下无法准确识别非裔面孔，在 41% 的情况下无法识别中东裔面孔，对其他肤色的面孔识别率也不高（见表 8-1）。[①] 这件事情在推特上爆出后，引起了极大的争议。人们质疑，这种和实际情况偏差如此之大的算法，是不是对少数族裔存在某种程度上的识别偏见？而这种偏见的形成，究竟是技术缺陷所致，还是因为其中包含一定程度的种族歧视呢？

表 8-1　考试软件 Proctorio 的面孔识别率

种族	识别者/人	未识别者/人	通过率/%	平均相关率/%
非洲裔	669	887	42.99	−28.72
中东裔	718	491	59.39	−1.53
白人	1258	827	60.34	0.05
东亚裔	971	579	62.65	3.88
东南亚裔	917	498	64.81	7.46
印度裔	984	532	64.91	7.63
拉丁裔/西班牙裔	1089	534	67.1	11.26
总计	6606	4348	60.31	

一些学者主张，对算法歧视的研究应当从其抽象的本质展开，分析算法歧视如何对特定群体作出类似于人类一样的歧视性区别对待。[②] 在此，首先要弄明白什么是算法歧视及其现实表现，再来具体分析算法歧视的成因和社会后果。

---

① 在线监考系统被曝种族歧视，不认识有色人种，学生被迫在头顶上打光 [EB/OL].（2021−05−20）[2021−12−30].http：//www.zhihu.com.

② 周伟 . 论禁止歧视 [J]. 现代法学，2006（5）.

（一）算法偏差

算法偏差是对算法客观性的偏离，一般指的是计算机程序或者人工智能系统在数据收集、数据选择和使用的过程中因包含了人类的隐含价值而在输出中呈现出不公平现象。[①] 算法偏差隐含在算法中，往往是隐性的，我们可以通过分析算法偏差的外部原因和特征来理解算法偏差。研究人员把算法偏差归咎为"合成谬误"和"虚假因果"。[②] 由于当前人工智能技术仍然处于"弱智"阶段，无论是算法模型、数据库处理还是机器训练，在一系列的程序运作中，每一个环节都有可能出现偏差；而且，微观上正确的东西在宏观上并不一定都是正确的。美国著名经济学家、诺贝尔经济学奖得主保罗·萨缪尔森（Paul A. Samuelson）就曾经说过，个人理性行为往往无法产生集体理性的结果。算法也不例外。

如前述案例中，考试软件 Proctorio 所使用的人脸识别算法，与开源软件 OpenCV 的算法原理和模型一致，都是利用现有图库中的人脸数据进行机器学习，从而提取人的脸部特征指标参数，再与现实人脸进行比对识别。如果训练中所使用的人脸数据存在代表性不够或者算法模型准确度不高的问题，就会导致最终的识别结果出错。这看起来好像是一个技术故障（bug），如果替换或者校正了其中的数据，就会得出完全不同的结果。在技术人员看来，软件"犯错"的原理就像人会出现"脸盲症"一样，对于"陌生人"的脸，识别能力不足。日常生活经验也有类似的情况。比如说，我们看欧美人长得都一样，反过来，西方人看中国人，也觉得长相都差不多。但这种无伤大雅的生活细节，放到算法身上，因为涉及面广，而且运算结果可能导致现实中的不公平后果，所以不可等闲视之。就像那些因为无法通过软件的人脸识别检测而最终无法参加考试的少数族裔学生一样，被剥夺了考试公平的机会。

（二）算法偏见

算法偏差会导致算法偏见。所谓算法偏见，主要是指算法设计者在编程时可能将自身偏见、社会风气、制度体制以及文化差异嵌入算法之中。这既可能

---

① 闫坤如.人工智能的算法偏差及其规避 [J].江海学刊，2020（5）.
② 时盛杰.算法传播中偏差与偏见：再析算法偏见 [J].科技传播，2021（7）.

是显性的和有意识的，也可能是隐性的和无意识的。① 算法偏见导致的算法歧视现象广泛存在。微软公司和美国波士顿大学的研究人员发现在一些人工智能算法中存在性别歧视现象，如"编程""工程"等词常与男性联系起来，"家庭主妇""家务劳动"等词往往与女性联系在一起。② 美国学者对百万名 Uber 司机的收入进行了分析，结果令人惊讶：在一个工作任务由不分性别的算法决定、薪酬结构直接与产出挂钩而并不需要与资方谈判的环境中，男性做同样的工作，平均每小时比女性多赚 7%。③ 算法的偏差来自程序员或者工程师编制的代码规则和所使用的数据库。这些看似客观的因素，一旦掺入人们固有的性别观念，就会让其运算结果呈现出和现实偏差同样的效果。

（三）算法滥用

算法滥用则是放任算法偏差与算法偏见存在而不加纠正，且大规模使用后产生的负面影响。它与人们的使用动机和使用效果有关。例如，人脸识别算法的初衷是精准识别罪犯，提高社会治安管理水平。但是，现在一些房地产销售门店、商超、公园和景点、单位门岗、小区门口也都装上了人脸识别系统，我们如果追问一下：用这种"刷脸进入"的方式来取代以往凭身份证件自由出入，仅仅是在体验上有所提升，但是在便利性上我们是否需要追求这种极致的"效率"？进而言之，当我们知道，商家利用识别结果对所谓"老客""新客"区别对待已经涉嫌歧视，侵害了个人合法权益，以及可能存在人脸信息滥用和泄露的风险时，我们还能保持淡定吗？这就是一种典型的算法滥用了。新闻中也有报道：不法分子会利用换脸技术，将特定的人脸信息替换到一些色情图片或影像的面部，从而损害受害人的声誉，或者从事网络诈骗活动，这种行为已经危及他人和社会的公共安全。2016 年，美国白宫发布的《对未来人工智能技术发展准备的报告》中也提到，人们对于数据密集型 AI 算法的滥用表示担忧，并且

---

① 刘友华 . 算法偏见及其规制路径研究 [J]. 法学杂志，2019（6）.

② 闫坤如 . 人工智能的算法偏差及其规避 [J]. 江海学刊，2020（5）.

③ Cook C，Diamond R，Hall J，et al.The gender earnings gap in the gig economy：Evidence from over a million rideshare drivers[R].New York：The National Bureau of Economic Research，2018.

重点关注其中可能涉及的性别、年龄、种族和阶层歧视。[①]

（四）机器学习中的偏见

机器学习偏见，指由机器学习形成或强化的偏见。在人工智能时代，算法总是与机器学习紧密联系，算法告诉机器数据处理规则，使机器按照特定步骤处理数据，而机器学习通过分析数据之间的联系，不断进行模型优化，形成成熟模型并找到最优解。[②] 但是，这些算法模型也并非完美无缺，建模过程中可能存在数据偏差以及学习框架、分类标准、评价指标等方面的问题，使得这些算法模型存在一定的缺陷，在置信度、准确率和精度等方面出现误差和偏移，导致计算结果与实际情形不符，甚至对某一方来说是不利的，这就呈现出一定的偏见。在前面所举的例子中，亚马逊研发的自动招聘程序在运用机器学习技术之后对女性求职者降权处理，谷歌给男性推荐的高薪职位在数量上远远多于女性，以及人脸识别技术无法准确地区分女性、黑人和其他深色人种的面孔，都呈现了算法在性别、种族等方面的歧视。[③] 因此，研究人员认为，算法偏见是因为机器学习的编码规则和训练模型存在缺陷。说到底，还是技术的包容度不足的问题。如果包容性问题指向了女性，那么算法失灵、预测失准和决策不公就表现为技术上的性别歧视。

陶锋把人工智能中的性别歧视归结为三个方面：社会歧视、技术歧视和语言歧视。[④] 就社会层面而言，长期以来，技术领域都是由男性主导，而女性从事此类工作的人数少之又少，从业者稀少，自然也就缺乏性别敏感意识。算法也投射了定型化的社会性别观念，包括复制社会中的性别偏见。比如，在配置性别变量时，传统算法往往只提供社会性别的二元划分以供选择，聊天机器人

---

① National Science and Technology Council.The national artificial intelligence research and development strategic plan（2016）[R/OL].（2016-10-13）[2021-12-30].http：//www.raincent.com/uploadfile/2016/1013/20161013013531897.pdf.

② 刘友华.算法偏见及其规制路径研究 [J].法学杂志，2019（6）.

③ 腾讯研究院.人工智能算法歧视和偏见是固有的吗？可以被改进吗？[EB/OL].[2021-12-30].http：//www.zhihu.com.

④ 陶锋.人工智能中的性别歧视 [J].浙江学刊，2019（4）.

被设计得像女性那般温顺和乐于"取悦"他人①，而一些更加复杂和高级的人工智能和技术应用则拥有男性化的名字和特质，甚至科幻电影中的女性角色都更多地带有男性化的特征，表现为"雌雄同体"的形象②。

在技术层面，机器在编码时，把"工程师""优秀""成功""科学家"等词语与男性匹配，而把"家庭""烹饪""脆弱""护士"等词语和女性联系在一起，强化了技术与男性气质的关系。③机器偏见实际上投射出了根植于社会传统观念中的性别偏见，脸书和领英网（LinkedIn）在招聘时，简历筛选环节之一就是检查求职者是否有熟人在公司供职。④因为这些互联网大公司格外青睐有相似教育和工作经历的"自己人"，而供职于这类企业的工程师多是男性。招聘规则本身就是一种社会建构。也就是说，算法设计的效率导向、作为算法运行基础的数据之偏差与算法黑箱造成的透明度缺失，共同触发了算法歧视。⑤由于我国法律上禁止直接的性别歧视，算法歧视往往属于"间接歧视"。间接歧视是指表面上看似中立的标准或做法实际上对具有某种特征的人或群体在机会和待遇方面造成不成比例的不利影响。⑥因此，这些具有歧视意味的算法技术表面上看来是技术中立的，现有的法律和政策制度也很难有证据支持审查、识别和界定算法中的性别歧视算法纠偏在法律规制方面还存在许多漏洞。

三、算法歧视的成因分析

（一）算法设计者的性别刻板印象或社会偏见

算法开发过程中会受到设计者主观因素的影响，被嵌入或者承载设计者的价值和偏见。如果设计者存在性别偏见，价值偏差或者缺乏性别敏感，在编码规则和指标选取上带有一定的主观倾向性，就会导致算法偏见的产生。《自然》杂志的社论文章《让大数据算法更可靠》中就提出一个观点——"偏见进，偏见

---

① 宋素红，王跃祺，常何秋子.算法性别歧视的形成逻辑及多元化治理 [J].当代传播，2020（5）.

② 王正中，高丽燕.技术与性别：基于科幻影视后人类女性形象的考察 [J].电影文学，2019（23）.

③ 刘霓.技术与男性气质：应予瓦解的等式——女性主义技术研究述评 [J].国外社会科学，2002（4）.

④ [美] 卢克·多梅尔.算法时代：新经济的新引擎 [M].胡小锐，钟毅，译.北京：中信出版社，2016：20.

⑤ 崔靖梓.算法歧视挑战下平等权保护的危机与应对 [J].法律科学（西北政法大学学报），2019（3）.

⑥ 郭延军.美国就业领域间接性别歧视的法律控制 [J].政治与法律，2013（4）.

出"（bias in，bias out）。[①]

以国内在线知识社区和付费课程平台"千聊"为例，它提供的付费知识类型包括母婴、亲子、健康、医学、养生、美容、情感、家庭、职场、财经、升学、人力资源等多个类目。其在内容营销方面有明显的性别差异。如面向男性的内容更注重实效，且门槛较高；面向女性的内容则注重主观感受，以健康养生、美容护肤、情感分析为主。页面数据显示，男性课程排名靠前的是与职场、金融、汽车、历史和科技等相关的"硬"知识，女性课程排名靠前的则是与产后塑形、瑜伽、护肤、美容、仪态以及职场穿搭等相关的"软"知识。它似乎在暗示：同样是上班，男性更"专业"，而女性就有点"不务正业"，被有意无意地赋予了"花瓶"的属性。研究者分析认为，"'千聊女性大学'的课程类型带有明显的性别色彩，并且营销意味显著。其中混合了社会固有的对女性的刻板印象、经营中降低成本的诉求（女性标签知识供应成本低）、知识付费平台中用户数量在性别层面的差异、广告投放诉求等各类原因。……从样本分析来看，样本课程中，女性标签课程相较于一般课程，更强调受众自身性别与该课程的联系，着重强调将女性身份与特定消费品进行捆绑。"[②] 作为一种营销策略，它也许是成功的。但是从其算法模型和算法逻辑而言，使用基于用户、基于信息要素的协同过滤算法或回归分析，其所定义的用户标签或者说用户画像策略，都带有性别刻板印象，其所传播的知识和观念引导框架会在认知层面对女性自身形成更大的束缚，让她们受困于"信息茧房"而不自知或无法自拔。这在传播学中被视为一种符号暴力，而在算法领域，这就构成了一种带有知识权力色彩的算法偏见。我们有理由警惕，若听任这种算法偏见泛滥而不加纠正，将会进一步加深数字性别鸿沟。

（二）数据集中的"幸存者偏差"和镜像效应

"幸存者偏差"在心理学和统计学中都是一个被反复提及的名词。它是指在统计分析的过程中，只计算经过特殊筛选的那一部分样本，而主观地忽略了样本筛选的整个过程，进而造成统计中关键因素流失，导致研究成果不精确甚至

---

① More account ability for big-data algorithms[J].Nature，2016（537）：449.

② 黄辉.千聊平台的性别策略研究[J].新媒体研究，2019（20）.

相反。① 在算法开发和使用过程中，算法设计者很有可能只看到数据统计的结果，而忽视了数据挖掘过程中遗漏有效数据或者关键数据所导致的偏差；或使用了带有偏见的数据集，导致算法结果偏离了客观事实。

这种存在于认知和样本分析中的逻辑谬误，在生活中也比较常见。比如，在购物平台上，我们只看到那些身材标准的模特展示服装，而销售的服装也多是在模特的身材尺码基础上增加或减少一两个尺码。但是生活中普通身材或者有某方面身材缺陷的女性其实更为常见，其身材尺码并不会得到特别的关注，以至于很难买到适合自己的衣服。这也会加重普通女性的"身材焦虑"和"容貌焦虑"。

此外，在线交易中，买家已经习惯在购物后对商品发表评论。好评和中评总是靠前显示，而差评被放在靠后位置或者无法显示，甚至有很多买家买了衣服不合适，选择了退货，而他们就无法对这件衣服和店家服务进行评价了。所以，我们在购物页面上看到的买家好评，可以说都是剔除了因不满意而退货的"幸存者"，那些不满意的"差评"（意见）都被隐匿或消除了，消费者根本看不见。那些好评数量多、星级高、销量大的店铺和商品在购物页面上更会得到置顶和优先排名，而一些过于小众的店铺或者新开店铺，即使商品质量良好也因为得不到引流资源而沉底不见。

如果将对用户的身份识别挪移到其他场景，如图像识别、语音识别或就业招聘，性别歧视的潜在影响就暴露出来了。如在机器学习中，给予算法大量文字或图片包进行训练，描绘女性在家做家务、男性在外工作，那么机器通过学习识别这些照片及其文字标签，就会默认"女人是家庭主妇，男人是经济支柱"这样的分工模式，进一步放大性别偏见，导致社会中的性别不平等越发严重。如果给机器学习的训练样本是带有性别刻板印象的人类语言、文本，其中潜藏的性别歧视难免被纳入关联逻辑。波士顿大学的一项针对人工智能的研究实验证明，当问软件"男性是程序员，那么女性是什么？"时，它的回答是——"家庭主妇"。② 凡此种种都表明，通过机器学习，社会性别偏见和固有歧视被算法

---

① 宋亮亮. 幸存者偏差理论下的传播学研究反思 [J]. 戏剧之家，2015（24）.

② 汪怀君. 人工智能消费场景中的女性性别歧视 [J]. 自然辩证法通讯，2020（5）.

以代码形式重新包装打扮，进一步放大或植入新的社会偏见，无形中让女性的利益受损，这势必会加剧社会既有的性别歧视和就业不公，甚至会引发更严重的社会问题。

大数据是社会的镜像，能够折射出人类社会中或隐或显的性别偏见，而基于大数据的算法也将在结果中展现这种偏见。"没有科学的、经过验证的模型支撑，我们往往主观地、有选择地看待信息，对信息的曲解却关注不够。于是，当我们把越来越多的信息塞进越来越臃肿的模型中，我们以为自己看到更多真相，而事实是很多只是假象。"① 如在传播学的很多研究过程中，研究样本很多只是对典型的显性现象加以研究与关注，因为其他隐性现象很难获取或者根本无法获取，在这种情况下进行的研究，因选取的样本问题，极容易形成错误的认识，从而使研究受到限制。② 更令人担忧的是，当算法越来越成为主导人们作出判断或决策的依据时，如果这面"镜子"反映的并非事实真相，我们有可能得出"差之毫厘，谬以千里"的结论，其后果必将是进一步扩大性别鸿沟，加剧社会的不平等。

（三）算法黑箱与"房间里的大象"

"黑箱"是一个隐喻，指的是那种难以为人所知，既不能打开，又不能从外部直接观察其内部状态的系统。③ 算法黑箱也属于技术黑箱的一种，它指的是算法设计者运用不透明的程序将数据输入转换为信息输出。从算法的运行流程来说，整个过程涉及庞杂的数据材料和繁复的算法方法，并以计算机代码的形式呈现，而不是能够被大多数人所理解的自然语言。这意味着除了少数算法研发人员，更多的外部人员并不清楚算法的设计理念与目标，也无从获悉数据。④ 即使在这个过程中出现运算或结果上的偏差，也不为外人所知。研究人员从性别角度指出，如果性别偏见被编入算法，就使媒介传播中被发掘的"男性凝视"在算法当中进一步发展为"编码凝视"，从而让算法也转化为具有性别偏见的算法

---

① 苏敏坚. 大数据: 更多的数据还是更好的算法？ [J]. 广告主，2016（4）.
② 宋亮亮. 幸存者偏差理论下的传播学研究反思 [J]. 戏剧之家，2015（24）.
③ 陶迎春. 技术中的知识问题: 技术黑箱 [J]. 科协论坛（下半月），2008（7）.
④ 谭九生，范晓韵. 算法"黑箱"的成因、风险及其治理 [J]. 湖南科技大学学报（社会科学版），2020（6）.

无物之阵：多维视角下的媒介暴力与性别公正

歧视。① 比如前文提到的求职歧视的例子：全球最大在线求职平台领英网在搜索算法上存在严重的性别歧视，该平台向男性求职用户推荐的高薪工作比女性多，从而使女性在最初求职时就处于劣势地位。在这里，算法推荐就成了算法黑箱，因为用户并不清楚它为什么会呈现"男女有别"的结果，而只会默认信息搜索的结果。2019 年，高洁等人对一种基于大数据分析和机器学习的算法 LightGBM 进行研究，提出了一种通过机器学习来预测用户性别和年龄的方法，其可以为精准营销提供关于用户的属性特征（例如性别和年龄）的用户标签。研究者称，这种预测方法可以将损失函数控制在 2.78 左右。② 其所使用的数据，主要是从网络平台中实时采集到的用户基本属性，如用户标识、终端品牌、终端子品牌、终端价格、性别、年龄以及用户的业务信息等。其中，关于用户年龄、性别和经济能力的相关数据，最终会呈现出不同性别、年龄和阶层的用户分类。至于分类是否公平，数据挖掘和分析的结果是否会对一部分用户形成价格歧视，也就是类似"大数据杀熟"这样的结果，我们不得而知。但是，对于算法黑箱在不透明情况下可能会对市场形成的操纵和垄断，对用户和消费者的知情权的漠视，我们应保持警惕。

刘顺提出了"数字资本主义异化"的问题，体现在四个方面。③ 其一，公共信息私有化。百度公司总裁李彦宏公然提出"隐私换便利"的说法，这种商业逻辑的恰恰体现了互联网企业对用户个体利益的蔑视。其二，信息扭曲。用户看到算法推荐的结果并非公正无私，而是带有商家诱导的意图。其三，信息垄断。商家利用大数据挖掘技术和用户画像实现精准推送，利用信息投喂机制，让用户陷入"信息茧房"而不自知。其四，信息剥削。商家利用算法剥削，把劳动者转化为"数字劳工"，那些"困在算法里"的外卖骑手，被迫和时间赛跑以缩短送餐时间，其工作弹性受到极大压制；高校、企业里的员工被各种绩效考核数字压得喘不过气来，加班文化盛行，"内卷"倾向日益严重；粉丝被资本操纵，为了所谓流量而被迫"做数据"，如"打投"、"控评"、刷屏投票等，完全沦为

---

① 宋素红，王跃祺，常何秋子. 算法性别歧视的形成逻辑及多元化治理 [J]. 当代传播，2020（5）.

② 高洁，张涛，程新洲，等. 一种基于 LightGBM 机器学习算法的用户年龄及性别预测方法 [J]. 邮电设计技术，2019（9）.

③ 刘顺. 资本逻辑与算法正义：对数字资本主义的批判和超越 [J]. 经济学家，2021（5）.

"工具人"。被数字化异化的自我是无法真正获得幸福感和安全感的。在日趋精准的算法技术下，被视为"用户"和"流量"的社会个体被剥夺了把握自我生活和追求主体价值的自由，在大数据面前成为"透明人"和"工具人"。对于女性来说，数字化异化的更严重后果是：在所谓数字化赋权的口号下，正在被算法推荐和流行审美变成高度同质化的"空心人"。

关于算法中的性别歧视，还有另一个社会性原因，我们把它描述为"房间里的大象"（the elephant in the room）。这是一句英美谚语，指那些显而易见却被人有意忽略或者拒绝谈论的现象。"简单来说，就是我们明明知道某件事是不合理并且确实存在的，但是却因为各种各样的原因对其不约而同地选择了合谋性的沉默。"[1] 比如说性别偏见和性别歧视，明明是社会中普遍存在的问题，但是我们在男女平等、"客观中立"的幌子下对其避而不谈。以至于当人们认知观念中的性别偏见"迁移"和"复制"到算法推送、人工智能领域时，我们依然对此无所察觉，将其视为寻常。

颜士梅等曾就企业人力资源管理中的性别歧视进行过深入研究，发现企业中的性别歧视主要表现在雇佣性别歧视、职业性别隔离、玻璃天花板[2]和薪酬性别歧视四个方面，而且男性与女性职员在性别歧视四种表现形式的感知上不存在显著差异。[3] 十多年过去，这些性别歧视的问题依然存在，且在互联网的自动招聘程序中浮现出来，当然也可能浮现在其他环节。现在的互联网企业在人力资源管理上也使用一套职业评价算法来预测员工的职业发展潜能。在指标选择、数据分类和机器测评中，只要对待不同性别的差异化分类仍然存在，就不可避免地出现间接歧视的结果。前述共享经济平台在灵活就业中的性别歧视，导致女性在兼职工作中的合法权益受到挤压，就是一个现实的例子。研究人员也认为，目前在灵活就业中的性别歧视本身难以证明，这主要缘于网络劳动通常是在所谓"匿名化"政策下进行的，而且没有面对面的交流，很难获得一手的

---

① 季晓菲. 从《房间里的大象》浅谈社会中的沉默现象 [J]. 新闻传播，2020（11）.

② 所谓"玻璃天花板"，是指女性在向组织内部高层晋升过程中所遇到的与工作条件无关的基于性别的无形障碍。其根本原因在于传统认知中对女性工作能力和管理才能等方面的歧视。

③ 颜士梅，颜士之，张曼. 企业人力资源开发中性别歧视的表现形式：基于内容分析的访谈研究 [J]. 管理世界，2008（11）.

证据。而现阶段法院认定性别歧视造成的损害结果标准又极为严苛，导致许多职场性别歧视案件以劳动纠纷而非侵权纠纷的名义解决。①

如此种种，关于性别不平等的社会议题就成为"房间里的大象"，人们对此心知肚明却不愿正视这个问题。但是考虑到大数据和算法的普遍应用，以及新媒体对现代女性的赋权，越来越多的人意识到这个问题的严峻性。2019 年 8 月，联合国教科文组织发布的《北京共识——人工智能与教育》指出，要致力于开发不带性别偏见的人工智能应用程序，并确保人工智能开发所使用的数据具有性别敏感性。该报告强调了人工智能应用程序应有利于推动性别平等，编码者应该认识到算法的高效性、反复性和隐蔽性会导致编码偏见，产生"差之毫厘，谬以千里"的灾难性影响。②

结　语

综上所述，算法中的性别歧视，会进一步加大数字性别鸿沟，同时放大歧视的社会影响，破坏我国自 1949 年以来在推进性别平等方面所取得的巨大成果。对此，一方面，我们需要鼓励女性进入技术领域，改变互联网和人工智能行业由男性垄断的局面。随着女性在高等教育上和男性缩小了差距，在校女生人数和比例上都和男性持平，女性在技术和知识参与方面将获得更多公平的机会，这有助于增强技术编码中的性别敏感性。另一方面，我们也要从技术、伦理、法律等多个现实角度来预防和消除在算法和人工智能领域的歧视，在工具理性之外，还应引入价值理性，从社会认知层面到技术人文层面，通过人为干预，如预防和纠偏，提高算法的透明度，消除算法应用中的不公平现象、歧视性或者偏见的效果，使其对所有性别的人都机会均等，实现"算法正义"。

---

① 张凌寒. 共享经济平台用工中的性别不平等及其法律应对 [J]. 苏州大学学报(哲学社会科学),2021 (1).
② 联合国教科文组织正式发布国际人工智能与教育大会成果文件《北京共识——人工智能与教育》[EB/OL]. （ 2021-05-10) [2021-12-30].http ∶ / / www.moe.gov.cn/jyb_ xwfb/gzdt _ gzdt/s5987/201908 / t20190828_396185.html.

第九章

重塑关系：超越性别暴力

教育和赋权训练能够让女孩知道，女性气质不等于顺从，决断力是可以培养的，妇女可以为自己发言。

——尼可拉斯·D.克里斯多夫、雪莉·邓恩：
《天空的另一半》

第一节　媒介暴力与性别暴力

一、关于媒介暴力与性别暴力的关系

媒介暴力作为一个历久弥新的话题，受到传播学者和社会学者的高度关注。最初，出于对传播效果的强调，学者往往从媒介内容入手，分析其中表达的暴力内容和暴力思想对现实中的人们，尤其是青少年、社会弱势人群和边缘群体的影响。随着研究的深入，尤其是将媒介与权力勾连起来，从而发掘出媒介话语与权力的运作机制，以及葛兰西对于文化霸权的揭示，研究者逐渐达成了共识：媒介传播从某种程度上说也是建构文化霸权和意识形态的工具。布尔迪厄关于"符号霸权"的力量的阐释，让我们看到符号在社会文化和权力再生产过程中的作用。除了赤裸裸地展示暴力、鼓吹暴力，以及通过所谓"暴力美学"手段展示所谓"强权的正义"，宣扬以暴制暴的强权逻辑，媒介文化再生产出来的歧视、污名和遮蔽，同压制一道，共同产制了社会的不平等环境。

在这种环境下，阶层、地位、性别、职业、身份、民族、宗教、地区等社会因素都有可能成为不平等的因素和来源。就性别而言，基于性别的暴力通常被认为是一种针对女性的暴力。1992 年，联合国制定的《消除对妇女一切形式歧视公约》第 19 号一般性建议对于妇女歧视的观念和基于性别的暴力作了补充说明。该公约的第一条界定了对妇女的歧视。歧视的定义包括基于性别的暴力，即因为是女人而对之施加暴力，或女人受害比例特别大。它包括施加身体的、心理的或性的伤害与折磨，威胁施加这类行为，压制和剥夺其他自由行动。1993 年，联合国又颁布了《消除对妇女的暴力行为宣言》，将"基于性别的暴力"定义为："对妇女造成或可能造成身心方面或性方面的伤害或痛苦的任何基于性别的暴力行为，包括威胁进行这类行为，强迫或任意剥夺自由，而不论其发生在公共生活还是私人生活中。"这个定义也成为本书研究议题的出发点和最终落脚点。因为在定义中明确了三点：其一，性别暴力不仅包括身体暴力，而且包括精神暴力、性暴力、剥夺自由或暴力威胁等；其二，明确宣称对妇女的暴力是一种基于性别的歧视，而歧视是造成这种暴力的主要原因；其三，指出基于性别的暴力行为损害或阻碍妇女依照一般国际法或人权公约享受人权和基本自由，符合《消除对妇女一切形式歧视公约》所指的歧视行为。[①] 那么，媒介文化和媒介机构所展现出来的对女性的歧视、污名化和物化等种种行径，本身也构成了针对女性的暴力行动。因此，媒介暴力和性别暴力形成了异体同构的关系。

二、关于跨学科研究视角的确定

过去很长一段时间内，我们对于媒介暴力的讨论和研究都集中在传播伦理和法律规制的层面。因为在普遍的社会认知中，媒介暴力和现实暴力之间存在某种因果关联。格伯纳的媒介暴力实验也表明，接触了过多媒介暴力的人会对社会产生暴力性的认知与错误观念。社会学习理论和心理学上的暗示与宣泄理论等也倾向于认为接触媒介暴力和攻击行为之间存在因果关联。但是这种因果关系无法得到明确的量化指标和直接证据支持，因而无法得到确认。而二者之间的相关性毋庸置疑。媒介和大众文化作为社会环境的一部分，只是促成社会暴力的诸多因素之一，其他诸如家庭、教育、经济、政治等因素也能构成诱发

---

① 卜卫，刘晓红，田颂云，等. 校园性别暴力的媒介再现研究 [J]. 妇女研究论丛，2019（1）.

现实暴力的现实条件和动因。仅仅从伦理角度来观照媒介暴力的问题，视野就过于狭隘了。因此，笔者对于媒介暴力关注的重点也有了更多的角度，如社会心理、法律规制、权力博弈、性别意识形态和技术歧视等，论证层次从微观个体到宏观政治，涉及文本、话语、实践、时间与空间、情感和技术等多个维度，在探索和思考过程中，笔者也打开了理论眼界，博采众家理论之长，大胆进行跨学科研究的尝试。

三、关于本书反思性立场的说明

具体到媒介暴力与女性的关系，媒介在女性形象建构和性别再现方面，如果存在双重标准，或者塑造了某种刻板印象，以及传播或放大了对女性的某种歧视和社会偏见，产生不良影响，就构成了一种媒介暴力。比如说，在家庭观念上，为什么职业女性总要被拷问"如何平衡事业与家庭的关系"，而男性却从不被问及这些问题？职业女性对于家庭和孩子的"负罪感"是如何被生产出来的？又如，在职场竞争中，为什么男性加班是职场美德，而女性加班就被视作背弃母职？或者想当然认为女性不能专心工作，所以在晋升提拔时会牺牲女性权益。在相当一部分人的认知里，母职被理所当然地视为女性的天职，因为它和女性本能相关；而女性的社会职责是后天的，似乎属于随时可以被放弃、被牺牲的"机会成本"。媒体上动辄就会出现鼓励女性"回家"，做全职主妇照料家庭的论调。这种关于性别分工的功利意识是如何被生产出来的？进而言之，在公共政治和制度决策过程中，与女性相关的法律法规，究竟在多大程度上能够聆听女性的声音，充分考虑到女性的实际问题，保护女性的合法权益呢？如果仅仅凭借形式上或程序上的所谓男女平等，而罔顾女性的权益被无视或剥夺的实情，做不到"实体正义"，那么它也难以成为衡量社会公正的准绳。

媒介话语及其所拥有的话语权力，是通过日积月累、"润物细无声"的方式，涵化社会认知和意识形态。在媒介产品或文化的输出过程中，个体事件以及文本层面由内隐偏见驱动的无意识歧视，以及社会层面由结构性的性别不平等驱动的制度性歧视，或对受害人个体产生身体、心理和精神上的巨大伤害（如家庭暴力和网络暴力攻击），或影响对某个群体的形象认知（如大龄剩女、"广场舞大妈"、网红主播等），或在价值判断、公共设施建设、空间资源分配、社会救济、创业创新等领域将性别偏见和结构性不平等嵌入社会生活，在某种程度上加剧了男性气质、资本话语和厌女主义的多重影响，因而导致了一种"弥漫性"的不平等。

而对于当下中国女性来说，在符号暴力的长期操纵和灌输下，她们对女性自主和妇女独立的诉求既关注又恐惧（因为担心被扣上"女权分子"的帽子）。当代的女性主义不再像 20 世纪 80 年代那样激进和泛政治化。相反，在当代，女性被压抑、被规训、被凝视的痕迹已经大大淡化了，对女性的歧视与性别隔离也不是公然行之于世，而是变得更加隐晦不明，女性主义的批评立场在某种程度上已经受到很大削弱，这也是现实挑战。而且，现实生活中，女性已然成为时尚产业的主要消费群体。女性经营健身俱乐部、美容院，销售化妆品和时装，社交媒体上形形色色的美妆博主和穿搭潮人乐于亲身示范，我们处处可以看到女性"主动参与"的意图，对身体的审美和改造成为很多女性自觉自愿的行为。就像苏珊娜·沃尔特（Suzanne Walters）曾经指出的那样，"如果变得更美的压力只是男性的单方面的阴谋，那么上述女性行业早就该销声匿迹了……可以确定的是，这种宠爱身体的社会风气，既没有降低女性的地位，也不是对她们的禁锢"[1]。身为女人，也许仍然会受到传统的社会规范的影响和制约，但是在个人主义兴起的潮流下，年轻一代的女性已经懂得如何进行抗争，以自己的话语和行动，对制度性的性别规训进行挑战，保持清醒、独立和自信。但不可否认，20 世纪 90 年代之前出生的女性和农村及都市底层女性群体，仍然无法摆脱传统的性别身份、角色分工和制度性权力的影响，恰恰是这些女性更容易受到媒介暴力的伤害，她们尤其需要获得"觉醒"和"自救"的能力。本书关注的正是这一类女性群体的困境。本项研究也是深入与性别有关的媒介暴力的各个层面，对各种社会现象、修辞策略和话语本质进行深刻的探察与剖析思考，以启发公众的反思与行动。

---

① Walters S D.Material Girls : Making Sense of Feminist Cultural Theory[M].Berkeley : University of California Press，1995 : 148.

四、关于研究路径的总结说明

本书在内容层面可分上、下两篇。上篇即第一至第四章，笔者从媒介传播角度入手，重点研究女性的媒介刻板印象，社会生活和政治领域中的性别偏见与性别排斥问题，以及女性表达权与政治参与局限性等方面，将性别视角代入媒介文本、社会生活、社会心理和公共政治，深度剖析媒介话语作为一种象征暴力对女性的支配与控制，超越媒介效果论的认知，力求从跨学科研究视角拓展话题的深度和广度。下篇即第五至第八章，笔者分别从时间、空间、情感和技术四个维度来剖析媒介暴力的文化表征和话语策略，在思维跨度上涵盖了历史性、政治性、个人性和技术性等各个层面，力图深刻批判和反思媒介文化与社会建构之间的交互影响。媒介的拟态环境既是对现实世界的再现与模拟，反过来也会促发对现实世界的"定型"和解构。可以说：媒体与社会观念、社会关系之间存在塑造与颠覆、建构与解构、压制与赋权的辩证性。作为一种符号暴力，媒介对女性形象及性别议题的建构，一方面反映和表达了性别暴力的现状和影响，另一方面也引发并促成了性别抗争和媒体赋权。因此，我们通过剖析媒介话语实践的具体策略与操作机制，可以因势利导，鼓励媒介在推动性别平等和性别公正方面发挥积极作用。

第二节　破除媒体偏见　重塑性别关系

媒介文化所塑造的性别文化，往往是在"男女有别"的认知基础上，划定男性和女性的社会职能、行动边界与互动关系。社会性别的确立不是出乎人的自然本质，而是一种社会建构的过程，其动力机制关乎权力与资本的争夺。文化和观念中既有的秩序和制度安排，无非是经济地位上的差别以及由此造成的社会决策能力与行动边界的大小。社会在确立和划分两性气质边界的同时也就划分了两种性别行动的边界。

当这种男女二元对立的传统观念和性别刻板印象在媒介文化中得以再现，使原本隐秘的性别意识形态公开化，反而在某种程度上确认了它的"合法性"。如同陈阳所指出的那样："新闻常规无意间导致了社会生产的特殊后果，从而使得媒体机构成为合法化现实的工具。……新闻的'事件导向'导致了新闻生产里对于时效性的重视，同时抑制了新闻对社会结构和长期后果等话题进行公共讨论的机会。"[1] 虽然和女性有关的新闻经常占据社会新闻和娱乐新闻的重要版面，但是对新闻事件所反映或蕴含的社会意义的反思往往付之阙如。就像 2017 年发生的榆林产妇跳楼事件那样，在死者家属和医院达成和解而封口以后，新闻随之沉寂，对于孕产妇身体自主性的问题、产妇抑郁症问题，以及无痛分娩技术对于女性身体解放的意义等深层问题则避而不谈。这个事件没能像 2003 年的"孙志刚事件"那样引发全国关注，并最终推动政府在立法层面对现行法律中的不完善之处作出修改，其成为中国民主化建设进程中的标志性事件。久而久之，性别歧视问题就成了"房间里的大象"，明明存在于我们的认知观念和现实生活中，但是人们却选择性地视而不见。对事实的有意遮蔽或回避，使符号暴力演化成为一种观念暴力和制度性暴力。

现实生活中，性别歧视乃至性别压迫依然存在，尤其是在偏僻闭塞的农村地区和山区，男女两性社会地位的总体差距和分层差距仍然存在。"重男轻女"的思想遗存，在全面放开二孩、鼓励三孩的当前情境下，对于家庭中针对不同性别子女的抚育策略和财产分配问题，从性别平等的角度来看更具有现实意义。如果家庭资源和父母的关爱照顾都集中在男孩身上，对女孩来说，家庭中的不公平待遇就是整个社会的现实投影。"男女有别"的说辞背后，蕴含着传统的男权思想和父权制文化。但今天的中国年轻女性受惠于教育公平，追求独立和自我发展的意愿已变得十分强烈，在职场上她们努力追求和男性获得同等的机会。在传统观念和现代意识之间发生的激烈碰撞和冲突，本身就包含了许多矛盾。而仅仅依靠经济发展，并不一定就能"顺带"解决两性平等的问题。如果不能从根本上认识社会资源分配中的性别不公问题，罔顾男性事实上比女性拥有更多的机会、权力、公共资源和舆论支持——正是这种性别不平等的机制，让男性处于强势地位，以及如果在政策上不注重性别公平、舆论上不反映社会不公的现实、行动上不去呼应和建设性别主流化的话语氛围，则势必会进一步扩大两性之间的不平等，最终损害的是健康的两性关系和社会和谐。

---

① 陈阳. 为什么经典不再继续？——兼论新闻生产社会学研究的转型 [J]. 国际新闻界，2018（6）.

承认性别差异的现实，也要认识到差异是被建构出来的话语事实。女性主义者指出："男性气质总是与工具性行为和体能性的能力相关，女性气质总是与表达性行为和亲和能力相关。工具性行为和与体能相关的能力总是显得更为重要，拥有这一气质的人则在社会中享有较高的地位和权力，即性别气质的差异产生了权力之分。"[①] 这种关于性别气质与性别角色的差异的划分，归根究底，都是由于各式各样的媒介——除了大众媒体，还有教科书、制度条例、司法实践、男性主导的"学术圈"等等，以及各种知识与权力体系、各种社会话语，日复一日、潜移默化地复制和推行着男性霸权。"再者，在传播研究中，造成差异的不仅仅在于性别，还与其他很多复杂的因素（比如阶层、受教育程度、人际网络、社会资源占有情况等）有着密切的关系，单一分析男性与女性在传播中的差异，从方法论的角度来说存在明显的盲点。"[②] 为此，必须打破一切条条框框，超越一切有关性别的二元对立，找到解决两性问题的制度策略和发展规划。

美国女性主义者克劳福德与昂格尔认为，媒体应在以下方面作出改变，以此来转变社会性别观念，提升女性的社会价值。它包括：① 提升女性的性别意识；② 转变刻板印象和传统观念；③ 变革社会，推进社会制度层面的变化；④ 为女性争取话语权。[③] 帕梅拉·格里顿（Pamela Creedon）也提出，应该彻底质疑现有的男权意识形态下的所谓的"价值中立""公私二分""主观与客观二分""男女二分"的新闻实践与价值评判标准，改用女权主义观点重新建构新闻实践与价值评判的指标，这样才有可能真正改变女性在传播中所面对的各种显性和隐性的性别歧视与压迫。[④]

要打破这种以强调差异为主旨的关于两性气质的划分，打破由此形成的性别角色和社会功能的划分，打破这种性别权力的边界，我们提倡建立两性平等、和谐发展的伙伴关系。所谓"两性平等"是指："建立在性别平等意识的前提下，实现实际生活中的两性机会平等，实现理想层面的结果平等。两性机会平等包

---

① [英] 约翰·斯图亚特·穆勒. 妇女的屈从地位 [M]. 汪溪，译. 北京：商务印书馆，2007：29.

② 张敬婕. 性别传播研究的本体之辨 [J]. 妇女研究论丛，2015（1）.

③ [美] 玛丽·克劳福德，[美] 罗达·昂格尔. 妇女与性别：一本女性主义心理学著作 [M]. 许敏敏，宋婧，李岩，译. 北京：中华书局，2009. 此论点由书中观点概括得出.

④ 张敬婕. 性别传播研究的本体之辨 [J]. 妇女研究论丛，2015（1）.

括两性在法律、政治、经济等机会上的平等；两性在工作报酬上的平等和在获得人力资本和其他生产资源上的机会平等；还包括两性在'发声'上的平等，因为两性平等的发声机会可以展示两性影响决策的能力和贡献的大小。结果平等是指在承认基本差异之上的事实平等。追求两性机会平等的社会制度是实现两性结果平等的基础。"[1] 而两性和谐是我们最终要达成的目标，就是"不仅实现男女两性的真正平等，而且实现所有个人在地位上的完全平等。同时最大限度地保留个性的差异，让每一个人都不会因为自己的性别感到任何一点压抑"[2]。

两性关系是人类社会中人与人之间最基本、最自然的关系，是人类社会的两极，是文化天平的两端——没有女性，人类将不复存在；没有男性，世界也难发展。正是在这个意义上，波伏娃在其名著《第二性》中呼吁："要取得最大的胜利，男人和女人首先就必须依据并通过他们的自然差异，去毫不含糊地肯定他们的手足关系。"[3] 在关于两性亲密关系的研究中也发现，公平是亲密关系运转的一个重要因素。[4] 把爱人视为平等的伴侣，实际上有助于建立幸福的亲密关系，这种亲密关系比以 20 世纪愚昧的传统期望为基础的伴侣关系，更有奖赏意义、更为坚固。[5] 家庭和伴侣之间如此，推及家庭外部关系，"一视同仁"的态度和原则对夫妻交往以外的社会交往关系更有影响力。

性别问题不仅是一种家庭内部关系，也是社会生活中的一种普遍关系。性别平等也不是仅仅通过增加个别资源就可以实现的，公共政策在性别主流化方面应发挥更大的作用。所谓"社会性别主流化"，就是强调把社会性别问题贯穿社会发展全过程，不能仅仅局限于妇女工作，应对任何领域各个层面上的任何一项计划行动（包括立法、政策或项目计划等）对女性和男性产生的影响进行分析。[6]

---

① 佟新. 社会性别研究导论：两性不平等的社会机制分析 [M]. 北京：北京大学出版社，2005：5-6.

② 李银河. 女性主义 [M]. 济南：山东人民出版社，2005：181.

③ [法] 西蒙娜·德·波伏娃. 第二性 [M]. 陶铁柱，译. 北京：中国书籍出版社，1998：827.

④ Stafford L，Merolla A J，Castle J D.When long-distance dating partners become geographically close[J]. Journal of Social and Personal Relationships，2006（6）：901-919.

⑤ Knudson-Martin C，Mahoney A R.Moving beyond gender：Processes that create relationship equality[J]. Journal of Marital & Family Therapy，2005（2）：235-258.

⑥ 李慧英，等. 社会性别与公共政策（之二）[M]. 北京：中国社会科学出版社，2014：3.

第三节　解构·建构·赋权　迈向性别平等

社会观念中的进步，一方面说明中国政府这些年在推动性别平等方面所作出的各项政策调整与努力措施收到了一定的成效，中国社会在争取两性平等方面的实践取得了看得见的成绩；另一方面，大众媒介在推动社会观念与实践变革中也发挥了积极的作用。

一、教育与性别平等

教育是通向平等的阶梯，也是促进意识觉醒和性别平等的有力武器。教育更是人权之一，是实现平等、发展与和平的一种基本手段。当然，在某种条件下，教育也会成为再生产社会不平等的工具。所以，教育公平对于推动中国性别平等具有十分重要的意义。

改革开放以来，女性的受教育水平也有了很大提高。2018年11月26日，联合国教科文组织（UNECSO）发布了一项针对世界范围内15—24岁男女青年识字率（1970—2017年）的调查报告。笔者对该项数据进行了筛选和排序，结果见表9-1。

从数据中我们可以看到，在世界范围内，男女的识字人数之比呈现上升趋势。中国在这一指标上也在不断向好。截至2010年，中国男女的识字人数比已经接近了1，说明国民基本教育的普及程度较好。在高等教育方面，性别平衡观念也得到了很好的贯彻。2016年教育部发布的教育统计数据中显示了全国高等院校学生的性别分布情况，见表9-2。可以看到，在高等教育中，女生的就读人数甚至超过了男生。教育普及有助于缩小女性与男性的发展差距。

表 9-1 1980—2017 年 15—24 岁的男性与女性识字人数之比

单位：%

国家/地区	1980年	1990年	2000年	2010年	2016年
中国	0.862	0.943	0.993	0.999	
俄罗斯				1.001	
欧盟		0.999	1.000	1.000	
新加坡		1.002	1.002	1.000	1.000
南亚	0.623	0.669	0.787	0.892	0.950
阿拉伯联盟国家	0.709	0.785	0.865	0.905	0.936
拉丁美洲与加勒比海地区	1.008	1.029	1.001	1.006	1.005
中高等收入国家	0.905	0.960	0.992	0.996	0.997
中等收入国家	0.849	0.893	0.924	0.956	0.973
最不发达国家（联合国分类）	0.695	0.947	0.823	0.872	0.923

注：上述表格进行了简化处理，并按照年份和数据进行升序排列，各国的排序与联合国教科文组织发布的原始表格中的顺序有所不同。

表 9-2 2016 年全国不同高等教育类型学生的性别分布

单位：人

高等教育类型	男生	女生
研究生	977941	1003110
普通本专科	12797429	14161004
成人本专科	2468517	3375366

中国第三期妇女社会地位调查（2010）的数据显示：截至 2010 年，18—64 岁女性的平均受教育年限为 8.8 年，比 2000 年提高了 2.7 年，受教育年限上的性别差距由 2000 年的 1.5 年缩短为 2010 年的 0.3 年。女性中接受过高中阶段及以上教育的人数占比为 33.7%，城乡分别为 54.2% 和 18.2%；中西部农村女性中，这一比例为 10.0%，比该地区农村男性低 4.6 个百分点。2008 年，全国小学学龄女童入学率达到 99.5%，普通高校本专科在校女生、女硕士生和女博士生的比例分别占学生总数的 49.9%、48.2% 和 34.7%，女性知识分子达千万人以

上，女性享有更多的接受更高层次教育和进行继续教育的机会。[1] 知识改变了大多数女性的命运，使她们能够自主地选择自己的人生道路。尽管仍然存在着城乡差别，但是在城镇女性中，教育水平的提升的确给她们的人生带来了更多的改变，在就业、婚姻家庭和参政议政领域，女性获得了更大的发展空间。

教育是实现个人社会化过程中的重要环节，在其观念塑形中发挥着重要的影响和作用。因此，在教育中纳入性别平等的知识、观念和行动，是形成个人正确的性别观念和良性的社会性别文化的基石和源头，必须加以高度重视。

二、就业与性别平等

在职业领域，"男女平等""同工同酬"的理念通过《中华人民共和国劳动法》和《中华人民共和国妇女权益保护法》等法律，在制度层面得到确认和保障。妇女就业的自主性大大增强，就业领域和就业形式也更加宽广和多元，两性的职业结构日趋合理。越来越多的女性进入计算机、通信、金融、保险等技术密集型、知识密集型行业，并成为这些行业发展的重要力量。在卫生技术、教育、会计、统计、翻译、出版、文博和播音等领域的专业技术人员中，女性比例超过男性。根据国家统计局 2021 年 12 月公布的《中国妇女发展纲要（2011—2020 年）》终期统计监测报告中的数据：2020 年，城镇单位女性就业人员为 6779.4 万人，比 2010 年增加 1917.9 万人，增长 39.5%。女性就业人员占全社会就业人员的比重为 43.5%，实现《中国妇女发展纲要（2011—2020）》"保持在 40% 以上"的目标。而在农村地区，女性脱贫工作也取得了重大胜利。截至 2020 年底，实现脱贫的近 1 亿人口中妇女约占一半。[2] 与此同时，女性在企业管理中占据着越来越重要的地位。2020 年，企业职工董事和职工监事中女性比重分别为 34.9% 和 38.2%（见表 9-3），分别比 2010 年提高 2.2 个和 3.0 个百分点。企业职工代表大会中女性代表比重为 30.2%，比 2010 年提高 1.2 个百分

---

① 全国妇联，国家统计局．第三期中国妇女社会地位调查主要数据报告 [EB/OL].（2011−10−21）. http：//www.china.com.cn/zhibo/zhuanti/ch-xinwen/2011/10/21/ content_23687810.htm.

② 中国国家统计局．《中国妇女发展纲要（2011—2020 年）》终期统计监测报告 [EB/OL].（2021−12−21）[2021−12−30]. http：//www.gov.cn/xinwen/2021−12/21/content_5663667.htm.

点。① 转换成柱状图（见图9-1），分布比例增长趋势更加明显。

表9-3　2010—2020年企业董事和监事中女性所占比重

单位：%

身份	年份										
	2010	2011	2012	2013	2014	2015	2016	2017	2018	2019	2020
女董事	32.7	31.6	26.4	29.1	40.1	38.4	39.9	39.7	39.9	33.4	34.9
女监事	35.2	35.6	27	29.2	41.5	38.9	40.1	41.6	41.9	36.4	38.2

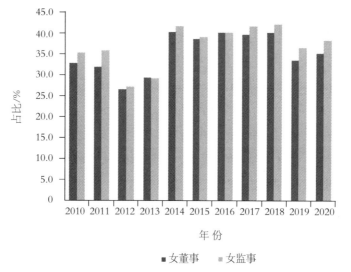

图9-1　2010—2020年企业董事和监事中女性所占比重

"女性自主创业的比例达到了21%以上，女企业家约占企业家总数的25%。"根据国家劳动和社会保障部发布的1991—2017年中国女性弱势群体就业占比的数据统计②，1991—2017年中国女性弱势群体的失业率是逐年下降的（见表9-4）。换言之，女性参与就业的水平逐年增加，劳动参与率不断提高。

---

① 中国国家统计局.《中国妇女发展纲要（2011—2020年）》终期统计监测报告[EB/OL].（2021-12-21）[2021-12-30]. http://www.gov.cn/xinwen/2021-12/21/content_5663667.htm.

② 镝数，https://dydata.io/appv2/#/pages/store/list。

表 9-4 1991—2017 年中国女性弱势群体失业率

单位：%

年份	失业率	年份	失业率
1991	69.19	2005	47.50
1992	68.03	2006	45.60
1993	65.26	2007	43.63
1994	62.82	2008	41.29
1995	60.24	2009	40.31
1996	58.27	2010	38.67
1997	57.44	2011	37.11
1998	57.01	2012	36.18
1999	56.50	2013	35.59
2000	55.78	2014	34.98
2001	54.97	2015	34.87
2002	53.85	2016	34.51
2003	51.94	2017	34.49
2004	49.33		

根据表 9-4 的中数据绘制折线图（见图 9-2），弱势女性失业率下降的趋势就更加一目了然。

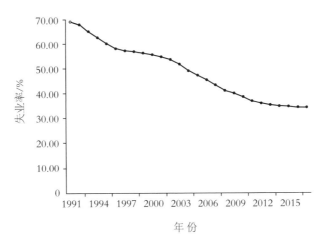

图 9-2 中国弱势女性的失业率

2018 年 1 月，美国国家统计局针对各国人口参与劳动的比率发布了一组调查数据，其中，中国的劳动参与率达到了 76%，而女性的劳动参与率达到了 70%。这个数据正好可以和上述图表中的数据相互验证。同期其他国家女性的劳动参与率分别为：美国 58%，日本 30%，印度 28%。① 中国女性的勤劳有目共睹。如此高的劳动参与率，说明女性在国民经济建设中真正撑起了"半边天"。经济上的独立，能保证女性在婚姻家庭和社会公共领域占有一席之地，并积极为自身发展争取权益。

以长三角的准一线城市杭州为例，杭州女性的社会地位、知识水平和工作能力相对较高，在职场里活跃着她们靓丽的身影。如西溪创业园里的白领女性、各具风格青春靓丽的淘宝模特等。这里还出过很多著名的女明星和世界冠军，如汤唯、俞飞鸿、叶璇、袁立等，以及国家游泳队著名选手叶诗文，她在 2012 年伦敦奥运会游泳比赛中赢得冠军并打破世界纪录，还先后获得全运会、亚运会、游泳世界杯、长池世锦赛、短池世锦赛、奥运会在内的所有国内外重大比赛的金牌，成为中国泳坛首个金满贯。除此之外，还有活跃在高校学术场域里风姿独具的知识女性，以及聪明干练、巾帼不让须眉的创业女性。中国（杭州）跨境电子商务综合试验区的建立，为杭州创新发展提供了强大的动力，也为创业女性带来了前所未有的发展良机。《2021 胡润女企业家榜》名单中，浙江的女企业家共有 4 位上榜。② 这些优秀的职场女性以出色的成绩证明，即使和男性同台竞技，她们也不遑多让。大批创业女性的加入和卓越贡献，使杭州成为中国经济发展最活跃的长三角地区核心城市之一。全球创业观察每年发布的创业情况调查结果显示，女性创业者增加的速度令人吃惊，一个崭新的"她时代"正在崛起。③

---

① 中国人的勤奋，令世界惊叹和汗颜，甚至恐惧 [EB/OL].[2021-12-30]. https：//baijiahao.baidu.com/s?id=1616997973811843117&wfr=spider&for=pc.

② 《2021 胡润女企业家榜》榜单中，浙江省女企业家共有 4 位上榜 [EB/OL].（2021-12-28）[2021-12-20].http：//k.sina.com.cn/article_2182537064_8216df68040015scf.html.

③ 范一斐. 杭州市女性创业帮扶机制研究 [J]. 杭州学刊，2017（1）.

三、社会参与中的性别平等

（一）女性参政

随着教育与职业的发展，女性与男性的发展差距逐渐缩小，一向由男性把持的政治领域也渐渐增加了女性的席位，女性对社会政治生活的参与，具体表现在权力的参与和民主生活的参与上。在我国，女性参政的水平和程度正逐步提高。《中国实施千年发展目标报告（2000—2015 年）》指出，目前，中国国家领导人中有 6 位女性，第十二届全国人民代表大会代表中女代表比例为 23.4%。政协第十二届全国委员会女委员占委员总数的比例为 17.8%，中国共产党第十八次全国代表大会中女代表的比例为 22.95%，均比上届有所提高。基层妇女参政情况不断改善。2013 年，全国居民委员会成员中女性占 48.4%，女性进村委会和村党委的比例从 2008 年的 20% 提高到 2013 年的 93.64%，有些省市实现了村村都有女委员。[①]

据《中国妇女发展纲要（2011—2020 年）》公布的数据，我国妇女参政议政的比例近 10 年有较大提升。2018 年召开的第十三届全国人民代表大会第一次会议共有女代表 742 名，占代表总数的 24.9%，比第十一届（2008 年）提高 3.6 个百分点，是历届人大代表中女性比重最高的一届。政协第十三届（2018 年）全国委员会中有女委员 440 人，占委员总数的 20.4%，比第十一届（2008 年）提高 2.7 个百分点，也是历届政协委员中女性比重最高的一届。[②] 但是与城市相比，农村妇女参与水平有待提高。2020 年，村委会成员中女性比例为 24.2%，距离《中国妇女发展纲要（2011—2020 年）》所预期的"30% 以上"的参政目标仍有一定的差距。

从当前现状来看，妇女的民主参政虽然一直在持续不断地发展，但参与水平仍然有限。担任正职的女干部偏少，且越到高层比例越低。省、市、县级政

---

① 外交部.中国实施千年发展目标报告（2000—2015 年）[EB/OL].（2015-07-28）[2021-12-30]. http://cn.chinagate.cn/reports/2015-07/28/content_36164105_2.htm.
② 国家统计局.《中国妇女发展纲要（2011—2020 年）》终期统计监测报告 [EB/OL].（2021-12-21）[2021-12-30]. http://www.gov.cn/shuju/2021-12/21/content_5663667.htm.

府领导班子配有女干部的班子比例近几年甚至出现不同程度的回落。[①] 非政府组织和民间力量正在逐渐影响决策话语和政策走向，尽管这种影响还很有限；权力参与有新的机遇，但发展还是很缓慢。[②]

（二）女性的经济参与

女性在经济与社会发展中的工具性价值也被商业资本大力发掘。有人从消费的角度出发，认为女性是最大的消费主体，具有强烈的消费欲望和强大的消费能力，在消费主义大行其道的 21 世纪，女性成为拉动消费的最大动力，因而有"她世纪""她经济"之说。所谓"她经济"，指的是女性的消费能力越来越强，围绕着女性理财、消费而形成了特有的经济现象，这些经济现象对整体经济的影响不可忽视。"她经济"也是一个新生词，在 2007 年与"剩女"同时成为汉语新词，这一时间上的同步性正可以有力说明两者之间的关系——媒体将"剩女"制造为一个社会问题，又将"剩女"视为潜力巨大的消费主力。[③] 但这种立足于消费的女性话语生产中，女性仍然是被观赏的对象，作为男性欲望投射的客体存在。所谓"美女经济"，不过是女性边缘化地位的委婉表达。[④] 而"色情政治"（如性贿赂、权色交易、性骚扰等）中对女性的物化和性剥削、性压迫、性暴力等现象，游走于法律和伦理的灰色地带，作为"潜规则"摆不上台面却在现实生活中大行其道，充分说明了男权社会事实上仍然存在，显性的性别压迫不再明目张胆，但是隐性的性别歧视和性别制约仍然潜伏于社会观念和行为当中，成为"隐形的暴力"。

以女性消费来论证"她世纪"的出现，其实是媒体制造的幻象，背后起操纵作用的是商业话语，所谓的消费自主性其实是不存在的，只是被媒体和商业

---

① 国家统计局.《中国妇女发展纲要（2011—2020 年）》中期统计监测报告 [EB/OL].（2016-11-03）[2021-12-30]. http：//www.stats.gov.cn/tjsj/zxfb/201611/t20161103_1423701.html.

② 李慧英.妇女与参政 [M]// 王金玲.中国妇女发展报告（妇女发展蓝皮书）[M].北京：社会科学文献出版社，2006：54.

③ 刘利群，张敬婕."剩女"与盛宴：性别视角下的"剩女"传播现象与媒介传播策略研究 [J].妇女研究论丛，2013（5）.

④ 范红霞.媒介眼中的"她者"图景与性别话语研究 [M].杭州：浙江大学出版社，2017：171.

利益强加的所谓"自由"。^①有人分析了中国小妞电影的内容和价值倾向，指出这些电影并没有成为女性主义的文本，充其量只是消费主义的产物。"在小妞电影中，角色的生产性大大减弱，即使一些角色是有职业身份的，但多数角色看上去完全不需要为工作操心，除了谈情说爱就是穿梭于饭局、喝茶、晚会、逛街、购物等各种消费行为之中，而通过消费，这些角色成为更加自信、更加快乐或者更加成功的人士，这正是消费主义推崇的价值观念。"^②据此，该文作者深刻地指出："消费主体性不会必然转换为性别关系中的主体性。"^③在弘扬消费主义的同时，小妞电影在整体上不仅并没有挑战反而强化了传统的性别关系。影片中主导的性别关系还多是男性中心的，女性常常被表现为处于支配和从属的地位，而强势的女性往往会被惩罚性地"剩下"。媒介文化在生产大众文化的同时，也制造了性别的"迷雾"。"传媒对女性的这种既被'消费'又'消费'自我的双重引导，正是女性受到日益强化的男权制和商业化双重剥蚀的直接体现，带给现代女性的只能是'女性主体地位的真正的缺失'。"^④

虽然说，自《中国妇女发展纲要（2010—2020）》实施以来，就业政策和创业扶持政策逐步完善，妇女就业渠道不断拓宽，女性就业人数稳步增长（2020年，城镇单位女性就业人员为6779.4万人，比2010年增加1917.9万人，增长39.5%；女性就业人员占全社会就业人员的比重为43.5%），但歧视妇女的观念和行为在妇女就业、土地承包等方面依然存在。^⑤而且，教育机会的平等并没有在劳动力市场上得到平等的回报。女性在就业当中仍然面临着或隐或显的歧视与排斥，"全面二孩"和"鼓励三孩"政策落地以来，女性的就业歧视加重，职业女性也不得不承受"生育亏损"带来的个人发展代价。数量众多的"宝妈"不得不通过"微商""网络直播""自媒体写手"等"非正规就业"的方式来贴补家用，保持和社会的联系；而且，有些女性的非正规就业情形也多是出于无奈（例

① 范红霞. 媒介眼中的"她者"图景与性别话语研究 [M]. 杭州: 浙江大学出版社，2017：171.

② 周培勤. "她经济"视角下解读小妞电影的女性凝视 [J]. 妇女研究论丛，2015（1）.

③ 周培勤. "她经济"视角下解读小妞电影的女性凝视 [J]. 妇女研究论丛，2015（1）.

④ 蒋晓丽，刘路. 传媒"她世纪"的女性消费与消费女性 [J]. 社会科学研究，2008（1）.

⑤ 常红. 国家领导人中有8位女性，230多位女性任部级领导 [EB/OL].（2009-09-25）[2021-12-30]. http：//www.ce.cn/xwzx/gnsz/gdxw/200909/25/t20090925_20094769.shtml.

如下岗、企业转制而失业），她们更多地承受了经济结构调整带来的就业机会不平等的影响。由此可见，就业领域存在的性别歧视在某种程度上抵消了教育平等在实现性别平等中所起到的积极作用。①

（三）女性的婚姻自主和家庭地位

女性的婚姻自主程度也进一步提高，女性在家庭中的决策权和经济地位不断上升。国家人口发展"十三五"规划将促进性别平等、家庭和谐、倡导婚姻自由平等作为主要任务，促进家庭成员的平等发展。一些地方法规对女职工产假、男职工护理假及生育津贴作出明确规定，支持男女平衡工作与家庭、夫妻共担家庭责任。2010年第三期中国妇女社会地位调查数据显示，夫妻共同决策家庭事务成为趋势，70%以上的妇女参与家庭重大事务决策。越来越多的妇女能够平等分享家庭资源，男女共同分担家务的观念得到更多认同，两性家务劳动时间差由2010年的150分钟缩短到74分钟。②但是家务劳动的性别分工，现状不容乐观。"从1998年到2013年，中国公办幼儿园的比例从83%下降至33%。在城市，带薪休产假的女性比例从20世纪80年代初的60%到21世纪头10年后期下降至32%。"③社会照料设施的短缺和对女性无偿家务的轻视，使得现代女性在"如何平衡家庭与工作"的困境中左右为难，"丧偶式育儿"的压力导致已婚女性的焦虑感和疲惫感日益增加。

另外，妇女健康状况区域间发展差距依然明显。例如，农村孕产妇死亡率高于城市，2020年，我国孕产妇死亡率为16.9/10万，比2010年降低43.7%，指标水平居全球中高收入国家前列。城市与农村孕产妇死亡率分别为14.1/10万和18.5/10万，分别比2010年降低52.5%和38.5%。但农村孕产妇死亡率仍然大大高于城市。④贫困地区、边远山区和少数民族地区的妇幼卫生设施可及性差、利用不足问题突出。生殖健康服务重点关注的是育龄妇女，对青春期和更

---

① 李英桃，王海媚.性别平等的可持续发展[M].北京：社会科学文献出版社，2016：162.

② 中国国务院新闻办公室.中国性别平等与妇女发展（2015年9月）[M].北京：人民出版社，2015：20.

③ 董晓媛.照料经济、性别平等与包容性增长：中国落实2015后可持续发展目标的思考[J].妇女研究论丛，2015（6）.

④ 国家统计局.中国妇女发展纲要（2011—2020年）[EB/OL].（2021-12-21）[2021-12-30].http：//www.gov.cn/shuju/2021-12/21/content_5663667.htm.

年期女性的卫生保健服务需求未能予以充分满足。此外，妇女精神健康问题成为新关切。在平衡家庭与工作的关系方面，女性承载着更大压力。[①]

（四）性骚扰行为的立法规制

防范和规制性骚扰也是保障女性生活和工作合法权益的重要举措。2017年，针对国内外反性骚扰的事件披露和社会呼声，中国采取的路径是从媒体议程进而上升到公共议程。经过有代表性或冲击力的政治事件或者新闻"热点"，高密度的大众传播、社会的普遍关注，从而推动政策变革。2018年8月6日，杭州出台全国首个反校园性骚扰工作机制《关于建立校园性骚扰未成年人处置制度的意见》，从设定教师职责红线、6小时内报告学校负责人、24小时内报案等机制上遏制和惩戒校园性骚扰行为。此后各地也相继出台类似制度。正式立法工作也随之启动。2020年5月28日，十三届全国人大三次会议表决通过了《中华人民共和国民法典》，自2021年1月1日起施行。《民法典》中对于性骚扰行为的意图、方式、场合、对象进行了明确的认定，据此，在工作场所和公共场所等场合实施性骚扰的行为人，除了要承担民事责任外，还要承担治安处罚的责任。另外，还规定了机关、企业、学校等单位（场所责任人）在预防、受理投诉、调查处置等方面应承担防范和制止的责任，从而保护受到骚扰的受害人。另外《中华人民共和国刑法》和《中华人民共和国治安管理处罚条例》也制定了相应条款，对实施性骚扰的行为人视情节作出不同程度的刑罚和治安处罚，与《民法典》相互呼应和补充，以保证立法、司法、执法步调一致，指向明确，更好地保护受害人的合法权益，实现社会的公平正义。

（五）打击和惩治拐卖妇女行为

为严厉打击拐卖妇女儿童犯罪行为，我国发布了第二个"反拐行动计划"——《中国反对拐卖人口行动计划（2013—2020年）》，公安部门持续开展打击拐卖人口犯罪专项行动。2011—2015年，公安机关共破获拐卖妇女案件1.5万起，破获拐卖儿童案件1.1万起，以实际行动打击和遏制针对女性的暴力犯罪行为，从源头上减少拐卖人口案件的发生。

---

① 李英桃，王海媚．性别平等的可持续发展 [M]．北京：社会科学文献出版社，2016：162．

但现实中仍然存在拐卖妇女、买卖婚姻的惨剧。2022年1月28日，徐州丰县"八孩母亲被拴铁链睡猪圈"的事件因自媒体的爆料引发社会广泛关注。当地政府官方微博"徐州发布"连发四次情况通报，仍然难以平息众人的愤怒：因为随着关注度的提升，通报中披露的当事人信息越详细，越暴露出此前政府工作人员长期以来对当地拐卖妇女问题存在渎职、懈怠、包庇和欺瞒等行为。而苏北地区自20世纪70年代以来拐卖妇女问题屡禁不绝，90年代更是猖獗一时，徐州甚至成为妇女流转、贩卖的最大中转站。据浙江文艺出版社的纪实文学作品《古老的罪恶》记载：1986年以来，从全国各地被人贩子拐卖到江苏省徐州市所属6个县的妇女共有48100名。铜山县①伊庄乡牛楼村近几年增加人口200多名，几乎全部是从云南、贵州、四川被拐卖来的妇女，占全村已婚青年妇女的三分之二。②在拐卖妇女和买卖婚姻的过程中，因此发生的强奸、虐待、伤害、自杀等恶性事件更是比比皆是，事实令人触目惊心。公安部自2010年4月起在全国开展"打拐"专项行动，依法坚决打击拐卖妇女犯罪，加大拐卖人口犯罪"买方市场"的整治力度，从源头减少拐卖妇女案件的发生，拐卖妇女现象得到有力遏制。据新华社报道：截至2010年9月6日，全国公安机关共侦破拐卖妇女儿童案件1.35万起，打掉2398个拐卖妇女儿童犯罪团伙，刑事拘留15673人，共解救被拐卖妇女10621人、儿童5896人，移交民政部门736人。③另据报道，2013—2016年，全国法院共审结拐卖妇女、儿童犯罪案件3713件。④笔者对2000—2018年的涉强奸及拐卖案件占比情况进行了汇总统计（见表9-5），可以看到，拐卖妇女儿童案件在全国刑事案件中所占比重在不断降低⑤。截至2018年，拐卖妇女儿童案件数在刑事案件中的占比为0.47‰，与2000年

---

① 2010年9月撤销，划归新设立的徐州市铜山区管辖。

② 二十年拐卖妇女罪恶史，当年苏北流传"只要云南在 不怕没后代"[EB/OL].[2021-12-30].https://baijiahao.baidu.com/s?id=1724435104896134228&wfr=spider&for=pc.

③ 反拐，利剑出鞘：公安机关"打拐"专项行动进行时[EB/OL].（2010-09-19）[2021-12-30]. http://www.gov.cn/govweb/jrzg/2010-09/19/content_1706128.htm.

④ 全国法院三年多来一审审结拐卖妇女儿童案件超2800件[EB/OL].[2021-12-30]. https://baijiahao.baidu.com/s?id=1620794957557575875&wfr=spider&for=pc.

⑤ 国家统计局《中国儿童发展纲要（2011—2020年）》报告发布，儿童健康状况持续改善，受教育水平提高[EB/OL].（2021-12-23）[2021-12-30].http://www.stats.gov.cn/tjgz/spxw/202112/t20211223_1825595.html.

相比（见图 9-3），下降了 92.6%，这是可喜的成绩。不过，"丰县八孩母亲被锁铁链"的现实事件也警示我们：只要中国还存在被锁链捆住、被迫生育 8 个孩子的丰县"小花梅"和与之有类似悲惨遭遇的不幸女性，打拐工作就还有继续下去的必要。

表 9-5　2000—2018 年全国强奸及拐卖妇女儿童案件在刑事案件中的占比

年份	刑事案件/起	强奸案件/起	强奸案件占比/‰	拐卖妇女儿童案件/起	拐卖妇女儿童案件占比/‰
2000	3637307	35819	9.85	23163	6.37
2001	4457579	40600	9.11	20735	4.65
2002	4337036	38209	8.81	18532	4.27
2003	4393893	40088	9.12	16483	3.75
2004	4718122	36175	7.67	13964	2.96
2005	4648401	33710	7.25	10082	2.17
2006	4744136	32553	6.86	9150	1.93
2007	4807517	31883	6.63	7121	1.48
2008	4984960	30248	6.19	7008	1.43
2009	5579915	33286	5.97	6668	1.20
2010	5969892	33696	5.64	6513	1.09
2011	6004951	33336	5.55	5684	0.95
2012	6551440	33835	5.16	5397	0.82
2013	6598247	34102	5.17	3721	0.56
2014	6539692	33417	5.11	3343	0.51
2015	7174037	29948	4.17	2884	0.40
2016	6427533	27767	4.32	2566	0.40
2017	5482570	27664	5.05	2565	0.47
2018	5069242	29807	5.88	2378	0.47
总计	102026470	636143	6.23	167957	1.65

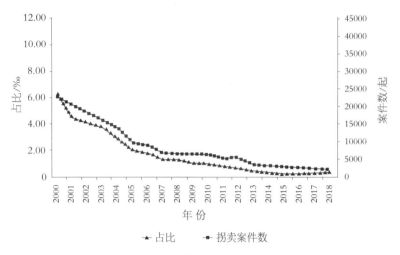

图 9-3　2000—2018 年全国拐卖妇女儿童案件在刑事案件中的占比

（六）性别失衡问题

在性别人口结构上，也存在性别失衡带来的危机与挑战。"20 世纪 80 年代开始全面实施计划生育制度以来，中国较为严重的男孩偏好使得人口出生性别比居高不下，导致中国女孩严重缺失，预计到 2020 年可能会产生大约 3000 万男性无法实现婚配。"①2021 年 5 月公布的第七次全国人口普查数据也证实了这一点。人口出生性别比严重失衡、"剩男"增加，将会导致强奸、性暴力、拐卖妇女、卖淫等一系列针对女性的暴力事件和现象增加。社会学家也发现，"在性别结构失衡的社会，这些在婚姻市场失利的大龄未婚男性将面临心理福利和性福利的损害，特别是当大龄未婚男性流入城市地区时，其性行为风险行为的增加，将在增加自身感染性疾病风险的同时，增加社会上性病、艾滋病的传播风险"②。性别失衡将给人口、社会、健康、文化和经济等方面带来一系列风险，进而大大增加社会风险和性别危机。

---

① 姜保全，李晓敏，Marcus W. Feldman. 中国婚姻挤压问题研究 [J]. 中国人口科学，2013（5）.

② 刘慧君，李树茁，等 . 性别失衡的社会风险研究：基于社会转型背景 [M]. 北京：社会科学文献出版社，2014：73.

　　　　　无物之阵：多维视角下的媒介暴力与性别公正

（七）性别与知识鸿沟

另外，我们也无法忽视存在于两性之间的知识与技术鸿沟。据联合国"实现可持续发展目标"的进展情况中的数据，全球范围内的数字鸿沟依旧存在，全球使用互联网服务的男性人数多于女性。2015 年，全球女性的互联网用户普及率约比男性低 11 个百分点，在发展中地区，女性比男性低 15 个百分点，在最不发达地区，女性比男性低 29 个百分点。[①] 在科学界、学术界广泛流行的性别歧视和厌女主义，也打压了女性在科学技术领域和知识获取方面的进取心和发展机会。2017 年，浙江大学教授冯某在微博上公然声称："女生读研究生就是来混文凭的，反而因此挤占了男生的机会。"这种言论引起了网友的公愤，在和网友论辩时他更是提出一个荒谬的观点：历史证明学术界不是女性的地盘。身为博导、教授的知识精英都抱有这种厌女主义的观点，从侧面更加印证了科学领域的性别歧视和知识鸿沟。有人专门考察了"女科学家为何稀缺"以及"女科学家都去哪儿了"的问题。研究发现，性别偏见是阻碍女性成为科学家的重要因素，即认为女性天生不适合从事科学职业的信念在人们的观念中根深蒂固，并严重影响到对女性科学家才华和成就的认可与评价。现实的情况是，在男性雄霸一方的科学界，女性往往受到压制，表现在：女性的科学成就被贬低；女性的科学成就被忽视；女性的科学成就被归于男性。即使那些作出伟大发明和创见的女科学家，也是以"无名"的方式被湮没。这种现象被称为科学界的"玛蒂尔达效应"。[②] 这个概念是由美国科学史家玛格丽特·罗西特（Margaret Rossiter）首先提出来的，来源于 19 世纪晚期极力主张女性参政的美国女作家玛蒂尔达·盖奇（Matilda Electa Joslyn Gage）的个人经历和她所批判的"女性成就被抹杀"的社会不公正现实。研究者最终得出结论：性别偏见和歧视是导致女科学家籍籍无名以及其科学才华难以发挥的主要因素，只有消除性别偏见，对女科学家的成就给予应有的承认，才能从根本上解决"女科学家稀缺"这个世界性难题。[③]

---

① 李英桃，王海媚.性别平等的可持续发展 [M].北京：社会科学文献出版社，2016：109.

② 张培富，李爱花.玛蒂尔达效应：女科学家稀缺的历史困境 [EB/OL].[2021-12-30]. https://www.douban.com/note/655653302/?type=rec.

③ 张培富，李爱花.玛蒂尔达效应：女科学家稀缺的历史困境 [EB/OL].[2021-12-30]. https://www.douban.com/note/655653302/?type=rec.

既然在推崇理性、追求真理和公平的科学界和学术界，在拥有高于常人的知识、眼界和认知水平的高级知识分子群体中，都能看到厌女主义的偏见，那么在普罗大众身上和媒体文化中就更不用说了。无论是在人们固有观念中关于男女性别角色的划分，还是媒介文化中再现和塑造的女性形象，以及媒介在报道中对女性有意无意表现出的观赏或歧视的轻率态度，类似"剩女""女拳""××婊"等身份标签不断地由媒体制造出来，厌女主义话语余孽未靖，并且在每一次与女性相关的事件中再度甚嚣尘上，演绎着话语暴力的狂欢。渲染性与暴力的色情文化、荤段子，以及在学校、办公室、街道、公交车和地铁等公共场合如幽灵般如影随形的性骚扰和性侵害事件，至今屡见不鲜，而受害者依然在忍气吞声和求告无门的两难境地中左右为难。在教育、就业、消费、社会服务中对女性的歧视、隔离和不公正待遇等性别排斥和性别压制现象还屡禁不止，加之"性别亏损"和两性竞争中的"天花板效应"的存在，使女性通往自由与成功的道路障碍重重，以至于近年来"干得好不如嫁得好"观念又有所回潮。职业女性不得不常常面临传统角色与现代观念的冲突，背负事业与家庭的双重压力，有时难免心力交瘁，而男性相对来说压力较小。

　　从1995年起，中国相继制定了《中国妇女发展纲要（1995—2000年）》《中国妇女发展纲要（2001—2010年）》《中国妇女发展纲要（2011—2020年）》《中国妇女发展纲要（2021—2030年）》，并且将实施妇女发展纲要纳入国民经济和社会发展规划，还通过法律将其制度化，以促进女性的全面发展与权利实现。其中，第三份发展纲要确定了全面发展原则、平等发展原则、协调发展原则、妇女参与原则等，将女性发展的总目标确定为："将社会性别意识纳入法律体系和公共政策，促进妇女全面发展，促进两性和谐发展，促进妇女与经济社会同步发展。保障妇女平等享有受教育的权利和机会，受教育程度持续提高；平等参与国家和社会事务管理，参政水平不断提高；平等参与环境决策和管理，发展环境更为优化；保障妇女权益的法律体系更加完善，妇女的合法权益得到切实保护。"数据可以说明这些目标的落实。2015年，执行《女职工劳动保护特别规定》的企业比重达到了74%；2015年12月27日，第十二届全国人民代表大会常务委员会第十八次会议通过《反家庭暴力法》，并于2016年3月1日起正式实施。同年，第十二届全国人大常委会第十六次会议通过《中华人民共和国刑法修正案（九）》，废除了"嫖宿幼女罪"，这是保护女童权益的一大进展。

但是，在中国当前的现实生活中，男女平等与法律规定的男女平等也还有一定的距离。《反家庭暴力法》《中国反对拐卖人口行动计划（2013—2020年）》《中华人民共和国就业促进法》《女职工劳动保护特别规定》等对女性权益在保护范围和保护力度等方面仍然有所欠缺，在配套措施和执行方面对受害者的保护救助不足。此外，男女平等基本国策在公共政策的制定和执行过程中尚未得到完全贯彻，妇女在经济发展、社会转型过程中，分享资源和发展机会还不均等，我国妇女的参政水平与一些国家相比还有一定差距，妇女遭受家庭暴力等恶性案件时有发生（如2020年发生的"杭州杀妻案"、贵州的"拉姆事件"），等等。要想真正消除对妇女和女童的一切暴力行为，仍然任重而道远。

中国的妇女解放运动仅仅将女性推向了社会，使她们得以在社会生活中获取自我价值和人格尊严，却没有为她们提供家庭中全新的角色模式。女性面临的传统问题，比如，如何做妻子、如何做母亲、如何安排家庭生活等，仍然盘旋在头上。在政治参与方面，虽然国家出台了一系列旨在鼓励女性参政议政的倾斜政策，如规定女性公务员在政府中的比例，以及对"两会"中的女代表席位设置明确的配额目标，但就像学者所指出的那样，"以往的性别倾斜政策是在自上而下、高度集权的单位体制中运行的。进行市场化改制以来，随着单位体制的松动，新的社会组织不断成长，作为单位制产物的性别倾斜政策受到挑战，妇女的权力参与的制度性保障松弛了，妇女的政治参与出现了弱化和窄化的趋势"[1]。郭冰茹认为：一个无视差异而独唱平等的外部环境并不能告诉女性在婚姻家庭、事业爱情中应该扮演怎样的角色，这多少使妇女解放或者说男女平等成为女性的一种强制身份。[2] 方英用"弥散的隐性不平等"概念来描述这种身份上"强加"而在社会资源与发展机会上对女性相对"剥夺"的现象。[3] 就此而论，在中国向现代社会转型的过程中，男性主导的社会性别秩序不但没有冲破，反而不断强化。

① 金一虹 . 独立女性：性别与社会 [M]. 北京：中国劳动社会保障出版社，2008：206.
② 郭冰茹 .20 世纪中国小说史中的性别建构 [M]. 上海：华东师范大学出版社，2013：195.
③ 方英 . 女性类型与城市性别秩序 [M]. 北京：社会科学文献出版社，2011：127-131.

四、社会性别中的观念平等

在反对媒介暴力对女性的控制、压迫与精神阉割之外，我们还要清醒地意识到，厌女主义不仅存在于男性意识中，还侵入女性观念里。具体表现为女性的自我怀疑、自我厌恶和自我异化。比如，把自己的不公遭遇归咎于自己身为女性的命运；或者是自己曾经吃过性别歧视和排斥的苦头，却巴不得其他女性也同样经受此类折磨和痛苦，所谓"多年的媳妇熬成婆"以及"女人何苦为难女人"的喟叹，更具有荒谬和反讽的意味。这就使得性别权力成为一种男性意识形态的霸权，深受茶毒的女性反过来成为这种性别霸权的"同谋"与"共犯"。当自我的观念最终演变成为"他者"的话语，这种话语的异化，与布尔迪厄的"惯习"理论，以及拉康所谓之"自我在某种意义上其实是'他者'"的镜像理论认知呈现"殊途同归"的特点。拉康认为，这种镜像是一种期待、一种虚拟性的描述、一种想象。它实际上是一个"摇摆的场域"，身份认同在其中是模糊的、漂浮的客体，因为它不断经历建构、抗争与消解的过程。在拉康的自我镜像理论中，镜中的身体并不是一个单纯的物理性质的身体，而是一个被重构了性别的身体。"女性永远被认为是已经受到了惩罚与'阉割'，而且她们与菲勒斯规范（phallic norm）的关系将表现为阳具妒羡。"① 对于这种话语霸权和符号暴力的操控，以及通过自我异化达成的性别认同，才是尤其值得我们警惕的倾向。女性主义学者玛丽莲·杨（Marilyn Young）曾经一针见血地指出："即使发现和欢呼一个女性比较自主的领域，也不要因此而对妇女所处的更大的等级权力框架视而不见。因为在任何社会中，妇女的文化都是'统治力量方面的控制动力和战略史，是妇女生存、协商、顺应、反对的自我肯定的策略史'。"②

2015 年，美国国务卿希拉里·克林顿（Hillary Clinton）在联合国妇女地位委员会第 59 届会议上作了题为《无限潜力：性别平等商业伙伴》的发言。她郑重指出，实现性别平等不仅在道德上是正确的，在现实中也是明智的。在各个领域中增加女性人数，无论是对企业还是对国家而言都是聪明的做法，是赋权女性

---

① ［美］朱迪斯·巴特勒. 身体之重：论"性别"的话语界限 [M]. 李均鹏，译. 上海：上海三联书店，2011：87-88.

② 刘亚红. 现代性视域下中国知识女性的精神成长历程 [M]. 镇江：江苏大学出版社，2012：61.

的智慧。她主张在 2015 年后的可持续发展议程的所有目标中加入性别平等，在所有工作中都把妇女和女童从边缘带到主流，释放她们的能量和雄心。①2015 年召开的联合国可持续发展峰会，正式通过了《变革我们的世界——2030 年可持续发展议程》（以下简称《2030 发展议程》）。该议程涵盖经济、社会、环境三大领域，包括 17 项目标和 169 个具体目标，其中第 5 项目标"实现性别平等，增强所有妇女和女童的权能"分解为 9 个具体目标。另外，性别视角在其他 16 项目标中均有体现。可见，性别议题的主流化逐渐在世界范围内达成共识。

目标 5 "实现性别平等，增强所有妇女和女童的权能"②

（1）在全球消除对妇女和女童一切形式的歧视。

（2）消除公共和私营部门针对妇女和女童一切形式的暴力行为，包括贩卖、性剥削及其他形式的剥削。

（3）消除童婚、早婚、逼婚及割礼等一切伤害行为。

（4）认可和尊重无偿护理和家务，各国可视本国情况提供公共服务、基础设施和社会保护政策，在家庭内部提倡责任共担。

（5）确保妇女全面有效参与各级政治、经济和公共生活的决策，并享有进入以上各级决策领导层的平等机会。

（6）根据《国际人口与发展会议行动纲领》《北京行动纲领》及其历次审查会议的成果文件，确保普遍享有性和生殖健康以及生殖权利。

（7）根据各国法律进行改革，给予妇女平等获取经济资源的权利，以及享有对土地和其他形式财产的所有权和控制权，获取金融服务、遗产和自然资源。

（8）加强技术特别是信息和通信技术的应用，以增强妇女权能。

（9）采用和加强合理的政策和有执行力的立法，促进性别平等，在各级增强妇女和女童权能。

---

① 转引自李英桃.二十年的成绩与挑战：联合国妇女地位委员会第 59 届会议观察与总结 [J]. 妇女研究论丛，2015（3）.

② 变革我们的世界：2030 年可持续发展议程 [EB/OL].（2016−01−03）[2021−12−30]. https://www.fmprc. gov.cn/ziliao_674904/zt_674979/dnzt_674981/qtzt/2030kcxfzyc_686343/201601/t20160113_9279987.shtml.

在《2030 年发展议程》中，性别平等占有十分重要的地位，并且与其他可持续发展目标密切相关，说明妇女和女童是可持续发展中的重要力量。中国政府高度重视《2030 年发展议程》，针对其中的性别平等和女童赋权议题也作出了相应的承诺："维护公平正义。把增进民众福祉、促进人的全面发展作为发展的出发点和落脚点。坚持以人为本，消除机会不平等、分配不平等和体制不平等，让发展成果更多、更公平地惠及全体人民。促进性别平等，推动妇女全面发展，切实加强妇女、未成年人、残疾人等社会群体权益保护。"[1]中国政府为此也作出了不懈努力，我们从《中国妇女发展实施纲要（2010—2020 年）》的终期报告中也看到，中国女性在健康、教育、经济等领域以及社会参与、社会保障、参政议政、法治建设、环境改善等方面取得了可喜进展与突破。

五、从性别到公民

实现从性别到公民的转变，关键的一步就是对社会成员（尤其是女性）进行赋能赋权，确保每一个国家公民都能依法获得平等的法律权利和发展机会，社会领域向每一个社会成员平等开放，实行无差别待遇，每一个人都能获准平等地参与公共生活，参与公共政策的制定。

用"男女差异"来要求一种基于性别的"身份政治"，会消解社会正义和性别解放的内涵。社会变革意味着对多元新兴主体的政治建构，有效的政治行动所要求的，将不是追求一种基于阶层或性别的同质化的行动者，而是出于具体关怀和目标背景中的多元群体之间为达成"政治团结"而进行的努力。同样，具有建构意义的女性主义传播研究，不是仅仅关注性别差异、女性权利和社会歧视等问题，而是要从性别政治延展至公共政策，从文化政治上升为行动逻辑，积极地创造政治空间，允许边缘群体发声，并且提供一个开放、公平的平台，鼓励民众表达、交流和参与公共生活。

新时期的女性主义者也敏锐地意识到：在解构了女性群体基于共同身份基础之上的政治主体性之后，进行积极的建构才更有益于女性主义的发展，也更

---

① 落实 2030 年可持续发展议程中中方立场文件 [EB/OL].[2021-12-30].http://www.fmprc.gov.cn/web/wjbxw_673019/W020160422582193262833.doc.

有益于社会正义的实现。在具体社会实践中，"不应该是去建立另一个以女性观点为权威、唯我独尊、自说自话的'女性主义化'的哲学，也不应该是一种女性的政治主体性模糊不清甚至消失不见的哲学，而应该是在'公共性'逻辑推动下进一步扩展女性政治参与的空间"①。要将"性别主流化"的思想渗透到社会各个层次、各个领域，打破基于"差异"的表层认知，更多地强调社会公民的多样化和公民责任，这样就可能使得具有差异性的社会各方都处于彼此合作、彼此丰富的思维框架下，而这将有利于实现社会各方之间的沟通和对话，从而减少性别对立和性别隔阂。

此外，促进性别平等的另一个重要途径是赋权女性。所谓赋权，"是指人，男性和女性，能支配自己的生活：制定自己生活议程，获得技能，树立信心，解决问题，能够自立。它不仅是集体的、社会的、政治的过程，而且还是个人的过程。它不仅是一种过程，也是一种结果"②。大众媒介在个人社会化的过程中发挥着重要的作用。因此，在传播领域中，媒体要加强对社会性别导向的监督，积极宣传文明进步的妇女观，抵制和消除针对妇女的歧视和偏见，努力清除传统观念和习俗对女性发展的束缚，培养社会性别意识，增强社会性别敏感，形成宽容、民主、开明的社会文化环境。媒介自身也要实现观念上的转变，在报道上打破性别双重标准，消除性别歧视与偏见，抵制性别不平等机制的再生产；提倡新型的女性角色观念，增强女性自我解放的自主意识，鼓励女性积极参与社会政治和经济生产。

在推进性别平等和女性赋权的进程中，政府应当发挥重要的引导作用。国家主席习近平2015年在全球妇女峰会上的发言中指出："在中国人民追求美好生活的过程中，每一位妇女都有人生出彩和梦想成真的机会。中国将更加积极贯彻男女平等基本国策，发挥妇女'半边天'作用，支持妇女建功立业、实现人生理想和梦想。中国妇女也将通过自身发展不断促进世界妇女运动发展，为全球男女平等事业作出更大贡献。""环顾世界，各国各地区妇女发展水平仍然不平衡，男女权利、机会、资源分配仍然不平等，社会对妇女潜能、才干、贡献

---

① 宋建丽."公共性"逻辑与性别正义的政治空间 [J]. 妇女研究论丛，2015（1）.

② 刘利群，张敬婕，孙鹤云.中韩女性媒介比较研究 [M]. 北京：中国传媒大学出版社，2001：103.

的认识仍然不充分。……我们要不懈努力，为妇女事业发展开辟广阔道路。"①
在实践中，针对就业、人力资本开发、社会参与、现代观念重塑等方面，公共
政策包括相应的政策指标在制定和实施时要体现性别视角，注意性别平衡和社
会公正，努力消除社会生活和政治领域中存在的性别歧视、性别隔离，给女性
提供充分的机会、资源和发展空间。

两性之间是一种平等的同伴关系而非对立关系，女性的解放、独立和自主，
也要努力争取男性的理解和支持。因此，社会舆论应积极引导男性参与促进性
别平等，特别是参与到终止针对妇女的暴力运动中。2009 年，在国际社会共
识推动下，首次成立了"全球男性参与联盟"（Men Engage），它是一个全球性
的促进男人和男孩为了性别平等一起工作的组织，世界各国许多活跃的促进男
性参与的组织都是它的成员。由该联盟推动的"白丝带运动"（the white ribbon
campaign，简称 WRC）正在成为一项世界性的社会公益行动。白丝带运动的发
起者倡导男性在每年 11 月 25 日"国际消除对妇女暴力日"佩戴白丝带，鼓励男
性承担起终止暴力的责任。中国白丝带志愿者网络也是该组织的成员。2001 年，
中国第一次"白丝带"活动举办于三八妇女节前。2002 年 11 月，中国民间自发
组织的第一个反对家庭暴力的男性志愿小组正式宣告成立，向社会发出了"反
对针对妇女暴力，促进社会性别平等"的倡议书。借助社会组织和媒介宣传的
共同努力，鼓励男性参与到消除针对妇女和儿童的暴力、性别歧视等工作和运
动中来，增进两性间的相互了解、尊重、团结与合作，促进两性和谐发展，从
而奠定建立和平、公正、包容的开明社会的基础。

结　语

综合全篇论述，传播与社会相互勾连、渗透、互动和彼此影响，在媒介化
社会里勾画了认知—观念—行动、赋知—增值、赋能—赋权的"知行合一"行动
逻辑与传播功能扩散路径。随着研究的步步深入，笔者对媒介暴力与社会性别
的主题关联性有了更加深刻的认知。在高度文明的社会里，传统意义上的暴力

---

① 习近平. 促进妇女全面发展 共建共享美好世界 [EB/OL].（2015-09-28）[2021-12-30]. http：//cpc.
people.com.cn/n/2015/0928/c64094-27641154.html.

逐渐让位于隐性暴力，它的手段更加隐蔽、作用方式更加多元，而对人际与代际关系的影响更加深刻，对社会文化和意识形态霸权的控制与合谋更加深化和难以察觉。但与此同时，借助自媒体的表达交流、社区结盟和网络自治规约，女性群体对媒介暴力的抵抗和自我赋权及自主行动的能力也在不断加强，其自觉意识和组织效能不断提高。话语的生产和话语的抵抗相反相成，共同推进社会文明的步伐，推动两性关系走向和谐与合作。

对女性而言，应积极利用自身力量和媒介手段实现赋权与赋能，加强同伴援助、促成同性团结，冲破隐性性别压迫的"无物之阵"和"玻璃天花板"，积极抵制符号暴力和观念异化，破除屈从与依附的性别关系，联合男性，建立平等合作的伙伴关系，为实现真正的女性解放和性别平等而努力奋斗。

参考文献

一、中文文献

（一）著作

［新西兰］艾伦·贝尔，［澳］彼得·加勒特，主编 . 媒介话语的进路 [M].徐桂权，译 . 北京：中国人民大学出版社，2015.

［美］爱德华·W. 苏贾 . 后现代地理学：重申批判社会理论中的空间 [M].王文斌，译 . 北京：商务印书馆，2004.

［英］白馥兰 . 技术·性别·历史：重新审视帝制中国的大转型 [M].吴秀杰，白岚玲，译 . 南京：江苏人民出版社，2016.

曹晋，赵月枝 . 传播政治经济学（上）[M]. 上海：复旦大学出版社，2007.

曹洵 . 修辞、叙事与认同：网络公共议题中的话语政治 [M]. 北京：中国社会科学出版社，2019.

陈嘉放，邓鹏 . 文明与暴力 [M]. 成都：四川人民出版社，2003.

陈青萍 .《福乐智慧》：古维吾尔人的健康智慧 [M]. 北京：中国社会科学出版社，2008.

陈卫星 . 传播的观念 [M]. 北京：人民出版社，2004.

［美］戴维·迈尔斯．社会心理学纲要（第6版）[M].侯玉波，廖江群，等译．北京：人民邮电出版社，2014.

［美］戴维·斯沃茨．文化与权力：布尔迪厄的社会学 [M].陶东风，译．上海：上海译文出版社，2006.

［美］道格拉斯·凯尔纳．媒体文化：结语现代和后现代之间的文化研究、认同性与政治[M].丁宁，译．北京：商务印书馆，2004.

［荷］凡·祖仑．女性主义媒介研究[M].曹晋，曹茂，译．桂林：广西师范大学出版社，2007.

范红霞．媒介眼中的她者图景与性别话语研究 [M].杭州：浙江大学出版社，2017.

方英．女性类型与城市性别秩序[M].北京：社会科学文献出版社，2011.

［法］福柯．福柯说权力与话语[M].武汉：华中科技大学出版社，2017.

［英］格雷姆·伯顿．媒体与社会：批判的视角[M].史安斌，译．北京：清华大学出版社，2007.

郭冰茹.20世纪中国小说史中的性别建构[M].上海：华东师范大学出版社，2013.

［美］汉娜·阿伦特．暴力与文明[M].北京：新世界出版社，2013.

［法］亨利·列斐伏尔．空间与政治（第2版）[M].李春，译．上海：上海人民出版社，2015.

［美］华康德．实践与反思：反思社会学导论[M].李猛，李康，译．北京：中央编译出版社，1998.

黄华．权力、身体与自我：福柯与女性主义文学批评[M].北京：北京大学出版社，2005.

［美］佳亚特里·斯皮瓦克．从解构到全球化批判：斯皮瓦克读本[M].陈永国，赖立里，郭英剑，主编．北京：北京大学出版社，2007.

［美］简宁斯·布莱恩特，主编．媒介效果：理论与研究前沿[M].石义彬，彭飚．译．北京：华夏出版社，2009.

金一虹．独立女性：性别与社会[M].北京：中国劳动社会保障出版社，2008.

［法］居伊·德波．景观社会[M].王昭凤，译．南京：南京大学出版社，2007.

［法］居伊·德波．景观社会评论[M].梁虹，译．桂林：广西师范大学出版社，2007.

［澳］凯萨琳·谢菲．丛林、性别与澳大利亚历史的重构[M].侯书芸，刘宗艳，

等译．桂林：广西师范大学出版社，2010.

[美]凯西·奥尼尔．算法霸权：数学杀伤性武器的威胁 [M]．马青玲，译．北京：中信出版社，2018.

[美]拉里·A. 萨默瓦，理查德·E. 波特，埃德温·R. 麦克丹尼尔．跨文化传播（第 6 版）[M]．闵惠泉，贺文发，等译．北京：中国人民大学出版社，2013.

[美]拉塞尔·雅各比．杀戮欲：西方文化中的暴力根源 [M]．姚建彬，译．北京：商务印书馆，2013.

[美]兰德尔·柯林斯．互动仪式链 [M]．林聚任，王鹏，宋丽君，译．北京：商务印书馆，2009.

李慧英，等．社会性别与公共政策（之二）[M]．北京：中国社会科学出版社，2014.

李小江．女性乌托邦：中国女性／性别研究二十年 [M]．北京：社会科学文献出版社，2016.

李岩．媒介批评：立场、范畴、命题、方式 [M]．杭州：浙江大学出版社，2005.

李银河．女性主义 [M]．济南：山东人民出版社，2005.

李英桃，王海媚．性别平等的可持续发展 [M]．北京：社会科学文献出版社，2016.

林建军．反对针对妇女歧视与暴力的跨学科研究 [M]．北京：中国社会科学出版社，2020.

林奕含．房思琪的初恋乐园 [M]．北京：北京联合出版公司，2018.

刘慧君，李树茁，等．性别失衡的社会风险研究：基于社会转型背景 [M]．北京：社会科学文献出版社，2014.

刘利群，张敬婕，孙鹤云，中韩女性媒介比较研究 [M]．北京：中国传媒大学出版社，2001.

刘利群．社会性别与媒介传播 [M]．北京：中国传媒大学出版社，2004.

刘青亦．制造性别：现代中国的性别传播 [M]．北京：社会科学文献出版社，2016.

刘亚红．现代性视域下中国知识女性的精神成长历程 [M]．镇江：江苏大学出版社，2012.

刘兆鑫．空间政治：城市公共空间的生成逻辑与治理政策 [M]．北京：中央编译出版社，2019.

［美］罗伯特·戈尔曼．新马克思主义传记辞典［M］．赵培杰，李菱，邓玉庄，译．重庆：重庆出版社，1990.

［美］罗兰·米勒．亲密关系（第6版）［M］．王伟平，译．北京：人民邮电出版社，2015.

［美］玛丽·克劳福德，［美］罗达·昂格尔．妇女与性别：一本女性主义心理学著作［M］．许敏敏，宋婧，李岩，译．北京：中华书局，2009.

［法］米歇尔·福柯．规训与惩罚：监狱的诞生［M］．刘北成，杨远婴，译．北京：生活·读书·新知三联书店，2007.

［法］米歇尔·福柯．规训与惩罚：监狱的诞生［M］．刘北成，杨远婴，译．北京：生活·读书·新知三联书店，1999.

［英］尼克·库尔德利．媒介、社会与世界：社会理论与数字媒介实践［M］．何道宽，译．上海：复旦大学出版社，2014.

［英］诺曼·费尔克拉夫．话语与社会变迁［M］．殷晓蓉，译．北京：华夏出版社，2003.

［美］欧文·戈夫曼．日常生活中的自我呈现［M］．冯钢，译．北京：北京大学出版社，2008.

［法］皮埃尔·布尔迪厄．关于电视［M］．许钧，译．沈阳：辽宁教育出版社，2000.

［英］齐格蒙特·鲍曼．流动的现代性［M］．欧阳景根，译．北京：中国人民大学出版社，2017.

［美］Richard Jackson Harris．媒介心理学［M］．相德宝，译．北京：中国轻工业出版社，2007.

［美］桑德拉·哈丁．科学的文化多元性［M］．夏侯炳，谭兆民，译．南昌：江西教育出版社，2002.

［日］上野千鹤子．厌女：日本的女性嫌恶［M］．王兰，译．上海：上海三联书店，2016.

［英］史蒂芬·霍金．时间简史［M］．许明贤，吴忠超，译．长沙：湖南科学技术出版社，2009.

［英］斯图亚特·霍尔．表征：文化表象与意指实践［M］．徐亮，陆兴华，译．北京：商务印书馆，2005.

［美］苏·卡利·詹森. 批判的传播理论：权力、媒介、社会性别和科技 [M]. 曹晋，主译. 上海：复旦大学出版社，2007.

［美］苏珊·福沃德，［美］唐娜·弗雷泽. 情感勒索：助你成功应对人际关系中的软暴力 [M]. 王斌，译. 北京：金城出版社，2010.

孙汝建. 汉语的性别歧视与性别差异 [M]. 武汉：华中科技大学出版社，2010.

谭琳，姜秀花. 家庭和谐、社会进步与性别平等 [M]. 北京：社会科学文献出版社，2015.

佟新. 社会性别研究导论：两性不平等的社会机制分析 [M]. 北京：北京大学出版社，2005.

［荷］托伊恩·A. 梵·迪克. 作为话语的新闻 [M]. 曾庆香，译. 北京：华夏出版社，2003.

王金玲，林维红. 性别视角：生活与身体 [M]. 北京：社会科学文献出版社，2009.

王金玲. 中国妇女发展报告（妇女发展蓝皮书）[M]. 北京：社会科学文献出版社，2006.

王利芬，郑丹丹. 语言与文化读本：社会性别 [M]. 武汉：华中科技大学出版社，2015.

王玲宁. 社会学视野下的媒介暴力效果研究 [M]. 上海：学林出版社，2009.

［美］威尔·杜兰特. 哲学的故事 [M]. 蒋剑峰，张程程，译. 北京：新星出版社，2013.

［印度］微依那·达斯. 生命与言辞 [M]. 侯俊丹，译. 北京：北京大学出版社，2008.

［法］西蒙娜·德·波伏娃. 第二性 [M]. 陶铁柱，译. 北京：中国书籍出版社，1998.

［英］约翰·斯图亚特·穆勒. 妇女的屈从地位 [M]. 汪溪，译. 北京：商务印书馆，2007.

张敬婕. 性别与传播：文化研究的理路与视野 [M]. 北京：中国传媒大学出版社，2009.

张黎. 性别化的设计批评：空间、物、时尚 [M]. 南京：江苏凤凰美术出版社，2016.

张英进. 中国现代文学与电影中的城市：空间、时间与性别构形 [M]. 秦立彦，译. 南京：江苏人民出版社，2007.

郑作彧. 社会的时间：形成、变迁与问题 [M]. 北京：社会科学文献出版社，2018.

中国国务院新闻办公室．中国性别平等与妇女发展（2015 年 9 月）[M]．北京：人民出版社，2015．

［美］朱迪斯·巴特勒．身体之重：论"性别"的话语界限 [M]．李均鹏，译．上海：上海三联书店，2011．

（二）报刊文章、学位论文

卜素．人工智能中的"算法歧视"问题及其审查标准 [J]．山西大学学报（哲学社会科学版），2019（4）．

卜卫，刘晓红，田颂云，等．校园性别暴力的媒介再现研究 [J]．妇女研究论丛，2019（1）．

柴会群，马晨晨，朱妙杉，等．"不寒而栗"的爱情：北大自杀女生的聊天记录 [N]．南方周末，2019-12-12．

常悦．减肥广告语中的话语预设 [J]．海外英语，2014（8）．

陈晶琦．我国儿童虐待及受害儿童心理健康的研究进展 [J]．中华儿科杂志，2006（8）．

陈力丹．互联网的非线性传播及对其的批判思维 [J]．新闻记者，2017（10）．

陈琦．规训、惩戒与救赎：PUA 情感传播中的"斯德哥尔摩效应"[J]．现代传播（中国传媒大学学报），2020（9）．

陈燕维．自我分化和早期不良图式的关系 [J]．浙江海洋学院学报（人文科学版），2014（6）．

陈阳．为什么经典不再继续？——兼论新闻生产社会学研究的转型 [J]．国际新闻界，2018（6）．

成伯清．互联网时代的社会性 [J]．中国社会科学内部文稿，2014（2）．

春晚小品《阳台》：真实写照战"疫"家庭共克时艰的感人故事 [N]．中国青年报，2021-02-12．

崔靖梓．算法歧视挑战下平等权保护的危机与应对 [J]．法律科学（西北政法大学学报），2019（3）．

邓楠，刘君红．《82 年生的金智英》的批评话语分析 [J]．文学教育(下),2021(2)．

丁宁．城市文化语境下的青春选择与男性气质建构：1979—1989 年中国电影中的城市青年形象研究 [J]. 电影评介, 2017 (7).

董丽敏 . "性别"的生产及其政治性危机: 对新时期中国妇女研究的一种反思 [J]. 开放时代, 2013 (2).

董晓媛 . 照料经济、性别平等与包容性增长: 中国落实 2015 后可持续发展目标的思考 [J]. 妇女研究论丛, 2015 (6).

董亚娜, 李信, 陈毅文 . 成人依恋在儿童期虐待与婚姻质量间的中介作用 [J]. 中国心理卫生杂志, 2016 (6).

段虹 . 用大数据助力精准扶贫 [N]. 经济日报, 2017-02-17.

范燕燕 . "合理化"的暴力: 恋爱模式与亲密关系的变革 [J]. 常州工学院学报 (社会科学版), 2013 (1).

范一斐 . 杭州市女性创业帮扶机制研究 [J]. 杭州学刊, 2017 (1).

方旭东 . 过度单身: 一项时间社会学的探索 [J]. 中国青年研究, 2016 (10).

房琳, 张琳 . 新冠肺炎疫情报道中女性医务人员的身份表达与媒介形象建构: 以《人民日报》官方微博为例 [J]. 中华女子学院学报, 2020 (4).

高洁, 张涛, 程新洲, 等 . 一种基于 LightGBM 机器学习算法的用户年龄及性别预测方法 [J]. 邮电设计技术, 2019 (9).

高星, 徐松美 . 偏差与虚拟: 减肥报道对青少年自我认同的消极影响 [J]. 中国青年社会科学, 2016 (1).

管晓静, 刘碧莲 . 浅议大众传媒的暴力化倾向对未成年人犯罪的诱导作用 [J]. 政府法制, 2000 (6).

郭宏珍 . 仪式暴力的公共性与合理化: 勒内·吉拉德论宗教与暴力 [J]. 河北学刊, 2016 (6).

郭延军 . 美国就业领域间接性别歧视的法律控制 [J]. 政治与法律, 2013 (4).

郝建 . 美学的暴力与暴力美学: 杂耍蒙太奇新论 [J]. 当代电影, 2002 (5).

何涛 . 身体政治与性别权力解构: 女大学生整形美容的身体社会学审视 [J]. 广西青年干部学院学报, 2015 (1).

黄辉 . 千聊平台的性别策略研究 [J]. 新媒体研究, 2019 (20).

季晓菲 . 从《房间里的大象》浅谈社会中的沉默现象 [J]. 新闻传播, 2020 (11).

姜保全, 李晓敏, Marcus W. Feldman. 中国婚姻挤压问题研究 [J]. 中国人口科学，2013（5）.

蒋婷媛 . 性别歧视语的两面性：微探男性性别歧视语 [J]. 外国语文，2012（S1）.

蒋晓丽，刘路 . 传媒"她世纪"的女性消费与消费女性 [J]. 社会科学研究，2008（1）.

景晓芬 . 空间区隔及其对外来人口城市融入的影响研究：以西安市为例 [D]. 咸阳：西北农林科技大学，2013.

蓝佩嘉 . 照护工作：文化观点的考察 [J]. 社会科学论丛，2009（3）.

李彬，关琼严 . 空间媒介化与媒介空间化：论媒介进化及其研究的空间转向 [J]. 国际新闻界，2012（5）.

李成华，靳小怡 . 夫妻相对资源和情感关系对农民工婚姻暴力的影响：基于性别视角的分析 [J]. 社会，2012（1）.

李丹峰 . 关于女性减肥热潮的社会学反思：以女大学生为例 [J]. 社会学，2013（3）.

李鹤展，张亚林，吴建玲，等 . 210 例抑郁症患者儿童期受虐史调查及临床特征 [J]. 临床心身疾病杂志，2006（3）.

李静 . 瘦身广告中的性别批判 [J]. 西安社会科学，2009（3）.

李腊 . 城市与女性：王安忆《天香》论 [D]. 南宁：广西师范学院，2014.

李黎 . 论九十年代以来上海城市书写的女性气质 [D]. 济南：山东大学，2008.

李全彩 . 家庭暴力的社会心理学成因分析与救助 [J]. 理论月刊，2012（3）.

李婷婷 . 当女权主义者遭遇了性侵 [J]. 人物，2017（8）.

李妍 . 论语言暴力 [D]. 哈尔滨：黑龙江大学，2009.

李子娟 . 修辞视域下的网络语言暴力研究 [D]. 徐州：江苏师范大学，2017.

郦菁 . 比较视野中的反性骚扰政策：话语建构、政策过程与中国政策制定 [J]. 妇女研究论丛，2018（3）.

梁洁霜，张珊珊，吴真 . 有留守经历农村大学生社交焦虑与情感虐待和心理韧性的关系 [J]. 中国心理卫生杂志，2019（1）.

林宇玲 . 从傅柯的权力／知识架构来看台湾"美体塑身"广告 [J]. 妇女与两性学刊，1996（7）.

刘阁珺 . 微博语言道德问题研究 [D]. 兰州：兰州大学，2015.

刘桂华 . "精神暴力"入法更要入心 [J]. 奋斗，2016（5）.

刘辉．"社会性死亡"的根源是人心［J］．检察风云，2021（2）．

刘积源．恋父背后的隐性暴力：电影《不请自来》的心理学解读［J］．西安外国语大学学报，2014（3）．

刘利群，张敬婕．"剩女"与盛宴：性别视角下的"剩女"传播现象与媒介传播策略研究［J］．妇女研究论丛，2013（5）．

刘霓．技术与男性气质：应予瓦解的等式——女性主义技术研究述评［J］．国外社会科学，2002（4）．

刘顺．资本逻辑与算法正义：对数字资本主义的批判和超越［J］．经济学家，2021（5）．

刘文宇，李珂．基于批评性话语分析的网络语言暴力研究框架［J］．东北师范大学学报（社会科学版），2017（1）．

刘文宇，李鹏．网络语言暴力现象及其治理建议［J］．电子政务，2016（6）．

刘友华．算法偏见及其规制路径研究［J］．法学杂志，2019（6）．

刘正霞，陈玉秀．性别语言中的语言意识形态研究［J］．太原师范学院学报（社会科学版），2019（5）．

柳波．女性"身体再造"：父权制规训下身体的对象化［J］．山西农业大学学报（社会科学版），2011（8）．

柳燕．"网络自拍"的传播心理分析［D］．北京：中国传媒大学，2007．

龙飞．从批评话语分析角度看网络语言暴力［J］．青年记者，2017（7）．

鲁元平，张克中，何凡．家庭内部不平等、议价能力与已婚女性劳动参与：基于《新婚姻法》的准自然实验［J］．劳动经济研究，2020（2）．

罗建龙．性别歧视与女权主义在英语中的表现浅析［J］．福建外语，1992（Z2）．

马春华．性别、权力、资源和夫妻间暴力：丈夫受虐和妻子受虐的影响因素分析比较［J］．学术研究，2013（9）．

马春华．中国夫妻间暴力的"性别对称性"［J］．河北学刊，2013（5）．

莫爱屏，蒋清凤．性别歧视语言现象的语用研究［J］．外语研究，2006（4）．

念萌，赵辉．新闻语言的暴力问题浅析［J］．经营管理者，2013（9）．

牛宏宇．空间理论视域下的弗吉尼亚·伍尔夫研究［D］．天津：天津师范大学，2014．

潘霁，刘晖．公共空间还是减压阀？"北大雕像戴口罩"微博讨论中的归因、

冲突与情感表达 [J]. 国际新闻界, 2014 (11).

潘云梦, 卜建华, 张宗伟. 微媒体环境下当代青年网络暴力现象的社会心理学分析 [J]. 山东青年政治学院学报, 2017 (6).

秦红岭. 城市规划中的性别意识 [J]. 城市问题, 2010 (11).

秦红岭. 走向空间包容: 将性别敏感视角纳入城市设计 [J]. 规划研究, 2009 (7).

沙吉旦木·艾则孜, 布麦尔耶姆·艾克木. 维吾尔语女性语言与性别歧视分析 [J]. 现代商贸工业, 2018 (28).

石义彬, 张卓. 媒介暴力研究的多重视角 [J]. 湖北社会科学, 2004 (12).

时盛杰. 算法传播中偏差与偏见: 再析算法偏见 [J]. 科技传播, 2021 (7).

史雯娜. 中国创作动画片中的语言暴力及应对策略 [J]. 河南社会科学, 2016 (10).

宋建丽. "公共性" 逻辑与性别正义的政治空间 [J]. 妇女研究论丛, 2015 (1).

宋亮亮. 幸存者偏差理论下的传播学研究反思 [J]. 戏剧之家, 2015 (24).

宋素红, 王跃祺, 常何秋子. 算法性别歧视的形成逻辑及多元化治理 [J]. 当代传播, 2020 (5).

苏美妮. 媒介形象与父权规制: 论青春家庭剧中都市女性形象的父权制内涵 [J]. 华中师范大学学报 (人文社会科学版), 2016 (1).

苏敏坚. 大数据: 更多的数据还是更好的算法? [J]. 广告主, 2016 (4).

孙俊, 汤茂林, 潘玉君, 等. 女性主义地理学观及其思想史意义 [J]. 地理科学进展, 2019 (3).

谭九生, 范晓韵. 算法 "黑箱" 的成因、风险及其治理 [J]. 湖南科技大学学报 (社会科学版), 2020 (6).

唐永霞. 改革开放 40 年中国农村已婚女性家庭地位的变化: 基于中国妇女社会地位抽样调查数据的分析 [J]. 甘肃高师学报, 2020 (3).

陶锋. 人工智能中的性别歧视 [J]. 浙江学刊, 2019 (4).

陶迎春. 技术中的知识问题: 技术黑箱 [J]. 科协论坛 (下半月), 2008 (7).

田苗, 马自芳, 薛钟瑜, 等. 儿童期受虐待经历与大学生实施网络欺凌的相关性 [J]. 中国学校卫生, 2020 (1).

万洋波. 韩国电影中的暴力美学研究: 罪与美的影像风格 [D]. 株洲: 湖南工业大学, 2015.

汪怀君．人工智能消费场景中的女性性别歧视［J］．自然辩证法通讯，2020（5）．

汪瑞，汪姗姗，李丹琳，等．医专学生恋爱暴力与童年期虐待经历的关联［J］．中国学校卫生，2020（4）．

汪兴和．网络社交媒体中女性负面媒介形象初探［J］．传播与版权，2015（12）．

王丹．浅论暴力电影中的暴力美学［D］．杭州：中国美术学院，2012．

王佳鹏．羞耻、自我与现代社会：从齐美尔到埃利亚斯、戈夫曼［J］．社会学研究，2017（4）．

王旌宇，冯健新，张玉清．心理学视角的青少年暴力犯罪成因探究［J］．现代交际，2020（3）．

王凌月．男权社会的"话语霸权"对女性身体的规训和塑造［J］．昌吉学院学报，2017（2）．

王娜，梁艳平．微博刷屏与其对用户获取信息效果影响的调查研究［J］．图书馆学研究，2015（17）．

王南杰．基于视觉语法的突发公共卫生事件新闻摄影图片图像意义建构：战"疫"新闻图像研究之一［J］．新闻爱好者，2021（1）．

王玥．基于话语分析的微博语言暴力研究［D］．南京：南京师范大学，2017．

王云帆．语义—语用视角的国产动画片语言暴力研究［D］．芜湖：安徽师范大学，2018．

王正中，高丽燕．技术与性别：基于科幻影视后人类女性形象的考察［J］．电影文学，2019（23）．

王周生．赞美的背后：《杭州美女地图》、社会性别话语及其他［J］．鄂州大学学报，2002（2）．

隗辉．网络直播环境下的女性媒介形象异化研究［J］．湖北社会科学，2020（12）．

文华．整形美容手术的两难与焦虑的女性身体［J］．妇女研究论丛，2010（1）．

吴军．城市气质的理论与实践研究［J］．中国名城，2015（9）．

吴启焰．中产阶层化过程中的女性社会空间建构研究［J］．人文地理，2013（3）．

吴伟军．电视广告语的批评话语分析［J］．新闻爱好者，2012（3）．

肖索未，简逸伦．照料劳动与社会不平等：女性主义研究及其启示［J］．妇女研究论丛，2020（5）．

肖玉敏．新闻采访情感暴力浅析［J］．中国报业，2017（8上）．

邂逅抗疫中的"女性力量"［N］．新民周刊，2020-11-17．

徐丽琼．城市报语言暴力分析［J］．新闻前哨，2005（1）．

徐敏，钱宵峰．减肥广告与病态的苗条文化：关于大众传播对女性身体的文化控制［J］．妇女研究论丛，2002（3）．

许婷婷．网络语言暴力研究［D］．宁波：宁波大学，2015．

闫坤如．人工智能的算法偏差及其规避［J］．江海学刊，2020（5）．

闫玉，姚玉香．性别文化视阈下我国婚姻伦理的失范与重建［J］．武汉大学学报（哲学社会科学版），2013（1）．

颜士梅，颜士之，张曼．企业人力资源开发中性别歧视的表现形式：基于内容分析的访谈研究［J］．管理世界，2008（11）．

杨菊华，何炤华．社会转型过程中家庭的变迁与延续［J］．人口研究，2014（2）．

杨雪燕，李艳芳，罗丞，等．男孩危机？——大学生自残行为的性别差异及性别角色冲突的影响［J］．青年研究，2015（3）．

叶齐华．精神暴力对家庭和谐的影响：实证调查夫妻在家使用／经历非词语虐待行为情况［J］．当代经济，2011（17）．

尹泓．性别政治与女性时间［J］．求是学刊，2011（2）．

袁光锋．公共舆论中的"情感"政治：一个分析框架［J］．南京社会科学，2018（2）．

岳丽媛．"减"还是"不减"：这是个问题——基于微信减肥公众号的科学传播研究［J］．自然辩证法研究，2021（2）．

臧鑫磊．语言框架与性别对职业性别刻板印象的影响［J］．开封文化艺术职业学院学报，2020（11）．

张恩典．反算法歧视：理论反思与制度建构［J］．华中科技大学学报（社会科学版），2020（5）．

张敬婕．性别传播研究的本体之辨［J］．妇女研究论丛，2015（1）．

张凌寒．共享经济平台用工中的性别不平等及其法律应对［J］．苏州大学学报（哲学社会科学），2021（1）．

张晓琳：自由与规训：国外健身美容杂志中关于女性节食、运动与减肥的矛盾叙述［J］．吉林体育学院学报，2015（2）．

张勇．杭州影像：电影城市与文化想象［D］. 金华：浙江师范大学，2012.

章立明．隆胸与减肥：消费社会中女性的身体控制［J］. 山东女子学院学报，2012（4）.

赵家新．江苏深挖大数据 打造智慧警务［N］. 人民公安报，2018-03-27.

赵芃．话语的技术化与权力的合法化：医药电视节目中权力合法化运作的探究［J］. 外语与外语教学，2019（1）.

郑涵．女性将亲密关系暴力合理化的原因探讨：基于性别不平等视角［J］. 法制与社会，2020（6）.

郑小梅，宣应，鄢留宝．为食品安全监管装上"智慧大脑"［N］. 嘉兴日报，2019-04-02.

支运波．媒介空间与公共理性［J］. 福建论坛（人文社会科学版），2011（6）.

钟立强，马静妍，熊传鹏．新型社交模式下的用户自拍行为剖析［J］. 科技创新与应用，2014（5）.

周培勤．"她经济"视角下解读小妞电影的女性凝视［J］. 妇女研究论丛，2015（1）.

周伟．论禁止歧视［J］. 现代法学，2006（5）.

祝勇．革命语境下的语言暴力［D］. 北京：中国艺术研究院，2011.

邹开亮，王霞．大数据算法背景下就业歧视规制初探［J］. 价格理论与实践，2020（6）.

（三）网络文献

2016 中国人婚恋状况调查报告［EB/OL］. （2016-01-02）［2021-12-30］. https://max.book118.com/html/2016/0102/32578802.shtm.

2017 中国人婚恋观调查报告［EB/OL］. （2017-08-29）［2019-06-16］. https://zj.qq.com/cross/20170829/80Ipm4y2.html.

曝清华一女生诬陷学弟性骚扰 真相曝光学姐遭喷［EB/OL］. （2020-11-20）［2021-12-30］. https://www.baizhan.net/news/shehui/20201120/56656.html.

奔驰女车主被指拖欠钱款？沪警方：曾入派出所协商无刑事犯罪［EB/OL］. （2019-04-20）［2021-12-30］. https://www.sohu.com/a/309217749_260616.

常红．国家领导人中有 8 位女性，230 多位女性任部级领导［EB/OL］. （2009-

09-25）[2021-12-30].http://www.ce.cn/xwzx/gnsz/gdxw/200909/25/t20090925_20094769.shtml.

成都女孩确诊1天后，她被1000万网友网暴了……[EB/OL].[2021-12-30].https://www.sohu.com/a/437700034_157442.

当男性也能被认可为强奸案的受害者[EB/OL].（2012-01-12）[2021-12-30].http://news.sohu.com/s2012/shijieguan-224/.

第七次全国人口普查：男女性别比是105.07[EB/OL].[2021-12-30].https://m.thepaper.cn/baijiahao_12640161.

改变我们的世界：2030年可持续发展议程[EB/OL].[2021-12-30].https://www.unfpa.org/sites/default/files/resource-pdf/Resolution_A_res_70_1_CH.pdf.

甘肃援鄂医疗队女护士集体剃光头引争议院方回应：自愿未强迫[EB/OL].（2020-22-19）[2021-12-30].https://xw.qq.com/cmsid/20200218V00VPR00?f=newdc.

国家统计局.中国妇女发展纲要（2011—2020年）中期统计监测报告[EB/OL].（2016-11-03）[2021-12-30].http://www.stats.gov.cn/tjsj/zxfb/201611/t20161103_1423701.html.

好莱坞的性骚扰和性暴力问题调查[EB/OL].[2021-12-30].https://www.nsvrc.org/blogs/usa-today-survey-partnership-nsvrc-reveals-shocking-extent-sexual-misconduct-hollywood.

极光数据研究院.拍照P图APP研究报告[R/OL].（2016-12-12）[2021-12-30].http://www,199it.com/archives/545479.html.

具荷拉遭视频威胁惹韩国女性游行近20万网民请愿[EB/OL].（2018-10-07）[2021-12-30].http://news.sq1996.com/ylbg/2018/1007/260318.shtml.

抗疫剧被指歧视女性，报名的都是男同志，女性要上就是"凑热闹"[EB/OL].[2021-12-30].https://baijiahao.baidu.com/s?id=1678168695561774903&wfr=spider&for=pc.

联合国教科文组织正式发布国际人工智能与教育大会成果文件《北京共识——人工智能与教育》[EB/OL].（2021-05-10）[2021-12-30].http：//www.moe.gov.

cn/jyb_xwfb/gzdt_gzdt/s5987/201908 /t20190828_396185.html.

落实 2030 年可持续发展议程中中方立场文件 [EB/OL]. [2021-12-30]. http://www.fmprc.gov.cn/web/wjbxw_673019/W020160422582193262833.doc.

某些媒体纷纷挖黑料, 奔驰"女车主"被围攻, 让人细思极恐 [EB/OL]. [2021-12-30]. https://www.sohu.com/a/309267931_100057571.

女性购房比例高涨: 男人是靠不住的 但房子跑不掉 [EB/OL]. (2019-04-07) [2021-12-30]. https://baijiahao.baidu.com/s?id=16301138667766399714&wfr=spider&for=pc.

女性购房者为什么快速增加? [EB/OL]. (2019-05-02)[2021-12-30]. https://author.baidu.com/home?from=bjh_article&app_id=1593743208952652.

青春阳光杭州女孩展示城市之美 [EB/OL]. (2012-03-20)[2021-12-30]. http://news.artxun.com/pipa-1708-8539256.shtml.

舒静, 吴帅帅. 杭州女子取快递被造谣事件调查: 一个"玩笑"引发的网络暴力[EB/OL]. (2020-12-16) [2021-12-30]. https://baijiahao.baidu.com/s?id=16862207744621531454&wfr=spider&for=pc.

斯德哥尔摩症候群: 男人不暴女人不爱? [EB/OL]. (2012-07-20)[2021-12-30]. http://xinli.familydoctor.com.cn /xlcs/201207 /5045187162815.html.

"她经济"崛起, 中国女性劳动参与率世界第一 [EB/OL]. [2021-12-30]. https://m.sohu.com/a/305211201_587809.

腾讯研究院. 人工智能算法歧视和偏见是固有的吗? 可以被改进吗? [EB/OL]. [2021-12-30]. http://www.zhihu.com.

团伙用"神器"偷拍女性裙底 10 分钟视频卖千元 [EB/OL]. (2014-06-11)[2021-12-30]. http://news.cri.cn/gb/42071/2014/06/11/7211s4572681.htm.

外交部. 中国实施千年发展目标报告 (2000—2015 年) [EB/OL]. (2015-07-28) [2021-12-30]. http://cn.chinagate.cn/reports/2015-07/28/content_36164105_2.htm.

西安女研究生被逼成"泼妇": 社会最大的悲哀, 就是逼迫好人变"坏" [EB/OL]. (2019-04-15) [2021-12-30]. https://www.sohu.com/a/308064917_653642.

习近平. 促进妇女全面发展共建共享美好世界 [EB/OL]. (2015-09-28) [2021-

12-30].http://cpc.people.com.cn/n/2015/0928/c64094-27641154.html.

卸妆湿巾广告涉嫌侮辱女性？全棉时代道歉 [EB/OL]. [2021-12-30].https://m.k.sohu.com/d/508823583.

一线城市大龄女青年偏爱买房：未婚单身花 400 万买房？[EB/OL].（2021-04-06）[2021-12-30].https://new.qq.com/rain/a/20210406A02WIN00.

印度女性悲剧命运的深层原因 [EB/OL].（2018-01-07）[2021-12-30].http://opinion.china.com.cn/opinion_59_62359.html.

在线监考系统被曝种族歧视，不认识有色人种，学生被迫在头顶上打光 [EB/OL].（2021-05-20）[2021-12-30].http://www.zhihu.com.

张培富，李爱花.玛蒂尔达效应：女科学家稀缺的历史困境 [EB/OL]. [2021-12-30].https://www.douban.com/note/655653302/?type=rec.

这些"牺牲"我们不会感动 [EB/OL]. [2021-12-30].https://www.jianshu.com/p/10754132c23dhttps://www.jianshu.com/p/10754132c23d.

中国人的勤奋，令世界惊叹和汗颜，甚至恐惧 [EB/OL]. [2021-12-30].https://baijiahao.baidu.com/s?id=1616997973811843117&wfr=spider&for=pc.

二、英文文献

（一）著作

Bartky S L.Foueauh, femininity, and the modernization of patriarchal power[M]// Diamond I, Quinby L, ed.Feminism and Foucauh : Reflections on Resistance.Boston : Northeastern University Press, 1988.

Blanchard M E.In Search of the City : Engels, Baudelaire, Rmibaud[M]. Califonia : Anna Libri, 1985.

Bloor D.Knowledge and Social Image[M].London : Routlege & Kegan Paul, 1977.

Bordo S.The body and the reproduction of femitfinlty[M]//Bordo S.Unbearable Weight : Feminism, Western Culture, and the Body.Berkeley and Los Angeles : University of California Press, 1993.

Bourdieu P. Outline of a Theory of Practice[M].Cambridge：Cambridge University Press，1977.

Collins P H.Black Feminist Thought：Knowledge，Consciousness and the Politics of Empowerment[M].New York：Routledge，1990.

Cook C，Diamond R，Hall J，et al.The gender earnings gap in the gig economy：Evidence from over a million rideshare drivers[R].New York：The National Bureau of Economic Research，2018.

Gimlin D L.Body Work：Beauty and Self—Image in American Culture[M]. Berkeley：University of California Press，2002.

Halliday M. An Introduction of Functional Grammar[M].Beijing：Foreign Language Teaching and Research Press，2004.

Harvey D. Social Justice and the City[M].Oxford：Blackwell Ltd.，1988.

Irigaray L.Sexes and Genealogies[M].New York：Columbia University Press，1993.

Janet C，Stephen H-J.About the House：Levi Strauss and Beyond[M]. Cambridge：Cambridge University Press，1995.

Jennifer C，Cameron D.Women in Their Speech Communities[M].New York：Longman Inc.，1989.

Johnson M P.A Typology of Domestic Violence：Intimate Terrorism，Violent Resistance，and Situational Couple Violence[M].Boston：Northeastern University Press，2008.

Kramarae C，Schultz M，O'Barr W，eds.Language and Power[M].Beverly Hills：Sage，1984.

Moore H.Space，Text and Gender：An Anthropological Study of the Marakwet of Kenya[M].New York：Guilford Press，1996.

Neugarten B L，Hagestad G O. Aging and the life course[M]//Binstock R H，Shanas E，eds.Handbook of Aging and the Social Sciences.New York：Van Norstrand Reinhold，1976.

Pierre B.The Logic of Practice[M].Stanford：Stanford University Press，1990.

Poster M.Jean Baudrillard：Selected Writtings[M].Cambridge：Polity Press，1988.

Rendell J.Ramblers and Cyprians：Mobility，Visuality and the Gendering of Architectural Space[M].Chichester：Wiley，2000.

Sanders J.Study：Architectures of Masculinity[M].New York：Princeton Architectural Press，1996.

Tuan Y-F.Space and Place：The perspective of Experience[M] .Minneapolis：University of Minnesota Press，1977.

Walters S D.Material Girls：Making Sense of Feminist Cultural Theory[M].Berkeley：University of California Press，1995.

Weisman L.Discrimination by Design：A Feminist Critique of the Man-made Environment[M].Urbana：University of Illinois Press，1994.

Wolf N.The Beauty Myth：How Images of Beauty Cite Used Against Women[M].New York：William Morrow and Company，1991.

Wolfe E.The House in Good Taste[M].New York：Rizzoli，1914.

（二）论文

Amato P R，Hohmann-Marriott B.A comparison of high-and low-distress marriages that end in divorce[J].Journal of Marriage and Family，2007（3）：621-638.

Bergmann W. The problem of time in sociology：An overview of the literature on the state of theory and research on the "sociology of time"，1900-1982[J]. Time & Society，1992（1）：81-134.

Campbell L，Miller P，Cardwell M，et al.Relationship status of battered women over time[J].Journal of Family Violence，1994（9）：99-111.

Carpenter L L，Tyrka A R，Ross N S，et al.Effect of childhood emotional abuse and age on cortisol responsivity in adulthood[J].Biological Psychiatry，2009（1）：：69-75.

Carli L L. Gender，interpersonal power，and social influence[J].Journal of

Social Issues，1999（1）：81-98.

　　Chen C，Qin J.Emotional abuse and adolescents' social anxiety：The roles of self-esteem and loneliness[J].Journal of Family Violence，2020（5）：497-507.

　　Clark C L，Shaver P R，Abrahams M F.Strategic behaviors in romantic relationship initiation[J].Personality and Social Psychology Bulletin，1999（6）：707-720.

　　Cooper J. Cognitive dissonance theory[J].Handbook of Theories of Social Psychology，2011（1）：377-398.

　　Crasnow S.Is standpoint theory a resource for feminist epistemology? An introduction[J].Hypatia，2009（4）：189-192.

　　Dye H L.Is emotional abuse as harmful as physical and/or sexual abuse?[J]. Journal of Child & Adolescent Trauma，2020（4）：399-407.

　　Egle U T，Egloff N，Von Känel R.Stress-induced hyperalgesia（SIH）as a consequence of emotional deprivation and psychosocial traumatization in childhood[J]. Der Schmerz，2016（6）：1-18.

　　England P.Emerging theories of care work[J].Annual Review of Sociology，2005（31）：381-399.

　　Kealy D，Ogrodniczuk J，Howell-Jones G.Object relations and emotional processing deficits among psychiatric outpatients[J].Journal of Nervous and Mental Disease，2011（2）：132-135.

　　Knudson-Martin C，Mahoney A R.Moving beyond gender：Processes that create relationship equality[J].Journal of Marital & Family Therapy，2005（2）：235-258.

　　Kofman E. Rethinking care through social reproduction：Articulating circuits of migration.social politics—International studies in gender[J].State and Society，2012（1）：142-162.

　　May J，Watson S，Gibson K.Postmodern cities and spaces[J]. Geographical Journal，1996（2）：228.

　　McDowell L.Space，place and gender relations[J].Progress in Human

Geography, 1993 (2): 157-179.

More account ability for big-data algorithms[J].Nature, 2016（537）: 449.

Rogowski J C, Sutherland J L. How ideology fuels affective polarization[J]. Political Behavior, 2016 (2): 485-508.

Ruddick S.Constructing difference in public spaces : Race, class, and gender as interlocking systems[J].Urban Geography, 1996 (2): 132-151.

Rumsey A.Wording, meaning, and linguistic ideology[J].American Anthropologist, 1990 (2): 346-361.

Scott J W. Gender : A useful category of historical analysis[J].The American Historical Review, 1986（5）: 1053-1075.

Setal B.Environment, planning and feminist theory : A British perspective[J]. Environment and Planning, 1982（6）: 711-716.

Stafford L, Merolla A J, Castle J D.When long-distance dating partners become geographically close[J].Journal of Social and Personal Relationships, 2006（6）: 901-919.

Strauss M A, Sweet S.Verbal/symbolic aggression in couples : Incidence rates and relationships to personal characteristics[J].Journal of Marriage and the Family, 1992（54）: 346-357.

Sweet E L, Escalante S.Planning responds to gender violence : Evidence from Spain, Mexico and the United States[J].Urban Studies, 2010（10）: 21-32.

Tang C S, Lai B P. A review of empirical literature on the prevalence and risk markers of male-on-female intimate partner violence in contemporary China, 1987-2006[J].Aggression and Violent Behavio, 2008（1）: 10-18.

Tenkorang E Y, Asamoah-Boaheng M, Owusu A Y.Intimate Partner Violence （IPV）against HIV-positive women in Sub-Saharan Africa : A mixed-method systematic review and Meta-Analysis[J].Trauma, Violence & Abuse, 2021（5）: 1104-1128.

Thompson E P.Time, work-discipline and industrial capitalism[J].Past and Present, 1967（1）: 56-97.

Tuchman G.Objectivity as strategic ritual：An examination of newsmen's notions of objectivity[J].American Journal of Sociology，1972（4）：660-679.

（三）其他

Alang N. Turns out algorithms are racist[EB/OL].[2021-12-30].https://newrepublic.com/article/144644/turns-algorithms-racist.

Meyer D. Amazon reportedly killed an AI recruitment system because it couldn't stop the tool from discriminating against women[EB/OL].（2018-10-10）[2021-12-30]. http://fortune.com/2018/10/10/amazon-ai-recruitment-bias-women-sexist/.

National Science and Technology Council .The national artificial intelligence research and development strategic plan（2016）[R/OL].（2016-10-13）[2021-12-30]. http://www.raincent.com/uploadfile/2016/1013/20161013013531897.pdf.

The Global Gender Gap Report 2017[EB/OL].[2021-12-30].https://www.weforum.org/reports/the-global-gender-gap-report-2017.

Wendy F.The technology question in feminism：A view from feminist technology studies[R].Women's Studies International Forum，2001.

附 录

美国预防性暴力资源中心及美国经验介绍

一、关于 NSVRC

国家性暴力资源中心（The National Sexual Violence Resource Center, NSVRC）是美国的一家非营利组织，它主要为公众提供预防与应对性暴力的信息和工具。NSVRC 以理论研究和趋势报告指引社会实践，帮助个人、社区和服务供应商实现真正持久的变革。NSVRC 还与媒体合作，完善媒体报道。每年 4 月，NSVRC 都会举办"性侵犯意识月"（Sexual Assault Awareness Month，简称 SAAM）活动，吸引公众参与。该运动旨在教育公众，进而解决性侵犯这一广泛存在的社会问题。NSVRC 还是 Raliance 等计划的三个发起者之一，Raliance 是一项致力于消除当代性暴力现象的全国性合作计划。另外两个发起者分别是宾夕法尼亚州反强奸联盟、美国疾病控制与预防中心（Centers for Disease Control and Prevention，简称 CDC）。三方以签署合作协议的形式，于 2000 年成立了该组织。美国国家性暴力资源中心网址：https：//www.nsvrc.org。

二、预防性骚扰、性暴力和事后处理措施

（一）性暴力相关概念

1. 什么是性暴力？

性暴力是指未经受害者同意的任何形式的性接触，包括性侵犯和强奸，同时也包括言语和行为，例如性骚扰、语言羞辱，以及未经许可的情况下分享私密照片，例如"色情报复"。

2. 什么是性骚扰？

性骚扰是由其影响而不是其意图来定义的。它可能包括不受欢迎的性行为，要求获得性帮助以及其他方面的口头或身体骚扰之类的行为。它还可能包含不适当的陈述、淫荡的手势、越界的举止行为、黄色笑话、内容具有侵犯性的电子邮件或手机短信，以及令人反感的物体或图像。

所有个体，不论其性别、性取向、性别认同如何，都有可能成为受害者或骚扰者。受害者和骚扰者也可以具有相同的性别、性取向或性别认同。

3. 性暴力影响每个人

（1）任何人都可能遭受性暴力，包括儿童、青少年、成年人和老年人。

（2）施加性暴力的人可以是家庭成员、朋友、伴侣或其他可信任的人。

（3）他们也可能会使用胁迫、操纵、威胁或强迫手段，对你使用性暴力。

（4）受害人穿什么衣服、品行如何、是否喝酒，或和对方处于何种关系，与她/他遭遇性暴力没有任何关系。

（5）一个人可能由于许多原因无法报告所发生的事情，包括：担心他们不会被相信；害怕报复；不信任执法；感到羞耻或害怕受到责备；来自他人的压力。

（6）幸存者可以选择报案，也可以选择不报案。

（7）每个幸存者自我修复的能力和方式都是不一样的。修复是一个持续的过程。每个人都按照自己的时间和方式进行治疗。

（8）您的声音对于直接建立关于性暴力的记录档案至关重要。①

---

① 资料来源：Smith S G, Chen J, Basile K C, et al. 全国亲密伴侣和性暴力调查（NISVS）：2010-2012 年状态报告 [EB/OL].[2021-12-30].https：//www.cdc.gov/violenceprevention/pdf/NISVSStateReportBook.pdf.

（二）相关事实和统计数据①

在美国，近 1/5 的女性（18.3%）和 1/70 的男性（1.4%）在其生活中的某个时候被强奸，包括完全强行插入、企图强行插入、利用酒精或毒品诱使或迫使强行插入。

据报告，女性受害者中有一半以上（51.1%）是被亲密伴侣强奸，被相识者强奸的概率为 40.8%；对于男性受害者，有一半以上（52.4%）是被熟人强奸，15.1% 的人是被陌生人强奸。

大多数被强奸的女性受害者（79.6%）在 25 岁之前经历了第一次强奸，42.2% 的人在 18 岁之前经历了第一次强奸。超过 1/4 的被强奸的男性受害者（27.8%）在 10 岁以前首次遭受强奸。

约有 1/6 的女性（16.1% 或约 1920 万人）和约 1/10 的男性（9.6% 或约 1060 万人）经历过性胁迫（例如，被反复要求做爱，或因性虐待行为而受伤），因为施暴者动用了他们的权力与影响力或者使用了暴力手段。

（三）关于性暴力可能造成的创伤②

1. 创伤性事件

创伤性事件指个人经历、目击、面临实际或威胁性死亡、严重伤害事件或对其身体健康构成威胁的事件。受害人经历的创伤，主要体现在两方面：

（1）身体创伤。如流血、阴道撕裂或肛门撕裂、体表挫伤意外怀孕、性病等。

（2）情感创伤。也称情绪创伤，可能由性暴力和肉体暴力、性虐待或长期遭受漠视、自然灾害、严重事故以及战争和恐怖主义行为等引起，会破坏个人的安全感。但是，任何使一个人不堪重负，感到恐惧和孤单的情况都可能造成情绪创伤。一个事件是否具有创伤性，不是由客观事实决定的，它取决于个体对该事件的主观情感体验。

---

① 资料来源：美国国家性暴力统计中心. 任何犯罪者的性暴力 [Z/OL]//NISVS 2010 年报告摘要. [2021-12-30].https：//www.nsvrc.org/statistics.

② 以上内容来自美国政府网站（http：//www.fris.org/VictimInformationGuide/VictimGuide.html），由本书作者翻译。

2. 创伤性应激障碍（PTSD）

PTSD 的主要指标是创伤再体验、情绪麻木和回避以及唤醒（如，过度警惕和过度反应）等。性暴力幸存者特有的 PTSD 症状也称为"强奸创伤综合征"。

（四）医疗检查和医疗服务

1. 法医检查

如果在性侵犯后需要就医，并解决其他健康问题，以及您正在考虑向执法部门报告性侵犯，则法医需要收集您身上的证据并收集性侵犯人员的生物信息。因为您的身体是实际的犯罪现场，并且相关证据具有时效性，为了保留证据，您最好穿着遭受袭击时穿的衣服去医院，避免洗澡、刷牙、洗手和排尿／排便。法医（包括性侵犯护士检查员或相关执法人员）都接受过专门的培训，他们会从您身上收集犯罪分子的 DNA，它们有多种来源，包括体毛、唾液、咬痕、精液或白带、指甲中的碎屑等。

如果您认为自己已经服了药，则应收集服药后的第一次排尿，并将其带到医院。药物的痕迹可能残留在您的血液或尿液中。（有关其他信息，请参见网站上的"药物促成性侵犯"部分）

2. 健康评估及诉讼取证

法医检查的目的，是评估您的医疗保健需求，并收集证据以供案件调查，起诉中可能也会用到这些证据。即使存在下列情况，也仍然建议由专业医疗保健人士进行检查，如：袭击没有造成明显的伤害；受害人不希望收集证据；这次袭击不是最近的。

之所以提出这样的建议，是因为在美国的一些州，比如西弗吉尼亚州，没有关于性侵犯的诉讼时限，这意味着受害者可以在 5 年、10 年甚至 50 年后提起诉讼。但是，证据在人体上保留的时间是有限的。（**请记住，受害者永远没有错！**）西弗吉尼亚州规定，受害人可以接受法医检查而无须向执法部门报案（只要受害人不是未成年人，或法庭认定该成年人为无行为能力的人），作为调查的一部分而收集的性犯罪证据，将被送至西弗吉尼亚州警察司法实验室进行处理。即使过了 18 个月的调查有效期，这些收集的样品也可以用于培训。

种种建议和举措，有助于帮助受害人及时收集和保存证据，也为他们留出了充分的选择余地。

3. 健康检查

（1）获取有关您的相关健康史和施暴者的犯罪信息。

（2）进行身体检查（不是常规的身体检查）以查找伤害痕迹，收集并保存所有证据，同时记录所有发现。

（3）怀疑有药物促进性侵犯（drug-facilitatd sexual assault，DFSA）时，收集尿液和血液样本进行分析。

（4）为您提供预防药物，以预防性传播疾病（sextually transmitted diseases，STD），同时提供您所需要的其他医疗护理。

（5）其他健康治疗或心理治疗服务的转介。

（五）费用和社会援助

法医检查不收取任何费用。条件许可的医疗设施仅对您可能会接受的治疗收费。如果在袭击发生后 72 小时内将情况报告给执法部门，您可能有资格获得所产生的全部医疗费用的赔偿。

（六）犯罪受害者赔偿基金

西弗吉尼亚州犯罪受害者赔偿基金向受到人身伤害，并因犯罪行为而自付费用的犯罪受害者提供赔偿。西弗吉尼亚州居民如果符合以下条件，则有资格向犯罪受害者赔偿基金提出索赔：造成人身伤害和自付费用的犯罪受害者；死者的受害人的家属；海外恐怖主义的受害者；其他没有赔偿计划的州的犯罪受害者。

受害者要获得赔偿资格，必须在 72 小时内将犯罪行为报告给执法部门（可能会有例外）。受害人必须记录犯罪造成的伤害支出，并充分配合执法部门。索赔必须在两年内提出申请并提交给基金管理会。索赔申请不收取任何费用，也不需要聘请律师。强奸危机中心的志愿者已经接受了有关培训，可以帮助受害者办理索赔事项。

（七）家庭成员和朋友如何提供帮助

性侵犯不仅影响受害者，而且影响他们的家人和朋友。家庭成员和朋友常常不知该如何帮助自己所爱的人应对袭击的后果。以下是一些建议：

（1）与受害者交谈，相信自己对受害者至关重要。

（2）提供尽可能舒适的环境和生活支持。

（3）听而不评，尽量不要打断他们的陈述或提很多问题。

（4）让他们自己作出决定，并支持那些决定。

（5）未经受害者的允许，不要告诉别人发生了什么事。

（6）提醒受害人，这不是他们的错。

（7）鼓励受害人与志愿者、心理干预人员或他们信任的人谈论袭击事件。

（8）记住：受害者的康复需要时间，我们只需要保持耐心和提供支持。

三、防止工作场所的性骚扰

工作场所的性骚扰是美国社会普遍存在的问题之一。美国平等就业机会委员会（U.S. Equal Employment Opportunity Commission，简称 EEOC）特别工作组专门研究如何预防工作场所的性骚扰。EEOC 通过相关研究，对雇主提出了一些有针对性的建议，其在实践中得到采纳。

（一）确定使员工面临风险的条件

工作场所的性骚扰会严重影响员工工作状态，因此，雇主有责任评估这些风险因素并采取措施降低环境风险。EEOC 确定的风险因素列举如下：工作场所缺乏多样性、雇员过分年轻、工作场所孤立封闭、工作场所存在文化和语言差异、依赖客户服务或客户满意度的工作场所、鼓励饮酒的工作场合等。

（二）制定清晰、全面的反性骚扰政策

包括：规定工作场所不可接受的行为，以及举报和应对性骚扰应遵循的程序；与举报员工进行频繁的沟通，了解全部事实；反性骚扰调查必须迅速、客观和彻底；对骚扰他人的人进行与其犯罪行为相称的纪律处分（"零容忍"政策并非具有千篇一律的效果，如果受害者出于对同事将失去工作的担忧而拒绝举报，

该政策可能适得其反）。[1]

（三）进行有效的培训

反性骚扰培训通常被看作无关紧要的、过时的或可以忽略的。因此，培训计划应使用实际示例和场景，分别针对每个工作场所的特定情况。重点关注不可接受的行为的范围，而不仅仅是可以合法采取行动的标准。如果员工遭遇性骚扰行为，他们也应该了解自己的权利和责任。

（四）倡导彼此尊重和追求文明的组织文化

雇主应营造一种"零容忍"性骚扰的工作氛围，倡导彼此尊重和追求文明的组织文化，就此目标进行沟通并作出一致的承诺。

（五）变革需要领导力和责任感

作为领导，必须确保整个组织都建立问责机制，以使员工对其行为负责。雇主不仅要考虑与性骚扰有关的直接财务成本，包括法律诉讼等，还要考虑所有员工因为对工作场所的幸福感和满意度受损，以及因为士气低落而导致生产力降低，对企业长远发展带来的威胁。如此，才能让雇主通过权衡利弊得失，真正意识到采取实际行动的必要性，从而作出必要的改变，以一劳永逸地消除性骚扰。[2]

---

[1] 《工作场所骚扰研究特别工作组 2018 年报告》。摘自平等就业机会委员会，https：//www.eeoc.gov/eeoc/task_force/harassment/upload/report.pdf。

[2] 资料来源：https：//www.nsvrc.org/sites/default/files/publications/2018-03/Publications_NSVRC_Tip-sheet_Ending_Sexual_Assault_Harassment_in_Workplac… 2/2，2020-04-30.

后 记

　　本书聚焦于分析媒介暴力与性别暴力的关系。在笔者看来，如果媒介在女性形象建构和性别再现方面存在双重标准，或者塑造了某种刻板印象，以及传播或放大了对女性的某种歧视和社会偏见，产生不良影响，就构成了一种媒介暴力。在高度文明的社会里，传统意义上的暴力逐渐让位于隐性暴力，它的手段更加隐蔽、作用方式更加多元，而对人际与代际关系的影响更加深刻，对社会文化和意识形态霸权的控制与合谋更加深化和难以察觉。在媒介产品或文化输出过程中，个体事件和文本层面由内隐偏见驱动的无意识歧视，以及社会层面由结构性的性别不平等驱动的制度性歧视，传统观念中的厌女主义思想，渗透于社会制度和社会结构的各个方面，由此造成对女性权益与自身发展的或显或隐的影响，在日常生活、社会结构、社会观念、政策安排和权力分配等各个层面都有所体现，这种"弥散的暴力"构成了对女性无所不在的、隐性的暴力环境。

　　本书从社会性别的理论视角出发，旨在通过研究媒介暴力与性别、社会之间的关系，揭示在媒介暴力文化的书写中，社会性别权力关系如何镶嵌在媒介机构和媒介产品中，并塑造了女性的弱者形象和从属地位，从而构成体现在社会生活各个领域里的"性别政治"。本书的探索维度从身份政治延伸到话语政治，从性别政治指向公共政治，最终的落脚点，是希望能够"经世致用"，将理

　　　　无物之阵：多维视角下的媒介暴力与性别公正

念变成政策，让理论指引行动，把理论上的性别平等转化为社会实践中的两性平等、和谐发展。

在研究工作中，笔者全情投入、宵衣旰食，但是囿于时间和精力，无法穷尽国内外近20年的所有相关文献，在进行理论溯源和研究历史回顾时可能会失之片面。另外，受第二语言所限，做研究综述时对国外研究成果的介绍只限于英文文献，而对其他语言的研究文献鲜有涉及——除非是借助中文译本。因此，对于欧洲和东亚如日本、韩国、新加坡，以及印度等国家的参照系不足，在国内外的研究对比方面无法做到充分、公允和全面；研究案例则主要来自中国媒介实践及其媒介产品，国际化视野方面有所欠缺；所能搜索到和使用的数据也是来自中国和美国的政府网站或公共数据库，如果能再引入第三方的数据就更有对照性和客观性了。

此外，在课题设计时，笔者本来准备结合调查问卷的统计数据，做一个焦点小组访谈，通过人物深度访谈的方式，了解人们接触媒介暴力时与接触媒介暴力后的心理状态及精神状态变化，以论证媒介暴力与现实暴力之间的相关性，探索媒介暴力的深层影响。但在笔者准备进行人物深度访谈时，国内外疫情爆发，要居家隔离、减少社交，做访谈的计划不得不搁浅，以至于最后因为时间紧迫而完全放弃了。虽然收集到的数据也足以作为分析素材，但是少了对具体的人物心理活动的探查和分析，导致理论研究还停留在"我思故我在"的层面，主观推断没有在实际调研中得到印证或通过"双盲实验"来检验误差，故而也许无法达致"见自己、见天地、见众生"的理论超越境界。这往往也是理论工作者的现实困境和终极遗憾。

无论如何，当书稿最终完成时，还是如释重负。研究中的小小遗憾，正好作为开启下一个研究课题的契机。

范红霞
2022年2月